LA PERMACULTURE EN PRATIQUE

LA PERMA-CULTURE EN PRATIQUE

pour votre jardin, votre environnement et la planète !

JESSI BLOOM & DAVE BOEHNLEIN
ILLUSTRATIONS DE PAUL KEARSLEY

ULMER

Photo ci-contre : la patate douce (*Ipomoea batatas*) constitue un magnifique couvre-sol tout en fournissant d'excellents tubercules comestibles.

L'édition originale de ce titre a été publiée en 2015 en anglais sous le titre *Practical permaculture for home landscapes, your community, and the whole earth* par Timber Press, Inc, Portland, Oregon, USA.

Traduit de l'anglais par :
Pierre Bertrand et Mickaël Legrand

Merci à Caroline Le Quentrec
pour sa relecture et ses corrections.

24, rue de Mogador
75009 Paris
Tél. : 01 48 05 03 03
Fax : 01 48 05 02 04
www.editions-ulmer.fr

Réalisation : Laurent Melin
Responsable éditorial : Antoine Isambert
Impression : Printer Trento S.r.l
ISBN : 978-2-84138-773-1
N° d'édition : 773-06
Printed in Italy

FSC www.fsc.org MIXTE Papier issu de sources responsables FSC® C015829

Nous dédions ce livre à nos mères, qui nous ont nourri et aidé à grandir, et à la famille Bullock dont le travail a inspiré et changé nos vies.

Sommaire

Préface

Nous avons tous en commun d'appartenir à l'espèce humaine et à la toile complexe de la vie que décrit le chef indien Seattle. Nous sommes tous connectés à cette toile et naturellement "câblés" pour la ressentir, mais selon nos expériences de vie, nous pouvons en avoir été débranchés. Car si l'être humain est, par essence, toujours en quête d'une meilleure qualité de vie (en termes de santé, de bonheur, de confort et de sécurité financière, entre autres), il est facile, en prenant du recul, de constater que nombre des choix pris par notre espèce pour y parvenir ne sont pas soutenables.

Nous sommes à un croisement et face à la nécessité d'amorcer des changements. Nombre d'entre nous se reposent sur des systèmes qui échappent à notre contrôle : l'industrie alimentaire, les ordures ménagères, la distribution de l'eau, le réseau énergétique, pour n'en citer que quelques-uns. Ces systèmes ne sont pourtant pas obligatoires et il est possible d'être plus autosuffisants et de reprendre le contrôle. Nous pouvons nous rappeler que la vie humaine a une finalité et une fonction écologiques, et nous espérons, que ce livre contribuera à cette prise de conscience.

Nous, les deux auteurs de ce livre, avons connu des trajectoires similaires. Dans les années 1980, nous avons grandi aux extrémités opposées des États-Unis, passant le plus clair de notre temps dans la nature. Vadrouiller en forêt, construire des cabanes, édifier des barrages sur les petits ruisseaux occupait une bonne partie de nos journées L'un comme l'autre, nous explorions notre environnement par la randonnée, la pêche, le camping et les baignades dans les cours d'eau naturels, et l'un comme l'autre, avons développé une forte connexion émotionnelle avec la terre sur laquelle nous grandissions. Nous étions alors loin de penser que nous étions des permaculteurs de « deuxième génération » en devenir. Et puis, à des étapes similaires de nos vies, nous avons vu les terrains de jeux de notre enfance disparaître sous les coups des bulldozers, au nom du développement. Nous nous sommes engagés dans différentes études et carrières en lien avec l'environnement. Jessi dédia sa passion au

design écologique, tandis que Dave consacra sa carrière à l'éducation en extérieur. Mais au bout du compte, nous avons fini tous deux par faire de la permaculture, non seulement notre profession ,mais aussi l'essence même de nos modes de vie.

Nos chemins se sont croisés pour la première fois en 2010 au *Northwest Flower and Garden Show* de Seattle. Dave recherchait des professionnels avec lesquels collaborer et tentait de monter un réseau de permaculteurs expérimentés. Cette année-là, sur la manifestation, Jessi avait conçu et monté un jardin urbain de démonstration mené en permaculture, qui reçut de nombreuses récompenses pour sa dimension écologique et ses qualités esthétiques. L'ironie de la chose est que le mot « permaculture » était encore si mal interprété que les organisateurs demandèrent à ce qu'il n'apparaisse pas sur le stand, afin de ne pas troubler le public. Depuis cette rencontre initiale, nous avons collaboré sur de nombreux projets incluant des projets, des ateliers, des formations, et aujourd'hui ce livre.

Notre intention est de faciliter l'abord à la permaculture et d'en faire une source d'inspiration. Nous voulons vous donner les moyens d'effectuer des changements positifs, tout de suite. Nous pouvons vous assurer que votre vision du monde s'enrichira grâce à cette compréhension profonde des processus naturels.

Nous avons écrit ce livre pour un large éventail de lecteurs. Nous couvrons une gamme très étendue de types climatiques, d'applications et de tailles de terrain. Nous souhaitons que les habitants des zones rurales aussi bien que les citadins soient en mesure d'utiliser ce livre. La première partie, du livre vous donnera toute l'information de base dans le domaine, de la définition de la permaculture à ses règles et à l'éthique sous-jacente qui deviendront les vôtres. Cette partie présente aussi les bases géoscientifiques nécessaires avant de se lancer dans un processus de conception. Un processus dans lequel vous guidera la deuxième partie, de l'observation à l'analyse et au diagnostic, afin de vous permettre de développer un plan directeur, le mettre en œuvre, et faire que ce vous avez créé perdure. La troisième partie couvre les systèmes qui devraient faire partie de tout concept de permaculture : des systèmes destinés à gérer la fertilité des sols, l'eau, les déchets, l'énergie, la production alimentaire ; à protéger ; et à prendre soin des animaux et de la faune sauvage. La quatrième partie décrit 50 plantes vedettes de la permaculture. La cinquième partie se concentre sur les structures invisibles, les fondements économiques et sociaux de tout projet de permaculture. Vous trouverez en fin de livre des listesdes suggestions de lecture, fortement recommandées, pour aller encore plus loin, puisque ce livre étant avant tout un point de départ.

L'humanité n'a pas tissé la toile de la vie. Elle n'en est que l'un de ses fils. Tout ce que nous faisons à la toile, nous le faisons à nous-mêmes. Toutes choses sont liées ensemble. Tout est interconnecté.

—CHEF SEATTLE

LES BASES DE LA PERMACULTURE

Le terme « permaculture » a été inventé par Bill Mollison et David Holmgren au milieu des années 1970. On l'a interprété d'une énorme quantité de manières et le plus souvent comme la contraction des deux mots *permanent* et *culture*. On a aussi voulu en faire une forme extrême de culture biologique et de mode de vie empreint de spiritualité, où l'on vit pieds nus en dansant en rond et en pratiquant le yoga toute la journée. Certes, la permaculture peut intégrer ces éléments, mais elle ne repose pas intrinsèquement dessus. Bref, qu'est-ce que la permaculture exactement ?

En un sens, la permaculture est un mode de vie en avance sur son temps, et qui nous renvoie en même temps au mode de vie de nos ancêtres : soutenable et dans le respect de leurs moyens écologiques. Ce qui ne signifie pas que nous devons fuir tout confort et les technologies actuelles. La permaculture nous apporte les outils et les techniques pour vivre de manière durable, tout en satisfaisant nos besoins, en jouissant d'un style de vie riche, d'une nourriture saine, d'une demeure confortable, d'énergie et de ressources renouvelables.

La permaculture tient à la fois de l'architecture et de l'ingénierie en ce qu'elle est, d'abord et avant tout, une approche conceptuelle. Que nous concevions une maison, un poulailler, un jardin, un bowling ou une cour d'école, elle est un processus qui part d'un problème pour arriver à des solutions. Les décisions conceptuelles sont d'abord basées sur une éthique, avant d'intégrer la logique des systèmes naturels. L'imitation de la nature rend nos vies plus responsables, écologiquement parlant, et moins dépendantes de ressources que nous ne maîtrisons pas.

À l'opposé d'un mode de vie consumériste et générateur de déchets, qui pille nos ressources et ne laisse même pas aux générations futures le nécessaire, la permaculture c'est construire la résilience et utiliser seulement l'essentiel, en d'autres termes, vivre selon nos moyens écologiques. C'est construire la fertilité et l'abondance. C'est concevoir et édifier dans nos vies des systèmes qui fonctionnent ensemble pour nous approvisionner en nourriture, en eau et en énergie, qui recyclent nos déchets et qui rendent la vie plus facile. C'est faire de ces systèmes quelque chose de beau et d'exaltant, et en obtenant cela, rendre nos vies plus saines et globalement meilleures.

En deux mots, la permaculture peut être définie comme la satisfaction des besoins humains grâce à des process écologiques et soutenables.

Cette partie posera les fondations de votre compréhension de la permaculture, en discutant d'abord de son éthique et de ses principes, avant de considérer la façon dont la nature elle-même fonctionne. Commencer par réfléchir en ces termes est un prérequis avant toute conception de projet.

Éthique et principes de la permaculture

(à gauche) Dans ce jardin de banlieue, l'espace est utilisé de manière à optimiser les rendements et les fonctions écologiques.

(à droite) Placer des réservoirs d'eau de pluie entre le jardin et le poulailler permet de minimiser les longueurs de tuyau pour alimenter les deux endroits (au CSC Youth House Garden, à Corvallis, dans l'Oregon).

Avec tous les scénarios apocalyptiques et anxiogènes en circulation aujourd'hui, des catastrophes environnementales à la crise pétrolière, en passant par les pandémies, il est clair que nous devrions nous soucier de notre avenir. Nous avons besoin de nous poser quelques questions : vers quoi va notre société ? Quel sera l'impact de nos choix d'aujourd'hui sur les générations futures ? Existe-il des alternatives à nos styles de vie effrénés ? Un mode de vie responsable qui, en même temps, ne nous donnerait pas le sentiment de sacrifier ce à quoi nous nous sommes habitués ? La permaculture nous encourage à explorer en profondeur ces questions. Elle offre un ensemble de lignes directrices éthiques et de principes de base à garder à l'esprit lorsque nous faisons des choix sur l'orientation de nos vies. Ce chapitre détaille ces lignes directrices et ces principes, après avoir considéré pourquoi nous avons besoin de la permaculture.

POURQUOI LA PERMACULTURE ?

Nous avons tous le droit de vivre heureux dans un monde sain, libre de systèmes polluant ou corrompus. Hélas, ce n'est pas le cas aujourd'hui. Au lieu de ça, nous assistons à des bouleversements potentiels ou déjà avérés dans nos systèmes naturels, économiques et sociaux, à cause des choix qui ont été faits, et continuent de l'être, et qui ne prennent pas en compte les sept prochaines générations ni les espèces avec lesquelles nous cohabitons sur cette planète.

Voici quelques questions auxquelles tout le monde devraient réfléchir :

- Économie. Pourriez-vous satisfaire vos besoins de base si vos économies, vos revenus et vos biens immobiliers étaient réduits à un dixième de leur valeur ?
- Autonomie. Si tout transfert ou transport (de nourriture ou d'eau) vers votre lieu d'habitation était coupé pendant 2 semaines, pourriez-vous faire face ?
- Santé. Comment vous réagiriez-vous si un membre de votre famille contractait une maladie incurable due aux matières toxiques introduites dans l'environnement ?
- Climat. Est-ce que les habitants de votre région pourraient continuer à vivre correctement si le climat local devenait extrêmement instable (extrêmes de températures négatives ou positives toujours plus importants, alternances de sécheresse et d'inondations) ?
- Environnement. Que ressentiriez-vous si l'espace naturel auquel vous vous sentez le plus attaché était détruit pour faire un parking ou une mine à ciel ouvert ?

La seule décision éthique à prendre est de devenir responsable de notre propre existence et de celle de nos enfants.

—BILL MOLLISON

Les réponses à ces questions possèdent une forte charge émotionnelle et renforcent l'idée que le concept de permaculture est pertinent.

- La permaculture nous donne les moyens de prendre le contrôle de nos vies et les compétences nécessaires.
- Elle nous donne une vision d'ensemble.
- Elle nous force à cesser de jouer à l'autruche en nous projetant dans un système de pensée qui demande à chaque fois : « Qu'est-ce que la nature aurait fait ? »
- Elle possède une dimension holistique en ce sens qu'elle associe le meilleur de tous les domaines de création.
- Elle nous fait nous sentir connectés au lieu où nous vivons.
- Tout le monde peut la pratiquer, nul besoin de grands diplômes pour se lancer.
- Il est facile de commencer à la mettre en pratique.
- N'étant ni normative, ni basée sur des formules, elle permet à différentes personnes, en différents lieux, d'arriver à différentes solutions.

L'ÉTHIQUE DE LA PERMACULTURE

Les choix à faire se basent sur une poignée de lignes directrices, de principes éthiques simples. Ceux-ci fondent l'identité de la permaculture par rapport à toutes les autres approches. Dans le domaine, la littérature s'entend généralement sur les deux premiers principes éthiques, tandis que le troisième (voire parfois le quatrième et le cinquième) peut varier un peu. Nous vous proposons ici l'approche que nous estimons la plus utile pour les concepteurs. Notez que chaque fois qu'un principe éthique semble entrer en conflit avec un autre, c'est le premier qui doit primer.

Le fermier urbain Will Allen a consacré sa vie à développer Growing Power [*le Pouvoir de cultiver*], une association à but non lucratif dédiée à l'éducation et aux cultures alimentaires dans les populations défavorisées.

Prendre en compte la planète

Tout aussi évident que cela puisse paraître, le devoir d'être de bons intendants de la planète est ce qui doit importer le plus lorsque nous concevons des systèmes de permaculture. La valeur intrinsèque des écosystèmes fonctionnels, tout comme celle des êtres vivants qui s'y trouvent, doit occuper une place majeure. Nous avons un intérêt direct à préserver leur équilibre, ne serait-ce que pour notre propre santé et notre prospérité. Plus nous dégradons les écosystèmes, plus la qualité de l'air et de l'eau se dégrade pour nous et nos enfants. Si bien que le fait de les favoriser, ou au grand minimum de ne pas les abîmer, devrait être la préoccupation fondamentale dans la façon dont nous impactons la planète avec nos aménagements paysagers, de la même manière que le « Avant tout, ne pas nuire » guide la pratique médicale.

Être un bon intendant de la planète implique en partie de laisser tranquilles et de préserver les écosystèmes sains et fonctionnels. Dans une perspective paysagère, nous nous rendons rapidement compte que le concept de la permaculture trouve sa meilleure application dans la restauration de paysages dégradés. Dans de tels espaces, biodiversité, complexité structurale et résilience face aux agressions, sont les choses qui font souvent cruellement défaut. On peut trouver parmi ces milieux des champs cultivés conventionnellement, des pelouses, des sites touchés par l'érosion, déboisés, pollués, ou des plantations.

Prendre en compte les gens

Les systèmes de permaculture que nous concevons doivent également répondre aux besoins des hommes. Dans nos pays développés et nos centres-villes, les exemples de besoins basiques non satisfaits sont légion. Pour ces populations, une gestion avisée de l'environnement pourra apparaître bien secondaire, par rapport à leurs besoins alimentaires, en eau et à la difficulté de trouver une source de revenus. Comment leur demander alors de faire cet effort supplémentaire ? Nos systèmes doivent en tenir compte en leur offrant des solutions qui répondent à leurs besoins.

Par exemple, pourquoi ne pas intégrer dans un parc destiné à une communauté à faibles revenus des plantations alimentaires ? Les populations locales trouveront ainsi un intérêt direct à préserver ce parc, car il subviendra à leurs besoins. Alors que le même parc, uniquement constitué de pelouses ou de plantes d'ornement demandant un faible entretien, sera susceptible de se dégrader rapidement dans le temps, faute d'attention de la part d'un public. Ce n'est que de cette manière que les idées écologiques représenteront quelque chose pour tout le monde, et pas seulement pour la minorité qui n'a pas à se soucier de nourriture, d'eau potable et d'hygiène.

Mais concevoir des systèmes se préoccupant des personnes ne se limite pas à ne considérer que nous-mêmes, nos familles et nos voisins ; nous souhaitons élargir ces considérations aux générations futures. Car si nous englobons dans ce devoir éthique nos enfants, petits-enfants et au-delà, nos créations commencent à prendre une toute autre ampleur. Soudain, il peut apparaître souhaitable de planter des arbres qui ne produiront pas de récolte de notre vivant. Travailler à la lente constitution d'une couche de terre arable riche et saine au moyen de pratiques de jardinage biologique, au lieu de se jeter sur la solution « miracle » du tout chimique, prend de même plus de sens. Nous commençons alors à pouvoir imaginer, autour de ces systèmes, des changements écologiques, étant donné qu'il faut pour cela se placer à l'échelle des temps géologiques. Nous pouvons penser plus grand et lancer des actions dont les effets seront ressentis dans un futur éloigné. De nombreuses décisions de fond qui semblaient complexes deviennent bien plus lumineuses dès lors que nous nous demandons laquelle rendra le plus service à nos petits-enfants.

Humanité et nature ne sont pas si éloignées l'une de l'autre que nous le pensons trop souvent. Nous sommes en réalité une part de cette dernière, au même titre que les fourmis, les champignons ou les pommiers. C'est pourquoi prendre soin de la planète revient vraiment à prendre soin aussi des gens, et que ce premier principe éthique prévaut sur tous les autres, si l'un d'eux venait à entrer en conflit avec lui.

Prendre en compte le processus

L'important n'est pas seulement le but, mais tout le processus pour y arriver. Les approches que nous choisissons sont aussi importantes que le résultat final. Ce principe éthique peut être séparé en deux préoccupations principales : la redistribution des excédents (dans le but de faire du bien à la planète et aux hommes) et l'autorégulation de la consommation et de la croissance.

Si vous récoltez au-delà de vos besoins, vous pouvez convertir ces denrées en monnaie en les vendant sur un marché fermier. Et ce revenu vous permettra de travailler un peu plus à rendre votre exploitation toujours plus durable.

En ce qui concerne la première, l'un des objectifs de nos systèmes est d'obtenir des récoltes abondantes. Un monde d'abondance étant toujours plus enviable que la pénurie. Et en effet, les systèmes de permaculture génèrent souvent des surplus : alimentaires, de biomasse, d'électricité, de temps, de connaissance, etc. Mais si nous ne savons pas maîtriser ces surplus de manière adéquate, nombre d'entre eux deviendront sources de pollution. Par conséquent, nous avons ce devoir éthique de les redistribuer pour faire de ces problèmes potentiels des solutions élégantes.

Il s'agit simplement de prélever les excédents produits par un système pour les employer là où ils seront bénfiques : en les réintégrant dans le système (lorsque, par exemple, on composte des déchets alimentaires avant de les ramener sous cette forme d'amendement dans le jardin) ou en les partageant avec quelqu'un d'autre afin de l'aider à prendre lui aussi davantage soin de la planète (en donnant, par exemple, à un voisin, des plants de noyer). En utilisant nos excédents pour autrui, nous en tirons nous-mêmes bénéfice de différentes manières. Si les besoins des personnes qui nous entourent sont satisfaits, premièrement, elles se retrouvent dans une position plus propice pour se joindre à nous dans notre protection de la planète ; et deuxièmement, nous nous inscrivons alors nous-mêmes dans des communautés animées par l'espoir et l'estime de soi, plutôt que ployant sous le poids du désespoir et de l'apathie. Alors peu importe la façon dont vous procéderez, le tout est de réinvestir pour faire le bien de la planète et des hommes.

La deuxième préoccupation, celle de l'autorégulation de la consommation et de la croissance, exige que nous analysions nos comportements tout autant que nos choix de fond. Souvent, les meilleurs concepts impliquent des changements fondamentaux de comportement pour réduire notre consommation. Par exemple, avant même de réfléchir à la manière d'augmenter l'irrigation d'un site aride, il importe de chercher des méthodes pour réduire déjà le besoin en eau.

De même, nous sommes nombreux à nous rendre compte que l'un des plus gros problèmes du capitalisme est qu'il se base sur le postulat d'une croissance perpétuelle. Or, dans la nature, rien ne grandit indéfiniment. La masse corporelle, la taille d'une population, la température… tout augmente, diminue, et se stabilise à différents moments. C'est pourquoi nous avons nous la nécessité de concevoir des systèmes suffisament flexibles pour s'étendre, se réduire ou atteindre un point d'équilibre (au moins temporairement).

Fondamentalement, nous avons la capacité de choisir d'autoréguler notre consommation et notre croissance. Et si nous ne le faisons pas, c'est la nature qui s'en chargera à notre place, sous forme de pandémies, de catastrophes ou de famines

C'est là où le concept de *capacité de charge* d'un milieu prend toute son importance. La capacité de charge est le nombre maximal d'individus d'une espèce qui peut être supporté par un environnement donné. Tant que la population se situe sous ce niveau, elle tend à augmenter ; lorsqu'elle dépasse ce stade, elle commence à décliner. Il nous faut donc comprendre la capacité de charge fondamentale d'un site, puis soit travailler en fonction, soit mettre au point des moyens de l'augmenter. Mais d'une façon ou d'une autre, comprendre et modifier nos attentes vis-à-vis de la croissance et de la consommation sont les premières étapes vers un mode d'existence soutenable.

L'éthique de la transition

Ce principe éthique n'apparaît pas toujours dans la littérature sur la permaculture, mais nous le trouvons extrêmement important. Il dit, en substance, que personne ne peut partir de zéro pour arriver à un mode de vie soutenable du jour au lendemain. Opérer cette transition prend du temps.

Qu'est-ce que cela signifie quand il s'agit par exemple d'utiliser des technologies non-durables comme les pelleteuses et les tondeuses à gazon ? Si nous prenons en compte leur énergie grise et si nous considérons qu'elles existent déjà, nous avons à nous demander si le péché capital consiste à les utiliser ou à les envoyer au rebut. L'énergie grise renvoie à la somme d'énergie qu'a nécessité la production d'un objet donné. Pour prendre l'exemple d'un bulldozer, son énergie grise inclura l'énergie dépensée pour extraire les métaux nécessaires, fondre l'acier, manufacturer ses différentes pièces, envoyer ces pièces dans une usine d'assemblage, et enfin acheminer le bulldozer fini vers des points de vente.

Compte tenu de l'énorme quantité d'énergie grise représentée par un bulldozer, tout particulièrement en comparaison d'une pelle, la question se pose plutôt sur la façon dont nous utiliserons l'engin. L'employer dans des mines à ciel ouvert pour remplir les poches de quelques-uns sera douteux sur le plan éthique. L'employer à creuser des fossés destinés à collecter l'eau dans un paysage aride afin d'aider à replanter le site et à recharger les nappes phréatiques prend déjà plus de sens. L'utilisation de technologies non-durables peut ainsi être appropriée s'il s'agit de monter des systèmes soutenables et qui continueront à apporter quelque chose dans le futur.

Mais les permaculteurs éviteront de concevoir des systèmes qui reposent à perpétuité sur des technologies non durables. De leur point de vue, c'est là qu'intervient

la notion de technologie appropriée. La *technologie appropriée* renvoie à toute application de connaissance et de compétence qui peut être considérée comme appropriée dans une situation donnée. Ce qui peut être approprié dans certaines circonstances, pouvant ne pas l'être dans d'autres.

Typiquement, les technologies appropriées sont applicables à petite échelle, demandeuses en main-d'œuvre, économes en énergie, respectueuses de l'environnement et contrôlable sur un plan local.

Non seulement nous devons examiner si l'utilisation de technologies non-durables ou polluantes est appropriée dans le cadre de notre objectif final, mais nous devons rechercher également des technologies sur lesquelles nous pourrons nous appuyer à long terme. Le permaculteur Douglas Bullock dit souvent que pour déterminer si une technologie est appropriée, il faut savoir si son utilisateur final peut la faire sienne.

Cela fait plus de 30 ans que la famille Bullock applique les principes de la permaculture sur sa propriété d'Orcas Island, dans l'État de Washington. Sa priorité a été d'établir ses propres systèmes, avant de transmettre son expérience aux autres.

En d'autres termes, il devrait être capable de la comprendre, de la remonter et de la réparer lui-même, et de la recycler. Dans le cas contraire, il nous faut bien réfléchir si une technologie possède un avenir à long terme dans nos systèmes, quand bien même elle y serait déjà employée comme une solution à court terme.

Avec ce mode de pensée, de nombreux systèmes de climatisation des maisons « vertes » *high-tech*, peuvent ne plus apparaître appropriés car leurs occupants ne possèdent généralement pas les compétences nécessaires pour les réparer eux-mêmes. Leur usage peut se faire en attendant, mais un passage à long terme vers des concepts solaires passifs et des modes de chauffage et de refroidissement basse technologie, comme des poêles à bois efficaces, serait une alternative préférable.

L'éthique de la transition est aussi un principe qui permet aux permaculteurs avisés de conserver une certaine humilité. Il n'y a, en effet, pas de moyen plus efficace pour détourner quelqu'un de la permaculture que de porter des jugements critiques sur ses initiatives, encore incomplètes, vers la durabilité. Regarder quelqu'un de haut parce qu'il ne composte pas ses excréments n'apporte rien ; accueillir avec bienveillance les nouveaux arrivants, en leur demandant comment les aider à passer à l'étape supérieure est bien plus constructif.

Commencez par vous assurer que vos propres besoins sont satisfaits dans un cadre durable, et puis seulement alors, concentrez-vous sur votre famille, puis vos amis, puis votre communauté, et ainsi de suite. Consacrer son énergie à résoudre des problèmes globaux lorsque ses besoins et son empreinte écologique n'ont pas été réglés n'a pas de sens.

Méfiez-vous de ceux qui visitent un lieu et décrètent péremptoirement ce qui relève de la permaculture ou pas. Tant que l'on n'a pas compris la globalité d'une situation donnée, on ne peut pas porter de jugement pertinent sur le projet ou le site d'un tiers, tout particulièrement si ce projet n'en est qu'à ses premiers stades de développement.

PENSER EN TERMES DE SYSTÈMES

Lorsque nous parlons de permaculture, nous employons souvent le termes de *systèmes* (systèmes d'irrigation, énergétiques, alimentaires, etc.). Sous sa forme la plus élémentaire, un système est un ensemble de parties (éléments), assemblées de manière à ce que leurs relations les unes avec les autres (leurs fonctions) permettent la réalisation d'une certaine tâche ou d'atteindre un certain objectif (l'effet). Par exemple, une bicyclette est un système simple composé d'un ensemble d'éléments (guidon, chaîne, roues, etc.), assemblés de telle manière (le guidon fixé au cadre, le cadre relié aux roues) qu'ils puissent fonctionner pour accomplir l'effet de vous transporter. Le même concept est valable si l'on étudie les différentes parties d'un corps humain. Une pile d'organes posés sur une table ne fait pas une personne. Mais lorsque ces organes sont reliés les uns aux autres de manière adéquate et que chacun accomplit ses fonctions, alors *nous* apparaissons.

Lorsque tous les éléments d'un système sont assemblés comme il faut, l'ensemble vaut plus que la somme de ses parties et des propriétés émergentes apparaissent. Par exemple, les propriétés émergentes d'un humain peuvent inclure la capacité de cuisiner un plat thaï, raconter une blague ou écrire un haïku. La base de la réflexion en systèmes est d'explorer ces relations entre éléments qui permettent l'apparition de propriétés dans un système unique.

EXEMPLES DE SYSTÈMES

Vélo en kit

Deux systèmes complets
(les parties fonctionnent entre elles)

Humain en kit

La permaculture est un processus qui relève de la pensée holistique. Non seulement il nous faut penser aux relations entre tous les éléments d'un tout, qui peut être notre milieu de vie par exemple, mais il nous faut aussi transcender les frontières conventionnelles entre les disciplines et observer comment nos paysages, nos constructions, nos systèmes sociaux, et tout le reste sont en lien les uns avec les autres. Cela signifie que le paysage n'est plus le joli décor qui entoure la maison mais qu'il est tout aussi important que la maison elle-même. En fait, dans certains cas, nous pouvons en venir à décider de changer le concept de notre maison, de notre système énergétique ou de notre structure sociale pour l'accorder avec une autre partie du concept global. Un certain nombre de stratégies de permaculture découlent d'une réflexion en termes de systèmes, et nous allons maintenant passer en revue quelques-unes d'entre elles.

Anticiper les facteurs limitants

Réfléchir aux facteurs limitants nous permet de voir où se trouvent les points de levier qui permettront d'intervenir dans un système. Par exemple, si le facteur limitant pour la croissance des plantes dans votre jardin sc trouve être l'azote, vous pourrez apporter tout le potassium du monde, cela ne permettra pas une meilleure croissance. Toutefois, il nous faut aussi comprendre que la nature même de ces facteurs limitants est d'être dynamique. Si nous apportons de l'azote dans notre jardin, il arrivera un moment où ce ne sera plus le facteur limitant, mais où quelque chose d'autre prendra cette place (comme le potassium, le manganèse ou le calcium).

Il est possible de considérer tout système complexe comme une succession de couches de facteurs limitants. Par conséquent, nos concepts doivent à la fois traiter les facteurs limitants en présence et essayer de prévoir ceux qui pourraient prendre le relai. Pour reprendre notre exemple, si nous apportons dans notre jardin un mélange de nutriments qui correspond étroitement aux carences de notre sol, nous pouvons éviter tout un ensemble de facteurs limitants. Réfléchir aux facteurs limitants nous permettra de résoudre les prochains facteurs limitants, avant même que ceux-ci ne deviennent problématiques. Nous devons toujours garder à l'esprit qu'il existe des limitations à la croissance de tous nos systèmes, déterminées par l'environnement même (pensez à la capacité de charge), et si nous les occultons, nos systèmes connaîtront des développements néfastes et imprévus.

Développer un cadre holistique

Traditionnellement, la culture occidentale a employé le réductionnisme comme une manière de simplifier la prise de décision. Parfois, c'est utile mais la simplification va souvent trop loin. Lorsque nous pensons de manière holistique, au lieu de regarder combien d'éléments nous pouvons écarter pour prendre une décision, nous pensons à combien d'éléments nous pouvons conserver dans l'équation sans se retrouver dépassé. Dans une phase de conceptualisation, pour répondre à une question comme « Dois-je faire paître du bétail ici ou planter une forêt ? », on pourra d'abord se demander : « Comment je souhaite que soit ma vie ? Qu'est-ce que je veux pour mes enfants et petits-enfants ? Quels sont mes objectifs primordiaux ? » Allan Savory, le fondateur du *management holistique*, voit dans ce processus le développement d'une approche holistique dont toutes vos décisions découleront. Une fois que vous empruntez cet angle de pensée, vous pouvez vérifier chaque décision dans votre projet afin de voir si celui-ci vous amènera vers ce que vous souhaitez vraiment. Si ce n'est pas le cas, essayez une option différente.

Concevoir des systèmes en circuit fermé

Si vous vous remémorez vos cours de physique de vos années de lycée, vous pourriez vous souvenir vaguement des lois de la thermodynamique. Deux de ces lois, les deux premières, ont une importance particulière pour les concepteurs en permaculture. La première loi dit en substance qu'aucune matière ou énergie ne peut être créée ni détruite. Elles peuvent seulement se transformer. C'est important à comprendre car cela amène l'idée qu'il n'y a pas d'au-delà. Rien ne disparaît jamais. Parfois quelque chose quitte notre système (par exemple, le sac d'ordures que nous déposons sur le trottoir), mais ce n'est que pour entrer dans le système d'un autre. En permaculture, nous concevons des systèmes qui fonctionnent autant que possible en circuit fermé. Par exemple, au lieu d'évacuer nos déchets alimentaires, nous pouvons les composter (en d'autres termes, nous modifions leur forme) et les ramener dans notre jardin. De cette manière, nous n'exportons pas de déchets qui demanderont à être traités ailleurs, de même que nous n'importons pas d'engrais pour cultiver nos légumes.

Chez Growing Power, à Milwaukee, dans le Wisconsin, la serre est simplement chauffée par l'activité biologique du compost entassé dans les coins. Cette photo a été prise par Dave au mois de janvier, tandis qu'il faisait 8 °C dehors, et les légumes ont l'air en pleine forme.

Utiliser les sous-produits

La deuxième loi de la thermodynamique dit que chaque fois que quelque chose est utilisé pour réaliser une action, ou chaque fois que quelque chose change de forme, une partie de l'énergie est perdue en chaleur ou en lumière. Par exemple, si vous placez votre main près d'une ampoule à incandescence, vous sentirez de la chaleur. Le but de cette ampoule est de créer de la lumière afin que nous puissions voir, mais la transformation de l'électricité en lumière va impliquer en pratique une perte importante d'énergie sous forme de chaleur. Nous devons garder cela à l'esprit, pour faire de notre mieux pour exploiter ce sous-produit.

Par exemple, lors du compostage, une partie de l'énergie dégagée par la décomposition des déchets alimentaires se perd aussi sous forme de chaleur, ce que vous savez si vous avez déjà retourné un tas de compost en pleine activité biologique. En tant que concepteurs, notre travail est de trouver comment, soit minimiser cette perte, soit, mieux encore, en tirer profit. Pourquoi ne pas placer votre tas de compost à l'intérieur d'une serre en hiver pour la réchauffer ? C'est exactement ce qu'a fait Will Allen de Growing Power (Voir photo page précédente).

Éviter de transférer la charge de travail sur l'homme

À la base, cela signifie que si nous ne concevons pas des systèmes qui s'auto-régulent, nous seront obligés d'assurer nous-mêmes ces fonctions de régulation. En d'autres termes, si nos systèmes ne peuvent pas fonctionner sans notre intervention, nous nous exposons à un surcroît de travail. Par conséquent, nous devrions tendre vers des systèmes en très grande partie autonomes. Même les systèmes qui nous demandent beaucoup de travail lors de leur phase d'établissement devraient être conçus de manière à ce qu'ils assurent eux-mêmes l'essentiel de leurs besoins en gagnant en maturité.

Interrogez-vous sur le degré de maintenance que vos systèmes exigent et si ces systèmes requerront plus ou moins de maintenance à l'avenir. Repensez alors tout système qui demanderait plus de maintenance dans le temps, afin d'améliorer son autonomie. Et assurez-vous que les systèmes que vous avez conçus traitent les problèmes de fond et non simplement leurs symptômes.

Optimiser les propriétés émergentes bénéfiques

Les propriétés émergentes d'un système apparaissent lorsque chacun de ses éléments accomplit sa fonction. Elles peuvent être attendues ou inattendues, bonnes ou mauvaises. Le secret, pour les concepteurs en permaculture est d'examiner chaque aspect de leurs projets à travers le prisme holistique, de manière à essayer d'anticiper autant de propriétés émergentes que possible. Lors de la phase de conceptualisation, il est également important de garder en tête notre vision et nos objectifs globaux, afin de nous assurer que les systèmes en projet sont en train d'amener le type de propriétés émergentes qui tirera le concept général dans la bonne direction.

LES PRINCIPES DE LA PERMACULTURE

Nous aimons considérer les principes de la permaculture en termes de filtres pour nos décisions dans le processus de création. Nous pouvons les utiliser pour tester différentes solutions à des problèmes de fond, afin de déterminer lesquelles nous rapprocheront de notre vision et de la durabilité. La liste de ces principes telle qu'on la trouve dans diverses publications peut aller de 4 à 40. Ce qui suit est une synthèse de ceux qui, d'après notre expérience, nous sont apparus les plus largement applicables en permaculture. Nous présentons aussi pour chacun quelques questions que vous pouvez vous poser lorsque vous travaillez sur un projet.

Dans ce jardin, les salades ont été plantées entre les haricots à rames et la serre, afin d'être à l'ombre en été, ce qui les empêche de monter en graines.

Placer les éléments pour créer des interconnexions fonctionnelles

Placer les éléments au bon endroit dans l'espace et interconnectés les uns aux autres permet d'établir des relations bénéfiques et le fonctionnement des systèmes. Ces interconnexions fonctionnelles entre éléments donnent des systèmes en circuits fermés, qui se montrent plus efficaces et moins exigeants en maintenance que ceux qui pèchent sur ce point-là. Par exemple, une serre adossée au côté le plus ensoleillé d'une maison pourra aider à chauffer cette dernière grâce à l'énergie solaire tout en ménageant un espace de culture productif. Ces bénéfices seraient réduits ou perdus si la serre était associée au côté ombragé de la maison.

Questions à se poser :

- Est-ce que tel élément est en relation avec ceux qui l'entourent d'une manière qui a un sens ?
- Si cet élément était déplacé, quels seraient les bénéfices potentiels ou les limites envisageables ?

Ce poêle pour sauna, situé dans une serre, non seulement chauffe le sauna mais sert aussi à déshydrater des produits alimentaires ; la surface plane sur le dessus permet en plus d'y poser une théière.

Choisir des éléments ayant plusieurs fonctions

Les éléments que nous intégrons dans nos projets doivent posséder si possible des fonctions multiples et être utilisés à leur maximum. Lorsque nous avons le choix parmi différents éléments pour assurer une tâche donnée, nous devrions nous diriger vers ceux qui apporteront le plus, pour nous et pour l'écosystème environnant. Par exemple, si nous souhaitons créer un brise-vue entre notre propriété et celle de notre voisin, nous pouvons planter une haie mélangée, qui procurera des fruits, un habitat pour la faune sauvage et du nectar pour les abeilles en plus de l'écran recherché. Cette solution sera préférable à une palissade en bois qui ne ferait rien qu'empêcher de voir.

Questions à se poser :

- Est-ce que chaque élément de mon projet assure différentes fonctions ?
- Est-ce que je pourrais remplacer certains éléments par d'autres pour assurer davantage de fonctions ?
- Est-ce que j'exploite complètement les fonctions offertes par les éléments de mon projet ?

Créer des systèmes résilients

Chaque fonction essentielle de nos concepts (par exemple, la production d'eau potable, de revenus, de nourriture) devrait être garantie par plusieurs éléments. Nous voulons être sûrs que nos systèmes ne s'arrêteront pas de fonctionner à cause d'un dérèglement. En règle générale, nous aimons prévoir des solutions de secours à nos solutions de secours... Plus une fonction est essentielle, plus il faudra prévoir de solutions de secours. Par exemple, si la conduite d'eau casse en été au cours d'une période de sécheresse, il nous faut disposer d'autres moyens d'irrigation telles que des citernes, des tonneaux, et si nécessaire une chaîne de seaux pour relier le point d'eau le plus proche. Toutes ces approches exigent une certaine anticipation dans les premiers stades du projet. L'application de cette forme de « pensée de la résilience » à chaque aspect d'un projet conduit à un système d'ensemble plus solide.

Questions à se poser :

- Quel genre d'événement pourrait interrompre le fonctionnement de chacun des systèmes de mon projet (par exemple, catastrophes, interruption des services, perte d'emploi) ?
- Est-ce que mes systèmes continueront à fonctionner face à ces interruptions ?
- Dans le cas contraire, comment puis-je ajouter au moins deux rideaux d'alternatives pour améliorer la résilience du système ?

Avoir du rendement

Nous souhaitons disposer dans nos projets de systèmes productifs, et qui ne le soient pas seulement dans un avenir éloigné mais tout au long de leur durée de vie. Il faudrait que cette production débute dès les premiers stades de leur développement et augmente au fur et à mesure de leur croissance jusqu'à leur maturité. Par exemple, dans les espaces que nous concevons, les productions sont principalement assurées la première année par des cultures annuelles. La deuxième année, les cultures de baies entrent en scène tandis que nous continuons à récolter encore beaucoup d'annuelles. La troisième apporte en plus les premières petites productions des arbres fruitiers. La quatrième, des cultures de champignons sur bois peuvent s'ajouter. Et finalement, peut-être après cinq à dix ans, nous pouvons commencer à récolter les premières noix et couper quelques arbres de petit diamètre. Le secret est de planifier à suffisamment long terme pour s'assurer que nous ne travaillons pas dur sans rien à la clé.

Questions à se poser :

- Est-ce que mes systèmes seront productifs tout au long de leur développement ?
- Puis-je réaliser des changements dans mon projet pour assurer à la fois une production à court et long terme ?
- Ne vais-je pas rencontrer des carences dans le développement de mon système ou une interruption annuelle de ma production ?

Privilégier les solutions intensives, à petite échelle

Chaque fois que c'est possible, il faut privilégier les solutions à échelle réduite, qui permettent une maintenance plus facile. Même dans des projets qui peuvent à terme prendre une certaine envergure, il est crucial de commencer petit. De cette manière, les échecs de départ sont limités et l'on pourra tirer profit de cet apprentissage avant de passer à l'échelle supérieure. Par ailleurs, les personnes qui perdent gros ont plus tendance à tout abandonner par la suite. Echouer petit permet d'essayer à nouveau...

Une utilisation intensive de la terre permet également de laisser plus de terre pour des écosystèmes sauvages et fonctionnels.

Questions à se poser :

- Sans tenir compte de l'envergure de ma vision à long terme, est-ce que je suis en train de démarrer « petit » ?
- Pourrais-je démarrer plus « petit » encore ?
- Quelles seraient les conséquences si cette idée échouait ?
- Est-ce que je tire le maximum de l'espace que j'utilise ou pourrait-il assurer des fonctions supplémentaires ?
- Pourrais-je atteindre mes objectifs sur moins d'espace ?

Immédiatement après avoir planté un nouvel espace avec des vivaces, Jessi aime semer des courges d'hiver, qui couvriront rapidement le sol et assureront la production de la première année.

Imiter la nature et utiliser les ressources biologiques

La manière dont les choses se font dans la nature devrait nous fournir de nombreux indices sur la façon de réaliser les mêmes tâches dans un cadre durable. Imiter la nature ne signifie pas simplement qu'il nous faut copier les formes que nous y observons : l'essentiel est surtout d'imiter les fonctions permises par ces formes. En d'autres termes, nous souhaitons avant tout nous inspirer des relations observées dans la nature. Ce qui amène souvent à avoir recours à des ressources biologiques. Ce qui est merveilleux avec ces dernières, qu'elles concernent les levures, les laitues ou le bétail, c'est qu'elles sont par essence régénératives. Elles peuvent utiliser l'énergie solaire (que ce soit directement ou indirectement) pour produire plus qu'elles-mêmes. On ne peut en dire autant des ressources non biologiques comme les tracteurs, le béton, et même les panneaux solaires. C'est pourquoi nous devons rechercher en priorité les solutions biologiques et les employer chaque fois que c'est possible en pratique.

Par exemple, pour pailler un jardin, nous pouvons utiliser soit un matériau biologique comme les copeaux de bois, soit une bâche plastique noire. Les deux maintiendront l'humidité du sol et étoufferont mauvaises herbes. À ceci près que le plastique noir est un dérivé du pétrole, une ressource non renouvelable, qui finira par se dégrader et devra être arraché et jeté. À l'opposé, les copeaux de bois se décomposeront lentement. Et quand ils auront disparu, il sera toujours possible d'en produire à nouveau localement. De plus, leur décomposition aura apporté de la matière organique au sol.

Questions à se poser :

- Est-ce que ce problème serait traité comme ça dans un système naturel ?
- Est-ce que mon projet est basé sur des ressources non-biologiques ?
- Si c'est le cas, est-ce qu'au cours de sa maturation, ce projet pourrait voir ses ressources non-biologiques remplacées par des ressources biologiques ?

Rechercher la diversité

Que nous parlions de biodiversité ou de diversité culturelle, son enrichissement occupe presque toujours une place importante dans nos projets. Ce principe est intimement lié à de nombreux autres. Une grande diversité peut aider à maintenir une forme de stabilité dynamique dans un système. Lorsqu'il s'agit de finances, les gens parlent souvent de diversifier leurs portefeuilles. La diversité aide à bâtir la résilience dans un système. Plus de diversité dans un espace signifie plus de potentiel pour des interconnexions fonctionnelles, plus de productions potentielles, et une capacité accrue à supporter la perte de n'importe quel élément. Une plus grande diversité culturelle dans notre communauté ouvre sur plus de perspectives, plus d'idées, et plus d'opportunités de connaissances.

Imaginons que nous plantons un verger avec de nombreuses espèces différentes d'arbres fruitiers. Et pour chaque espèce, différentes variétés aux caractéristiques tout aussi différentes. Si une maladie touche les pommiers, les autres fruitiers continueront à produire pour nous. D'ailleurs peut-être même que certaines variétés de pommiers

se montreront plus résistantes que d'autres. Si nous vendons des fruits, nous n'aurons ainsi pas mis tous nos œufs dans le même panier ; une mauvaise année en pommes pourra être compensée par nos cultures de cerises, de prunes, de poires et d'abricots...

Des questions à se poser :

- Est-ce que mon projet favorise la biodiversité (au niveau des espèces et au niveau génétique) ?
- Est-ce que mon système social valorise la diversité ?
- Est-ce qu'il encourage une diversité plus grande encore ?
- Est-ce que, dans mon projet, les opportunités économiques sont diversifiées ou dépendent-elles toutes d'un seul élément ?

Être créatif dans la résolution des problèmes

Les permaculteurs ont fait leur l'idée selon laquelle chaque problème contient le germe de sa propre solution, ou plus simplement, que le problème est la solution. Il y a une certaine justesse dans cela, même si elle peut être difficile à voir lorsqu'on est aux prises avec le problème en question. Changer de perspective peut alors aider. Lorsqu'un problème semble insoluble, il est important d'étudier nos hypothèses et de nous assurer

(à gauche) Ce jardin, sur la ferme des Bullock, multiplie les niveaux verticaux pour augmenter le nombre et la diversité de plantes sur une même zone, et en imitant ce que nous pourrions trouver dans la nature.

(à droite) Cette bordure, sur la propriété de Jessi, est composée de toute une variété de plantes, chacune abritant différents types d'insectes et avec ses fonctions propres, assurant la production alimentaire ou médicinale, ou servant d'ornement et luttant contre les mauvaises herbes.

Un arbre tombé pourrait être considéré comme un problème, mais nous pouvons y voir aussi l'opportunité d'utiliser son bois pour le feu ou la production de champignons.

Des arbres menés en espaliers peuvent occuper des espaces réduits mais demandent en même temps beaucoup plus d'entretien. Le premier point peut nous séduire, mais il s'agit de tout prendre en compte.

qu'elles sont valides. Relevez la tête du guidon. Pensez à la fois à plus grande et plus petite échelle. Et ce qui est peut-être le plus important, assurez-vous que vous êtes en train de vous poser les bonnes questions.

Questions à se poser :

- Est-ce que ma solution traite le cœur du problème ou simplement un de ses symptômes ?
- Ne suis-je pas en train de travailler autour de quelque chose d'insoluble ? Cela en vaut-il la peine ?
- Est-ce que j'ai rencontré d'autres problèmes qui pourraient aider à résoudre celui-ci ?
- Y a-t-il une solution qui impliquerait moins de travail ?

S'assurer que l'utilisation d'un élément est en accord avec sa nature

Le stress survient lorsque les besoins des éléments d'un système ne sont pas satisfaits, qu'"ils sont en compétition entre eux, ou forcés d'accomplir des fonctions qui ne leur sont pas naturelles. Ce qui n'est pas le cas lorsque les systèmes sont en harmonie. Par conséquent, lorsque nous les concevons, nous devons nous assurer que nous employons leurs éléments d'une manière qui soit en accord avec leur nature. D'autant plus que chaque fois que nous forçons un élément à accomplir une fonction qui ne lui est pas naturelle, il en résulte un surcroît de travail pour nous.

Par exemple, si nous mettons en pot un pommier greffé sur un porte-greffe standard sur le balcon, l'arbre se retrouvera vite les racines à l'étroit et demandera régulièrement un rempotage et une taille des racines. Nous aurons aussi à tailler sévèrement ses branches plusieurs fois par an pour l'empêcher d'occulter la vue. Toutes ces perturbations pourront amener l'arbre à être plus sensible aux ravageurs et aux maladies, qu'il nous faudra traiter en conséquence. Après tout ce supplément de travail, les calories dépensées n'arriveront probablement pas à compenser celles que nous retirerons de sa production de pommes...

Mais si nous choisissons un porte-greffe nanifiant pour ce même pommier, cultivé sur ce même balcon, les caractéristiques de cet arbre pourront s'accorder naturellement aux conditions disponibles.

Questions à se poser :

- Les éléments de mon projet sont-ils stressés ?
- Si j'utilisais d'autres éléments à la place des éléments stressés (des espèces, des variétés, des races, des marques, des modèles différents), est-ce que j'obtiendrais des résultats plus harmonieux ?
- Si je place cet élément ailleurs, serait-il moins stressé ?
- Est-ce qu'un aspect ou un autre de mon projet m'amènera plus de travail à long terme ?
- Comment pourrais-je éviter cela ?

Gérer les bordures

Il s'agit ici des côtés, du périmètre d'une surface, par rapport à sa superficie. Dans tous les projets, il faut toujours prêter une très grande attention à leurs bordures et aux lieux de contact entre deux espaces de nature distinctes (terre et eau ; forêt et champ ; tel groupe de cultures et un autre). Ces bordures sont souvent très dynamiques, car les conditions trouvées sur ces limites favorisent des évènements très particuliers à la différence des conditions trouvées au sein de l'un ou l'autre des compartiments qui viennent à se rencontrer. La fusion en cuisine est un résultat à la frontière de deux traditions culinaires différentes ; les massettes poussent à la limite entre eau et terre. Certaines de ces lignes frontières amènent des choses intéressantes, mais d'autres nous fournissent un surcroît de travail. C'est pourquoi nous nous efforçons d'amplifier les

(à gauche) Chez le permaculteur Jude Hobbs, à Cottage Grove, dans l'Oregon, cet espace de pelouse présente des contours arrondis qui démultiplient d'autant les accès au jardin vivrier.

(à droite) Chez Robin Haglund, une personnalité marquante du jardinage, l'eau de pluie tombant sur le toit de la serre est récupérée et utilisée pour améliorer la productivité des cultures.

bordures bénéfiques et de minimiser celles qui sont problématiques.

Par exemple, lorsque nous posons une clôture, nous essayons souvent de réduire le périmètre de la zone clôturée tout en ayant la surface la plus grande possible. Cela limite les matériaux nécessaires et le temps que nous passons à longer la clôture pour vérifier régulièrement son intégrité. En revanche, si nous réalisions un bassin et que nous souhaitions réellement y faire pousser une grande quantité de massettes, nous voudrions que sa bordure soit extrêmement sinueuse pour obtenir le plus de longueur possible pour les plantes que nous avons choisies.

Questions à se poser :

- De quelles sortes de bordures suis-je en train de m'occuper ?
- Serait-il intéressant d'augmenter ou de réduire leur longueur ?
- Si je réduis ou augmente la longueur de cette bordure, est-ce que cela m'amène plus ou moins de travail ?
- Est-ce que ma gestion des bordures s'accorde avec la vision et les objectifs principaux de mon projet ?

Recycler l'énergie

L'électricité, l'argent, le temps, l'acier, les pommes de terre et potentiellement l'amour représentent simplement différentes formes d'énergie dont nous pouvons bénéficier. Il s'agit avant tout de réfléchir à la manière dont nous pouvons conserver aussi longtemps que possible dans nos systèmes les formes d'énergie bénéfiques. Comment pouvons-nous tirer pleinement profit d'une source d'énergie et puis la réutiliser, encore et encore, jusqu'à ce que ne soit plus possible ? Notre objectif consistera ici en partie à créer autant de circuits fermés que possible. En d'autres termes, il nous faudra penser à la manière d'utiliser les déchets produits par un système donné pour les transformer et en alimenter un autre. De même, si des parties d'un système se dégradent, nous devrions étudier la manière de les employer dans un nouvel usage.

Par exemple, si votre vieille maison de ferme se dégrade, vous pouvez choisir de la reconstruire, en réutilisant toutes les poutres qui sont encore en bon état. Toutes celles avec des traces de pourriture pourront être détaillées en bons et mauvais morceaux, et les bons pourront être utilisés pour faire des chaises pour la cuisine. Quelques années plus tard, si l'un des barreaux d'une chaise se casse, nous pourrons tailler des cuillères dans le bois. Lorsque ces cuillères se briseront à leur tour ou deviendront hors d'usage, nous pourrons les ajouter aux copeaux de bois qui couvrent nos allées de jardin, ou nous en servir de petit bois pour allumer le feu de la cuisine. Les cendres du feu pourront, elles, être utilisées pour faire du savon. Vous noterez la différence avec le fait de démolir la maison d'origine et transformer directement les poutres en bûches pour le feu. Le même cheminement peut être appliqué pour n'importe quoi, de l'eau à la chaleur ou à l'électricité. Demandez-vous : « Quel autre usage puis-je faire de cela avant de finir par le jeter ? »

Un superbe exemple de production et de recyclage de l'énergie peut être trouvé sur la ferme des Bullock. Des pompes solaires acheminent l'eau d'irrigation d'un étang situé à l'endroit le plus de bas de la propriété jusqu'au point le plus haut. De là, l'eau alimente par gravité les systèmes d'irrigation des jardins. L'eau qui n'est pas captée par les racines des plantes s'infiltre dans la nappe phréatique pour regagner finalement l'étang. De cet étang, elle entre à nouveau dans le cycle et participe à satisfaire les besoins en eau d'une ferme qui connaît une saison sèche de trois à quatre mois. Si cette eau n'était pas réintroduite dans le système, elle déborderait de l'étang pour aller à la mer, où elle se mêlerait à l'eau salée et deviendrait moins utile.

Questions à se poser :

- Est-ce que j'utilise chaque ressource autant que possible ?
- Est-ce que je réalise des circuits fermés dans les systèmes que je crée ?
- Est-ce que mon projet intègre les ressources de manière optimale pour leur usage suivants ?
- Est-ce que j'utilise des ressources qui se dégradent lorsqu'elles ne servent pas ?
- Est-ce que j'évite autant que possible d'utiliser des ressources polluantes ?

Apprendre de la nature

Bien comprendre les principes de l'écologie est essentiel dans un projet de permaculture. Après tout, comment pouvons-nous concevoir des projets qui imitent la nature si nous ne comprenons pas comment elle fonctionne ? L'écologie est la science qui consiste à observer les organismes vivants et comprendre comment ils sont liés et interagissent au sein de leur environnement. Le spectre qu'elle couvre est vaste : des micro-organismes dissimulés dans les ruisseaux aux mammifères carnivores des forêts amazoniennes. Il est important de connaître le degré d'importance des relations entre les animaux (humains inclus), les plantes, le sol, l'air et l'eau. Intégrer cette donnée dans notre réflexion nous permet d'avoir une vision plus large et plus holistique.

L'arbre à pain constitue une culture de base importante dans de nombreuses régions tropicales. Avec sa grande taille et son feuillage persistant, il fournit un ombrage dense. Il préfère les sols profonds, riches et bien drainés, autant de caractéristiques de sa niche écologique.

LES CONCEPTS ÉCOLOGIQUES ESSENTIELS

L'écologie englobe de nombreuses spécialités, incluant sans s'y limiter : les sciences de la terre, la biologie des être vivants, la physique des océans, la climatologie et la botanique. Nous mettrons ici l'accent sur certains de ses concepts clés auxquels il est utile de penser durant le processus de conception. Voici quelques questions importantes à garder à l'esprit pour résoudre un problème. Que ferait la nature ? Qu'arriverait-il si la nature suivait son cours ? Que puis-je faire pour imiter les processus naturels ?

La niche écologique

Le terme de *niche* décrit soit le mode de vie d'une espèce soit la fonction particulière qu'elle accomplit dans sa communauté ou son écosystème. La niche d'une espèce est ce qui rend cette dernière unique: ressources alimentaires, types d'habitat, stratégies de survie et d'adaptation, apport aux autres espèces de l'écosystème... La niche au sein d'une communauté biologique décrit plus particulièrement le rôle spécifique qu'une espèce y remplit, à la manière de la description d'un métier, là aussi plus ou moins spécialisé. La fixation de l'azote est ainsi une tâche dans une communauté qui peut être assurée par de nombreuses espèces, à côté de laquelle le rôle d'un insecte phytophage, habitant la canopée, apparaîtra plus spécifique. Certaines espèces, comme l'homme, peuvent être définies comme généralistes, avec une grande capacité d'adaptation. Elles sont moins susceptibles de souffrir d'un changement dans leur habitat. Les spécialistes, à l'opposé, assurent des tâches très spécifiques et ont besoin pour survivre de conditions très précises. La compétition autour des ressources s'installera si plusieurs espèces ont la même niche dans la même zone. Dans nos projets, nous cherchons à minimiser la compétition et à optimiser la coopération, en imitant les relations bénéfiques observées dans la nature.

La succession écologique

La succession écologique est un concept clé en écologie, qui a trait aux processus dynamiques ou aux séquences de développement au sein d'un écosystème. Dans la vision linéaire classique de la succession, ces changements respectent souvent un

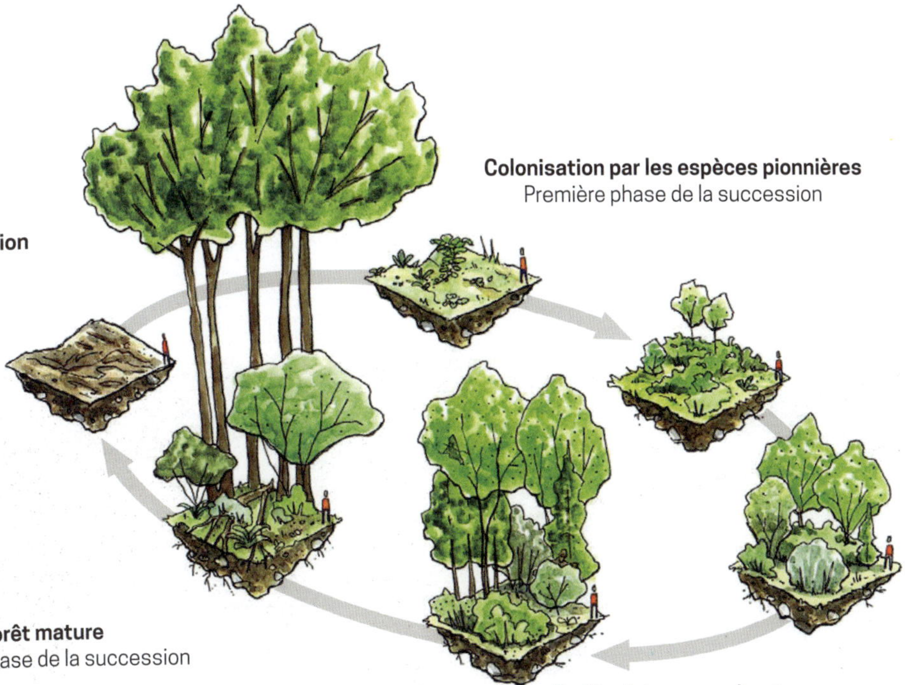

enchaînement prévisible. Toutefois, en fonction de la diversité des conditions et des événements perturbateurs qui peuvent survenir, le développement d'un écosystème peut emprunter une direction différente.

Ces perturbations peuvent être dues à l'homme, comme le déboisement et la pollution, mais tout aussi bien être d'origine naturelle, tels qu'un incendie, une coulée de lave ou un glissement de terrain.

* La succession primaire correspond au moment où un écosystème commence à se développer après une importante perturbation ayant éradiqué toute communauté écologique sur un lieu. C'est généralement le cas suite à une éruption volcanique, une désertification, une glaciation ou une importante érosion due soit à des causes naturelles, soit au décapage intentionnel d'un terrain en vue de l'exploiter.

* Une succession secondaire intervient dans le cas où une communauté biologique a été perturbée mais tout en ayant pu laisser derrière elle une sorte d'héritage sous la forme de matière organique dans le sol, de réserves de graines et d'organismes. Elle suit souvent les feux de forêt, les tornades ou les coupes rases.

Après une perturbation, un groupe de plantes dites pionnières, très tolérantes aux conditions extrêmes ou à la pauvreté des sols, colonise généralement ce nouvel espace. Il s'agit souvent de plantes qui fixent l'azote ou produisent une importante quantité de biomasse ; elles vont ainsi enrichir le milieu et faciliter l'installation de nouvelles espèces. La stratégie de niche des espèces pionnières consiste à pousser vite, voire à se propager avec agressivité. On les considère souvent comme des mauvaises herbes, mais, en fait, elles font office de pansement sur les sites perturbés.

Au cours des stades intermédiaires de la succession, les communautés végétales vont en se complexifiant. On représente le plus souvent cette transition par l'image de la prairie, qui se couvre d'une strate arbustive mixte, qui elle-même va devenir forêt de feuillus, avant de céder la place à une forêt de conifères. Toutefois, la végétation variera en fonction des différentes conditions du site. La stratégie de niche de ces espèces intermédiaires, qui permet leur survie, est celle de compétitrices.

Ces grandes feuilles appartiennent à la bardane (*Arctium lappa*), une espèce biannuelle et pionnière qui produit une abondance de fruits s'accrochant au pelage des animaux pour assurer leur dissémination. Dans ce système, la bardane est cultivée dans un bidon qui permet de récolter plus facilement ses longues racines comestibles et aux vertus médicinales.

La dernière communauté de la succession est traditionnellement considérée comme un écosystème stable, ce qui ne veut pas dire statique. Les plantes sont plus grandes, poussent plus lentement, et sont généralement en mesure d'abriter une population d'organismes plus diversifiée. La matrice d'espèces du dernier stade de la succession varie fortement d'une région à l'autre. La stratégie de niche associée à ces espèces du dernier stade de la succession est celle de plantes tolérantes aux stress.

Souvent la succession écologique est représentée d'une manière linéaire, allant de la perturbation à un climax, en passant par plusieurs phases. Ce qui ne représente pas la complexité du monde réel. À tout moment au cours du développement d'une communauté écologique, des portions peuvent revenir en arrière, suite à une nouvelle perturbation. Alors, le processus recommence, sans suivre nécessairement la progression antérieure. La plupart des milieux naturels abritent ainsi une mosaïque de parcelles à différents stades. La même perturbation peut avoir un effet différent sur un écosystème selon la zone. On doit ainsi garder à l'esprit deux points essentiels concernant les successions : (1) il n'existe pas de climax unique vers lequel un milieu donné évolue obligatoirement ; (2) la succession dans un milieu peut en réalité progresser, comme régresser, ou emprunter des chemins de traverse. Toutefois une même direction a tendance à être respectée au niveau de chaque parcelle ou unité écologiques, dans lesquelles les conditions sont globalement les mêmes.

UNE MOSAÏQUE FORESTIÈRE

En tant que concepteurs en permaculture, nous avons besoin de comprendre à quels stades de la succession écologique se trouvent nos jardins. Dans de nombreux cas, nous pouvons accélérer le passage d'un stade à l'autre en choisissant et en gérant soigneusement les espèces. Mais il faut surtout avoir une idée claire du stade auquel nous aimerions arriver dans la succession. Nous ne nous précipitons pas forcément vers son stade ultime. En effet, la majorité des végétaux alimentaires sont des espèces que l'on trouve aux premiers stades ou aux stades intermédiaires.

La biorégion

Les biorégions sont des étendues définies par des frontières géologiques ou des affinités écologiques plutôt que par des frontières politiques. Elles suivent souvent les contours d'un bassin versant et englobent une zone distincte où flore, faune, géologie et climat ont des caractéristiques communes, caractéristiques qui se démarquent des régions voisines. D'un point de vue humain, analyser les ressources biorégionales locales et notre manière de les utiliser est important pour vivre sur un mode soutenable. Si nous étudions l'histoire humaine sur une biorégion, nous trouvons une imbrication de traditions locales qui étaient adaptées aux ressources du lieu. Cela comprend production alimentaire, architecture et pratiques médicinales. Souvent, nous avons la possibilité de reproduire ces modèles culturels dans nos concepts afin de les rendre appropriés à notre biorégion.

La biodiversité

La diversité des espèces en dit généralement beaucoup sur la bonne santé d'un écosystème. Les écosystèmes contiennent une large variété d'organismes — humains, plantes, animaux, champignons, bactéries, etc. — qui interagissent sur la toile de la vie. Plus les espèces sont nombreuses dans un écosystème, plus le potentiel d'interactions bénéfiques est grand. Il en va de même avec la diversité génétique au sein d'une espèce à part entière. Dans nos projets, notre objectif devrait être d'enrichir ou de préserver cette biodiversité afin d'obtenir une plus grande stabilité. Notez que stable ne veut pas dire statique (le système change, fluctue mais ne cesse jamais de fonctionner). Des espèces peuvent arriver, d'autres partir. Tout comme pour les individus, mais en présence de nombreuses espèces, représentées par une pluralité d'individus génétiquement distincts, le système entier ne s'effondrera pas suite à ces changements. Ce qui signifie qu'un écosystème, dans sa globalité, montre toute son adaptabilité.

L'interaction entre espèces permet un échange des ressources — qu'il s'agisse de nourriture et de nutriments, d'oxygène, d'abris ou de prédation. Un organisme peut en protéger un autre, voire établir une symbiose. Plus le nombre d'espèces est grand, plus les opportunités se multiplient. La diversité génétique au sein d'une espèce est également un ingrédient important de la biodiversité. Si nous entreprenons de planter dix pommiers et que nous ne choisissions que des 'Fuji', tous partageront les mêmes faiblesses. Ce qui signifie que si une maladie frappe et que les 'Fuji' y sont sensibles, nous pourrions perdre tous nos pommiers en même temps. Au lieu de cela, nous pouvons planter dix cultivars différents ; ainsi, si un ou plusieurs d'entre eux sont résistants à la maladie, nous aurons toujours au moins une récolte. Mieux encore, nous pouvons sélectionner des cultivars aux qualités différentes de fruits et qui produiront à différents moments de l'année.

Monocultures et polycultures

La monoculture est cette pratique agricole qui consiste à cultiver une seule espèce et en grande quantité, de manière à réduire le besoin de main-d'œuvre et permettre un entretien plus facile et plus rentable. Par exemple, une ferme industrielle pourra très bien cultiver un hectare de carottes. Ce faisant, elle exclura la biodiversité. Les carottes seront alors plus sensibles aux maladies et aux ravageurs, comme la mouche de la carotte, car ceux-ci disposeront d'un réservoir de nourriture quasi illimité. Ce qui signifie que leurs populations prendront une ampleur sans équivalent avec ce qu'elle aurait été dans la nature. C'est la raison essentielle pour laquelle l'agriculture industrielle est aussi dépendante des pesticides.

Les concepteurs en permaculture privilégient la polyculture, cette pratique qui consiste à cultiver plusieurs espèces sur un même espace et au même moment. On suit ainsi l'exemple de biodiversité donné par la nature et on empêche ravageurs et maladies de prendre facilement le dessus. Par exemple, si nos carottes sont cultivées sur des parcelles réduites, mêlées à d'autres légumes, voire à des vivaces d'ornement, la mouche de la carotte aura bien plus de mal à en repérer une. Mieux encore, il se peut que parmi ces autres plantes, certaines abritent les prédateurs naturels de ce ravageur ! De plus,

(à gauche) Toute une variété de fleurs et de légumes sont cultivés ensemble sur la ferme des Bullock.

(à droite) Sur la ferme des Bullock, on cultive plus de 80 variétés de pommes. Ici un aperçu de la cueillette automnale des variétés de garde, qui seront consommées au fur et à mesure de leur maturité, jusqu'au début du printemps.

Ces maisonnettes de l'écovillage de Kailash, à Portland, dans l'Oregon, abritent des insectes utiles, ici des abeilles, qui rendent un service précieux en assurant les pollinisations.

pratiquer la polyculture fait que vous aurez à disposition une plus grande diversité de produits tout au long de l'année. Au lieu d'une seule grosse récolte de carottes, nous pouvons avoir tout un assortiment de fruits et légumes.

Services écosystémiques

Le terme de *services écosystémiques* renvoie aux bénéfices que procure un écosystème fonctionnel et sain. Parmi ces services, on trouve la pollinisation, la filtration de l'eau, le stockage du carbone et la prévention de l'érosion. En tant que concepteurs, nous trouvons tout notre intérêt (et celui d'autres formes de vie, avec celui des générations futures) à œuvrer pour que nos paysages fournissent à tous une abondance de services écosystémiques. Et c'est pourquoi il est important que ces services puissent apparaître librement.

VOTRE CONTEXTE ÉCOLOGIQUE

Quand on recherche l'enseignement de la nature, il est important de comprendre son contexte écologique — autrement dit, l'environnement dans lequel on vit. Votre contexte écologique englobe vos conditions climatiques, votre sol, votre bassin hydrographique et la distribution de la population autour de vous. Les bases des sciences de la terre pourront aussi vous aider à mieux comprendre ce contexte et à faire les bons choix conceptuels.

À Houston, dans le Texas, il fait chaud en été et doux en hiver, avec une pluviométrie annuelle de 1 270 mm en moyenne. Dans cette résidence, une énorme gamme de plantes peut être cultivée, tels que grenadiers et herbes aromatiques méditerranéennes.

Votre climat

La compréhension de votre climat est essentielle pour prendre les bonnes décisions dans votre projet de permaculture. En effet, parmi les concepts les moins fonctionnels et efficaces que nous ayons vus à travers le monde, nombreux étaient ceux qui avaient occulté leurs conditions climatiques. Même si un climat possède de nombreux aspects, trois s'imposent plus particulièrement en permaculture :

- La température. Quelles sont les moyennes des températures minimales et maximales ? Quels sont les extrêmes maximaux et minimaux ?
- Les précipitations. Combien de pluie pouvez-vous attendre ? Tombent-elles sous forme de bruines ou de pluies torrentielles ? Comment cela s'accorde-t-il avec la vitesse d'évaporation ? Quelle proportion tombe sous forme de neige ou de grêle ?
- La saisonnalité. Quand est-ce que ces précipitations ont lieu ? Quand est-ce que les coups de froid sont les plus prévisibles ? Quels autres facteurs climatiques varient avec les saisons ?

Vous pouvez facilement visualiser ces aspects en consultant (ou en créant) un climatogramme pour votre région. Ce graphique, qui indique les précipitations et les extrêmes de température sur le courant de l'année, vous donnera une idée de votre régime climatique. Il superpose une courbe représentant les minima et maxima pour les températures, à un diagramme en bâtons pour les précipitations, avec sur la gauche une échelle des températures, sur la droite une échelle de la pluviométrie, et les mois indiqués en bas.

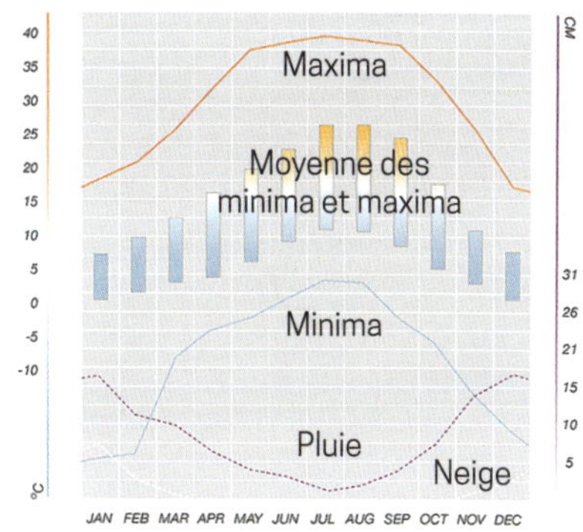

Un climatogramme pour Hillsboro, dans l'Oregon

Mais d'autres ressources pourront vous aider à mieux comprendre votre climat, comme la carte des zones de rusticité de votre pays et le système de classification des climats de Köppen.

La carte des zones de rusticité (voir p. 312) vous informera des températures annuelles moyennes les plus froides dans votre région. Par exemple, pour la France des villes comme Paris, Rennes ou Toulouse se trouvent dans la même zone 8, ce qui signifie une température minimale moyenne sur l'année entre – 12 °C et – 7 °C. Notez malgré tout que les températures peuvent descendre au-dessous — et le font. Cette information est à prendre avant tout comme un outil, utile pour déterminer quelles plantes survivront et prospèreront sous notre climat.

La classification Köppen divise pour sa part la Terre en différentes catégories basées sur les températures, les précipitations et la saisonnalité. Par exemple, la plus grande partie de la France et de la Belgique est en zone Cfb : climat océanique, tempéré chaud, sans saison sèche et avec été tempéré. Mais il faut considérer cela comme une définition à grands traits du climat, et il n'y a qu'à considérer pour cela que l'essentiel d'un pays un peu important (et diversifié) comme la France puisse entrer dans une seule catégorie. Le système Köppen n'en demeure pas moins utile pour donner une idée globale du climat d'un endroit.

Même si des subdivisions climatiques plus fines sont possibles, la réflexion en permaculture sur un site donné se fait souvent en fonction des quatre grandes classifications suivantes:

Zone tempérée: Elle englobe la majorité des endroits situés aux latitudes moyennes avec quatre saisons bien définies. Les vents et l'océan, la proximité de grandes étendues d'eau et la topographie peuvent amener une certaine variation. Les températures tendent à y être modérées, comparées à celles des régions polaires ou tropicales. La longueur du jour en été et en hiver y est notablement différente, amenant des variations thermiques saisonnières. Toutefois, dans ces zones dites tempérées se trouvent aussi des régions éloignées des influences modératrices des océans ou à la topographie extrême qui les font relever d'un climat dit continental.

Zone tropicale: Elle se situe entre le tropique du Cancer et le tropique du Capricorne. Ces régions ont tendance à être chaudes, avec des températures plus fraîches en altitude. La durée du jour reste relativement constante tout au long de l'année. Le terme subtropical désigne assez vaguement les régions proches des tropiques qui connaissent des conditions tropicales seulement une partie de l'année.

Zone aride: Cette variante pourrait être appliquée à n'importe lequel des climats décrits précédemment. Toutefois, elle se réfère plus spécifiquement aux précipitations. Sous un climat aride, l'évaporation est plus forte que les précipitations. C'est un point important car tout un ensemble de techniques deviendra nécessaire pour permettre à un système de permaculture de prospérer sous des conditions arides, et qui serait inutile là où les précipitations sont plus abondantes.

Zone polaire: Ce sont les régions comprises dans les cercles polaires, où la lumière du jour est très limitée en hiver et où la saison de végétation peut être insignifiante.

En rassemblant toutes ces informations sur votre site, vous obtiendrez son profil climatique, que vous pourrez utiliser de différentes manières au cours du processus de conception.

Vos microclimats

Les microclimats sont des zones qui se distinguent par un climat légèrement différent du climat général. Ces zones, qui peuvent être très petites (devant la sortie d'air du sèche-linge, sur le côté de votre maison) ou relativement étendues (la face nord d'une colline qui s'étend sur plusieurs kilomètres), se démarquent en étant plus chaudes, plus froides, plus humides, plus sèches, plus venteuses, plus abritées, etc. Dans notre projet, si les tendances d'ensemble de notre climat sont les lois avec lesquelles il nous faut travailler, les microclimats nous permettent de faire quand même preuve de créativité

FACTEURS AFFECTANT LE MICROCLIMAT

et d'associer ou de tordre ces lois. Les microclimats sont influencés par l'orientation du versant, l'orientation solaire, les flux d'air et la végétation.

Orientation du versant. Il s'agit de la direction de la pente. Dans l'hémisphère nord, une pente avec un versant orienté sud, fera face à l'Équateur et recevra plus de soleil qu'un versant orienté nord, qui, lui, fait face au pôle Nord. C'est l'inverse dans l'hémisphère sud. Selon votre climat et votre latitude, chacune de ces orientations vous amène à des utilisations différentes. Par exemple, en climats tempérés, à moyennes et hautes latitudes, les versants orientés vers l'Équateur offrent certaines des meilleures opportunités pour le soleil hivernal, un système de solaire passif et les jardins. En se rapprochant de l'Équateur, les orientations nord et sud importent moins. Toutefois, le versant est se montre plus frais en fin d'après-midi lorsque le soleil est à son maximum d'intensité,

La végétation. La végétation préexistante peut avoir aussi une profonde influence sur le microclimat. En climats tempérés, les forêts à feuillages persistants demeurent généralement plus chaudes en hiver que leurs alentours grâce au pouvoir isolant et brise-vent des arbres. Les arbres caducs ont un effet similaire, mais à un degré moindre. Des plantes se trouvant intercalées entre un élément et les vents dominants pourront bloquer ces derniers, ce qui sera une plus ou moins bonne chose selon ce que vous essayez de faire. En régions enneigées, cela peut occasionner des accumulations de neige, qui soit bloqueront votre porte, soit vous offriront une irrigation gratuite au printemps. Certains arbres, comme le thuya (*Thuja plicata*), peuvent réellement créer des zones sèches sous leur feuillage persistant. C'est important à savoir avant de songer à planter quelque chose à cet endroit. La clé est d'observer la végétation préexistante sur un site et de déterminer la manière dont elle modifie les conditions climatiques.

Pour commencer, l'identification des microclimats existants sur un site est essentielle pour un projet réussi. À partir de là, vous pourrez voir comment les exploiter. Chaque microclimat peut être amélioré, atténué ou neutralisé. Une fois que vous aurez travaillé sur ceux qui existent déjà, vous pourrez commencer à en créer d'autres.

(à gauche) Cet olivier a été planté près d'un rocher orienté au sud afin d'y recevoir un supplément de chaleur sous un climat pas tout à fait approprié. À l'évidence, ce microclimat lui réussit.

(à droite) Cette rangée d'arbres sur la New Forest Farm de Viola, dans le Wisconsin, bloque le vent et provoque des accumulations de neige du côté sous le vent. Lorsque cette neige fond, l'eau s'infiltre dans le sol.

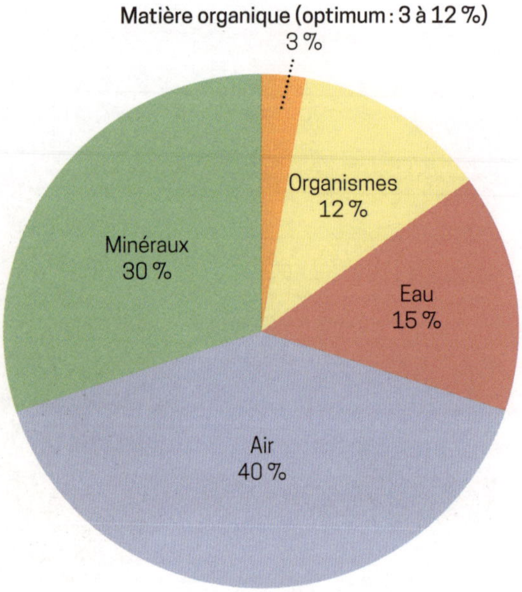

Composants d'un sol sain

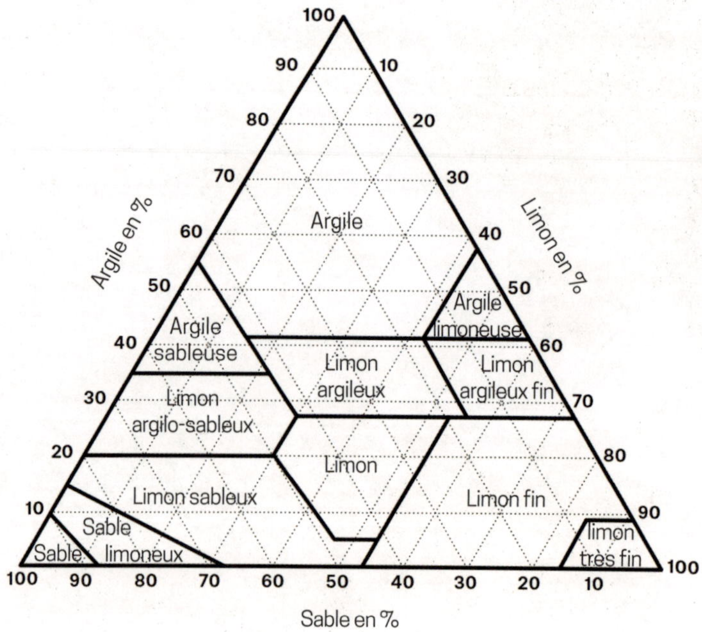

Triangle des textures de sols

Votre sol

Nombre de vos décisions se baseront sur la connaissance de votre sol et de ses capacités. Cette connaissance aura aussi un rôle déterminant dans la gestion de votre site, un point sur lequel nous reviendrons.

Les sols sains se composent de seulement quelques éléments différents : on y trouve en moyenne 40 % d'espace poreux, 30 % d'éléments minéraux, 15 % d'eau, 12 % d'organismes vivants, et 3 à 12 % de matière organique. Comme on le constate, la plus grande partie est constituée d'espace poreux, ce qui signifie qu'un sol sain est un sol bien aéré. L'eau, nécessaire à la vie du sol et des plantes, en représente également une grande proportion.

Pour approfondir la compréhension de ce qui se passe dans votre sol, concentrez-vous sur ses caractéristiques physiques, telles que sa texture, sa consistance et sa couleur. Celles-ci déterminent de nombreuses propriétés, allant de son habilité à se drainer jusqu'à sa capacité à retenir les nutriments. Elles peuvent être difficiles à modifier ou entraîner un entretien important pour obtenir ce que vous souhaitez. Nous traiterons plus loin des nutriments et de la vie du sol, lorsque nous parlerons de sa fertilité.

Texture. Pour déterminer la texture d'un sol, évaluez les proportions de sable (particules grossières), de limon (particules fines) et d'argile (particules très fines). Sur place, vous pouvez le faire par le toucher. Humidifiez-en un peu et formez une boule entre vos doigts. Un côté granuleux au toucher signalera la présence de sable ; doux, la présence de limons ; collant, la présence d'argiles.

Une autre manière de faire est de procéder au test du shaker :

1. Prélevez un échantillon de votre sol sur les 30 premiers centimètres ; essayez d'en recueillir une carotte comprenant toutes les couches ;
2. Retirez toutes les pierres et les particules organiques, versez la terre dans un bocal que vous remplissez d'eau ;
3. Agitez vigoureusement jusqu'à ce que tout se solubilise ;
4. Laissez le contenu se redéposer pendant plusieurs jours.

Vous pouvez alors distinguer différentes couches : le sable au fond, les limons au milieu, et les argiles sur le dessus. Évaluez grossièrement les proportions de chacune et identifiez le type de votre sol sur le triangle des textures de sol ci-contre. Vous pourrez ainsi déterminer les propriétés associées à ce type de sol.

Consistance. Ce terme renvoie en pédologie à la souplesse, la légèreté et l'aération (ou au caractère compact) de votre sol. Si une motte ne parvient pas à rester entière (comme une poignée de sable), votre sol pourrait être qualifié de meuble. Si elle se désagrège lorsque vous la pressez comme une éponge, nous le décrirons comme friable. Ce sont là des qualités. À l'inverse, si nous nous plaçons à l'autre extrémité du spectre et si une petite motte de sol humide ne s'écrase que difficilement entre vos doigts, nous aurons là un sol ferme voire très ferme, trahissant généralement son compactage et/ou un manque de matière organique et d'activité microbienne.

Couleur. Les sols rouges sont typiquement riches en fer, tandis que les jaunes et les verdâtres sont riches en aluminium ou en manganèse. Une teinte sombre indique généralement la présence de matière organique. Le gris trahit un manque d'oxygénation, habituellement due à une nappe d'eau haute ou à des inondations fréquentes. Sous les climats où l'humidité n'est pas répartie de manière homogène sur l'année, il est important de repérer les sols tachetés : un sol gris avec des taches rouges indique généralement des inondations pendant au moins une partie de l'année, et qui peuvent être dues, comme nous venons de le voir, à un sol compacté ou à une nappe d'eau proche de la surface.

Horizons. Si vous creusez un trou sur votre terrain, vous noterez probablement que le sol se présente en fait sous forme de couches successives. On les nomme horizons :

O—la couche organique à la surface dans le profil du sol ; les matières organiques les moins décomposées se trouvent généralement tout au-dessus (en forêt, il s'agirait de la litière formée par les feuilles récemment tombées), avec en dessous des matières organiques typiquement décomposées à différents degrés ;

A —là où la matière organique se mélange à la matrice minérale du sol existant ; généralement de couleur sombre et abritant la majorité des racines des végétaux ;

E— pas présent dans tous les sols ; apparaît comme une couche de couleur claire lorsque l'eau qui percole à travers entraîne les nutriments hors de cette couche pour les emmener plus profondément dans le sol ;

Des sols foncés révèlent typiquement la présence de matière organique et d'une fertilité potentielle. La bouteille de 2 litres sur cette image sert de cloche de forçage bon marché.

LES HORIZONS DU SOL

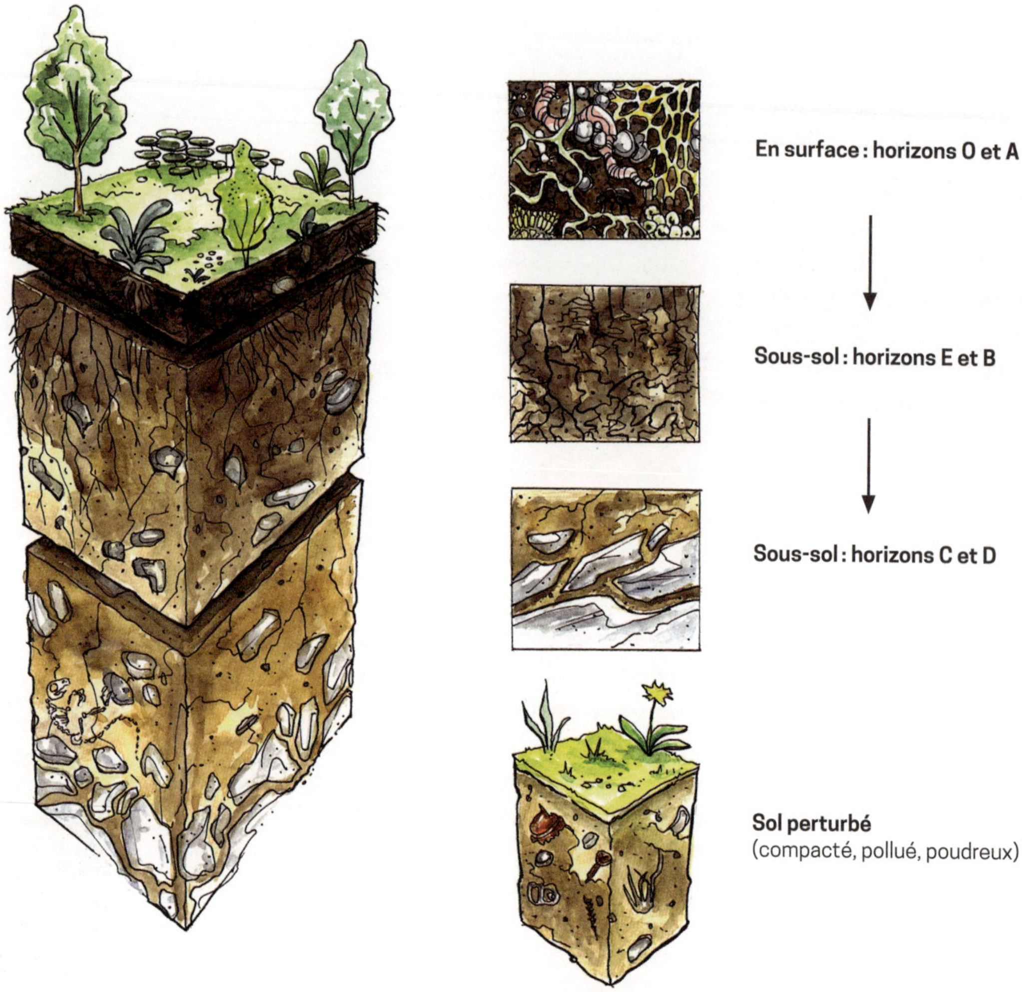

Les radis blancs (Daïkon) produisent de très grandes racines qui sont excellentes pour ameublir des sols moyennement compactés.

B —là où les nutriments finissent après avoir été lessivés des horizons A et E ; la dernière chance pour les végétaux de capter ces nutriments avant qu'ils ne sortent du système ;

C —couche minérale sans matière organique ; là, toute forme d'altération est chimique, étant donné l'absence d'autres influences ;

R —roche mère, souvent (mais pas toujours) la source originelle des nutriments du site ; sur certains terrains, elle est trop profonde pour être trouvée, tandis que sur d'autres, elle se trouve juste à la surface.

Si un terrain a été profondément remué, vous ne distinguerez pas ces horizons. Par exemple, les couches superficielles ne sont pas préservées dans un champ agricole labouré chaque année. Sur des sites urbains laissés à l'abandon, le sol ressemble souvent à une bouillie uniforme. Le développement des horizons est un processus très long.

Compactage. En creusant, il se peut que vous trouviez certaines couches dures et/ou imperméables. Elles peuvent être localisées à n'importe quel niveau et signalent un compactage. Elles peuvent imposer la mise en place d'un drainage et représenter également une barrière pour les racines.

Perméabilité. L'infiltration est le processus au cours duquel l'eau de surface est absorbée et pénètre dans le sol. Cette pénétration se fait à des rythmes variables selon le type du sol, son niveau de saturation et la topographie de la région. En milieu urbain, nous rencontrons des problèmes dès lors que l'eau se trouve dans l'incapacité de pénétrer dans le sol, en raison d'un trop grand nombre de surfaces goudronnées ou bétonnées.

TEST DE PERCOLATION

1. Dans chacune des zones dont vous souhaitez déterminer la perméabilité, creusez un trou d'approximativement 60 cm de profondeur et 30-35 cm de large.
2. Remplissez ce trou d'eau et laissez-le se drainer pour simuler une saturation. Selon votre type de sol, il pourra vous être nécessaire de répéter l'opération plusieurs fois. Il est important de déterminer les capacités de drainage de votre sol à l'époque la plus humide de l'année.
3. Une fois que le sol est saturé, remplissez le trou d'eau une dernière fois et puis minutez le temps qu'il faut pour que l'eau s'infiltre, en notant la baisse du niveau d'eau toutes les heures.
4. Calculez en minutes par centimètres :

   5 min ou moins/cm (10 cm ou plus par heure) = drainage excellent

   10 min/cm (6 cm par heure) = drainage rapide

   10-20 min/cm (2,5 à 5 cm par heure) = drainage moyen

   20 min ou plus/cm (2 cm ou moins par heure) = mauvais drainage

Vus du ciel, il est souvent facile de distinguer les grands contours des bassins versants dans le paysage. Mais il est important dans nos concepts de permaculture de comprendre également ces bassins versants au niveau du sol.

Votre bassin versant

Tout terrain fait partie d'un bassin versant, qui se définit comme un territoire qui évacue ou draine les précipitations (pluie ou neige) vers le bas, en partant des barrières géographiques les plus hautes telles que collines, crêtes, montagnes, jusqu'à un point bas déterminé, généralement un exutoire comme l'affluent d'un cours d'eau plus important ou d'un lac. L'ordre des cours d'eau dans un bassin versant est un exemple typique de réseau hiérarchique naturel. D'abord sous forme de ruissellements, l'eau s'accumule dans des rigoles et des fossés, qui rejoignent des ruisseaux et des rivières, pour finalement déboucher dans des fleuves qui se jettent dans des estuaires. Les bassins versants existent à différentes échelles, à la fois grandes et petites, et en différents états de santé.

Tout au long de sa course, l'eau, issue des pluies descend les pentes d'un territoire, prend de plus en plus de volume et en même temps peut voir sa qualité se dégrader, avec des effets néfastes sur le milieu et par conséquent sur notre qualité de vie. Ces effets indésirables peuvent prendre la forme de glissements de terrain dus à la déforestation, de sédimentation dans les cours d'eau suite à l'érosion, d'un manque de perméabilité de certaines surfaces, et d'une pollution de l'eau entraînée par diverses pratiques industrielles et agricoles. Dans un bassin versant sain, les fortes pentes sont végétalisées, le sol absorbe et draine les pluies, et les cours d'eau fournissent un habitat viable pour la faune et la flore, tout en étant exempts de pollution. Concrètement, la plus grande partie des bassins versants représente de nos jours un mélange de zones saines et dégradées.

Il est important de considérer le bassin versant dans sa globalité pour tout projet de permaculture car cela permet d'avoir une vision. Nous pouvons alors commencer à comprendre comment nous sommes affectés par l'activité en amont et comment nous-mêmes nous affectons l'activité en aval. Dans un processus holistique, nous sommes en mesure de protéger et de mieux utiliser la ressource en eau et les autres ressources que nous avons en partage. Nous pouvons également régénérer des bassins versants dégradés sur un temps relativement court en procédant à une restauration et à une préservation du milieu. Un petit nombre d'éléments sont importants à comprendre dans un bassin versant : les aquifères (nappes d'eau souterraines), les sources et puits artésiens, les eaux de ruissellement et l'érosion.

Les aquifères (nappes d'eau souterraines). Un aquifère est une couche rocheuse perméable souterraine dans laquelle une masse d'eau circule. Cette eau peut être pompée pour l'usage humain mais il faut que la nappe puisse se recharger par infiltration pour être préservée. Un aquifère isolé et qui ne se recharge pas est à considérer comme une source d'eau non renouvelable, on parle alors d'eau fossile.

Les sources. Elles apparaissent naturellement là où l'eau souterraine d'un aquifère jaillit à la surface de la terre. L'eau peut alors se présenter sous forme de suintements, ou être canalisée par des fissures ou des fractures dans la roche.

Les eaux de ruissellement. Elles sont constituées par la pluie qui tombe sur la terre et sur des surfaces artificielles (telles que les toits, les parkings et les routes). L'eau quitte alors le site où elle est tombée. Elle peut entraîner avec elle des polluants, comme

ÉLÉMENTS D'UN BASSIN VERSANT

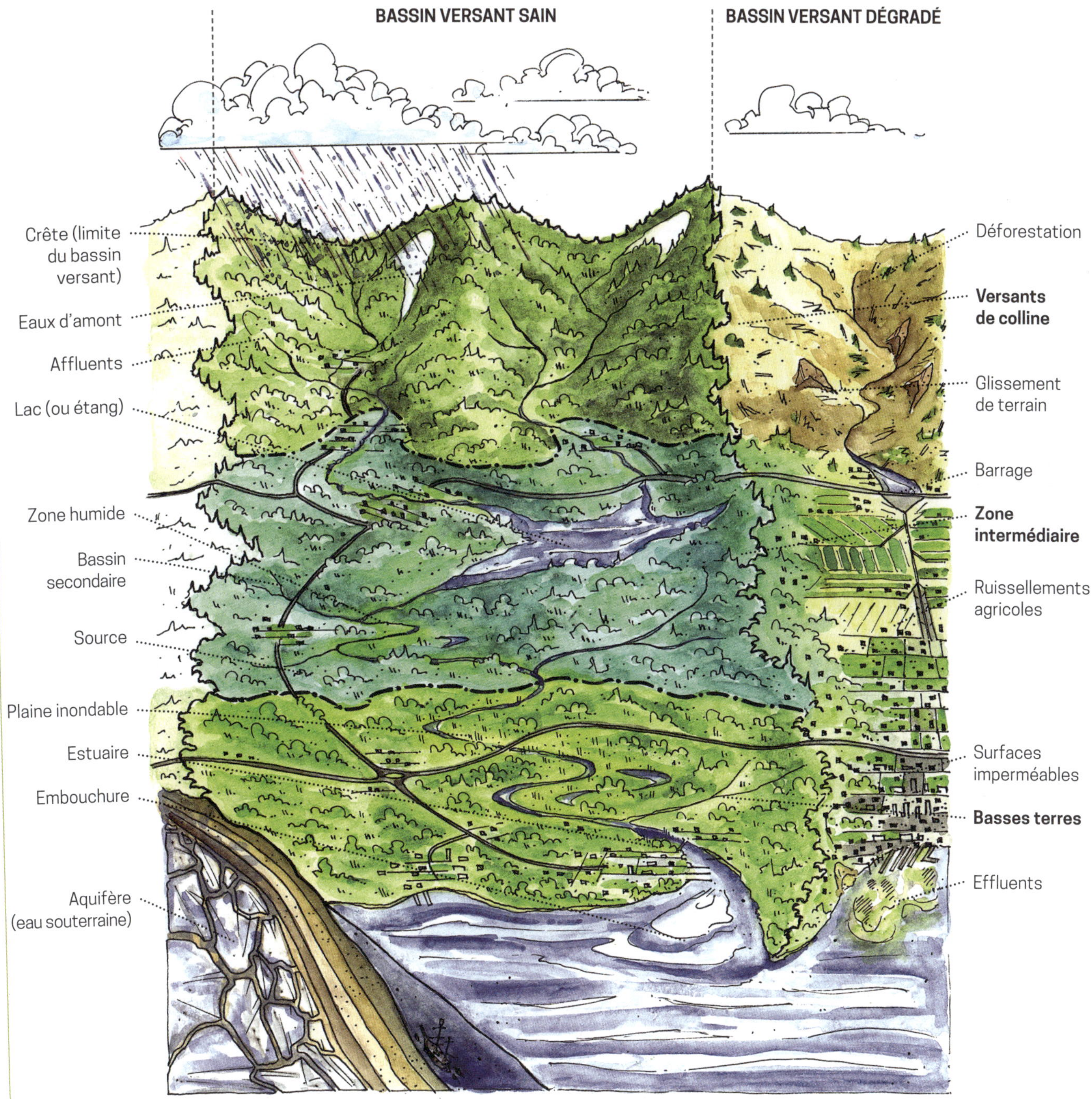

des hydrocarbures, des engrais et des pesticides. Une pollution à laquelle s'ajoutent d'autres problèmes : les volumes d'eau augmentent à la faveur des épisodes orageux et font souvnet déborder les cours d'eau, causant la destruction des milieux aquatiques et une sédimentation. De plus, la chaleur captée par les surfaces imperméables est transférée aux cours d'eau, qui voient leur température augmenter.

L'érosion. L'érosion peut être causée par la pluie, le gel, les vagues et le vent. Une érosion excessive est l'une des causes majeures de la dégradation de l'environnement ; elle peut amener des glissements de terrain et l'effondrement des berges des cours d'eau, ainsi que le lessivage des nutriments du sol. L'érosion peut être limitée sur votre propre terrain par une mise en œuvre soigneuse d'un concept adéquat.

Votre environnement humain

La densité et le type de population humaine dicteront nombre de vos ressources disponibles, de vos opportunités et de vos limites. Que vous viviez dans un environnement naturel, une communauté rurale, une petite ville ou un village, une banlieue ou un endroit qui ne correspond strictement à aucune de ces catégories, l'idée est de vous concentrer sur la mise à profit des ressources qui vous sont offertes à ces endroits-là et d'éliminer ou contourner leurs obstacles.

Milieu naturel

Ressources et avantages

* Services écosystémiques nombreux
* Biodiversité importante
* Possibilités de cueillettes sauvages et de chasse (champignons, plantes, gibier, etc.)
* Modèles excellents dont s'inspirer dans les options de votre concept

Limites potentielles

* Dégradation et destruction occasionnée par la présence humaine
* Compréhension limitée du fonctionnement des systèmes naturels
* Dépendance au niveau des transports ou isolement par rapport à la société

Communauté rurale

Ressources et avantages

* De l'espace pour les techniques à grande échelle
* Terrains disponibles et accessibles
* Des voisins possédant une connaissance de la campagne
* Interconnexion avec les espèces sauvages et des écosystèmes sains
* Législation moins restrictive sur l'utilisation de l'espace

Limites potentielles

* Dépendance au niveau des transports ou isolement par rapport à la société
* Rareté des opportunités économiques pour générer un revenu financier de l'exploitation de la terre
* Diversité culturelle moindre
* Difficulté de gestion de grands espaces

Petite ville ou village

Ressources et avantages

- Partage des ressources facilité par l'agglomération de la population
- Facilités pour se déplacer, sécurité et sens de la communauté plus importants
- Moins de risque de rejet et de comportements négatifs
- Suffisamment de contact avec la nature pour bénéficier de services écosystémiques et d'une expérience à la source

Limites potentielles

- Terrain moins disponible qu'en espace rural
- Ressources culturelles et réseau de transport moindre qu'en situation urbaine

Banlieue

Ressources et avantages

- Une superficie de terrain à entretenir à l'échelle humaine (moins de 1 ha)
- Ressources plus économiques, ce qui aide à sortir un projet de terre
- Accessibilité des ressources émanant à la fois des espaces urbains et ruraux

Limites potentielles

- Sens de la communauté laissant à désirer (de nombreuses personnes ne connaissent pas leurs voisins)
- Espace conçu pour l'automobile
- Possibilités du projet dépendantes des politiques locales

Milieu urbain

Ressources et avantages

- Gigantesque gisement de déchets convertibles en ressources
- Chaleur abondante entretenue par le béton et le goudron
- Mélange culturel et artistique plus large à l'échelle de la diversité de la population
- Déplacements à pied facilités et possibilités de transport public

Limites potentielles

- Niveaux de pollution de l'air, de l'eau et du sol plus élevés
- Plus de méfaits et de comportements humains négatifs en raison d'un anonymat plus important
- Manque de terre pour satisfaire les besoins de tous les habitants
- Limitation des possibilités du projet par l'infrastructure existante

LES MODÈLES DE LA NATURE

Lors de la phase de conceptualisation, nous pouvons aussi apprendre des modèles de la nature. Un modèle se définit comme un ensemble formé par des éléments qui se répètent ou se correspondent. La nature nous en offre de nombreux : de petits et de grands, de visibles ou invisibles, qui se définissent dans l'espace et le temps. Elle les utilise pour déplacer, collecter et disperser la matière et l'énergie. Et en définitive, ces modèles représentent la manière élégante dont la nature résout efficacement et véritablement les problèmes. Si nous utilisons ces modèles naturels de manière appropriée dans nos projets, nous devrions être en mesure de le mettre à profit. Le maître mot ici est « approprié ». L'utilisation de modèles inspirés de la nature n'amènera des résultats positifs que si, à une situation donnée, on applique *le* modèle approprié. En effet, l'application d'un mauvais modèle est susceptible de générer plus de complications que de résolutions. Les grands jardins d'annuelles en forme de spirales sont souvent une plaie, car en atteindre le centre avec un tuyau d'arrosage ou une brouette implique de marcher en rond pendant un certain temps (et il y a plus amusant que de tirer un tuyau autour d'une spirale). Un modèle en réseau ou un réseau inscrit dans une spirale pourrait être un meilleur concept pour un accès facilité dans un jardin d'annuelles. Par conséquent, lors de la conception, il est crucial de prêter attention aux modèles qui dans la nature se rapprochent le plus de notre situation.

Voici un catalogue de base, et non exhaustif de modèles tirés de la nature. Pour chacun, nous donnons des exemples de la manière dont ils s'y manifestent, ainsi que quelques applications conceptuelles pour vous aider à atteindre chez vous le stade où les concepts s'améliorent lorsque l'on utilise le bon modèle au bon moment.

Ramifications

Branches d'un arbre — Cours d'eau d'un bassin versant — Système circulatoire

Organisation hiérarchique humaine — Hiérarchie des voies de circulation

Les modèles ramifiés (ou arborescents) sont de très bons exemples des manières dont la nature collecte et disperse à la fois l'énergie et la matière. Les branches d'un arbre permettent la collecte de l'énergie qui a été produite par la photosynthèse dans les feuilles et sa redistribution par le tronc. Les ruisseaux se rassemblent pour former des rivières, qui forment à leur tour des fleuves, et ainsi de suite, pour collecter l'eau de tout un bassin versant. Le système circulatoire dans le corps humain est une manière de collecter le sang appauvri en oxygène, de le recharger, et de le réimpulser pour oxygéner ses organes les plus éloignés.

Dans un projet, nous utilisons tout le temps les modèles ramifiés, sous forme de hiérarchies. Une hiérarchie dans les accès nous permet d'avoir des chemins dont la largeur et la résistance s'amplifient selon l'intensité de leur usage. Imaginez une route goudronnée faite pour accueillir un camion benne avec des embranchements relativement plus petits pour des camionnettes. Ces embranchements pourraient en avoir eux-mêmes d'autres, destinés aux chariots de jardin ou aux brouettes, et ceux-là d'autres encore pour permettre le passage d'une personne seule. Cela peut être incroyablement utile lorsque vous essayez d'exploiter l'espace au maximum tout en permettant un accès facile à tous les endroits.

Un bon exemple d'une application invisible de ce modèle est à retrouver dans l'organisation d'une caserne de pompiers. Pour chaque chef de site, il y a plusieurs chefs de colonnes, puis en dessous plusieurs chefs de groupe, puis des chefs d'agrès, des chefs d'équipe, qui dirigent eux-mêmes un certain nombre d'équipiers. Cette chaîne de commandement claire est très pertinente dans ce cas-là. Après tout, personne ne souhaite voir les pompiers prendre des décisions par concensus devant une maison en feu. Le modèle hiérarchique de la ramification montre alors sa justesse dans ce concept social.

Vagues et méandres

Méandres d'un fleuve — Croissance des champignons — Vagues de l'océan — Étang artificiel — Besoins saisonniers en énergie

La vague est une forme fréquente dans la nature et illustre comment il est possible d'atteindre son objectif en jouant sur les bordures. Lorsqu'un cours d'eau descend des collines et atteint une plaine plate inondable, il se met souvent à dessiner des méandres beaucoup plus marqués. Ces méandres correspondent aux endroits où le cours d'eau dépose la majeure partie de ses sédiments, amenant par ailleurs la création de quelques-uns des endroits les plus fertiles au monde : les plaines alluviales. De nombreux champignon jaillissent du sol et s'enroulent selon un modèle de vague modifiée. Cette forme permet au champignon de s'extraire du sol en offrant une prise minimale, et donc une résistance aussi minimale. Lorsqu'il crève la surface, il peut se déployer pour exposer ses lamelles et répandre ses spores.

Lorsque deux fluides se déplacent l'un par rapport à l'autre, il en résulte des vagues, qui minimisent la turbulence. Dans un concept, on peut utiliser les vagues pour modifier les bordures. Un bassin en forme de cercle parfait possède un périmètre minimal pour une surface maximale. Mais si nous souhaitons cultiver davantage de plantes de berge, nous pouvons augmenter son périmètre en utilisant une forme en vagues, pour une contenance en eau égale.

Nous pouvons observer l'expression invisible de cet autre modèle dans les impulsions des saisons qui sont en réalité des vagues. Une activité biologique relativement minimale a lieu en hiver. À l'arrivée du printemps, les plantes commencent à pousser, les animaux se réveillent, et la vie microbienne du sol assure son travail de décomposition à un rythme plus soutenu. Durant l'été, l'activité n'est plus aussi frénétique qu'au printemps. Lorsque l'automne arrive, le supplément d'énergie est investi dans le durcissement des parois cellulaires, le stockage de nourriture, et l'abandon des systèmes qui seront sensibles au froid. Puis nous retrouvons le calme de l'hiver. Cette forme en vagues se perpétue d'année en année. La double débauche d'énergie qui a lieu dans la nature au printemps et à l'automne correspond parfaitement à la disponibilité et à l'énergie requises pour les personnes travaillant dans des systèmes naturels. Lorsque l'on sait cela, on peut planifier de manière adaptée l'activité de nos cycles de vie ou essayer de limiter la charge de travail extérieure sur les périodes où nous savons que les systèmes biologiques demandent toute notre attention.

Grilles, réseaux et mosaïques

Toile d'araignée — Alvéoles d'abeilles — Graines de tournesol

Système en rigoles et cuvettes — Espacement des plantes

Grilles, réseaux et mosaïques tendent tous à multiplier les connexions. Ce sont aussi des motifs d'expansion et de contraction (pensez à vos habits, qui sont à la base un réseau de fibres, avec la capacité de s'étirer). Dans la nature, le réseau formé par la toile d'araignée est relativement résistant. Si une partie est endommagée, le reste est toujours en mesure d'attraper des mouches. Les mosaïques sont les répétitions d'une même forme qui, rassemblées, peuvent remplir tout l'espace, sans laisser de vides. Les alvéoles hexagonales des rayons d'une ruche sont une utilisation efficace de l'espace et une optimisation du volume de stockage, avec une quantité minimale de matière nécessaire pour obtenir la structure elle-même. Un autre exemple est la disposition des graines sur une tête de tournesol, qui se tiennent serrées les unes contre les autres sans le moindre espace non exploité.

Dans des paysages, nous observons souvent des vergers plantés en grilles. Lorsque nous intervenons dans des régions arides, nous pouvons utiliser un motif en réseau pour favoriser la concentration de la petite quantité d'eau de pluie disponible aux endroits où se trouvent les arbres. En ménageant des cuvettes autour d'eux et une série de rigoles peu profondes pour connecter ces cuvettes, nous sommes en mesure de capter toute précipitation touchant le terrain et de la diriger là où elle est la plus nécessaire. C'est ce que l'on appelle le système en rigoles et cuvettes.

Au jardin, nous pouvons penser également à la forme hexagonale lorsque nous espaçons les plantes. Les couronnes de feuilles étant globalement arrondies chez de nombreuses plantes, une disposition en grille rectiligne gaspillera systématiquement de la place. Si au lieu de cela vous placez les plantes en quinconces, vous pourrez en mettre plus sur le même espace. De même, vous pouvez jouer sur les formes différentes des plantes pour une imbrication parfaite et une exploitation optimale de l'espace.

Spirales

Pomme de pin — Vrilles — Phénomènes météorologiques

Irrigation en goutte à goutte — Douche d'extérieur

Les spirales sont des modèles de puissance et de répétition. Elles se prêtent à des situations où l'énergie entre dans quelque chose pour en ressortir ensuite, mais sans se perdre à travers. Les escargots rentrent dans leurs coquilles et puis en ressortent de la même manière ; ils ne passent jamais par une autre sortie. La plupart des pommes de pin ont leurs écailles organisées en doubles spirales qui se chevauchent en partant dans les deux directions. Les vrilles d'une plante grimpante usent de la forme spiralée pour entourer des objets et pouvoir s'appuyer sur un support solide. Les événements météorologiques comme les ouragans et les cyclones étant d'impressionnants exemples de spirales naturelles.

L'application d'un modèle en spirale au bon moment peut permettre de travailler plus efficacement. Par exemple, lorsque nous installons un système de goutte à goutte, nous formons souvent des spirales avec le tuyau autour des arbres. Cela permet d'alimenter l'arbre en eau, mais aussi les autres plantes qui pourraient être plantées à son pied.

Parce qu'elles se prêtent aux entrées et sorties, les spirales sont aussi très intéressantes pour les salles de bain et les douches. Nous avons conçu de nombreuses douches extérieures avec une cloison posée en spirale, qui procure de l'intimité tout en n'occupant qu'un minimum de place, sans coins morts inutile.

Fractales

Nervure des feuilles   Rameaux sur une branche   Branches sur un arbre

Une fractale est un modèle qui se répète à plus petites ou plus grandes échelles. Intrinsèquement, les fractales sont des métamodèles qui peuvent être appliqués à pratiquement n'importe quel autre type de modèle. Une fois que vous aurez appris à les reconnaître, vous pourrez en voir partout. Une tête de chou romanesco possède une forme globalement conique. Et chaque segment de ce cône est composé de cônes, eux-mêmes composés d'autres cônes. Si l'on prend pour exemple le modèle ramifié, vous pourrez voir que le même modèle qui apparaît dans les nervures d'une feuille, se retrouve dans les rameaux d'une branche, et dans les branches d'un arbre. En fait, la proportion entre petites et grandes ramifications est souvent la même à chacune de ces échelles. Les phytoécologistes de l'université de l'Arizona ont même découvert que dans certaines forêts tropicales, les mêmes relations s'appliquaient à la forêt entière, ce qui leur permettait de calculer la production de biomasse et le stockage du carbone sur des espaces naturels entiers, simplement à partir des mesures réalisées sur quelques arbres.

Pour les concepteurs, les fractales montrent comment une solution appliquée à une échelle peut l'être à d'autres. Par exemple, le principe des plantes compagnes est une pratique courante du potager, où les espèces qui ont une influence bénéfique sur d'autres sont plantées ensemble. Cela pourrait être extrapolé en plantant des espèces compagnes pour chaque arbre d'un verger. En allant plus loin, on pourrait chercher des relations bénéfiques entre un bloc de verger et un autre (ou une parcelle forestière, ou un champ) proche. Et en continuant sur la lancée, on pourrait chercher des relations bénéfiques entre un espace en permaculture et d'autres espaces dans la région. Ce genre d'analyse est une application des fractales dans toute sa splendeur.

Un langage des modèles

La théorie d'un langage des modèles (*patterns language*) fut présentée pour la première fois par l'architecte Christopher Alexander. Dans notre contexte de permaculture, un langage des modèles est une manière d'organiser les modèles récurrents de nos concepts et de créer une palette d'options interdépendantes dans laquelle nous pouvons puiser autant que nécessaire. L'idée d'utiliser un langage des modèles pour créer une palette de solutions éprouvées, a été appliquée avec succès à l'architecture, l'aménagement du territoire, la programmation informatique et autres disciplines demandant une conceptualisation préalable.

À ce jour, personne n'a développé un langage des modèles global spécifique à la permaculture, si bien que vous pourrez être tenté de répertorier vous-même les modèles les plus utiles et les plus récurrents et déterminer les situations où ils sont applicables. Cela vous donnera une trousse à outils dans laquelle piocher. Dans le deuxième volume de leur livre *Edible Forest Gardens*, Dave Jacke et Eric Toensmeier l'ont réalisé dans le cadre d'un jardin-forêt, Peter Bane le faisant dans son livre *The Permaculture Handbook*, à l'échelle domestique. Le travail de Christopher Alexander dans *A Pattern Language* fournit également un point de départ utile et une source d'inspiration dans les nombreuses difficultés rencontrées par les concepteurs en permaculture.

Cette spirale d'herbes aromatiques fournit différents microclimats adaptés aux besoins des différentes espèces (plus secs, plus humides, plus chauds, plus frais).

LE PROCESSUS DE CONCEPTION EN PERMACULTURE

La conception est un processus continu, dont l'évolution est guidée par les informations et les expériences acquises durant les premières étapes de ce processus.

—BILL MOLLISON

Maintenant que vous vous êtes familiarisés avec certains concepts de base de la permaculture et avec certains fonctionnements naturels, il est temps de nous engager dans le processus de création proprement dit d'un concept de permaculture. Ce processus implique l'assemblage de composants — idées, matériaux, techniques et stratégies — dans le cadre de relations mutuellement profitables. Les éléments peuvent être organisés selon une série de différentes combinaisons, mais ce sont les connexions établies entre eux qui garantissent des systèmes qui fonctionnent réellement.

Nous appliquerons ici l'approche du plan directeur, ce qui signifie que nous allons décomposer le processus de création en étapes, qui compilées composeront ce plan directeur. En premier lieu, nous analyserons et établirons les besoins de votre site et les vôtres. En nous basant sur l'association de ces ensembles de besoins, nous emploierons dans un deuxième temps les méthodes de conception de la permaculture pour générer des pistes que vous pourrez évaluer à l'aune des principes exposés plus haut. À la suite de quoi, vous prendrez le plan d'ensemble obtenu et entrerez dans le détail de sa mise en œuvre.

Le processus de conception peut sembler assez lourd. Selon le site et les personnes concernés, certaines parties seront plus faciles à réaliser que d'autres. Mais ne vous bridez pas en vous limitant à un concept simpliste. Attaquez-vous au processus, étape après étape, et sa gestion s'en verra facilitée. Vous vous rendrez compte que les choses se simplifient au fur et à mesure, et très vite vous aborderez facilement chacune de vos décisions à travers le prisme de la permaculture.

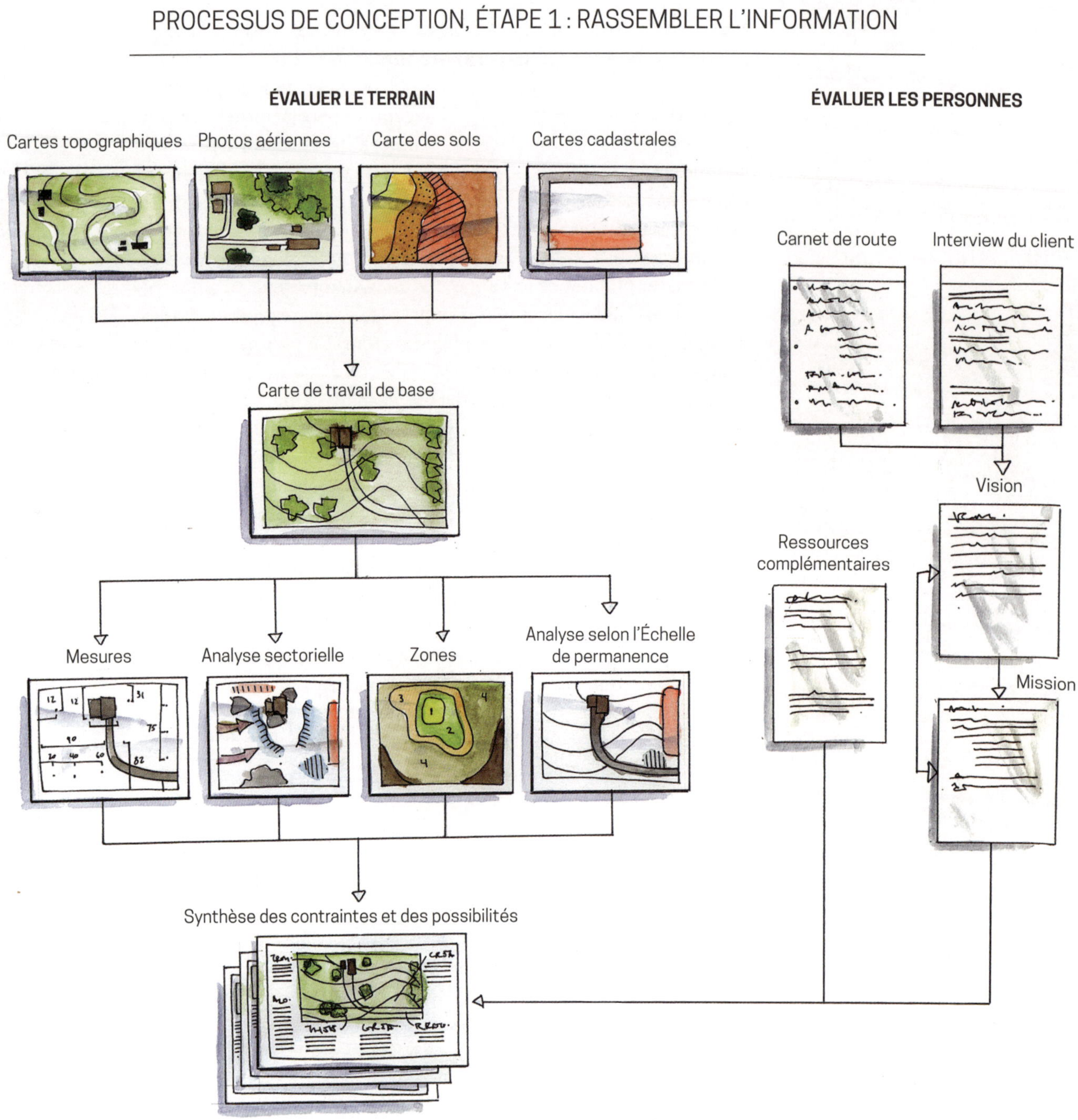
PROCESSUS DE CONCEPTION, ÉTAPE 1 : RASSEMBLER L'INFORMATION
ÉVALUER LE TERRAIN
ÉVALUER LES PERSONNES
Cartes topographiques
Photos aériennes
Carte des sols
Cartes cadastrales
Carnet de route
Interview du client
Carte de travail de base
Vision
Ressources complémentaires
Mesures
Analyse sectorielle
Zones
Analyse selon l'Échelle de permanence
Mission
Synthèse des contraintes et des possibilités

PROCESSUS DE CONCEPTION, ÉTAPE 2 : ASSEMBLER LES ÉLÉMENTS DU PROJET

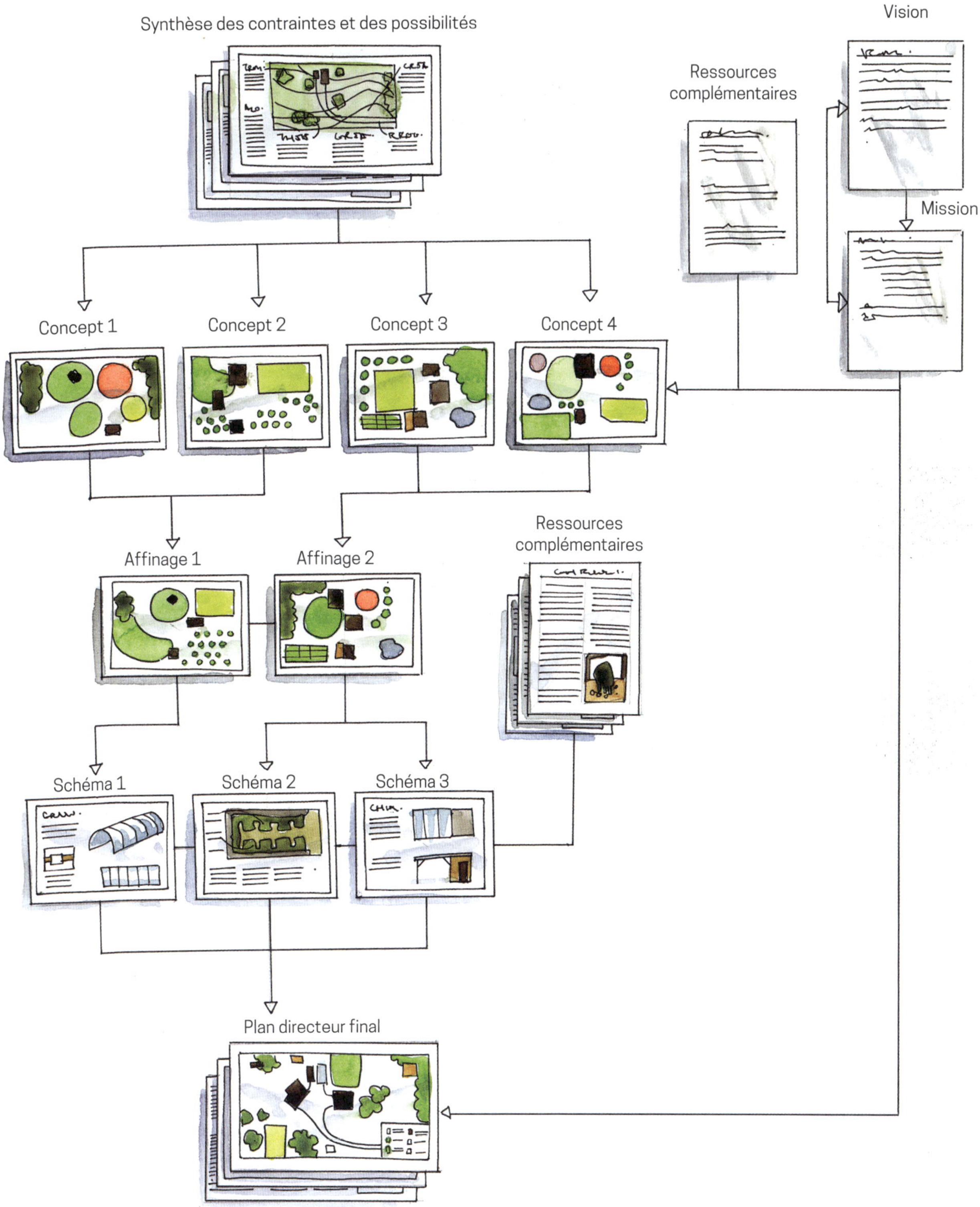

PROCESSUS DE CONCEPTION, ÉTAPE 3: ENTRER DANS LES DÉTAILS

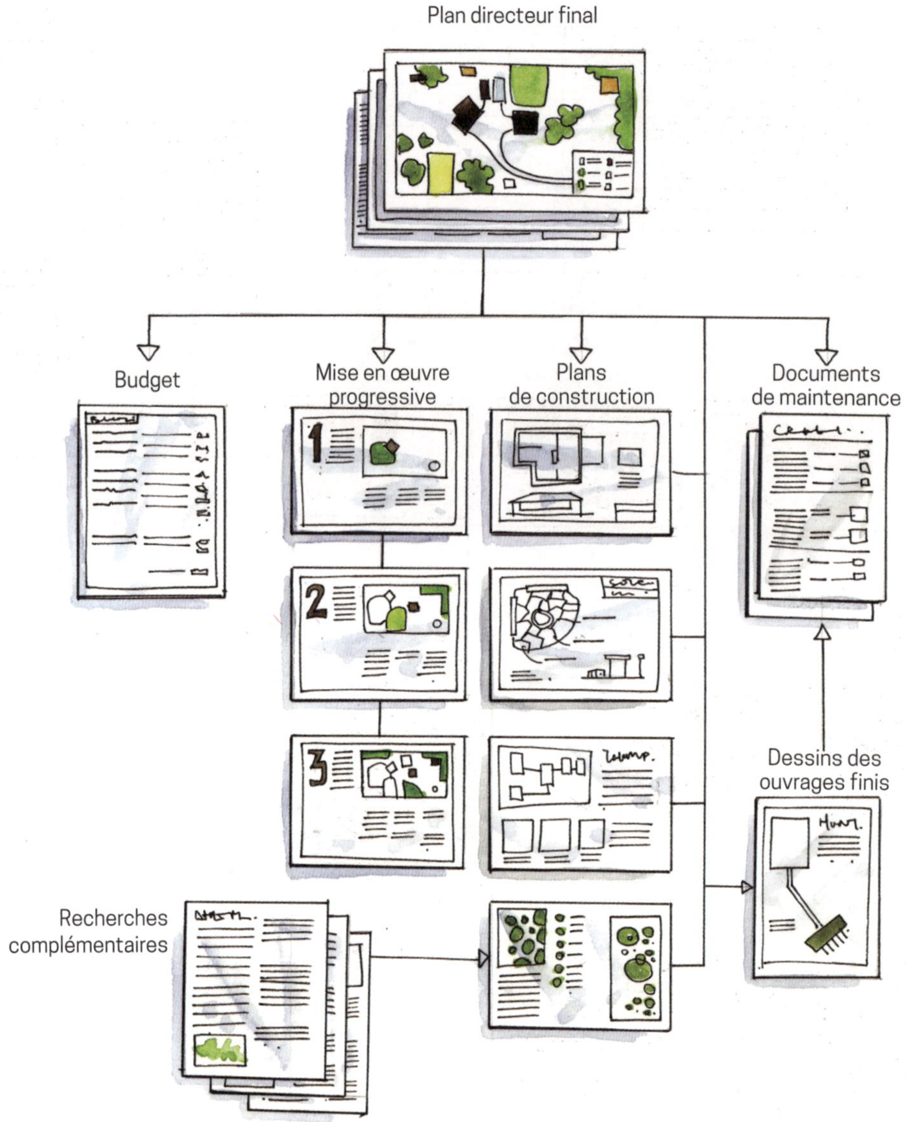

LA FERME BLOOM

Cas d'étude d'un projet en permaculture

Tout au long de la partie conception, nous nous servirons d'une étude de cas réel pour illustrer ce que vous obtiendrez à chaque étape du processus. À la fin des années 1990, l'auteur, Jessi Bloom, était à la recherche d'une parcelle de terrain qui respecterait un ensemble de critères spécifiques. Celle-ci devait être d'un prix abordable, proche de la zone métropolitaine de Seattle, assez grande pour y accueillir des animaux et posséder un grand jardin. Cette propriété devait permettre la création d'une exploitation où vivre et fonder une famille. Elle devait également servir de base à son entreprise de conception-réalisation d'espaces écologiques. Il fallait de la place pour une pépinière, entreposer des matériaux de construction et garer les véhicules de l'entreprise. Après de nombreux mois de recherches sur toute la région de Puget Sound, Jessie trouva la propriété qui remplissait ce cahier des charges.

Superficie : 1 hectare (9 430 m^2 exactement) clôturés.

Accès : par un chemin de servitude, passant par la propriété voisine (pas de contact direct avec la route).

Localisation : Comté de Snohomish, Washington.

Type de climat : frais, méditerranéen.

Zone de rusticité (USDA) : 7b.

Pluviométrie : 1 230 mm par an.

Chutes de neige : 210 mm par an.

Précipitations cumulées : 184 jours par an.

Jours d'ensoleillement : 160 jours par an.

Saison de végétation : 165 jours.

Moyenne des températures maximales en juillet : 25 °C.

Moyenne des températures minimales en janvier : 0,5 °C.

Altitude : 122 m.

Conditions d'origine sur le site : terrain globalement plat, servant de pâture, avec de nombreux conifères de grande taille. Pas de jardin aménagé. Sur la partie nord de la propriété, versant de colline exposé à l'est. Les bâtiments comprenaient un vieux mobil-home double abritant une petite boutique utilisée par l'ancien propriétaire pour une entreprise à domicile, un parking, et quelques dépendances destinées au stockage ou aux animaux. La plus grande partie du terrain était utilisée comme pâture et une très petite partie pour les activités extérieures.

Rassembler les informations

Avant de conceptualiser quoi que ce soit, il est essentiel de rassembler les informations afin de disposer d'une base pour vos décisions. Trop souvent, les gens souhaitent démarrer rapidement et achever leur projet sitôt qu'ils ont acquis leur terrain. Il est nettement préférable de commencer lentement et de collecter les informations sur au moins une année, avant de se lancer dans de grandes décisions. Pendant ce temps, vous allez rassembler toutes les données possibles sur le site, aussi bien que sur les besoins et les attentes des participants. Vous obtiendrez au final votre synthèse des contraintes et des possibilités.

ÉTAPE 1 : OBSERVATION PRÉLIMINAIRE DU SITE ET APPRENDRE À CONNAÎTRE SON TERRAIN

Avant de vous rendre sur le terrain, vous pouvez entreprendre quelques recherches basiques et même imprimer une carte ou une étude des sols à emmener avec vous. Toutefois, avant d'approfondir quoi que ce soit, nous vous recommandons de passer un peu de temps à arpenter la propriété, l'esprit vierge et consacré à la seule observation. Vous n'aurez qu'une seule occasion pour vous faire une première impression. Cela signifie que lorsque vous visitez pour la première fois un site, il est important de saisir l'opportunité de le voir impartialement. Cela dit, même si vous avez déjà vécu pendant un moment sur votre terrain, il vous sera toujours possible de le redécouvrir sous l'angle de la permaculture.

Prendre des notes de terrain

L'objectif de l'observation préliminaire est de découvrir les processus naturels en vigueur sur place et de les interpréter dans le temps. Commencez un journal ou un registre en notant les modèles naturels : les extrêmes de températures, la saison de végétation, les débits d'un cours d'eau, etc. Faites appel à tous vos sens. Quelles sont ces odeurs portées par le vent ? Est-ce qu'une partie de la propriété semble plus chaude ou plus fraîche ? Quels sons pouvez-vous entendre et de quelle direction viennent-ils ? Une fois que vous serez entrés dans ce processus d'analyse et d'évaluation, ces notes et impressions initiales fourniront une information utile.

Il est également important à ce stade d'établir consciemment une distinction entre vos observations et vos interprétations. Une observation est un fait établi, qui rend compte d'un phénomène observé. Une interprétation est une supposition sur l'origine d'un phénomène. Par exemple, si je vois une flaque dans le champ, je pourrais en venir à la conclusion que le terrain est mal drainé. Mais c'est une interprétation, pas une observation.

Une vraie observation serait : « Je vois une flaque dans le champ ». Les interprétations possibles engloberaient tant un mauvais drainage, qu'une fuite dans le système d'irrigation, ou un léger creux causé par un compactage de la terre à cet endroit.

Lorsque vous prenez des notes de terrain, séparez vos observations de vos interprétations de manière à être en mesure de chercher toutes les raisons possibles d'un phénomène au lieu de passer tout de suite aux conclusions.

Savoir lire l'environnement

La lecture d'un paysage est une compétence essentielle pour un concepteur en permaculture, qui va l'aider à comprendre de quoi un terrain a besoin et ce qu'il a à offrir. Chaque parcelle d'un terrain possède son histoire. Mieux vous comprendrez cette histoire, mieux votre concept répondra à cette situation spécifique.

L'un des moyens les plus sûrs d'apprendre à lire l'environnement est la pratique. Rien ne remplace l'expérience de terrain. Récupérez des cartes et des guides sur votre région et partez sur le terrain. La comparaison des cartes avec ce que vous verrez sur place vous aidera à comprendre la géographie locale et la manière dont elle s'inscrit dans les modèles naturels. Chercher la place de votre site dans son bassin versant nourrira votre compréhension des mouvements de l'eau à travers votre site. Les guides de terrain et les ouvrages d'histoire naturelle vous donneront une connaissance approfondie des acteurs de votre écosystème local et de leurs rôles. Encore une fois, faites appel à tous vos sens, et alternez visions de près et de loin.

Voici certaines choses à observer lorsque vous lisez un paysage :

- Les plantes indicatrices disent quelque chose de leur environnement. Néanmoins, gardez-vous d'hypothèses générales basées sur une seule plante : une touffe de jonc isolée ne trahit pas nécessairement un problème de drainage. Observez toutes les plantes et voyez si un modèle s'en dégage. Les plantes peuvent vous conter les effets desséchants du vent, la présence de zones humides permanentes ou saisonnières, le stade dans la succession naturelle dans laquelle le terrain se place, le pH du sol, et si elles connaissent là des sécheresses.
- Des empreintes ou des traces d'animaux, comme les déjections, peuvent vous renseigner sur l'activité des espèces sauvages à cet endroit.
- Des traces d'érosion, comme un sol nu, des rigoles ou des ravines, ou une sédimentation, peuvent vous apprendre les problèmes que vous aurez à traiter dans votre projet.
- Des sommets d'arbres inclinés peuvent indiquer la direction des vents dominants.
- Les plantes et le comportement de l'eau peuvent parfois indiquer un changement dans le type de sol.
- Des changements visibles dans la topographie peuvent indiquer un changement (petit ou grand) dans le bassin versant.
- La microtopographie et la végétation peuvent indiquer des modèles dans les mouvements hydriques.
- Un vestige sur le site (comme des fils barbelés, de vieilles fondations, des souches géantes) peut être un indice sur les différentes périodes de son histoire.

* Des ressources en matériaux disponibles sur place, comme des rochers ou de l'argile, doivent être répertoriées pour une utilisation potentielle.

L'observation du site est une étape que vous recommencerez tout au long du processus de conception. En poursuivant cette observation, vous continuerez à apprendre pendant longtemps de votre terrain.

LIRE L'ENVIRONNEMENT

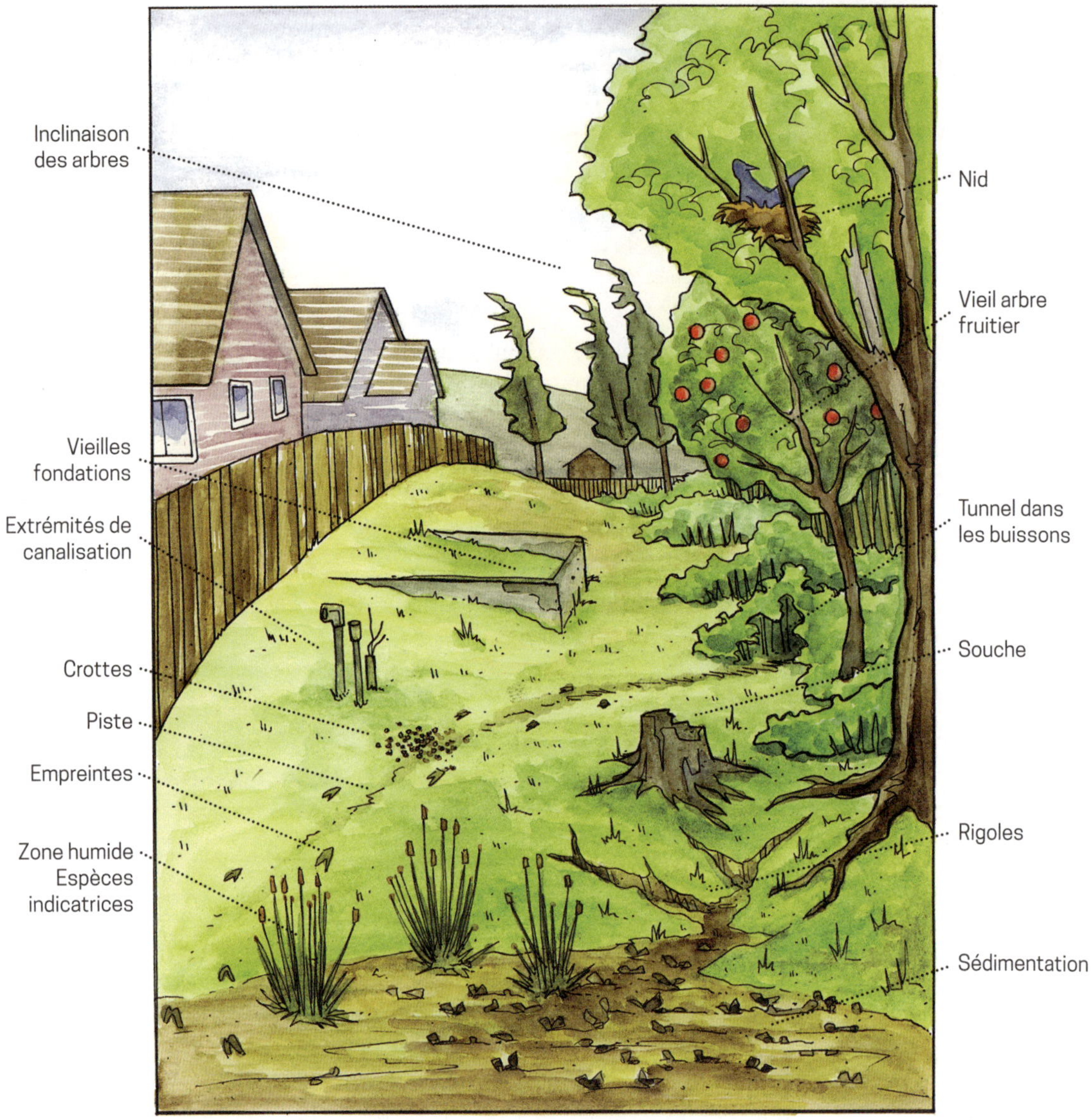

ÉTAPE 2 :
DÉVELOPPER SA VISION ET SES OBJECTIFS

Pour atteindre cet objectif éthique de s'assurer qu'un projet apportera quelque chose aux gens, il est impératif d'avoir une compréhension très claire des besoins et des attentes des personnes auxquelles s'adresse précisément ce projet. Vous pourrez alors aller de l'avant, chacun étant sur la même longueur d'onde, tandis que vous définirez votre mission, votre vision et vos objectifs. Tout au long de cette partie, nous partirons du principe que vous conceptualisez votre propre site ou un site dans lequel vous serez directement impliqué.

Identifier les parties prenantes et leurs préférences

Dans la plupart des cas, le projet que vous concevrez concernera diverses personnes. Ces parties prenantes peuvent, selon le projet, inclure des conjoints, des compagnons, des enfants, d'autres résidents, des voisins, les membres de la communauté, ou des employés. Si vous concevez votre ferme familiale à la campagne, les membres de votre famille immédiate feront figure de parties prenantes. Si vous êtes en train de concevoir un jardin communautaire, ce sont toutes les personnes y possédant une parcelle, plus l'ensemble du voisinage, qui le seront. Lorsque vous considérez ces parties prenantes, déterminez qui a le pouvoir de faire avancer le projet et qui a celui de le ralentir ou de le bloquer. Le concept que vous créez se doit au mimimum de satisfaire les besoins de chacune des parties prenantes tout en allant au-delà.

Commencez par établir la liste des résidents actuels et envisagés, en spécifiant leurs âges, leurs compétences et leurs expériences, leurs centres d'intérêt, et des précisions particulières comme les allergies ou une mobilité réduite, ainsi que leurs souhaits. Une fois que vous avez identifié les personnes concernées de cette manière, recueillez leurs réponses aux questions qui suivent. Cela vous donnera un référentiel sur les désirs et les besoins de chacun. Puis passez aux questions « spécifiques au site », en les assortissant le cas échéant de commentaires relatifs aux personnes impliquées. Plus cela sera détaillé, et plus utile cela sera. Si vous n'êtes pas encore en mesure de répondre à toutes les questions, mettez-les de côté pour y revenir plus tard. En fait, vous pouvez aussi associer les autres parties prenantes au processus, en les chargeant de chercher sur différents éléments et de ramener ce qu'elles auront trouvé.

Questions sur les préférences des parties prenantes

Quels vision et objectifs avez-vous pour la propriété ? (Combien de temps avez-vous l'intention d'y rester ? Faudrait-il que la propriété vous génère un revenu ?)

Possédez-vous des animaux domestiques ou d'élevage ? En avez-vous l'intention ?

Quelles seraient les plantes particulières que vous souhaiteriez (ou pas) inclure ?

Quel type de véhicules, et combien, amènerez-vous sur la propriété ? Quelles sont les ressources (temps, argent, accès à des matériaux, amis, contacts avec la communauté locale, etc.) dont vous disposez ?

Quel est votre plan d'installation (allez-vous vous débrouiller seul, payer des personnes, trouver des volontaires, un mélange de tout cela) ?

Qui a le pouvoir de décision et quel est le processus de prise de décision ?

Quelles améliorations ou modifications esthétiques souhaiteriez-vous ?

Questions propres au site

Existe-t-il un plan cadastral et autres pour le site ?

Quels sont les services existants (approvisionnement en eau, électricité, traitement des eaux usées, communications, ordures ménagères, recyclage, compostage) ?

Quels sont la taille, la localisation et l'état des structures existantes ?

Quelles sont la localisation et les caractéristiques des structures prévues connues ?

Quels sont les microclimats connus ?

Quels sont les points de vue que vous aimeriez préserver ? Quels sont ceux que vous aimeriez occulter ?

Quels éléments inertes de structure (rochers, chemins, patios, etc.) souhaiteriez-vous conserver ou modifier ?

Quels défis connus se présentent (les nuisances telles que le bruit, la poussière, les phares des voitures, les espèces invasives ; les contraintes conceptuelles telles que le respect des distances, les chemins de servitudes et autres restrictions légales ; les caractéristiques du site telles que des vents violents ou des problèmes de drainage) ?

Impliquer tout le monde dans le processus de décision

Le fait de recueillir des réponses à ces questions amènera probablement plus de questions encore. Essayez de faire en sorte que tout le monde soit sur la même longueur d'onde. Nous militons pour un processus qui implique le plus possible les différentes parties prenantes. S'il y a plusieurs preneurs de décision, tous doivent participer (même s'ils pensent eux-mêmes que ce n'est pas nécessaire). En pratique, on obtiendra les meilleurs résultats en recherchant une participation continue de tous, tout au long du processus – et non en disparaissant avec les informations pour réapparaître un mois plus tard avec un projet totalement achevé. Si vous vous trouvez dans la seconde situation, vous courez le risque de vous être éloigné de la réalité de la situation et d'avoir commis une erreur rédhibitoire dans votre concept.

La meilleure manière d'atteindre ce but est d'organiser une discussion dirigée. Son objectif est de vous assurer que vous comprenez vraiment les objectifs de chacun et l'information qu'il a fournie. Prenez-en bonne note et posez des questions pour clarifier les choses. Dans l'idéal, chacun participera et offrira son point de vue. Si vous remarquez qui que ce soit qui ne participe pas ou qui n'est pas écouté, interrogez-le directement ou à l'écart du groupe. À la fin de la discussion, il peut être utile de récapituler devant le groupe ce que vous avez entendu. Ainsi, les personnes ont la possibilité de clarifier tout éventuel malentendu. L'objectif final est d'obtenir une vision synthétique fidèle aux besoins de chacun.

Le processus de conception de Jessi a impliqué de nombreuses vérifications auprès des personnes concernées d'un bout à l'autre du processus. Elle n'a pas été plus loin tant qu'elle n'a pas eu pas l'adhésion de chacun, et cela à chaque phase. En avançant dans le processus, vous aurez besoin de clarifier un grand nombre de spécificités liées au site et aux personnes impliquées. Essayez de programmer des points de vérification sur le calendrier et de définir vos objectifs à atteindre avant chacune de ces échéances. N'hésitez pas à impliquer d'autres personnes dans la recherche. Lorsque les personnes ont des tâches définies et participent au processus, elles ont plus tendance à s'approprier le produit final.

Rédiger sa mission, sa vision et ses objectifs

Avant de commencer à vous concentrer sur les rouages de votre projet, il est important de mettre par écrit votre mission, votre vision et vos objectifs en utilisant l'information que vous avez recueillie au préalable. Il se peut que vous l'ayez déjà fait à ce stade-là. Indépendamment de votre point de départ, l'objectif est d'avoir une vision clairement écrite du projet, de manière à ce que chacun vise le même objectif.

Un énoncé de mission doit répondre à la question : qu'essayez-vous d'accomplir ? Cet énoncé devrait représenter l'ultime distillation du projet, et ne pas excéder quelques phrases. Un énoncé de vision doit répondre à la question : à quoi ressemblera cet endroit si vous remplissez votre mission ? Il devrait vous permettre, en fermant les yeux, de commencer à voir l'endroit que vous avez dessiné dans votre esprit.

L'énoncé des objectifs décrit les critères qui vous diront si la mission a été remplie et si la vision s'est concrétisée. La littérature sur le développement stratégique est d'une aide précieuse. Votre projet doit être SMART : spécifique, mesurable, atteignable, réaliste et délimité dans le temps. Voici un exemple d'énoncé d'objectif bien rédigé : « À sa cinquième année, notre forêt vivrière produira au minimum 200 kg de nourriture par an pour la banque alimentaire locale. »

Faire le point

À n'importe quelle étape de ce processus, il se peut que vous arriviez à la conclusion que les attentes des parties prenantes sont incompatibles avec la propriété en question ou avec une véritable approche écologique. Il est également possible que les attentes d'une personne ne soient pas en adéquation avec le budget, l'ensemble des compétences en présence ou le temps disponible. C'est une situation difficile et souvent inconfortable, qui exigera de faire le point avec les personnes concernées. Si vous ne le faites pas, vous pourriez vous retrouver à porter un projet impossible à mener à bien ou anti-écologique.

Faites de votre mieux pour exposer vos préoccupations au groupe avec clarté et diplomatie. Appréhendez toujours ces situations en vous disant que vous avez fort bien pu mal comprendre quelque chose qui a été dit. Sentez-vous libre de proposer des modifications à la vision initiale qui permettraient de rendre le projet plus réaliste. Dans l'idéal, vous parviendrez à un consensus où chacun aura tiré profit du processus.

LA FERME BLOOM

Énoncés de mission, de vision et d'objectifs

Mission : créer un environnement durable qui soit fonctionnel pour une famille, et une entreprise paysagère familiale qui se consacre à rendre la vie de ses clients plus résiliente et plus stable.

Vision : la propriété deviendra une ferme prolifique, dotée d'une multitude d'éléments fonctionnels tels que des systèmes alimentaires pérennes, des pâtures naturelles pour animaux, et des démonstrations colorées d'un mode de vie durable, susceptibles d'inspirer les gens. Le paysage contiendra un mélange de plantes alimentaires délicieuses et de plantes ornementales étonnantes, tout en abritant également des espèces sauvages. L'air sera vibrant de créatures ailées tels que les libellules, voltigeant à la surface des pièces d'eau, les colibri venant boire le nectar des fleurs, et les abeilles sortant des ruches pour aller polliniser les cultures. Véritable arche de Noé, cette propriété abritera toute une gamme d'animaux domestiques et de bétail épanouis, qui participera à entretenir les espaces et à subvenir aux besoins de ses habitants. La musique de l'eau inspirera un sentiment de paix et de contemplation chaque fois que quelqu'un traversera la propriété. Des jardins de pluie verdoyants capteront et épureront les eaux de ruissellement dépassant les besoins pour l'irrigation. Les tâches quotidiennes seront alimentées principalement par l'énergie solaire, que ce soit de manière directe ou indirecte. Une approche énergétique fondée sur le stockage montrera que vivre selon ses moyens énergétiques n'a rien d'une vie de sacrifice. L'exploration du paysage réveillera le sentiment de l'aventure, avec de nouvelles « pièces extérieures » et de nouveaux endroits sacrés à découvrir à chaque détour. Les visiteurs y trouveront un espace où se déconnecter de l'agitation de la vie moderne, et se connecter directement à la nature. Les espaces techniques, essentiels à une exploitation agricole et à une entreprise paysagère, seront colorés et attrayants, tout en fournissant un moyen de subsistance juste. Ils auront comme contrepoint des coins luxuriants dédiés à la détente. À toute époque de l'année, on y sera en mesure de goûter ce qu'un paysage productif est en mesure de fournir réellement.

Objectifs :

- *Animaux :* mise en place d'une rotation des pâtures pour accueillir du bétail en 2001.
- *Ambiance :* construire au moins un espace extérieur agréable pour la famille et les amis en 2001.
- *Structures :* bâtir la maison et toutes les dépendances essentielles pour nous permettre de vivre et de travailler sur place en 2003.
- *Eaux de ruissellement :* éliminer toutes les eaux de ruissellement par des stratégies d'infiltration en 2005.
- *Fertilité :* produire sur la propriété tous les paillages et engrais nécessaires aux plantes de la propriété en 2005.
- *Production alimentaire :* cultiver tous les produits essentiels consommés par les résidents et les invités en 2012.
- *Énergie :* arriver à une indépendance énergétique de 80 % pour la maison en 2015.

(en haut, à gauche) La grange, chez Jessi, est colorée et bordée de pots contenant des végétaux comestibles. Des panneaux photovoltaïques et un système de collecte des eaux de pluie subviennent aux besoins en électricité et en eau du bâtiment.

(en haut, à droite) Proches de la cuisine de Jessi, des herbes aromatiques et comestibles sont cultivées en pots et utilisées quotidiennement. Un thème coloré harmonise l'ensemble et en fait un endroit propice à la détente. Les fleurs, une ruche maçonnée et un distributeur de nourriture pour colibris, placés près de la maison, attirent la faune sauvage et fournissent un spectacle, pour le plus grand plaisir de toute la famille.

(en bas, à gauche) Ici, l'un des agréables espaces extérieurs où Jessi peut passer du temps avec la famille et les amis.

(en bas, à droite) Le premier jardin d'annuelles créé par Jessi exigeait une protection contre les lapins. Elle a créé pour cela une clôture en gabion, qui avait en plus la capacité d'emmagasiner la chaleur pour la redistribuer lors des nuits fraiches et d'en faire un espace légèrement plus tempéré.

ÉTAPE 3 : ANALYSE ET ÉVALUATION DU SITE

Tout permaculteur doit pouvoir étudier un site et évaluer ce qu'il trouve. Analyser et évaluer un site implique de collecter autant d'informations que possible sur ses différents aspects, à travers l'observation, la recherche et les mesures scientifiques, puis d'évaluer cette information pour comprendre ce qu'elle signifie dans le contexte de son projet. Il est naturel de vouloir entrer très rapidement dans le vif du sujet après une analyse et une évaluation rapide du site (que nous appellerons "site A + A" à partir de maintenant). Il faut reconnaître que la phase de conception en elle-même est bien la partie la plus amusante. Toutefois, assurez-vous de ne pas sauter cette partie préliminaire du processus. La grande majorité de vos choix conceptuels doivent tendre vers ce site A + A et votre projet final se doit d'en être le reflet. Une analyse ou une évaluation bâclée mènera à un concept qui ne peut pas exprimer son potentiel.

Comment commencer à enregistrer l'information pour votre site A + A ? Dans un premier temps, vous avez besoin d'une carte de base que vous pourrez utiliser comme gabarit pour créer différentes cartes de site A + A, et jusqu'à votre projet final. Nous présentons ici deux méthodes d'analyse différentes pour générer de l'information à reporter sur vos cartes. La première, l'analyse sectorielle, est une manière relativement rapide et globale de recueillir sur une unique feuille de papier une quantité importante d'informations contextuelles. La seconde, l'analyse basée sur l'Échelle de permanence, est bien plus approfondie. Nous vous recommandons de vous familiariser avec les deux techniques, avant d'employer celle qui semblera la plus appropriée dans votre situation (ou, plus vraisemblablement, la technique personnalisée que vous tirerez des deux). L'analyse la plus solide exigera de passer distinctement par les deux.

Mais avant d'en venir à la présentation de ces deux méthodes d'analyse, prenons un moment pour exposer les bases de la représentation d'un paysage sur papier.

Fondamentaux pour prendre des mesures et dresser des cartes

Créer une carte est en réalité relativement simple. La forme que nous utilisons le plus pour nos cartes de travail est une vue plane, qui est essentiellement une vue à vol d'oiseau. Dessiner des paysages peut également impliquer de représenter des vues en coupe ou des reliefs — le plus généralement des sections transversales qui montrent les éléments verticaux à l'échelle. Cela peut être utile pour visualiser comment les différentes hauteurs des éléments peuvent influer les unes sur les autres. Enfin, si vous avez quelque talent artistique, vous pouvez créer des dessins en perspective. Cela exige une certaine habileté mais peut en valoir la peine si vous essayez de faire comprendre à quelqu'un l'atmosphère de l'endroit.

Concentrons-nous d'abord sur les vues planes, étant donné qu'elles constitueront la base des graphiques que vous dresserez pour votre propriété. La mise en carte se décompose en quelques étapes simples que n'importe qui peut accomplir. Chaque carte que vous créerez n'a pas besoin d'être précise au centimètre ou au mètre près. Selon son usage, il vous suffira d'être « assez proche ». En fait, jusqu'à la phase du plan directeur, des cartes moins précises feront parfaitement l'affaire étant donné qu'elles vous serviront essentiellement à identifier les relations plutôt que les placements exacts.

(à gauche) Ce dessin en perspective d'une forêt vivrière, située dans une résidence en milieu urbain, réalisé par Sebastian Collett, aide le public à mieux comprendre à quoi ressemblera le projet achevé et quelle sera l'ambiance qu'il créera.

(ci-dessous) Ce dessin en perspective d'une habitation tropicale et de son terrain offre une vue aérienne afin de proposer un meilleur angle pour apprécier le projet une fois achevé.

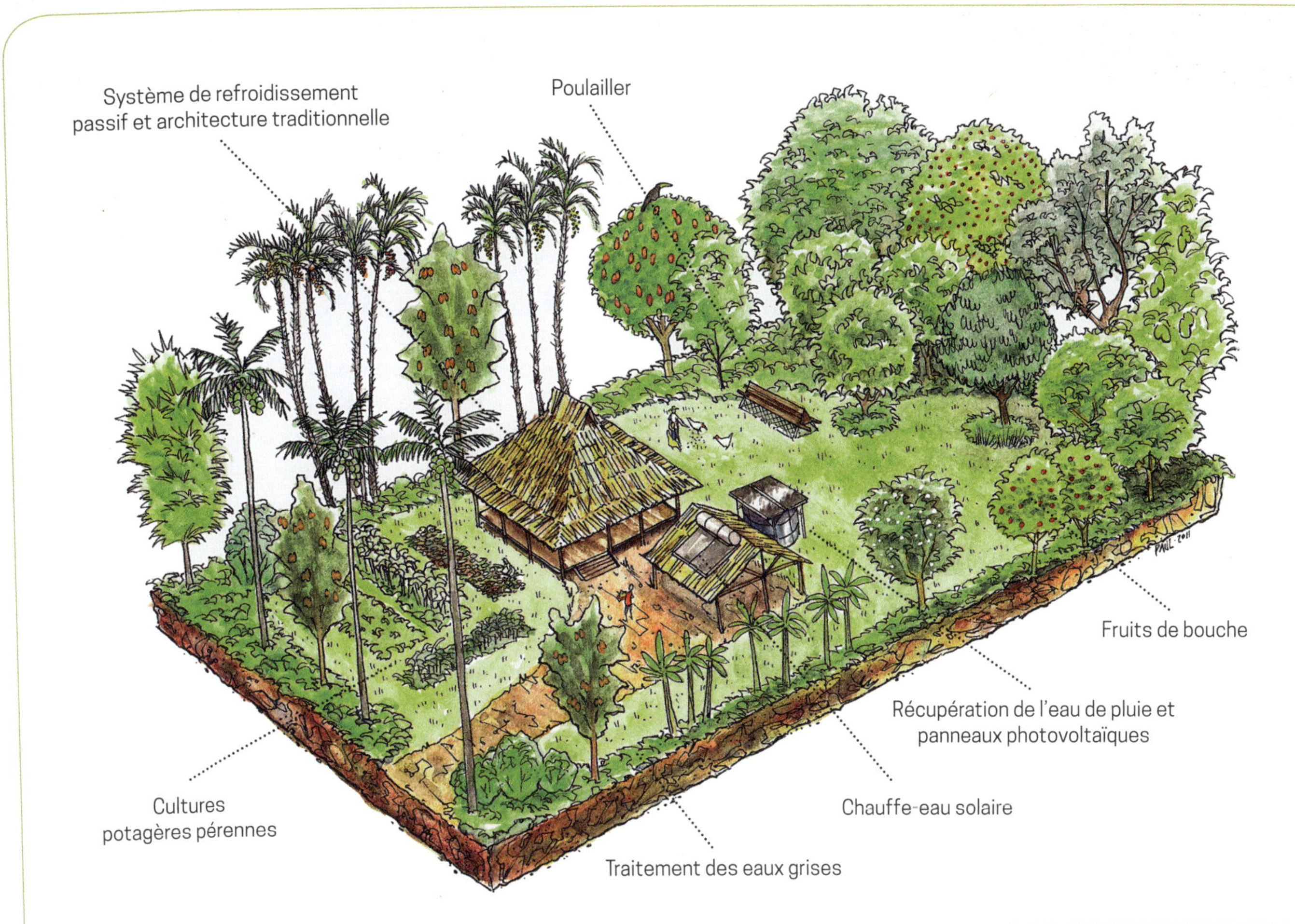

(à gauche) Paul Kearsley utilise un petit bloc-notes pour réaliser une carte lorsqu'il est sur le terrain et qu'il collecte des données. Dessiner sur un plus grand format peut s'avérer compliqué sur place. Adaptez la taille de votre plan à la situation.

(à droite) Comme instruments de mesure utilisez un niveau à visée, un mètre ruban (décamètre et triple décamètre), un cordeau, une sonde de sol et un compteur kilométrique (odomètre). Sous des climats pluvieux, un bloc-notes imperméable et un crayon adapté seront des compléments utiles.

Cela dit, efforcez-vous autant que possible de réaliser une carte à l'échelle. Cela signifie que vous devez définir une échelle (par exemple, 1 cm = 10 m) et dresser votre plan en la respectant suffisamment de sorte que lorsque vous mesurerez quelque chose sur la carte, vous ayez une idée réaliste de sa taille réelle.

Lorsque vous en serez à représenter les détails et à créer vos documents de travail, vous n'aurez pas à viser la même précision pour tous les éléments. Par exemple, un plan de plantation pour un parterre n'a pas besoin d'être précis au centimètre près. En revanche, les différences de niveau sur une carte des eaux complexe peuvent exiger ce genre de précision : quelques centimètres de moins pourront permettre à l'eau de s'écouler de votre toit vers une cuve de récupération, et non l'inverse !

En complément des différents instruments de mesure, vous découvrirez que votre propre corps possède lui aussi son outillage de mesures intégré. Le plus utile de ces instruments est votre pas. Délimitez un espace de 10 m de long avec le décamètre sur un sol plat et comptez combien il vous faut faire de pas pour parcourir cette distance. Divisez ces 10 m par le nombre de vos pas pour obtenir la longueur de ceux-ci. Cela peut être utile si vos pas n'ont pas la même longueur lorsque vous marchez habituellement, afin de vous donner une certaine conscience du moment où vous en servir. Il peut être aussi utile de vous entraîner à faire des pas d'un mètre (si vous êtes assez grand) ou de 50 cm (si vous êtes plus petit) pour faciliter vos futurs calculs. Mais quelle que soit votre méthode, continuez à mesurer vos pas jusqu'à ce qu'ils soient réellement réguliers, y compris en montant ou en descendant une pente. Avec la pratique, votre corps en gardera la mémoire et à terme vous pourrez obtenir une réelle précision.

Pour mesurer des choses plus petites, vous pouvez toujours utiliser d'autres parties de votre corps. Apprenez la distance approximative qui sépare le bout de vos doigts de votre poignet, ou de vos aisselles, ou du milieu de votre poitrine, et ainsi de suite. Dans un environnement bâti, vous pouvez aussi avoir recours à votre cerveau en utilisant des objets de taille commune comme aides à la mesure. Par exemple, si vous connaissez la mesure d'un parpaing dans un bâtiment, il vous suffit de compter le nombre de parpaings d'un bout à l'autre pour obtenir la longueur totale de ce bâtiment.

Le but de dresser des cartes étant de transmettre graphiquement des idées, il vous faut développer un langage graphique clair. Par exemple, les lignes représentant les différentes structures comme les clôtures, mais aussi des délimitations de la propriété, les contours, peuvent adopter différentes couleurs ou épaisseurs ; certaines pourront prendre la forme de hachures, d'autres de pointillés. Les éléments ponctuels comme les puits, les têtes d'arroseur et les poteaux de clôture peuvent être représentés par un simple point, une étoile ou un X. Les éléments à plusieurs côtés comme les bassins, les bâtiments, les couronnes des arbres et les pâtures peuvent être différenciés par des dégradés, des couleurs, des textures, des motifs et des symboles. Tout particulièrement si vous utilisez des cartes pour partager de l'information avec d'autres personnes, veillez à y inclure un titre, une date, le nom de son auteur, une échelle montrant le rapport d'une unité de mesure sur la carte avec une unité de mesure sur le terrain (par exemple, 1 cm = 1 m), une rose des vents (ou l'orientation solaire) et une légende.

La carte de base

La première carte dont vous aurez besoin pour réaliser votre projet est une carte de base. Sa fonction est de servir de squelette à toutes les autres informations que vous lui superposerez. Vous finirez probablement par en réaliser de nombreuses copies afin de jouer avec. Nous recommandons d'établir une carte de base en noir et blanc, avec des lignes épurées, afin de faciliter son tracé et les superpositions ultérieures. Une carte de base devrait représenter les bâtiments, les voies d'accès permanentes ou les chemins, les délimitations de la propriété, les structure inertes que vous savez devoir rester (tels que les tonnelles, les clôtures et les dépendances), les grands arbres et les éléments importants ou remarquables extérieurs au site (comme des grands arbres cachant le soleil, des constructions proches des limites de la propriété). Elle peut aussi inclure les courbes de niveau.

Une excellente manière de se lancer est de se mettre en quête des ressources cartographiques existantes. Elles peuvent comprendre des images satellites, des photographies aériennes récentes, des plans cadastraux, des cartes topographiques, des plans paysagers antérieurs et des enquêtes. Lorsque la précision ne revêt pas une importance primordiale, vous pouvez décalquer ces documents pour créer une carte de base simple. Mais il sera malgré tout judicieux de comparer avec la réalité du terrain.

Lors de sa réalisation, il peut être utile d'identifier au préalable les mesures dont vous aurez besoin. Jessi, par exemple, note celles qu'il lui faut avant de se rendre sur place, de manière à n'en oublier aucune d'importante. Commencez avec les objets rectilignes qui peuvent se trouver sur la propriété tels que les maisons, les dépendances et les patios bétonnés. Ils seront facilement tracés sur du papier millimétré, qui se prête à ces formes géométriques. Ils peuvent être aussi tracés sur ordinateur à partir d'une

TECHNIQUES
DE CARTOGRAPHIE D'UN SITE

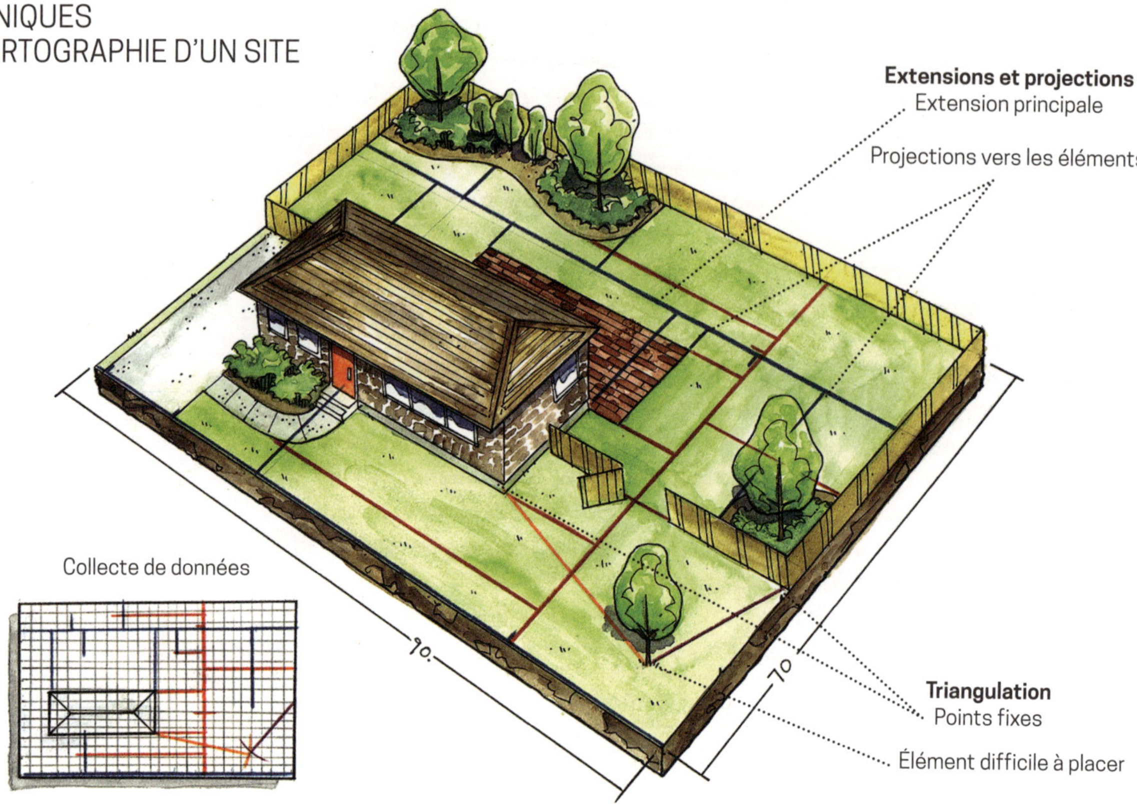

image aérienne qui a servi pour la collecte d'informations. Dans un second temps, ces formes peuvent être tracées au besoin sur un autre type de papier. Ces objets rectilignes peuvent être utilisés comme points de repère pour tracer d'autres éléments du paysage, via toute une série de méthodes, dont celle des extensions et des projections, la triangulation, les relevés GPS ou la prise de mesure à partir de l'imagerie satellite ou aérienne.

Avec la technique des extensions et des projections, vous utilisez des lignes droites qui prolongent directement celles d'un bâtiment ou d'un objet rectiligne (les lignes d'extension) de manière à placer d'autres éléments à une distance proportionnelle sur votre carte. L'illustration sur les techniques de cartographie d'un site montre des transects rouges et bleus, qui s'éloignent de la maison ou lui sont parallèles. En les utilisant, vous éviterez d'avoir à refaire des mesures tout le long de la maison. Placez ces extensions ou transects de manière à ce que de grandes portions de la propriété puissent être vues tandis que l'on en parcourt la longueur. À partir de ces lignes, tracez des projections perpendiculaires qui relient les éléments clés du paysage, tels que les angles des constructions, les grands arbres et les bords des parterres. N'hésitez pas à utiliser une équerre pour une plus grande précision du trait.

Pour des paysages et des structures non rectilignes, la triangulation est souvent plus appropriée. Avec cette technique, vous partez de deux localisations de manière à en représenter une troisième. Choisissez deux points fixes, tels que l'angle d'un bâtiment et celui d'une clôture. Et en partant de ces deux points, mesurez la distance qui les sépare d'un troisième élément (le petit arbre, sur l'illustration). Transposez cette distance à l'échelle de votre carte de base et écartez les deux branches d'un compas d'autant. Placez la pointe du compas sur votre carte, à l'angle du bâtiment et tracez un court arc de cercle sur la zone où est localisé l'arbre. Faites de même en partant de l'angle de la clôture et en écartant les branches du compas en fonction de l'autre mesure ramenée à l'échelle de la carte. Le point d'intersection des deux arcs de cercle correspondra à l'emplacement précis de votre arbre.

Évaluer la pente, l'orientation et l'altitude

Pour assurer une partie de votre analyse, vous devrez être en mesure d'analyser la topographie du site et les répercussions qu'elle a sur d'autres facteurs. La topographie représente la configuration du terrain, ce qui englobe tant sa pente, que son orientation et ses niveaux.

- *La pente* renvoie à la différence de niveau sur l'ensemble de la propriété. C'est une donnée importante lorsqu'il s'agit d'évaluer le risque d'érosion ou que l'on cherche des emplacements, soit plats, soit pentus, pour certains éléments du concept.
- *L'orientation* désigne la direction de la pente. Elle a une influence sur le gain solaire que peut attendre la pente.
- *L'altitude* correspond à la hauteur du site par rapport au niveau de la mer (au-dessus ou en dessous). Elle a une influence sur les régimes de températures et, à certains endroits, sur la pluviométrie comme sur les risques d'inondation ou de tsunamis.

Dave montre ici la manière de mesurer la pente avec quelques instruments simples : une planche, un niveau, un mètre.

LA FERME BLOOM

Carte de base

Voici la carte de base pour la propriété de Jessi au moment de son achat. Notez que les éléments importants extérieurs à la propriété y sont également inclus.

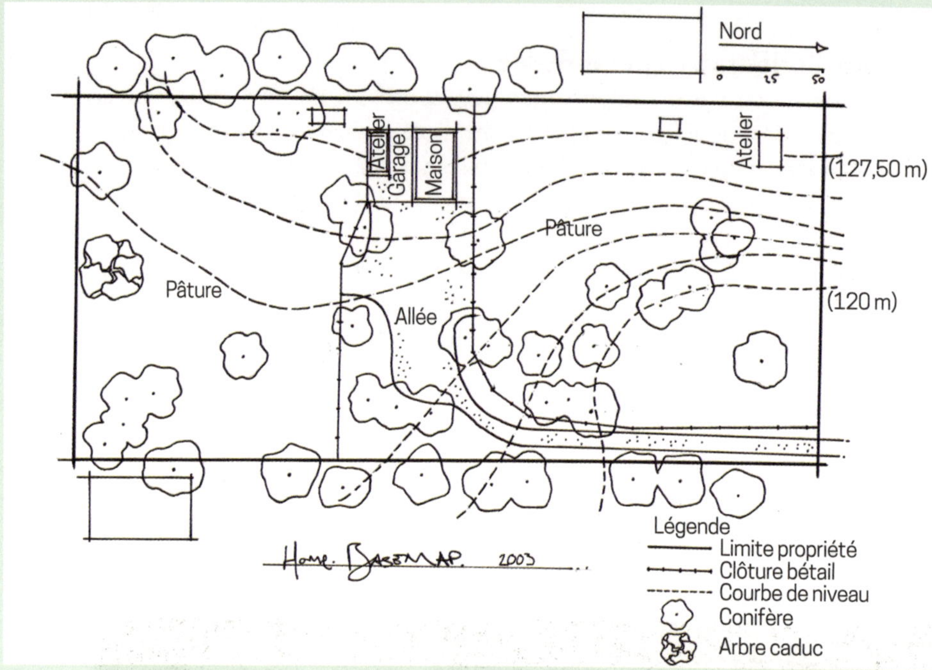

La pente. Il existe de nombreuses manières de mesurer une pente, certaines étant plus précises que d'autres. Une méthode simple ne demande qu'une planche droite de 3 m de long, un niveau, un mètre, et la formule: Pente = dénivelé/distance horizontale. Si vous voulez faire plus technique, une pente peut aussi être mesurée à l'aide d'un niveau à eau, d'un inclinomètre ou d'un niveau à visée laser.

Pour la méthode simple, placez-vous en haut de la pente en orientant la planche dans le sens direct de la descente. Posez une extrémité sur le sol, sur le point le plus haut, et relevez l'autre extrémité, avec le niveau posé sur la tranche, jusqu'à ce que ce dernier indique que la planche est parfaitement horizontale. Puis mesurez la distance qui sépare le bout de la planche pendu dans le vide du sol, en vous plaçant à la perpendiculaire. Notez la mesure. Puis répétez l'opération jusqu'au pied de la pente. Vous n'aurez alors qu'à additionner toutes vos mesures pour obtenir le dénivelé. Les sites plats ou les valeurs faibles de moins de 10 % se prêtent plus à la construction ; entre 10 et 20 %, vous aurez besoin de réaliser quelques travaux de terrassement ; au-delà de 20 %, il vous faudra entreprendre des travaux importants pour stabiliser le sol et le préserver de l'érosion.

L'orientation. Lorsque vous évaluez l'orientation de votre terrain, vous cherchez en particulier à savoir quel sera le gain solaire à attendre sur ses différentes zones. Le gain solaire représente la hausse de température provoquée par les rayons du soleil. Si un terrain, des bâtiments ou d'autres objets sont directement touchés, ce gain solaire sera plus important que pour des objets qui seraient touchés par un rayonnement oblique ou seulement indirect. C'est ainsi que des pentes bénéficiant du soleil toute la journée seront plus chaudes que celles pour lesquelles ce n'est pas le cas. De même, les fenêtres exposées au soleil génèrent souvent un gain thermique important tandis que pour les autres, on déplorera une perte nette.

L'altitude. À partir de mesures très précises, il est possible de représenter sur une carte la topographie d'un site au moyen de courbes de niveau. En gros, chaque ligne représentera une altitude particulière (que l'on indiquera généralement sur la ligne) tandis qu'elle se déplace sur le terrain. Là où l'espace entre les lignes est le plus grand, l'espace qui sépare deux altitudes différentes est aussi plus étendu, et en d'autres termes le terrain est plus plat. À la différence des endroits où les lignes sont très proches et où celles-ci dénotent un terrain plus pentu. Ces courbes peuvent être représentées sur la carte de base (si elles ne sont pas trop nombreuses) ou sur un calque (dans le cas contraire) afin de conserver une carte de base relativement épurée.

L'analyse sectorielle

Attachons-nous maintenant à étudier deux méthodes d'analyse qui permettent de générer une information à superposer à votre carte de base. L'analyse sectorielle, la première, s'attache aux flux d'énergie élémentaires — que l'on nomme « secteurs » dans le jargon de la permaculture — qui traversent un site. Par nature, chacun de ces flux possède une composante directionnelle. Les secteurs comprennent le vent et l'air, le feu, les espèces sauvages, le rayonnement solaire et le drainage. Voici quelques questions à se poser pour chacun de ces secteurs :

- Le vent et l'air : D'où souffle le vent dominant ? Les vents de tempêtes ? Y a-t-il des vents doux par temps chaud ? Si c'est le cas, d'où soufflent-ils généralement ? Est-ce que des vents froids balayent le site ? Se concentrent-ils quelque part ?
- Le feu : Si un incendie survenait, d'où serait-il susceptible de venir ? Cela peut avoir une relation avec le vent, mais aussi avec des points de départ de feu potentiels (par exemple, la station essence proche, les adolescents du voisinage), situés sur ou hors de la propriété.
- Les espèces sauvages : Des espèces sauvages traversent-elles la propriété ? Si c'est le cas, quel chemin suivent-elles généralement ? Prennent-elles des chemins différents selon les espèces ? Cela dépend-t-il de la saison ?
- Le rayonnement solaire : Ce point est d'autant plus important que vous vous situez loin de l'équateur. Quelle est la course du soleil en été et en hiver ? Existe-il des obstacles à ce rayonnement que vous aimeriez supprimer ?

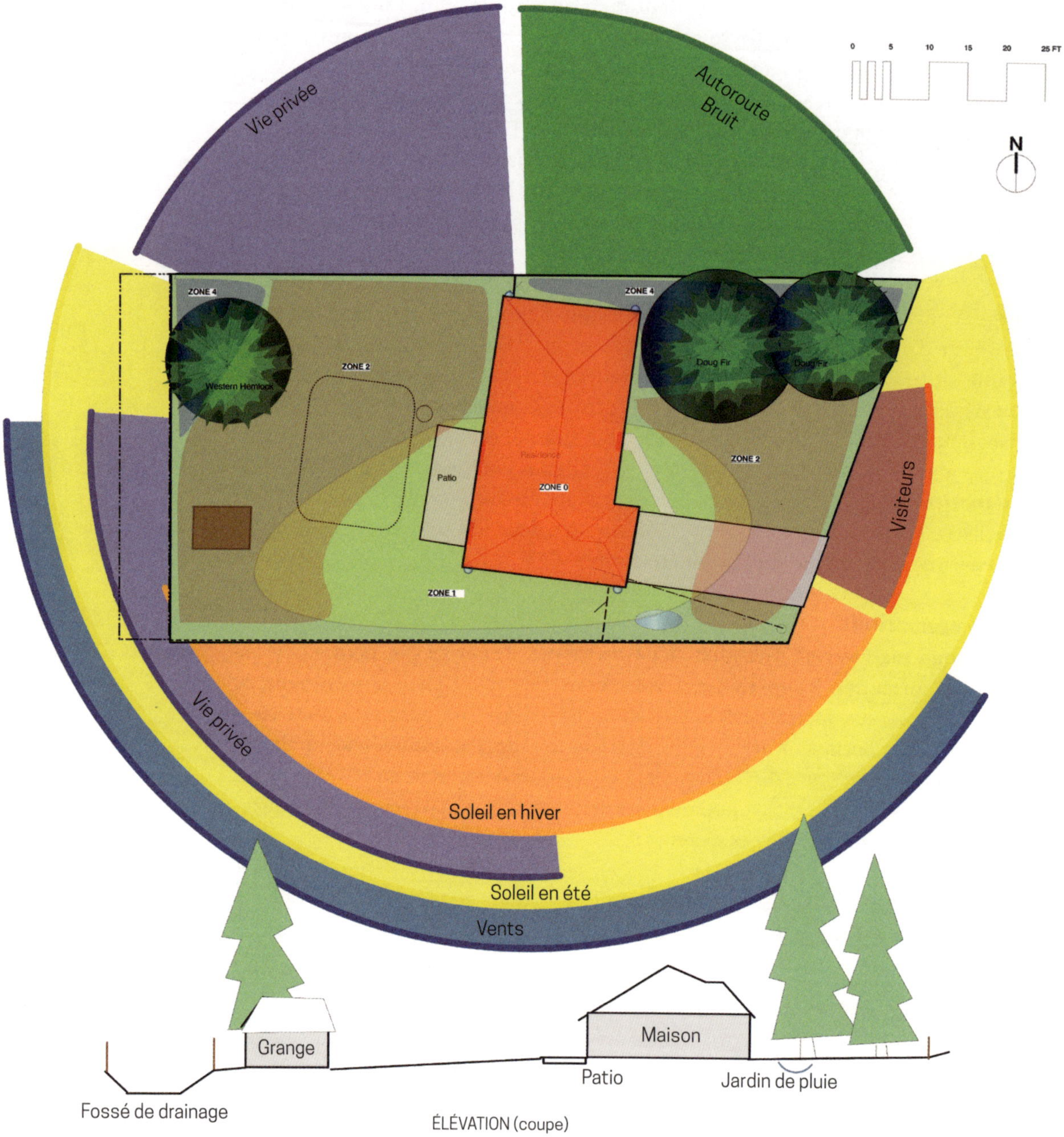

Cette analyse sectorielle produite par ordinateur et créée par Jessi pour un client, représente chaque flux d'énergie élémentaire venant de l'extérieur du site, sous la forme d'un diagramme circulaire. En bas de l'image, un plan d'élévation montre, en coupe, le rapport entre la pente et les éléments.

* Le drainage : Comment l'eau s'écoule à travers le site ? Cet écoulement est-il différent après une grosse pluie ?

Il est vraisemblable que ces flux naturels seront présents sur n'importe quelle carte sectorielle que vous dessinerez. Mais il faut aussi prendre en compte d'autres flux d'énergie ou secteurs, en relation directe avec les préoccupations humaines, et qui revêtent une importance toute particulière en zone urbaine ou suburbaine :

* Les points de vue et l'intimité : Existe-t-il des points de vue particulièrement spectaculaires que vous souhaiteriez préserver ou mettre en valeur ? Y a-t-il des endroits où des brise-vue seraient souhaitables pour préserver une certaine intimité ?
* La criminalité : Avez-vous connaissance d'un endroit particulier d'où craindre plus particulièrement la venue de vandales, de voleurs ou d'autres indésirables ?
* Le bruit : Y a-t-il à proximité des sources de bruit gênant (par exemple, rues très passantes, couloirs aériens, zones industrielles) ? Et à l'inverse, quelles seraient les sources sonores à favoriser (tels que les torrents ou les forêts de bambou) ?
* La pollution : La pollution atmosphérique voyageant bien souvent avec le vent et les eaux polluées suivant les voies de drainage, quelles sont les sources potentielles et avérées de pollution ?
* L'accessibilité et les zones d'activité humaine : Des personnes traversent-elles le site ? Est-ce historiquement un lieu de passage ? Existe-t-il des chemins de servitude ? Quelle est la nature de l'activité des personnes circulant sur le site ? S'agit-il de véhicules ou simplement de personnes à pied ?
* Les autres éléments de voisinage : Existe-t-il quelque chose d'autre qui passe dans la propriété mais ayant une origine extérieure (par exemple, l'ombre projetée par de grands arbres situés sur une propriété voisine, les odeurs d'une tannerie, des dépôts de terre venant de l'extérieur et charriés par l'érosion) ?

La représentation de ces différents flux sous forme de secteurs sur un calque qui viendra se superposer à votre carte constituera un bon point de départ pour votre analyse de site. Veillez à tout nommer afin que votre carte soit claire. En plus d'y montrer le tracé et la direction de chacun de ces secteurs, vous chercherez aussi à mentionner des détails secondaires comme les vitesses moyennes et maximales des vents, les détails sur les servitudes de passage et ce sur quoi donnent les différents points de vue.

L'analyse sectorielle montre son utilité lorsque vous ne disposez pas du temps nécessaire pour observer le terrain aussi en détail que vous le souhaiteriez. Elle peut aussi vous aider à comprendre très vite le contexte de grandes propriétés et jeter les bases pour une analyse ultérieure plus approfondie. Si c'est votre unique méthode d'analyse, il importe de la compléter ultérieurement par une recherche plus détaillée.

LA FERME BLOOM

Analyse sectorielle

Le vent dominant, puissant, souffle du sud-ouest. Le risque d'incendie est minime. Des conifères, poussant sur la propriété comme en-dehors, produisent une ombre importante tout au long de l'année. La faune sauvage est présente mais essentiellement sous la forme d'animaux ailés, concentrés au sommet des arbres, étant donné que la clôture qui entoure la propriété limite l'accès des créatures terrestres et les empêche de s'en servir de corridor. Bien qu'il y ait rarement des écoulements de surface, les ruissellements traversent la propriété d'ouest en est. La pente se trouvant sur la moitié nord de la propriété favorise un drainage en direction d'un point bas situé sur la pâture, qui est plus humide que les zones alentours. La propriété étant à l'écart, en retrait de la route, son caractère privé ne pose pas problème et il n'y a pas de point de vue sur l'extérieur à conserver.

L'analyse selon l'Échelle de permanence

L'analyse selon l'Échelle de permanence fut pour la première fois présentée par P.A. Yeomans dans son livre de 1958 : *The Challenge of Landscape*, l'un des quelques ouvrages qui incitèrent Bill Mollison et David Holmgren à se lancer dans le système de planification de la permaculture, et a depuis été développée par d'autres permaculteurs. L'Échelle de permanence est essentiellement une liste des caractéristiques d'un paysage donné, ordonnée de la plus à la moins contraignante. Placé à son sommet, le climat vous sera en effet extrêmement difficile à modifier au moyen d'actions sur votre propriété. Pour cela, le mieux est de construire une serre pour créer un microclimat plus chaud (qui se trouvera alors plus bas sur cette Échelle de permanence) sur une zone donnée de votre site. La dimension esthétique, quant à elle, est placée au pied de l'Échelle car elle peut être modifiée avec une certaine facilité.

Organiser l'information sur le site selon cette Échelle de permanence vous aidera à vous représenter les points où vous pouvez obtenir le maximum d'effet avec le minimum d'efforts. Concentrez-vous sur un niveau à la fois et collectez le maximum d'informations possible. Une partie de l'information que vous choisirez de collecter sera basée spécifiquement sur vos objectifs. Vous pouvez imprimer différentes copies de votre carte de base afin de représenter chaque niveau en les annotant, ou vous pouvez le faire sous forme de calques. Il est aussi possible de regrouper certaines de ces couches.

L'analyse selon l'Échelle de permanence est particulièrement utile sur des projets complexes (que ce soit au niveau du terrain lui-même ou du projet). C'est notre méthode de prédilection lorsque le temps nous le permet car elle fournit une information très riche.

À PRENDRE AVEC SOI POUR LA COLLECTE D'INFORMATIONS

Bloc-notes (imperméable)

Carte de base, si possible en plusieurs exemplaires pour noter les données

Mètre ruban, de 30 ou 100 m

Appareil photo, pour prendre des clichés auxquels se référer ultérieurement

Pelle, pour explorer les sols

Inclinomètre ou niveau de terrain, pour mesurer la pente

Boussole, pour mesurer les angles et les directions

Thermomètres enregistreurs, pour explorer les microclimats chauds et froids ; à consulter après des épisodes chauds ou froids

Jumelles pour l'observation des grandes propriétés

Sonde de sol, pour explorer les horizons du sol sans avoir à creuser un gros trou

Guides de terrain, pour aider à l'identification de la faune et de la flore locales

L'ÉCHELLE DE PERMANENCE ASSOCIÉE À UN EXEMPLE DE NOTES À CHAQUE NIVEAU

Échelle de permanence	Ce qu'il faut noter
Climat	Températures minimales et maximales Pluviométrie Saisonnalité Zone de rusticité
Relief	Topographie et pentes Couches géologiques et profondeur de la roche mère
Eau	Sources Changements dans le bassin versant Zones mal drainées Points d'entrée et de départ Localisation des tuyaux de descente des eaux pluviales
Contraintes légales	Zonage et règlements d'urbanisme Distances à respecter Servitudes Protection des zones humides
Accès et circulation	Routes Chemins et sentiers Points d'entrée et de départ (pour les matériaux, les personnes, les véhicules)
Végétation et faune sauvage	Communautés végétales existantes et attendues Stade dans la succession naturelle Qualité du milieu Espèces présentes sur la zone
Microclimat	Microclimats en présence Orientation des pentes Zones ombragées Poches de froid
Bâtiments et infrastructures	Taille, forme et localisation Zones pavées Services et installations techniques (au-dessus et au-dessous du sol) Fosse septique
Zones d'utilisation	Zones de la propriété distinctes selon leur type d'usage
Sol (fertilité et gestion)	Types de sol Fertilité Polluants
Aspects esthétiques	Différents aspects valorisant ou dénaturant le caractère de la propriété

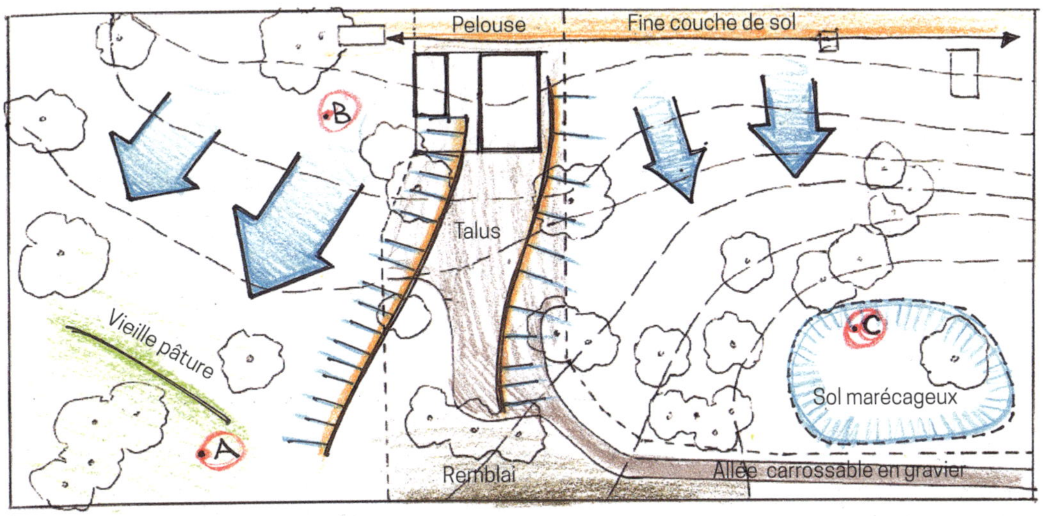

Cette carte synthétise l'information recueillie lors d'une analyse du sol sur le site.

Évaluer vos données

Une fois que vous aurez achevé l'analyse de votre site et que vous posséderez une grande quantité de données, il sera temps de tirer quelques conclusions. Au cours du processus même d'analyse, vous aurez probablement commencé à bâtir quelques-unes de ces conclusions. Il s'agit donc de les clarifier et de vous assurer que vos données se recoupent bien avec ces conclusions.

Nous aimons commencer par identifier les futurs éléments déterminants de notre concept. Certaines des données recueillies vous indiqueront ce qui est important et ce qui ne l'est pas. Par exemple, si le site se trouve dans une vallée abritée, le vent n'est pas susceptible d'être un facteur déterminant pour votre concept. Mais si votre site est exposé et balayé régulièrement par des vents allant jusqu'à 50 km/h, le vent sera un facteur essentiel dans vos choix lors de la conception.

Le produit de votre évaluation pourra prendre la forme d'une synthèse des contraintes et des possibilités du site. Si vous avez employé la méthode de l'analyse sectorielle, vous pouvez créer une seule carte montrant quels secteurs auront des impacts significatifs sur le projet (qu'ils soient positifs ou négatifs). Si c'est la méthode de l'analyse selon l'Échelle de permanence, vous pouvez créer une carte ou un calque qui synthétise les données les plus pertinentes que vous avez recueillies pour chaque niveau.

SYNTHÈSE DES CONTRAINTES ET DES POSSIBILITÉS BASÉE SUR L'ANALYSE SELON L'ÉCHELLE DE PERMANENCE

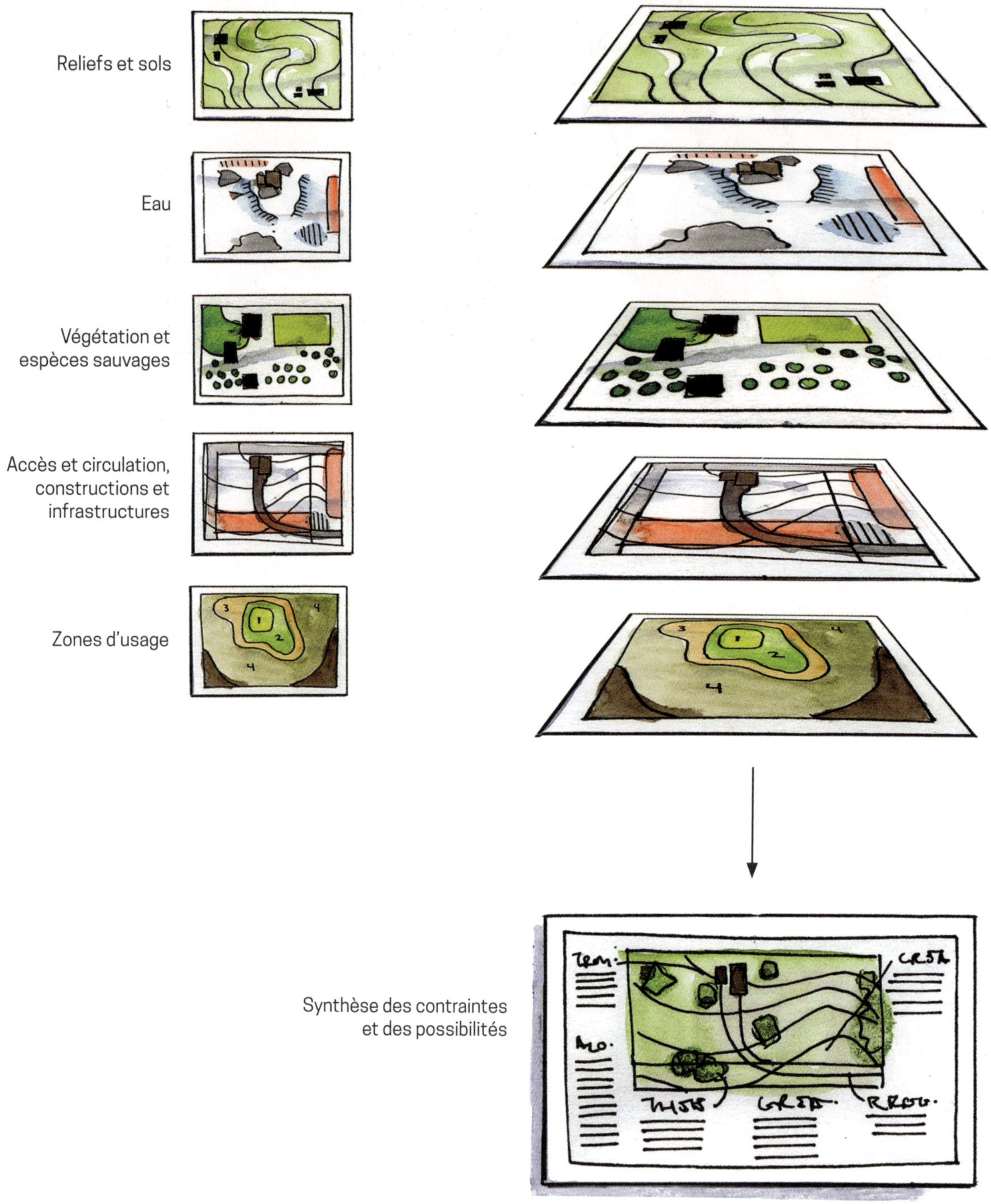

LA FERME BLOOM

Analyse selon l'Échelle de permanence et synthèse des contraintes et des possibilités

Analyse selon l'Échelle de permanence

Si l'on étudie le terrain dans le contexte de son bassin versant, le site se situe haut sur la crête ou sur le bord d'un bassin versant et descend doucement vers l'est, l'extrémité nord de la propriété étant relativement humide, au point le plus bas du site. L'eau de pluie ruisselle naturellement d'ouest en est, ne s'accumulant que dans la zone nord. Sur le reste du site, la pente est peu marquée.

L'accès au site se fait par une route gravillonnée qui longe la propriété au nord-est et qui y débouche vers le milieu, à l'endroit où elle tourne à l'ouest en direction de la maison. L'accès à partir de la rue se fait *via* un chemin de servitude, le long d'une voie existante, partagée légalement avec deux autres propriétaires.

Les communautés végétales sont composées d'herbes de prairies, de nombreux conifères indigènes, grands et en bonne santé, et d'un noyer adulte. Il n'y a pas de couche arbustive.

Les installations existantes consistent en une fosse septique et sa zone d'épandage situées au milieu de la propriété, avec toutes les lignes électriques arrivant sur le site par la voie existante. Un puits est situé au point le plus haut du paysage, au nord-ouest de la plus grande pâture et correspond au point le plus bas.

Les sols sont tous composés d'un mélange de terre arable et de gravier, qui se draine si rapidement que la conservation de l'humidité est problématique. Ils ont une composition minérale formidable mais manquent de matière organique et de fertilité.

Synthèse des contraintes et des possibilités

La propriété présente des points faibles, dont un majeur : une exposition solaire limitée par son orientation nord-sud et les conifères poussant sur les propriétés voisines. Les conifères présents sur le site fournissent également beaucoup d'ombre, rendant difficile le choix des terres qui seront destinées pour la pâture ou les plantations.

Ce site abrite très peu de producteurs de biomasse ou de plantes à feuillage caduc, ce qui en fait une priorité dans le concept. La richesse minérale et la porosité du sol sur la plus grande partie de la propriété sont une très bonne chose. L'accès au centre de la propriété est direct et facile ; les contraintes par rapport aux distances étant peu présentes et les réseaux d'utilité publique minimaux, ils laissent le site relativement ouvert.

La pente douce vers l'est lui permet de retenir l'eau en amont et de l'utiliser plus bas.

Assembler les éléments du projet

Une partie du plan directeur pour l'écovillage de CoHo de Corvallis, dans l'Oregon.

Une fois que vous avez obtenu la version détaillée du site A + A, vous pouvez vous asseoir à votre table de travail et commencer à développer les idées et les concepts, au fur et à mesure que vous explorez minutieusement toutes les possibilités de projet. Le processus que nous enseignons ici est destiné au concepteur débutant en permaculture. Il commence par une phase de conceptualisation pure puis progresse de schéma en schéma. À partir de là, vous pourrez passer à un plan de mise en œuvre qui vous guidera à travers l'installation. Les plans et les dessins peuvent être intégralement réalisés à la main, comme à l'ordinateur, ou en combinant les deux techniques.

Le chemin qui mène des premières idées aux plans de construction peut être long et nécessiter une multitude de versions. Chaque projet est différent en termes d'envergure et de travail de ses détails sur le papier. Le concept de départ évoluera au gré des changements d'idées, lorsqu'en apparaîtront de nouvelles et à chaque fois que la vie concrète viendra perturber les délais que vous vous étiez imposés. Autant que possible, évitez d'agir dans l'urgence et cherchez à rester flexible. Laissez le processus s'adapter aux besoins du projet.

Voici les étapes et les résultats du processus de conception dans sa deuxième partie :

Étape 4. Phase conceptuelle — notes à partir de vos recherches, de vos analyses des éléments, de vos assemblages aléatoires, des graphiques de flux et en bulles.

Étape 5. Plans schématiques — carte des zones, versions multiples de votre plan directeur, plan directeur final à l'échelle.

Mais avant d'entrer dans le détail de ces étapes, considérons brièvement deux notions à garder en tête au cours des étapes de création : voir la planification comme un processus et la conduire en utilisant efficacement votre énergie.

LA PLANIFICATION COMME UN PROCESSUS

Pour arriver à bon port lorsque l'on crée un projet, il nous faut, comme au volant d'une voiture, à la fois du carburant pour donner l'impulsion (« allons-y ! ») et de bons freins (« mais assurons-nous d'abord que nous partons d'un bon plan »). Se lancer dans les détails d'un projet sans être passé par tout le processus de conception revient souvent à passer à côté d'opportunités et à commettre des erreurs coûteuses. Mais d'un autre côté, tergiverser interminablement sur des détails, en estimant que l'on ne dispose jamais d'assez d'informations pour commencer réellement (la paralysie par excès d'analyse) est tout aussi contre-productif. Il ne faudrait pas que vos problèmes vous retardent trop, sans quoi vous passerez aussi à côté de certaines choses.

Il peut être utile de se rappeler que la planification est un processus qui implique une certaine répétitivité. Vous pourrez toujours revenir en arrière et changer des choses plus tard. En fait, la probabilité pour que le plan que vous créez au départ ressemble exactement à ce qui se passera sur le terrain est pour ainsi dire nulle. À un moment, si vous ne savez pas dans quelle direction orienter un aspect donné de votre concept, vous pouvez soumettre votre meilleure hypothèse à quelqu'un de plus expérimenté, et vous préparer à vous adapter, à la lumière de l'information que vous recueillerez en retour.

UN EXEMPLE DU PROCESSUS DE CONCEPTUALISATION

À l'occasion d'un atelier sur les forêts vivrières, l'auteur Dave Boehnlein, en collaboration avec Jeremy O'Leary, Patrick Loderhose et John Coghlan, a produit une série de schémas de travail. Le thème de cet atelier était de concevoir un projet fonctionnel et écologique répondant aux besoins des habitants d'une maison située à Sherwood, dans l'Oregon. Ces dessins illustrent une façon d'aborder le processus de conceptualisation — celle qui correspondait à ce projet particulier.

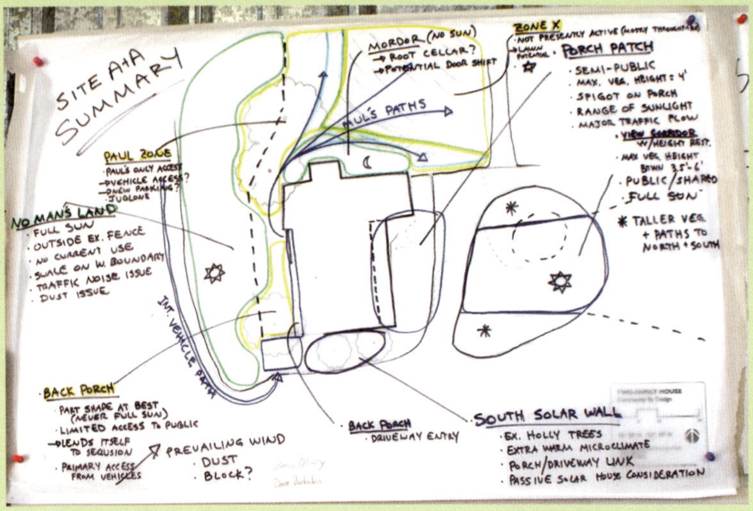

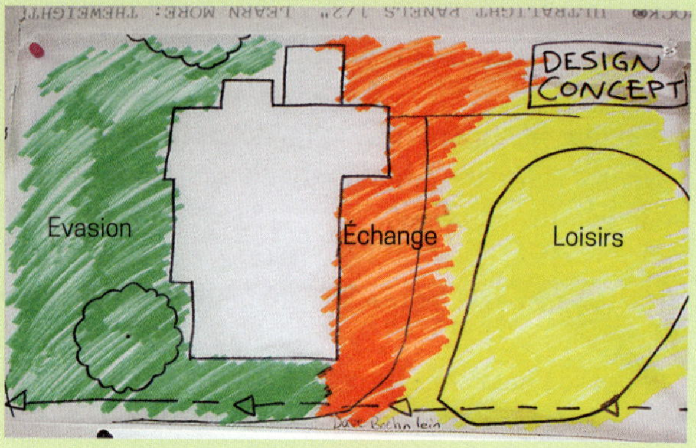

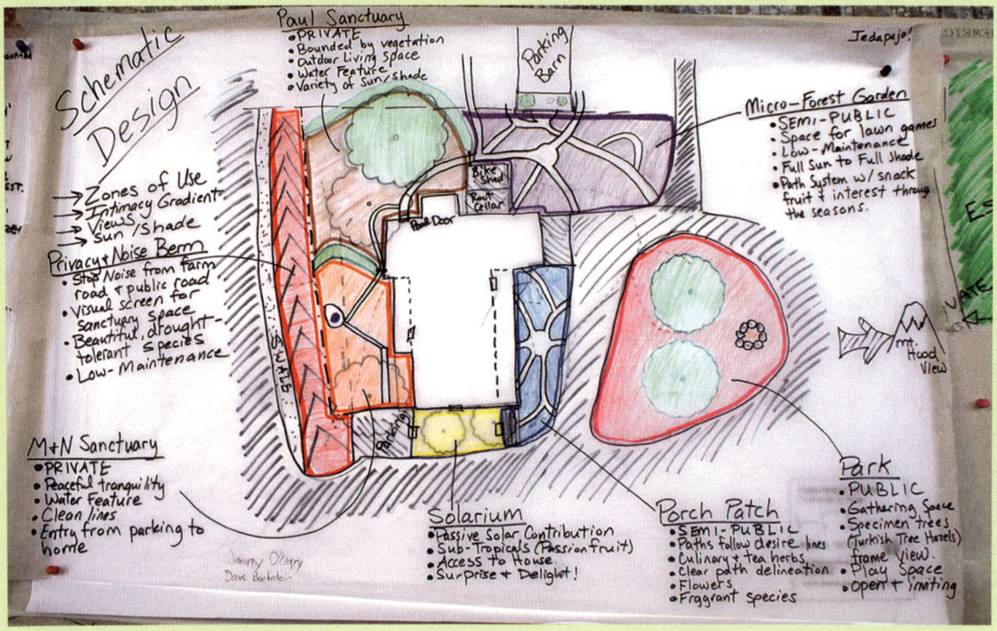

(en haut, à gauche) Cette synthèse de l'analyse et de l'évaluation du site représente les éléments déterminants du projet.

(en haut, à droite) L'équipe a travaillé sur un concept inspiré d'un modèle du livre *A Pattern Language* et nommé « gradient de vie privée », organisant l'espace à la fois en zones publiques et privées.

(à g.) À partir de ce concept, le plan décompose l'espace en différentes zones, aux usages et aux caractéristiques spécifiques, qui font l'objet de dessins détaillés.

Car pour dire les choses : cette information nouvelle ne viendra jamais si vous n'êtes pas prêt à bouger et à vous lancer.

De même, tout bon ingénieur sait que la première fois que l'on essaye quelque chose, il est probable que cela ne fonctionne pas à la perfection. Pour créer des choses qui fonctionnent vraiment, il faut passer par un processus d'amélioration qui exige toute une série de versions et de tests. Travailler sur les détails fait partie du processus. Pour les concepteurs, la peur de commettre des erreurs peut mener à la plus grosse erreur de toutes : ne rien faire du tout. Bien sûr, nous souhaitons tous limiter nos erreurs, mais il ne faut pas que cela nous empêche de tenter des choses. Rappelez-vous que la clé est de commencer petit et de prendre du plaisir !

Et souvenez-vous aussi que les concepts bâtis à plusieurs peuvent souvent amener les meilleures idées. Par exemple, Dave travaille presque systématiquement avec une équipe sur ses concepts. Cela permet à chaque membre de cette équipe d'occuper une niche spécifique — et comme dans la nature, cette relation de coopération génère une plus grande productivité. Faire appel à plusieurs têtes pour partager des idées est l'une des meilleures manières pour passer en revue toutes les possibilités et identifier les problèmes ou les situations qui peuvent être évitées. Et même un loup solitaire de la permaculture peut se permettre de demander à quelqu'un de simplement jeter un œil sur son travail. Obtenir le retour de vos pairs peut assurément vous aider à voir des choses qui vous auraient échappé. Si vous faites cela, vos productions auront de grandes chances de s'améliorer significativement dans le temps.

PLANIFIER L'EFFICACITÉ ÉNERGÉTIQUE

Prêter une attention particulière à l'efficacité énergétique dès les prémices de la phase de planification est extrêmement important. Nous ne parlons pas ici de l'énergie sous sa simple forme électrique, mais des énergies naturelles au sens le plus large du terme. Les modèles d'ensemble que nous concevons dans le paysage doivent prendre leur sens dans le cadre de la pente, de l'orientation, de l'altitude, du microclimat, des secteurs et du contexte humain local. Si certains de ces aspects ont été occultés dès le début, il en résultera un concept raté et qui aboutira à son tour à une réalisation présentant certains obstacles fonctionnels majeurs.

Dans le milieu de la permaculture, nous appelons souvent *Erreurs de type 1* les erreurs sur lesquelles on ne peut pas rebondir sans que cela soit coûteux financièrement ou en quantité de travail (ce qui fait que, la plupart du temps, on ne les résout pas). Cela inclut par exemple l'achat d'un terrain inadapté à nos objectifs (essayer de produire des noix de coco au Canada), construire une habitation pour les climats froids là où elle ne peut attendre de gain solaire, ou s'endetter à un niveau tel qu'on n'arrivera pas à le rembourser (investir tant d'argent dans un terrain qu'il faudrait travailler 60 heures par semaine à l'extérieur du site simplement pour rembourser l'hypothèque).

Cette planification de l'efficacité énergétique s'organisera différemment selon les scénarios. Par exemple, imaginons une propriétaire en Écosse qui déciderait de placer sa maison sur une pente douce orientée sud pour optimiser son exposition aux rayons obliques du soleil hivernal (lorsqu'il est de sortie). Elle fait construire la maison à peu près à mi-pente, évitant ainsi les vents violents du sommet de la colline et la poche de froid qui règne en contrebas. Peut-être choisira-t-elle d'orienter légèrement la maison vers le sud-ouest plutôt que le sud-est de sorte que la colline bloque efficacement le bruit de la circulation venant d'une route proche. Tandis que pour quelqu'un qui vivrait dans le désert californien, faire la même chose avec une maison sur une pente orientée sud reviendrait à en faire un four, durant les journées extrêmement chaudes de ses étés. C'est en cela que la conception en permaculture nous donne une perspective, pas une prescription.

Pour finir, nous avons tous à travailler avec ce dont nous disposons. Que faire si la maison (ou un arbre, un patio, un garage ou tout autre élément relativement permanent) se trouve déjà placée à un endroit qui ne soit pas optimal ? Dans ce cas-là, vous devez identifier les plus gros problèmes qui se présentent à vous, et en commençant par celui qui a l'effet le plus négatif, trouver des manières de les atténuer. Par exemple, si votre maison se trouve sur un versant orienté sud en Californie du Sud, la surchauffe et les risques d'incendies seront probablement vos principales préoccupations. Des arbres d'ombrage, des tonnelles et des auvents seront des aménagements susceptibles d'aider à la climatisation de la maison. Tandis que des éléments paysagers résistants au feu, des bassins stratégiquement placés et des coupe-feu limiteront le risque d'incendie.

Les questions à se poser :

- Mon concept est-il représentatif de toute l'information recueillie lors de l'analyse du site et de son évaluation ?
- Ai-je négligé un élément déterminant majeur dans mon projet ?
- Me suis-je jeté sur les détails sans avoir une idée claire de l'ensemble ?

ÉTAPE 4 : PHASE CONCEPTUELLE

Dans un premier temps, vous allez identifier tous les éléments à placer et penser aux relations qu'ils vont entretenir entre eux, indépendamment de leurs emplacements possibles. Les éléments sont souvent représentés par des formes ou des silhouettes vagues placées approximativement aux endroits envisagés. Le flux de circulation à travers un site prend lui souvent la forme de lignes en pointillé ou de flèches, qui deviendront plus tard des chemins et des points d'accès. À ce stade, n'essayez pas de détailler ou de spécifier des matériaux. Jetez simplement des idées sur le papier, sous une forme qui, bien souvent, fera penser à une carte au trésor.

Analyser les éléments afin de déterminer les meilleures localisations relatives

Chaque élément de votre projet devrait être analysé de manière à déterminer son meilleur emplacement par rapport aux autres (sa localisation relative), qui lui permettra de tisser des relations bénéfiques avec eux. Considérez en premier lieu ses besoins ou les intrants qu'il va demander. L'exemple classique de Bill Mollison est celui de la poule. Ses besoins sont simples : de la nourriture, de l'eau, du gravier, un abri, et d'autres poules. De l'autre côté, quelles sont les productions de cet élément ? Pour une poule,

c'est évidemment la viande et les œufs, en plus des services qu'elle rend en grattant et aérant le sol, en luttant contre les ravageurs des cultures et en transformant la biomasse en fumier. Enfin, quelles sont les caractéristiques ou qualités propres à un élément ? Dans le cas de la poule, ce sont les races, les couleurs, et leur niveau d'adaptation à certains aspects de leur environnement.

Une construction naturelle se tient en périphérie, entre la forêt préexistante et le paysage cultivé, au Regenerative Design Institute, à Bolinas, en Californie.

Un bon moyen d'organiser toute cette information est de lister sur une fiche, et pour chaque élément, les intrants nécessaires, ses productions et ses caractéristiques propres. Vous pourrez alors facilement utiliser ces fiches pour comparer les besoins de certains éléments avec les productions d'autres. Par exemple, un pommier demande des traitements insecticides et une fertilisation, tandis qu'une poule a besoin de nourriture et d'un abri contre les prédateurs. En les plaçant bien l'un par rapport à l'autre, ces deux éléments verront leurs besoins satisfaits. Et nous pouvons opérer cette mise en correspondance avec tous les éléments de notre projet.

Une façon de faire naître des idées de relations idéales consiste à faire ce qu'on appelle un assemblage aléatoire. Divisez une feuille de papier en trois colonnes et dans la colonne du milieu, écrivez une liste de mots ou de phrases décrivant des relations telles que : *près de*, *au sommet de*, *au-dessous de*, *dans*, *sur*, *sous*, *autour* et *contenant*. Battez vos fiches d'éléments et disposez-les sur les colonnes de part et d'autre de votre liste. En lisant d'une colonne à l'autre, il se peut que vous trouviez certaines relations pertinentes

À la différence de la plus grande partie du Japon, l'île de Shodoshima possède un climat méditerranéen, si bien que l'on s'y est mis à cultiver l'olivier.

et d'autres ridicules. Les poules ne vont pas *sous* les bassins, mais peut-être que les canards ont leur place *autour* de ceux-ci. Certaines combinaisons inspireront des idées nouvelles et établiront des connexions ou des systèmes entre de multiples éléments. Se prêtant une fois à l'exercice, Dave tomba sur une relation « sauna au sommet du bassin ». Cela peut sembler stupide au premier abord, mais si on y réfléchit, un sauna placé sur un ponton flottant à la surface d'un bassin à la fois ne présenterait pas de risque d'incendie et mettrait l'eau à proximité immédiate pour un plongeon rafraîchissant.

Générer des idées de concept

L'objectif principal au cours de cette phase est d'explorer toute une variété de scénarios et de possibilités pour votre projet. Nous décrirons ici quelques méthodes. Toutefois, si nous vous conseillons d'essayer autant de méthodes que possible, toutes ne seront pas pertinentes pour votre projet.

Évaluez un climat équivalent. Trouvez d'autres climats dans le monde qui s'apparentent au vôtre en termes de gammes de températures, de pluviométrie et de saisonnalité, et rassemblez des expériences de modes de vie soutenables, éprouvées dans la durée, dans ces lieux-là. Pour chacun de ces climats, les questions à se poser sont très variées, notamment :

- Quelles y sont les productions agricoles principales ?
- Comment les habitants y construisaient traditionnellement leurs maisons ?
- Quelles y étaient les médecines traditionnelles et avec quelles plantes ?
- Quelle y est l'organisation de la vie quotidienne ?

Pour prendre un exemple, l'auteur Dave Boehnlein et Doug Bullock menèrent une recherche de climat équivalent pour un projet situé dans le Nord de la Californie et découvrirent qu'une région en Iran présentait des points communs sur ce plan et qu'on y exploitait principalement le safran et les baies de l'épine-vinette. Un autre climat équivalent fut trouvé au Tajikistan, où les forêts naturelles étaient principalement constituées de pistachiers, de grenadiers et d'amandiers. Ce qui leur fournit des pistes très intéressantes sur les espèces productives susceptibles de s'adapter à l'environnement qu'ils étaient en train de concevoir.

Explorez les cultures traditionnelles et indigènes. La révolution industrielle a marqué un tournant majeur dans la relation des gens avec leur environnement. L'offre énergétique explosant, toute la connaissance qui avait été bâtie par les populations pour conserver et économiser, afin de s'assurer de disposer à tout moment du nécessaire, commença à tomber en désuétude. En tant que concepteurs en permaculture, nous avons beaucoup à apprendre des cultures qui ont conservé des traits de l'époque préindustrielle. Parmi elles, on retrouve les Amish d'Amérique du Nord ainsi que les cultures modernes qui perpétuent des restes de leurs longues traditions, comme chez les Japonais. Nous pouvons étudier la manière dont vivent ces populations et quelle sagesse a prévalu pendant des centaines ou des milliers d'années, afin d'être en mesure de les intégrer dans nos propres stratégies.

Cherchez ce qu'ont fait vos prédécesseurs à cet endroit. L'un des meilleurs endroits pour recueillir de l'information à exploiter dans votre concept se trouve dans les autres projets montés dans votre région. Même s'il se peut qu'il n'y ait pas dans votre voisinage d'autre site qui pratique intégralement la permaculture, vous avez quand même des chances de trouver de nombreux précédents pour des éléments isolés. Par exemple, si vous avez l'intention de cultiver des arbres fruitiers, partez voir ce que font pousser les agriculteurs du coin et interrogez-les sur les problèmes potentiels de maladies et de ravageurs. Prêter attention aux expériences locales peut nous préserver d'un certain nombre de migraines.

Étudiez les expériences internationales. Il est aussi possible d'utiliser Internet pour trouver une source d'inspiration dans des exploitations en permaculture menées ailleurs sur le globe. Que vous cherchiez des concepts généraux ou des détails sur un élément particulier, vous pouvez rassembler ce que vous trouvez en ligne dans un classeur ou sur un tableau d'affichage. De nombreux outils informatiques et de sites web comme Pinterest vous permettent d'organiser des idées et de les « épingler » sur un tableau virtuel. Ou vous pouvez aussi simplement découper des photos ou des mots imprimés et les attacher à vos dessins en faisant des flèches.

Écoutez votre intuition. Dans certaines situations, vous pourrez avoir un pressentiment sur une décision à prendre qui pourrait être en contradiction avec les chiffres ou les analyses scientifiques. Ne l'ignorez pas ! Cela pourrait être une excellente idée. Cela dit, n'allez pas non plus échafauder tout un projet uniquement sur une intuition. Lorsque vous en avez une, notez-la pour l'étudier en utilisant l'approche la plus scientifique et la plus analytique disponible afin de juger si c'est réellement une bonne idée.

Imitez la nature. Lorsque nous arrivons à imiter ce qui arrive dans la nature ou à appliquer les modèles que nous y observons, nous éliminons une part d'incertitude de nos concepts. Il est toutefois important pour cela d'imiter la nature tant au niveau fonctionnel qu'au niveau de la forme. Lorsque vous rencontrez un problème, posez-vous toujours la question : qu'est-ce que ferait la nature ? Par exemple, si les pins poussent en grand nombre dans un certain type de sol de votre région, il pourrait être judicieux d'envisager la plantation de pins pignons qui occupent une niche écologique similaire sous leurs climats d'origine. De même, lorsque vous tentez de contrôler des adventices qui sont des espèces pionnières, vous pouvez observer que dans un écosystème, au cours du processus de succession, ces espèces finissent habituellement supplantées, étouffées par manque de lumière. Par conséquent, vous pouvez chercher des moyens de créer l'ombre qu'elles ne supportent pas.

Créer des graphiques de circulation

Les graphiques de circulation représentent la manière dont les ressources et les matériaux circulent dans l'espace. Pour réaliser un graphique simple de ce genre, prenez une copie de votre carte de base et sans lever le crayon du papier, tracez votre parcours à travers la propriété comme si vous étiez en train de marcher ou de conduire d'un espace à l'autre, sur votre trajet le plus habituel. Vous obtiendrez un réseau de chemins qui montrera là où a lieu la circulation la plus intense. Vous pouvez réaliser un nouveau graphique de circulation chaque fois que vous travaillez sur une zone différente de votre projet et que vous la détaillez. Cela vous aidera à identifier tout obstacle gênant la circulation et à représenter ce qui pourrait la faciliter, tel que le déplacement d'un

LA FERME BLOOM

Exemples de concepts différents

Au cours de la phase de conception, Jessi a eu recours à des diagrammes en bulles afin de représenter différents scénarios sur différents exemplaires de sa carte de base. Ce qui lui a permis de s'assurer qu'elle avait représenté de bons modèles d'ensemble dans le paysage avant d'entrer dans les détails.

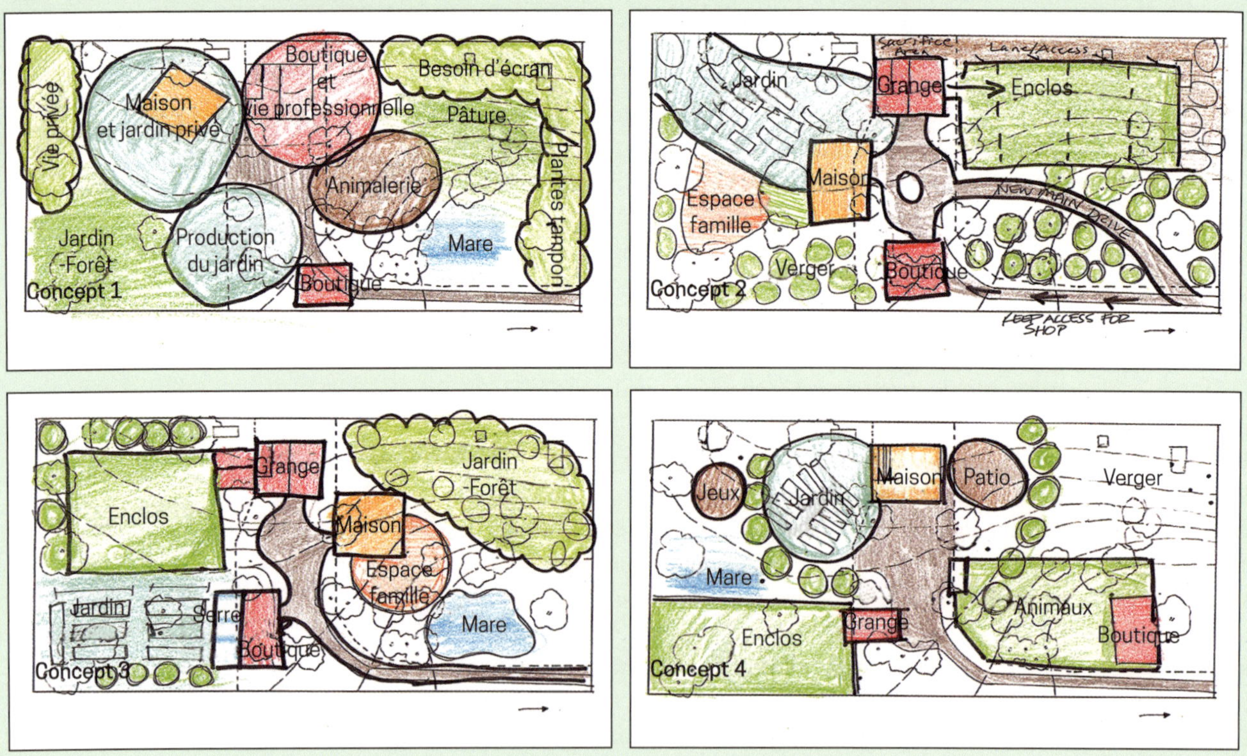

élément afin de rendre un itinéraire plus direct. Une autre manière d'évaluer les répercussions du placement des éléments sur la circulation est de faire une simulation sur place, en représentant les allées et les obstacles par des bandes, de la ficelle, un tuyau d'arrosage et de parcourir le terrain comme si vous étiez en train de l'utiliser normalement. Pensez à une étable que vous auriez besoin de visiter quotidiennement pour le soin des animaux, l'approvisionnement en eau et en nourriture, le nettoyage, etc. En vous représentant l'étable ainsi, et en parcourant le terrain, vous vous ferez une idée claire du bon fonctionnement ou non de votre agencement.

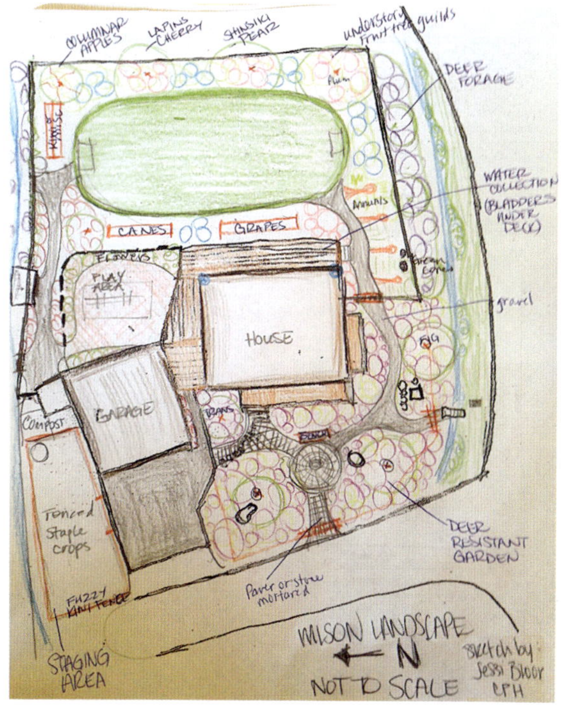

Ce schéma simplifié de Jessi a donné à ses clients un aperçu rapide et peu coûteux de la mise en œuvre de leurs objectifs.

ÉTAPE 5 : LA MISE EN SCHÉMAS

Au cours de cette étape, votre objectif sera de poser des éléments individuels sur la carte de base. Cela signifie que vous allez dessiner à l'échelle la totalité des bâtiments, routes et allées, pièces d'eau et autres éléments essentiels du site, là où vous avez l'intention de les installer. Il est alors important de réaliser différentes versions de vos agencements afin de disposer au final de toute une palette d'options à l'heure du choix (pour en adopter une ou en combiner certaines).

Prenez du papier-calque et superposez-le à votre carte de base pour y tracer des esquisses rapides de toutes les possibilités. Ces esquisses n'ont pas besoin d'être complètes ou nettes ; le but est qu'elles vous amènent à réfléchir à toutes les options disponibles et à la manière dont les éléments entrent en relation dans votre projet. Vos premières versions seront faites rapidement et grossièrement. Utilisez de gros marqueurs et non des porte-mines : cela vous empêchera de trop entrer dans le détail. Il peut s'avérer également utile de découper les esquisses de vos différents éléments à l'échelle afin de les faire glisser sur votre carte de base et de tester rapidement diverses configurations ; vous pouvez alors photographier chacune de ces versions. Lorsque vous trouvez certaines choses qui vous plaisent et que vous commencez à les affiner, vous pouvez ajouter des détails supplémentaires. Au termes de cette étape, vous aurez votre plan directeur, à partir duquel travailler.

Un plan directeur représente votre vision à long terme pour votre site sous un format visuel. À ce stade, il n'a pas à représenter tous les détails, le tout est qu'il soit assez clair pour vous guider dans vos objectifs. Le développement complet d'un projet de permaculture peut prendre beaucoup de temps, durant lequel il est important de conserver à l'esprit une vision d'ensemble. Un plan directeur vous offre un support auquel vous référer à n'importe quel moment afin de voir comment la tâche du moment s'inscrit dans le projet global, en plus d'être un excellent moyen de communiquer votre vision du projet à quelqu'un qui interviendrait dans le processus de développement.

Votre plan directeur sera à l'échelle et portera des annotations qui identifieront les différents espaces, les bâtiments, les types de plantation. Selon la taille de la propriété, les arbres pourront être dessinés individuellement (pour des environnements réduits) ou représentés sous forme de masses (pour des environnements de plus grande taille).

Ce plan directeur montre la mosaïque d'utilisations envisagées pour les terrains de *Our Table Cooperative* à Sherwood, dans l'Oregon. Il s'agit d'un projet innovant mettant en pratique les principes de la permaculture pour permettre à des exploitations agricoles de générer un réel moyen de subsistance. Ce plan a été réalisé en collaboration avec Communitecture Planning and Architecture, Terra Phoenix Design, la permacultrice Jenny Pell, le conseiller agricole Josh Volk, et l'experte en élevage Nita Wilton.

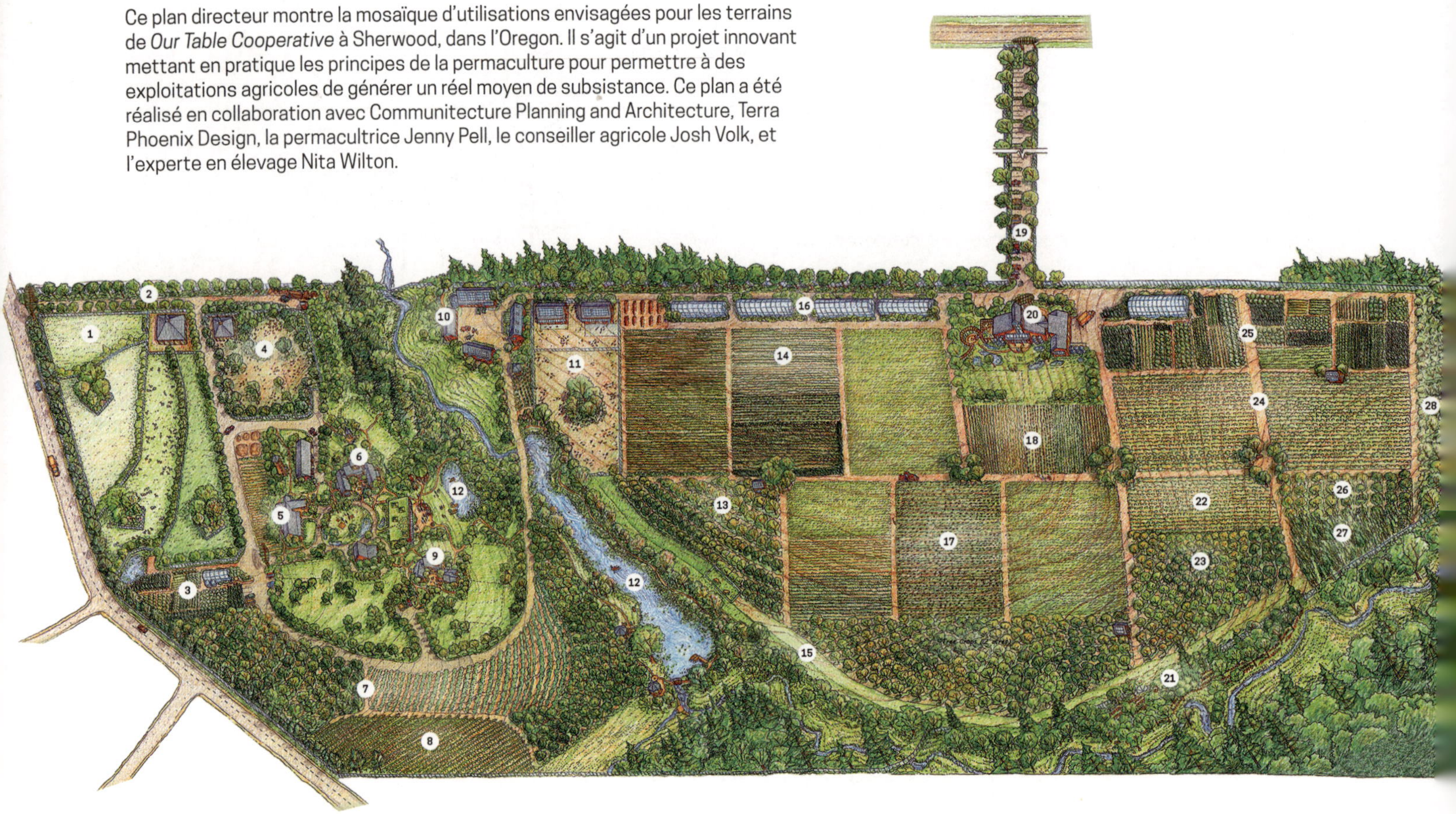

LÉGENDE

1. Petit bétail (1,4 ha)
2. Haie multifonctionnelle (bordant la propriété)
3. Pépinière (0,2 ha)
4. Volailles et cultures fourragères (0,4 ha)
5. Maison 1 (d'origine)
6. Maison 2
7. Verger et petits fruits (1,8 ha)
8. Fruitiers palissés
9. Maison 3
10. Ateliers, remises et lieux de stockage
11. Bétail et volaille
12. Bassin
13. Cultures arboricoles (0,6 ha)
14. Rotations annuelles (2 ha ; légumes, céréales, haricots, cultures de couverture)
15. Pâtures en rotation
16. Serres
17. Rotations annuelles (2 ha ; légumes, céréales, haricots, cultures de couverture)
18. Fleurs, plantes aromatiques et médicinales (0,3 ha)
19. Parking, divers fruitiers et fruitiers à coque (0,2 ha)
20. Espace de vente, chambre froide, lieux de lavage et de conditionnement, installation de transformation alimentaire
21. Champignons et plantes médicinales de sous-bois
22. Cultures mélangées de baies et de plantes médicinales (0,3 ha)
23. Cultures arboricoles (0,5 ha)
24. Petits fruits en autocueillette (0,9 ha)
25. Pépinière (0,9 ha)
26. Cultures arboricoles (0,3 ha)
27. Bambous (0,2 ha)
28. Fruitiers à coque et écran d'arbres traités en taillis (0,2 ha)

Dans certains cas, il peut être utile de créer des dessins en coupe de certains endroits de manière à illustrer leur fonctionnement.

La plupart du temps, le mieux est de réaliser différentes versions schématiques de votre plan directeur, pour là encore, disposer de toutes les possibilités sous les yeux lorsqu'il s'agira de prendre des décisions. Par exemple, si vous disposez d'un espace de 6 m × 6 m et que vous avez besoin d'y placer une structure de 3 m × 2 m, vous pouvez la dessiner à l'échelle et visualiser l'espace laissé libre, tout en étudiant les nombreuses manières de l'orienter dans l'espace pour en étudier l'ombre portée.

L'importance critique de l'emplacement des éléments

Placer les éléments en relation les uns avec les autres est essentiel pour créer un projet de permaculture fonctionnel. La synthèse des contraintes et possibilités que vous avez préparée à l'étape 1 du processus sera votre point de départ. Prenez en compte les microclimats et les secteurs pour chercher les bons emplacements pour chaque élément. Sur un site venteux, vous pourriez étudier la possibilité d'une éolienne ou d'un brise-vent pour protéger vos éléments sensibles. Sur une zone exposée à des risques spécifiques comme les feux de forêt, les tremblements de terre, les inondations ou les tornades, vous rechercherez un concept développant les stratégies adaptées.

Étudiez ensuite la configuration du terrain, son orientation, sa pente. Une pente ombragée, restant sombre tout l'hiver, n'est probablement pas le meilleur endroit pour des panneaux solaires mais se prêtera très bien à une cave à légumes. Si vous vous trouvez sur une pente et voulez un jardin et un bassin, il semblera logique de placer le bassin au pied de la pente, là où l'eau achèvera naturellement sa course, mais pour

Chez la bloggeuse de jardin Stacy Brewer, le chemin reliant l'avant et l'arrière de la maison fut un élément essentiel de son concept. Elle décida qu'il devait être non seulement fonctionnel pour elle mais aussi fournir de beaux habitats pour les insectes pollinisateurs.

l'irrigation il serait préférable d'avoir cette réserve d'eau au-dessus du jardin, afin que l'arrosage se fasse par simple gravité. Peut-être que dans votre situation il sera pertinent d'avoir un bassin à chacun de ces endroits. La gravité est quelque chose d'infaillible, pensez donc aux systèmes d'irrigation basés dessus chaque fois que c'est possible.

Une autre considération essentielle lorsque vous placez les éléments est celle de leur accessibilité. Comment accéderez-vous à ces éléments pour l'entretien ? Lorsque vous planifiez en recherchant l'efficacité, vous souhaitez que les éléments dont vous avez le plus souvent besoin soient le plus près possible de vous. Mais que faire si votre site ou des structures existantes ne le permettent pas ? Que faire si le seul lieu ensoleillé qui se prête à un jardin se trouve à l'endroit le plus éloigné de la maison ? Vous pouvez placer les éléments de priorité absolue qui réclament du soleil à cet endroit et faire en sorte que celui-ci soit très accessible. Ce qui ne vous empêche pas de réfléchir à la manière d'obtenir plus de soleil près de la maison. En retirant un arbre par exemple ?

Lorsque vous placez les éléments, il est judicieux de commencer par ceux qui présentent le plus d'exigences en termes d'emplacement, pour agencer les éléments plus tolérants dans un second temps. Reportez-vous à l'Échelle de permanence, elle vous aidera à identifier les facteurs les plus contraignants au sein de votre concept. Lorsque vous établirez les possibilités de placement, vous ferez alors passer en priorité celles qui sont liées à la configuration du terrain sur celles liées à la végétation, et les contraintes légales sur celles d'ordre esthétique. Généralement, une fois que les éléments les plus contraignants sont bien fixés, le reste trouve sa place assez facilement.

Planification en fonction des zones de la permaculture

Une bonne manière de penser le placement des éléments peut se faire en termes de zones d'usage. Typiquement, on distingue cinq zones en permaculture, de la zone 1 qui correspond au centre d'activité à la zone 5, la plus éloignée. Au-delà de sa fréquence d'usage, chaque zone est caractérisée par les types d'infrastructures, de plantations et d'animaux qui s'y trouvent.

Zone 1. Ici, l'espace est utilisé de manière intensive et se situe au plus près de votre centre d'activité. On y trouve souvent des jardins d'herbes aromatiques, des parterres de fleurs et des cultures alimentaires annuelles qui exigent des soins plusieurs fois par jour. De même, des installations utilisées quotidiennement comme les systèmes de récupération des eaux de pluie sur les toits de la maison, le composteur accueillant les restes alimentaires, sont souvent placées là. Garages, serres et enclos pour petits animaux (comme lapins et pigeons), s'y trouvent souvent également.

Zone 2. Y sont souvent localisés les éléments qui réclament de l'attention selon une fréquence qui va d'une fois par jour à quelques fois par semaine. Les vergers de petits fruits, les cultures potagères vivaces et les volailles comme les poules et les canards se trouvent souvent en zone 2. De même que des bacs à compost, des ruches et des ateliers. Les étables, écuries, poulaillers sont souvent placés à la frontière avec la zone 1 pour permettre de nourrir et de soigner facilement les bêtes, tandis que les animaux ont un accès vers les pâtures ou les enclos.

Zone 3. Souvent appelée la zone de ferme, elle est fréquentée de quelques fois par semaine à quelques fois par mois en fonction de la saison. C'est communément la zone des cultures de base, des grands arbres fruitiers, des pâtures et des productions destinées à la vente. De grands réservoirs d'eau sont souvent placés là et la fertilisation du sol se fait généralement par des engrais verts et des fumiers, étant donné qu'elle à tendance à être trop étendue pour une fertilisation avec le compost ménager. Bovins, chevaux, moutons et chèvres peuvent y pâturer.

Zone 4. Zone la moins entretenue, bordant souvent des endroits en friche, la zone 4 englobe généralement des parcelles boisées, des pâtures ou des zones de vie sauvage qui peuvent être fréquentées aussi peu que quelques fois par an. C'est parfois un bon endroit pour y placer des productions d'entretien limité comme les fruits à coque ou les chênes pour la production de glands. Les pâtures tendent ici à servir à du gros bétail ; les abris et les abreuvoirs qu'il demande représentent souvent les seuls éléments artificiels de cette zone.

Zone 5. À l'origine, la zone 5 était considérée comme une friche où on se rendait seulement pour observer. Cependant, en comprenant mieux comment les populations autochtones géraient traditionnellement les espaces, il est devenu évident que de

LES ZONES DE LA PERMACULTURE

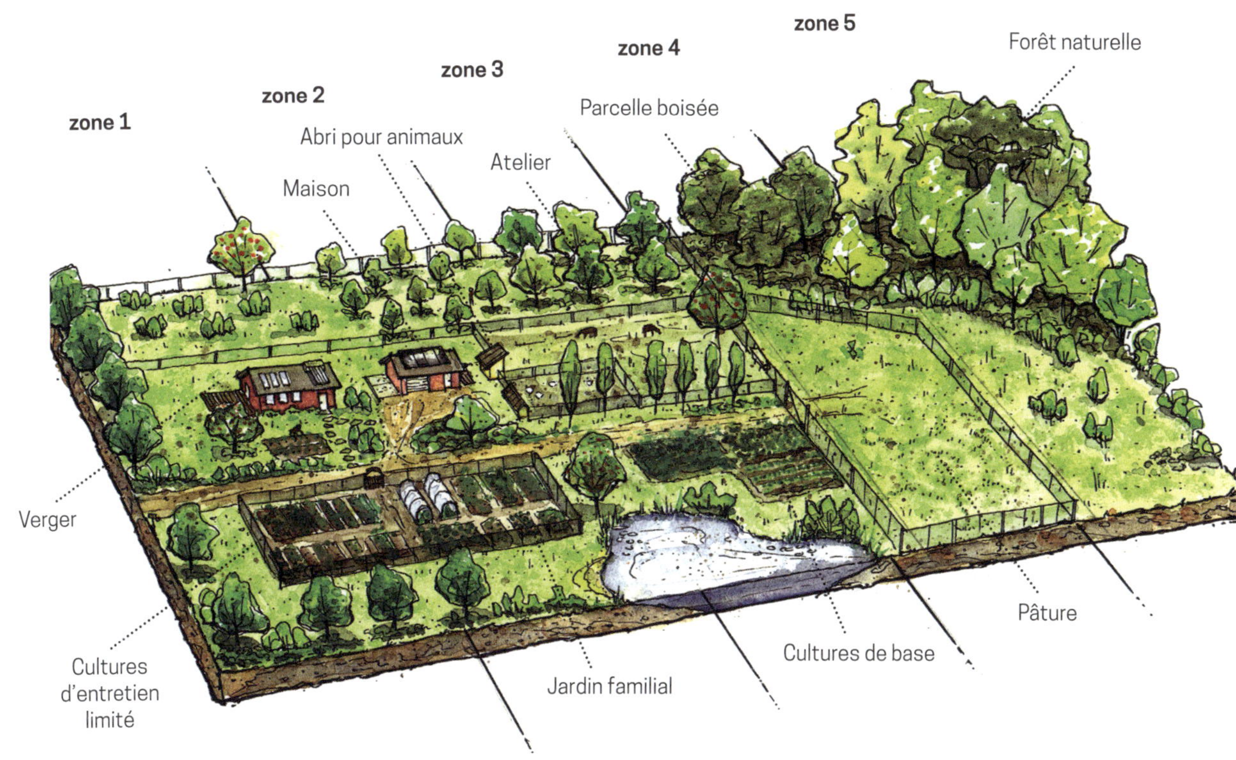

nombreux environnements à travers le monde, qui étaient considérés précédemment à l'état sauvage, étaient en fait gérés de manière extensive, afin de guider leur développement. Par exemple, dans de nombreuses régions d'Amérique du Nord, les terres étaient fréquemment incendiées de manière à revenir en arrière dans la succession naturelle et que les chênes restent les espèces dominantes. Les savanes parsemées de chênes qui en résultaient fournissaient des glands pour la consommation directe et abritaient du gibier. C'est pourquoi la zone 5 ne nécessite pas nécessairement d'être laissée complètement à l'abandon. Dans tous les cas, elle ne demande qu'une attention limitée voire nulle, si ce n'est pour la conserver en tant que telle et pour y aller à l'occasion chercher de la nourriture, se promener ou chasser. Bill Mollison dit d'elle que « c'est là où nous apprenons les règles que nous appliquons ailleurs ».

Au fil des années, d'autres zones, non distinguées par la littérature originale de la permaculture, sont venues s'ajouter, représentant des zones supplémentaires où les principes de la permaculture peuvent être aussi appliqués :

Zone 0. Elle englobe les espaces intérieurs, ce qui renvoie généralement à nos habitations. Sous des climats chauds, la frontière entre intérieur et extérieur est souvent ténue. Par exemple, lorsque vous vous asseyez sur votre terrasse pour boire un verre, êtes-vous à l'intérieur ou à l'extérieur ? Mais sous des climats froids, nous fermons nos portes en hiver et faisons la distinction entre l'intérieur et l'extérieur, si bien que considérer l'espace intérieur comme une zone à part entière, d'usage extrêmement intense, au moins une partie de l'année, devient pertinent. La zone 0 comprend typiquement une cuisine et des pièces à vivre utilisées de manière presque permanente. Il est possible d'y appliquer la philosophie de la permaculture en cherchant les manières d'intégrer des systèmes vivant au sein de la maison — en utilisant les feuillages pour l'ombrage, par exemple, en cultivant des plantes d'intérieur pour purifier l'air. C'est aussi l'endroit où des animaux comme les chats, les chiens, et où des bacs à vermicompost peuvent représenter des éléments de nos systèmes intérieurs-extérieurs.

Zone 00. Certains permaculteurs représentent cette zone comme un espace où nous prenons soin de nous, l'endroit où nous cultivons notre bien-être mental, physique, spirituel, émotionnel et social : la zone qui se trouve en nous-mêmes. Parce que nous y passons 100 % de notre temps et que nous l'amenons avec nous partout où nous allons, quelques-uns pensent qu'elle mérite une certaine planification. C'est une idée controversée, mais rien n'empêche d'appliquer les principes et l'éthique de la permaculture à nos espaces intérieurs, si on le juge utile.

Zone 6. Certains permaculteurs considèrent que cette zone 6 représente la communauté élargie, à la fois locale et globale. Elle comprend la manière dont notre propriété et nos choix s'inscrivent dans le monde qui nous environne, en termes d'interaction et d'impact. Car l'éthique et les principes de la permaculture sont applicables à toutes les relations que nous entretenons dans le monde. Cette zone peut être l'endroit où nous pouvons avoir le plus d'influence, étant donné que nos actes et notre énergie y sont susceptibles de toucher un large public et souvent d'inciter d'autres personnes à faire des changements dans leurs vies.

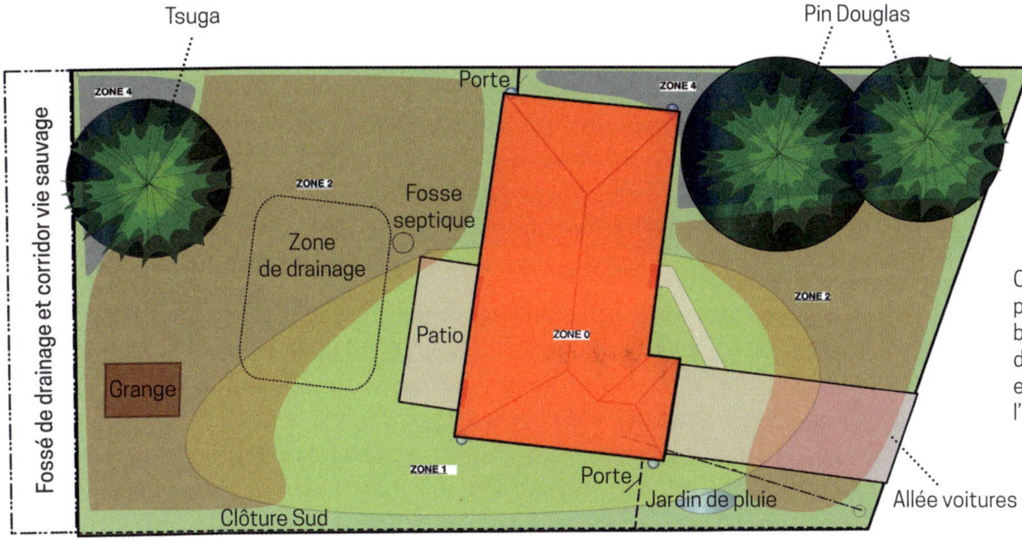

Ce calque sur un plan de base montre pour cette propriété les zones d'usage basées sur la circulation à pied autour du site. La circulation la plus intense est représentée par la zone 1 et l'espace le moins utilisé par la zone 4.

Il y a deux manières d'utiliser le concept de zone. Pour des sites qui présentent déjà des schémas d'usage établis, vous pouvez déterminer les zones qui existent déjà avant de vous demander s'il faut placer les éléments de façon à ce qu'ils fonctionnent avec ces zones, ou créer un concept qui les modifie. Par exemple, en plaçant un beau jardin potager avec un hamac et une table de pique-nique dans une partie peu utilisée du terrain peut modifier fondamentalement cette zone en l'animant.

Vous pouvez également utiliser le concept de zone pour tester vos différentes pistes au cours de l'étape de conceptualisation schématique. Prenez une de vos cartes avec tous les éléments placés et dessinez là où se trouveraient les zones si le projet était mis en œuvre de la sorte. Voyez-vous un élément qui se trouve dans une zone à laquelle il ne devrait pas appartenir ? Est-ce que les choses semblent s'agencer d'une manière efficace ? Si ce n'est pas le cas, peut-être pouvez-vous opérer de petits changements pour de gros bénéfices en termes d'efficacité.

Il n'existe pas de règle absolue sur le placement d'un élément donné dans une zone par rapport à une autre. Rappelez-vous que c'est avant tout un outil pour vous aider à créer un concept qui ait, avant tout, un sens pour vous. Les zones sont fréquemment représentées sous forme de cercles concentriques, mais ce n'est pratiquement jamais la manière dont elles sont disposées dans la réalité.

Il est important de prévoir dans votre jardin des endroits où vous reposer et où vous connecter avec la nature. Sous de nombreux climats, un beau banc en torchis comme celui-ci durera plus longtemps s'il est couvert par un toit.

Voici quelques remarques à garder à l'esprit quand vous placez vos zones :

- Vous pouvez avoir plusieurs fois une zone de même type à différents endroits d'un site mais non connectées. De plus, il est fréquent qu'il n'y ait pas de délimitation en dur entre les zones, mais l'on pourra passer de l'une à l'autre au niveau d'une clôture, d'un chemin et d'autres bordures physiques.

- Dans la plupart des cas, les systèmes non vivants, telles que des structures et des infrastructures énergétiques (maison, serres, panneaux photovoltaïques), seront plus grands et plus nombreux en zones 1 et 2. Ils auront tendance à être plus petits, moins nombreux et plus éparpillés au fur et à mesure que vous gagnez les zones 3 et 4. En zone 4, il est possible que vous n'ayez aucune infrastructure énergétique et que les seuls bâtiments soient des abris pour petits animaux ou des affûts de chasse.
- Réciproquement, les systèmes vivants tendront à être plus petits, sous tous rapports, en zones 1 et 2. Par exemple, un pommier en zone 1 sera plutôt une variété naine faute de place. Ce sera probablement une bonne variété, agréable à manger fraîche, de sorte que vous puissiez cueillir une pomme et la croquer tout en travaillant. Un pommier de zone 3 serait lui plutôt un arbre de plein vent au milieu d'un verger destiné à une production commerciale. Ces pommes seraient alors des variétés de garde, que vous ne cueilleriez pas à l'occasion mais en une seule fois pour une conservation hivernale.

ZONES URBAINES

Que faire si vous vivez en ville ? Avec plus de béton et de goudron que de terre exposée, les villes sont souvent considérées comme des déserts alimentaires. Mais c'est sans envisager l'exploitation des ressources tirées de la grande masse de déchets qu'elles génèrent et l'utilisation des terrains publics ou même des toits pour des cultures vivrières. De plus, se trouver au contact de communautés importantes et d'un brassage culturel plus riche a de nombreux atouts. Pensez donc tout de suite à votre contexte élargi lorsque vous définissez vos zones.

Par exemple, si vous ne possédez pas de zone 4 sur votre terrain urbain de 500 m^2, demandez-vous quelle zone 4 vous avez dans le voisinage ? Peut-être qu'un parc public pourrait en faire office. Ne serait-ce pas d'ailleurs une bonne chose si quelqu'un installait un mouton sur une pelouse municipale en lieu et place des tondeuses ? Pourquoi ne pas planter des noyers le long de vos terrains de sport ? Cela permettrait une récolte facile, sans ratissage de la pelouse. Et gardez à l'esprit qu'il y a toujours et partout des possibilités pour de petits espaces de zone 5. Ce bosquet négligé dans le coin, au fond du terrain, est l'endroit où la faune est probablement la plus riche.

Dans le jardin communautaire de Picardo P-Patch, à Seattle, certains jardiniers se sont concentrés sur des cultures de base d'entretien limité comme les pommes de terre et les courges d'hiver. Les cultures demandant des soins plus réguliers, comme les salades et les herbes aromatiques, peuvent être cultivées à la maison dans la cour ou même en pots sur la terrasse.

ZONES PRINCIPALES DE LA PERMACULTURE

	Zone 1	Zone 2	Zone 3	Zone 4	Zone 5
Fréquence d'intervention	Plusieurs fois par jour	Une fois par jour à 2/3 fois par semaine	2/3 fois par semaine ou par mois	2/3 fois par mois, voire moins	Occasionnelle
Infrastructure	Maison, cuisine extérieure, eau potable, infrastructure énergétique, garage, serre	Grange, poulailler, atelier	Abris pour les animaux	Mangeoires à animaux	Aucune
Plantations	Légumes verts, herbes, fruits de bouche, baies, fleurs	Quelques cultures de base, verger familial	Exploitations commerciales, grands arbres fruitiers, fourrage pour animaux	Bois de cheminée, noix, bambous, pâtures, bois d'œuvre	Flore spontanée
Animaux	Animaux de compagnie, petits animaux ou petit bétail	Volaille, poisson, oiseaux	Bovins, chevaux, moutons, chèvres	Bovins, grands animaux	Faune sauvage

ZONES ADDITIONNELLES DE LA PERMACULTURE

	Zone 00	Zone 0	Zone 6
Fréquence d'intervention	Permanente	Plusieurs fois par jour	Variée
Infrastructure	Votre cœur, votre esprit, votre corps, votre âme, vos relations	Chambre, cuisine, salle de bain, séjour	Maison de quartier, entreprises, autres communautés, institutions, organisations apparentées
Plantations	Plantes médicinales	Plantes d'intérieur, jardinières, pots	Fermes locales, parcs municipaux et nationaux, réserves naturelles
Animaux	Organismes symbiotiques	Animaux de compagnie	Faune sauvage, animaux errants ou des voisins, interaction avec d'autres humains

LA CONCEPTION PAR ÉLIMINATION

Hiver
Ombre profonde
Nappe phréatique haute

Printemps et automne
Ombre modérée
Nappe phréatique intermédiaire

Été
Ombre légère
Nappe phréatique basse

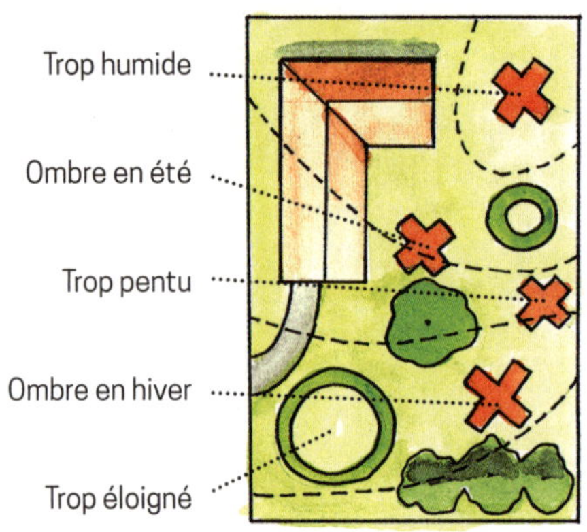

* S'il existe plusieurs points d'usage intensif, il est parfaitement possible d'avoir autant de zones 1 sur votre propriété. Par exemple, dans un village, chaque habitation représenterait une zone 1 pour ses résidents, comme le seraient les aires communes. De nos jours, sur de nombreuses petites exploitations, on trouve la maison de l'agriculteur mais aussi une installation pour la transformation et éventuellement des points de vente, autant de points qui font figure de zones 1, aux différentes caractéristiques d'usage.

* Les zones n'ont pas à se suivre. Autrement dit, une parcelle en zone 5 peut très bien être directement accolée à une zone 1. Et vous pouvez par exemple en jouer, en montant votre projet, si vous souhaitez observer la vie sauvage de votre porte d'entrée.

Employer la conception par élimination

Dans des situations où rien n'indique clairement où placer un élément, vous pouvez avoir recours à la conception par élimination. Cette technique fut pour la première fois suggérée par l'architecte paysagiste et aménageur Ian McHarg dans son livre *Design with Nature*. Elle consiste à poser la question : où cet élément ne devrait-il *pas* être placé ? Une fois que vous avez écarté les pires options, vous pouvez examiner celles qui restent.

Pour commencer, créez plusieurs calques sur votre carte de base, chacun représentant un facteur limitant différent (tels qu'un sol trop instable ou trop humide, ou une esthétique à préserver). Si vous souhaitez faire les choses de manière très pointue, vous pouvez créer un calque pour chaque saison montrant les facteurs limitants qui lui sont propres. Puis examinez quels emplacements ne sont pas appropriés pour l'élément que vous cherchez à placer. Commencez avec les éléments qui ont des exigences très spécifiques sur ce point.

Par exemple, si vous essayez de déterminer l'emplacement de votre serre, vous pouvez créer un calque pour chaque saison qui représentera les facteurs limitants possibles pour celle-ci et montrera les endroits où une serre n'aura pas sa place. En hiver, il y aura des endroits beaucoup trop ombragés, et d'autres inondables. Au printemps et en automne, les problèmes d'ombre et d'eau seront plus limités mais persisteront. En été, l'ombre sera réduite dans la plupart des cas (sauf en présence d'arbres caducs) et les points humides seront asséchés. Vous pourrez alors décider du meilleur endroit pour votre serre, là où elle recevra du soleil toute l'année. Si votre objectif est d'utiliser la serre sur une saison précise, votre choix d'emplacement pourra être différent.

Planifier les accès

L'accès aux différents éléments de votre site est un autre point important à prendre en compte. Au-delà du fait que l'on cherchera évidemment à réduire les distances pour rallier deux points, de nombreux autres facteurs sont à prendre en compte:

Accès des véhicules. Une route destinée aux voitures et camionnettes ne devrait pas faire moins de 3 m de large, et l'on pensera à des espaces pour manœuvrer et se garer. Son revêtement pourra être aussi bien du goudron que du gravier ou de l'herbe. Mais pour tout autre véhicule à roues — vélos, brouettes, fauteuils roulants, poussettes — il est important de penser à fournir une surface ferme et une largeur suffisante.

Allées pour deux personnes. Les points d'entrée et les allées destinées à permettre à deux personnes de marcher côte à côte devraient mesurer au moins 1,50 m de large. Si ces allées sont publiques, il faudrait que leur revêtement soit résistant.

Chemins pour une personne. Pour tout chemin peu fréquenté où l'on ne peut circuler de front, vous pouvez vous contenter d'une largeur de 0,50 m, même si des mesures allant jusqu'à 1 m apporteront plus de confort. Si vous avez besoin d'optimiser l'espace au sol, comme dans un jardin, vous pouvez utiliser des pas japonais.

La pente du site entre aussi en ligne de compte lorsque vous planifiez les accès. Un accès par le bas ou par le haut peut avoir son importance. Si vous avez besoin d'amener

Dans l'un de ses jardins d'annuelles, Jessi utilise des pas japonais en forme de saumons qui peuvent être déplacés autour et entre les parterres de culture selon l'évolution des plantations, au fil des saisons.

La bloggeuse de jardin Stacy Brewer se sert de bouteilles pour délimiter les passages et de toile de jute pour empêcher les mauvaises herbes d'y pousser.

des matériaux, il est préférable de le faire par le haut et de distribuer les matériaux vers le bas, en bénéficiant de la gravité. Si vous transportez des matériaux hors du site, une sortie en contrebas est préférable car il est plus facile de collecter et de déplacer des produits en allant vers le bas que le contraire.

Il est important que le périmètre de votre site et toutes ses lignes de clôture demeurent accessibles. Pour les clôtures, cela vous permettra de faire des vérifications de routine, car leur détérioration peut aboutir à des prédations et des pertes.

Prévoir des espaces de stockage et de rebut

Lorsque vous étudiez l'emplacement final des divers éléments, il faut aussi penser à intégrer des espaces utilitaires et de rebut dans votre projet, et cela sans qu'ils aient d'impact négatif sur l'esthétique. Toute personne pratiquant la permaculture aura probablement une collection importante de matériaux qu'elle aura amassés et conservés pour plus tard (des poutres de récupération, des tuyaux de canalisation, des clôtures ...), ainsi que toute une panoplie d'outils. Toutes ces choses demandent à avoir une place. Il n'y a pas de fatalité à ce qu'un endroit dédié à leur stockage soit affreux si on l'organise un peu et que l'on y réfléchit.

Généralement, de tels espaces ne demandent pas de soleil ou un certain type de sol, en revanche, il faut qu'ils soient accessibles. Ils ont aussi besoin d'être abrités des intempéries. Un bon endroit est souvent derrière un hangar, où ils sont à la fois facilement accessibles et visuellement occultés. Il est assez facile de construire des étagères sur le mur extérieur d'un bâtiment et un auvent pour abriter les matériaux entreposés.

Ces compartiments à matériaux en vrac représentent une manière organisée de gérer copeaux de bois, compost, terre végétale, gravier et autres, utilisés fréquemment dans un espace en permaculture.

Plan directeur

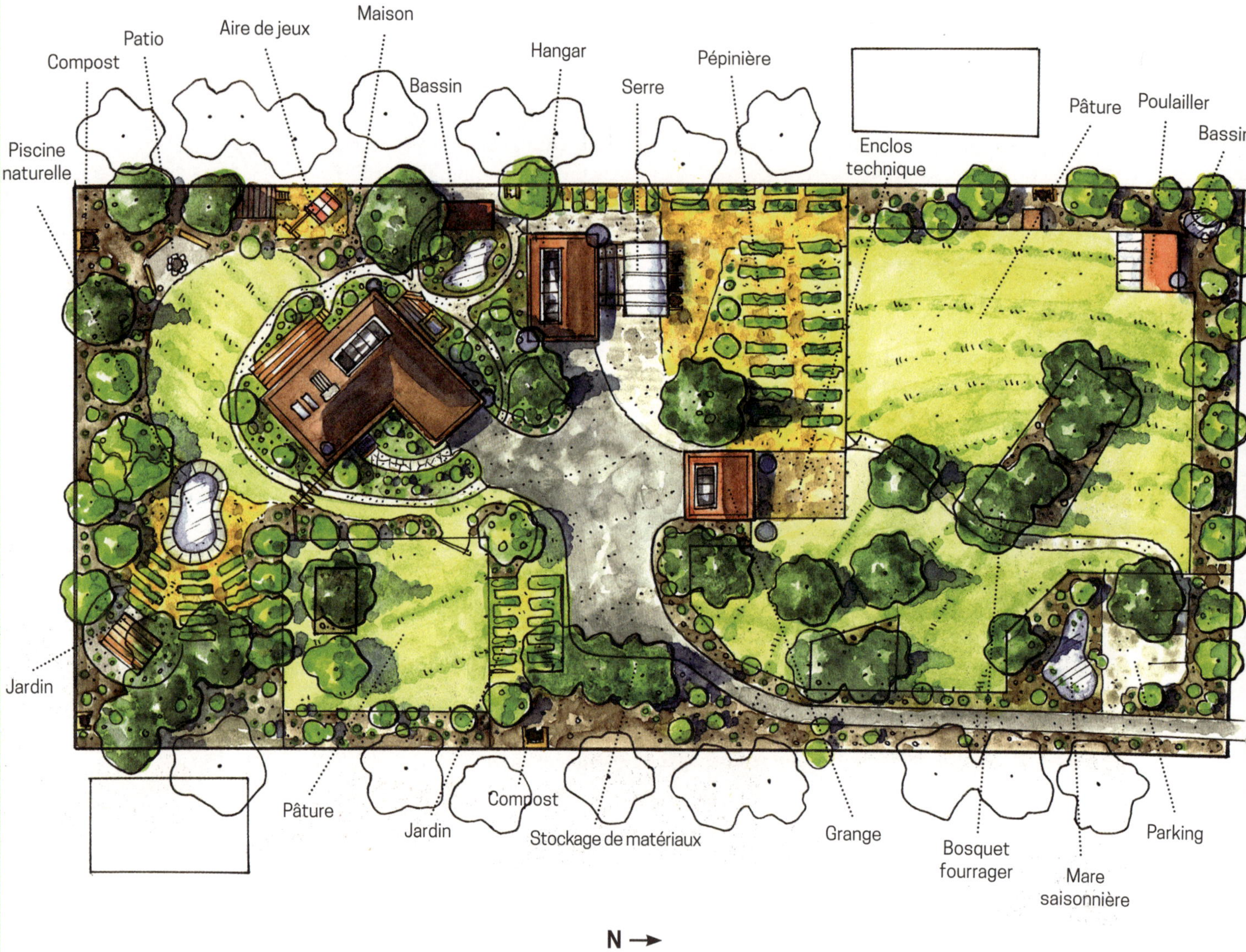

Sur le plan directeur de la propriété de Jessi, les jardins sont placés là où le sol et l'ensoleillement sont les plus favorables. Sur le périmètre de la propriété et le long des clôtures les plus proches de la maison, des arbres fruitiers et des arbres à fruits à coque composent une bordure forestière et vivrière diversifiée. Les cultures d'annuelles sont placées là où l'ensoleillement est optimal au moment de leur végétation et où elles peuvent être facilement clôturées. Les systèmes de compostage sont placés à différents endroits sur l'ensemble du site, à proximité des zones cultivées où ils serviront.

Pour les animaux, les structures et les fourrages sont placés pour permettre un accès et une gestion facilités et sont couplés à de nombreuses installations de compostage, à la fois pour les apports de litière fraîche et l'évacuation et le traitement des litières souillées. On trouve deux zones principales de pâturage pour les gros animaux (chevaux, porcs, chèvres) qui pourraient être encore fractionnées mais qui permettent une rotation. Un enclos (un petit paddock gravillonné où les animaux peuvent être maintenus le temps de laisser la pâture se régénérer) est prévu derrière l'écurie, là où le drainage est efficace pendant la saison la plus pluvieuse. Les petits animaux sont logés dans différents systèmes, en libre parcours (pour l'élevage des canards et des poules) et en espace limité (pour les dindes). Le grand hangar, qui était déjà présent sur le site, est employé saisonnièrement pour les animaux destinés à l'alimentation et ouvre sur quatre enclos différents pour le pâturage, en fonction de l'époque de l'année.

L'habitation temporaire a été remplacée par une véritable maison qui peut héberger à la fois la famille et un bureau destiné à l'entreprise. De nombreuses pièces extérieures et des jardins privés proches intègrent des espaces de jeu, des parterres d'aromatiques et d'annuelles, et des espaces de cuisine et de repas en extérieur. La terrasse possède une serre adossée pour hiverner les agrumes et autres plantes fragiles, ainsi que des conteneurs où poussent de nombreuses plantes utilisées quotidiennement et qui bénéficient ainsi du microclimat chaud. La maison est équipée d'un chauffe-eau solaire et d'un poêle à bois avec de nombreuses fonctions, et qui viennent en complément d'une pompe à chaleur. Le soleil est amené dans la maison par divers systèmes de puits de lumière. Des séchoirs verticaux et des espaces de stockage protégés sont placés sur la terrasse, et une cave offre l'espace suffisant pour entreposer des produits et pour une buanderie.

Le bureau de l'entreprise, vaste et non cloisonné, se trouve au sous-sol avec un accès direct sur l'extérieur, qui lui apporte de la lumière naturelle. L'espace facilement accessible où se tenaient l'habitation temporaire et ses structures attenantes est désormais occupé par une serre et un espace de vente, complétés d'une pépinière. Les espaces de parking destinés aux véhicules de l'entreprise, des employés et des clients sont répartis sur la propriété pour les besoins et les préférences de chacun. Du matériel et du biodiesel occupent un emplacement central pour un accès facile.

Certaines leçons furent tirées des erreurs commises dans la préparation du plan directeur. Le placement de la serre s'est révélé précipité, avant tout choisi car le terrain y demandait le moins de préparation. Ce qui a fait que la serre ne dispose pas de l'ensoleillement nécessaire pour tout ce que Jessi aurait souhaité cultiver. Elle aurait été bien mieux située à la place de l'enclos, à l'est de la maison, en dépit du travail de préparation supplémentaire que cela aurait demandé. De plus, le fait que le public doive traverser des espaces privés pour accéder aux espaces professionnels n'est pas l'idéal. Jessi aurait préféré que ces espaces public/privé soient plus clairement cloisonnés, mais en l'absence d'une structure de séparation, l'option de l'accès partagé est la meilleure solution.

Entrer dans les détails

(à gauche) Jonathan Brandt présente un exposé à ses élèves sur la conception d'un espace en permaculture, lors d'un atelier d'agroforesterie, qui en montre les différentes phases, des dessins conceptuels aux schémas, aux détails et aux dessins d'élévation.

(à droite) Le jardin potager de la permacultrice Marisha Auerbach se résumait à une pelouse lorsqu'elle a emménagé. En quelques mois, elle est parvenue à transformer cet espace en un terrain fertile et productif, en ayant recours aux paillages et à des espèces annuelles à développement rapide. Preuve qu'avec un bon plan, un projet peut rapidement prendre forme.

Maintenant que vous disposez d'un plan directeur, vous pouvez commencer à penser à la manière de vous attaquer à sa mise en œuvre et de créer les documents de travail détaillés dont vous allez avoir besoin. Selon la partie de votre projet, le niveau de détail ne sera pas le même. Par exemple, si vous devez planter une zone avec des plantes favorables à la faune, le seul détail dont vous aurez besoin avant d'enfoncer votre pelle dans la terre sera de déterminer quelles espèces et en quelle quantitié. À l'opposé, si vous comptez construire votre maison, vous aurez besoin de créer des plans détaillés, d'identifier et d'obtenir les matériaux nécessaires, et de vous assurer que vous possédez bien tous les permis exigés. L'exécution d'un plan passe aussi par une budgétisation et une planification de la gestion.
Les étapes de cette 3e partie du processus sont les suivantes :

Étape 6. Planification de la mise en œuvre: mise en œuvre progressive, calendrier, budget.

Étape 7. Documents détaillés et de travail : plans, représentations détaillées de l'espace, plans de plantation, agencement des systèmes hydriques et énergétiques, programmes de rotation des pâtures, liste des ressources, etc.

Étape 8. Planification de la gestion : calendrier de maintenance.

ÉTAPE 6 :
PLANIFICATION DE LA MISE EN ŒUVRE

Une fois que vous avez votre plan directeur en main, vous êtes prêt à travailler sur le terrain. Toutefois, c'est à ce moment que la plupart des gens se sentent très vite dépassés devant le nombre de choses à faire. Par où commencer ? C'est là que quelques compétences basiques en gestion de projet sont utiles. Vous avez besoin de penser aux étapes successives et à l'objectif global de votre projet, à votre calendrier, et à votre budget pour déterminer ce qu'il faut mettre en œuvre et à quel moment.

Créer un plan de mise en œuvre progressive et identifier l'objectif

Tout d'abord, il faut identifier toutes les tâches correspondant à la mise en œuvre du plan directeur. Cela inclut des choses comme « installer les conduites d'eau pour le champ ouest » ou « planter un verger ». Notez chacune de ces tâches essentielles sur une fiche et triez-les selon l'ordre qui vous semble le plus pertinent. Par exemple, il peut être essentiel d'amener l'eau à ce champ ouest avant d'y planter le verger, afin que vos arbres ne meurent pas de soif avant que le système d'irrigation ne soit en place.

Ces tâches prioritaires représentent la phase 1. Le reste se décline en phases 2, 3, 4, etc. Idéalement, vous ne dépasserez pas les quatre ou cinq phases. Si le site présente des zones qui sont en voie de dégradation (comme un ravinement important ou une route qui risque d'être emportée), elles devront entrer dans la phase 1. Une autre règle d'or est de rénover et prendre soin de ce que vous avez avant d'installer de nouveaux éléments. La dernière phase peut regrouper toutes les tâches accessoires. Les tâches qui peuvent être réalisées à n'importe quel moment peuvent avoir leur propre catégorie. Un des grands avantages de ce type de plan par étapes est que même si vous n'arrivez jamais jusqu'à sa dernière phase, vous aurez malgré tout amélioré votre propriété.

Ce plan par étapes une fois en place, vous pourrez passer au détail des tâches à accomplir. À ce stade, il s'agit d'identifier les prolongements de chacune des tâches que vous avez listées dans votre plan de mise en œuvre progressive. Par exemple, si l'un des projets sur votre liste est « Installer un verger », cela signifie-t-il simplement de planter les arbres ou cela implique-t-il l'installation d'un système d'irrigation, l'amendement du sol et son paillage ? Cette identification de la portée de chaque action est importante afin d'être en mesure de réaliser une liste précise des matériaux nécessaires et d'estimer le temps que cela demandera. Cette approche vous permettra d'avancer dans votre mise en œuvre avec un minimum de contretemps.

Calendrier

En plus d'étudier les implications de chaque tâche, il est utile d'établir une sorte de calendrier de manière à exploiter au mieux cette ressource systématiquement limitée qu'est le temps et à entretenir une dynamique. Les projets qui s'étirent sur des années, bien souvent, ne sont jamais achevés. Il faudrait avoir pour règle générale de s'accorder toujours une marge. Si vous estimez qu'une tâche doit vous prendre six jours, accordez-vous-en sept ou huit. Il est toujours préférable d'être en avance que le contraire. Cette marge de sécurité peut vous préserver de l'excuse du « Je n'ai pas le temps »...

(Sur cette page et la page opposée) Ce plan de mise en œuvre progressive, extrait du plan directeur du Chaikuni Institute en Amazonie péruvienne, détermine les objectifs de chaque phase et les étapes à suivre.

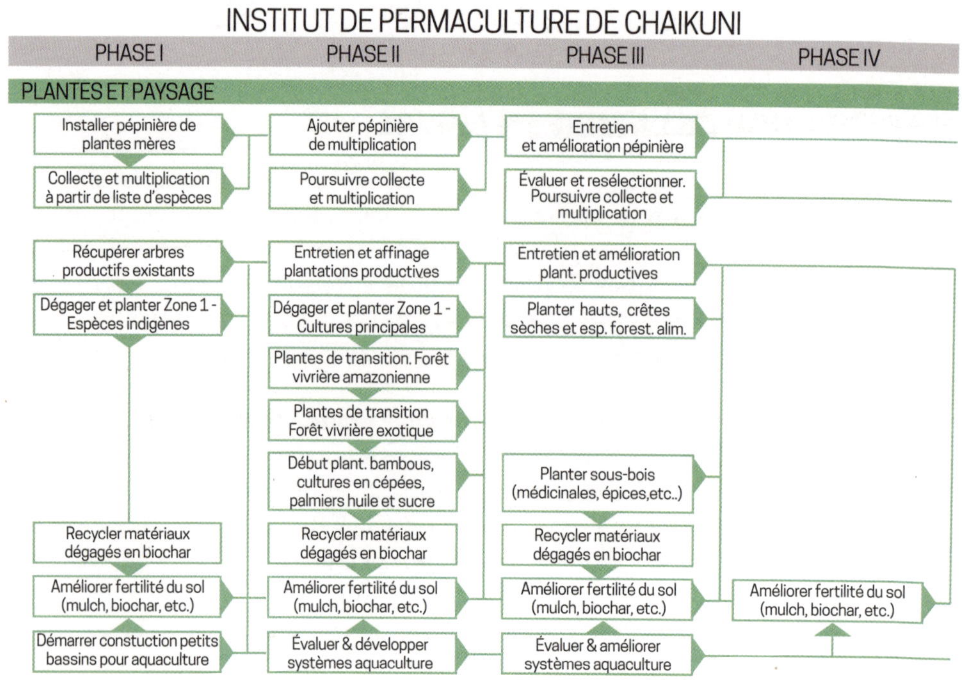

	Lundi	Mardi	Mercredi	Jeudi	Vendredi	Samedi	Dimanche	Lundi
Jour 1	Retirer les plantes présentes et l'herbe							
Jours 2-3		Creuser et déterminer la profondeur et la pente pour la terrasse						
Jours 3-4			Déposer et damer la couche de gravier pour les fondations					
Jour 4				Étaler une couche de sable pour recevoir les pierres				
Jours 5-7					Poser les pierres			
Jour 8								Jointer et nettoyer

Un diagramme de Gantt peut vous aider à voir comment s'imbriquent toutes les tâches exigées par un projet et la présence de chevauchements (qui indiquent qu'il est possible de travailler sur plusieurs étapes à la fois). Le diagramme de Gantt représenté ici détaille les étapes pour réaliser une terrasse en pierre.

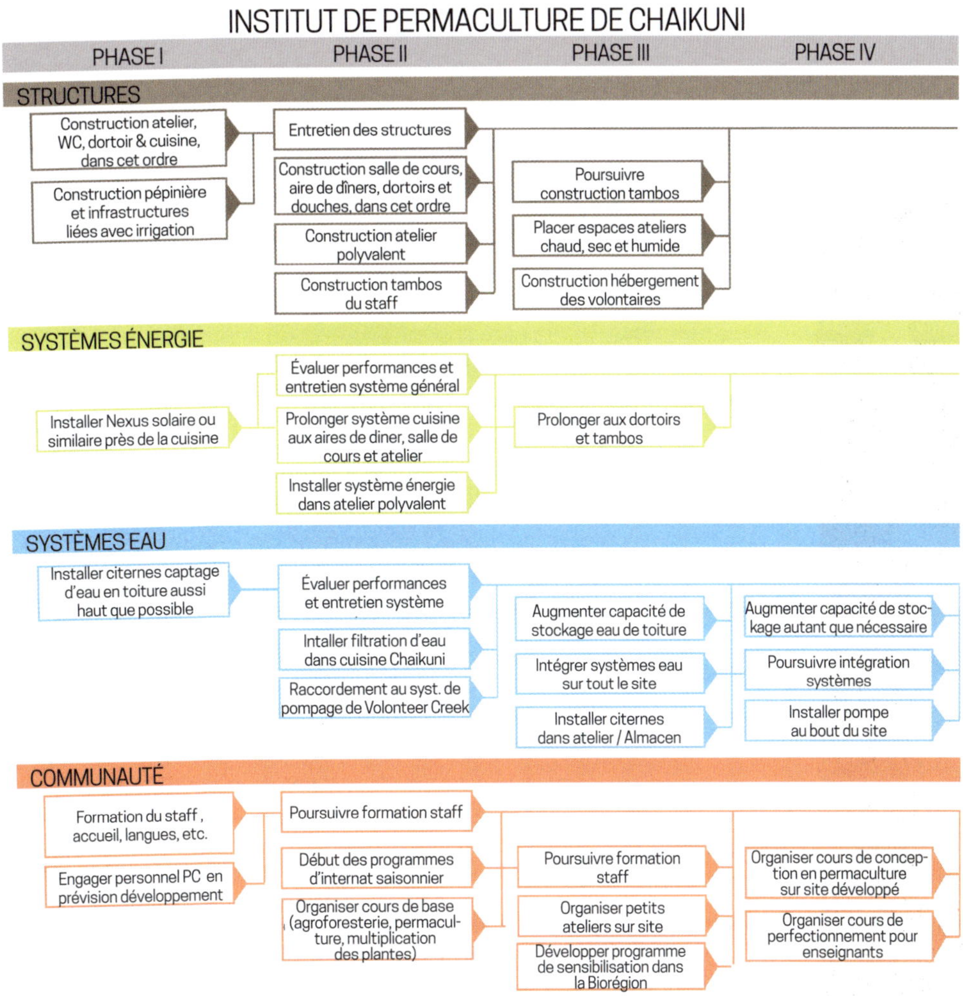

Budget

Selon l'envergure du projet et la disponibilité des ressources, les coûts peuvent énormément varier. Pour les personnes débrouillardes et habiles de leurs mains, le coût d'un projet peut être relativement faible ou même ne revenir à rien. Pour d'autres, il faudra recourir à des emprunts ou engager d'assez fortes sommes. Souvent, faute d'expérience, les gens ne savent pas budgéter les matériaux ou la main-d'œuvre nécessaires. Si tel est votre cas, vous pouvez demander à des professionnels ou faire des recherches vous-mêmes.

Souvent, créer de nouveaux systèmes de permaculture revient plus cher au départ, mais ceux-ci se révèlent plus économiques sur le long terme. Par exemple, le chauffe-eau solaire de Jessi fut assez coûteux pour la plomberie qu'il fallut poser à travers la maison et son raccordement à l'installation existante, mais sur plusieurs années le système a été amorti grâce aux économies énergétiques qu'il a permises. Engager certaines sommes peut vous permettre d'entrer dans la résilience et de vous affranchir à terme des réseaux d'approvisionnement. Considérez toutes les réalisations dans votre projet de permaculture comme un investissement pour l'avenir. Bien sûr, rien ne peut être fait avec trois bouts de ficelle, mais si vous mettez un peu plus et que cela revient à multiplier par quatre la durée de vie ou l'efficacité d'un élément (que ce soit dans le stockage de l'eau ou la production d'énergie) alors cela en vaut la peine.

Voici les différents postes de dépenses à prendre en compte lorsque vous budgétez votre projet :

Expertise. Louer les services de professionnels peut vous faire gagner du temps et éviter des erreurs potentiellement coûteuses. Cela peut revenir à consulter un hydrologue dans les premières phases du projet pour régler les problèmes de drainage ou demander à un plombier de vous aider pour rénover votre installation conventionnelle, de manière à utiliser l'eau de pluie ou à créer un système de traitement des eaux grises aux normes.

Matériaux. Beaucoup de possibilités s'offrent à vous pour vous procurer des matériaux. Il se peut que vous ayez tout le nécessaire sur place pour un projet particulier, notamment si vous utilisez des matériaux naturels. Par exemple, les rochers présents sur le site peuvent permettre de réaliser les chemins qui supporteront une circulation importante ; si un arbre cassé peut vous fournir des copeaux de bois, ils serviront de revêtement pour un chemin moins fréquenté. Au final, vous pourrez acheter à l'extérieur les matériaux complémentaires voire vous approvisionner auprès de déchetteries. Certains matériaux spécifiques pourront exiger une recherche particulière. Efforcez-vous de privilégier ceux qui sont disponibles localement pour des raisons écologiques, en tenant compte de l'énergie grise. Mais ne vous limitez pas aux critères financiers et écologiques. Prenez aussi en compte les besoins d'entretien ; certains matériaux à bas prix ou de second choix peuvent demander plus d'entretien, ce qui revient plus cher à terme. Par exemple, les copeaux de bois doivent être renouvelés au fur et à mesure qu'ils se décomposent dans le temps.

Certaines structures dans le jardin peuvent être construites à partir de matériaux recyclés, comme ces simples treillis servant de support à des légumes dans la ferme en permaculture des Bullock.

Outils. Dans l'idéal, vous pourriez avoir accès au nécessaire en passant par les amis, la famille ou même un dispositif de prêt d'outils local. La location de matériel est une autre possibilité. Mais si vous savez que vous allez utiliser certains outils régulièrement, il est préférable de les acheter. Dans ce cas, vous avez aussi pour alternative les outils d'occasion.

Main-d'œuvre. Si vous n'êtes pas physiquement en mesure d'assurer vous-même l'exécution des travaux, c'est un poste à prendre en compte, en partant du principe que vous ne pourrez pas compter sur des volontaires pour tout faire. Connaître ses limites physiques est important pour ne pas se blesser. Pour la plupart des particuliers, une simple entraide entre voisins est une excellente manière de réaliser le travail et de cimenter la communauté, pourvu que l'objectif et le processus soit clairs. Mais choisissez bien les tâches pour lesquelles vous ferez appel à des volontaires : débroussailler se prête bien au travail en commun, câbler un système photovoltaïque beaucoup moins.

Équipe de travail et partenaires professionnels

Il est parfaitement possible de mener vous-même un projet du début à la fin. Mais si vous ne vous sentez pas à l'aise avec un aspect du travail en raison de votre niveau de compétence, d'un accès limité à certains outils ou d'un manque d'expérience, faire apple à des professionnels ou des personnes expérimentées pourra vous faire économiser beaucoup de temps, d'argent et de migraines.

Il y a différentes manières de trouver les bonnes personnes avec qui travailler. Demander autour de soi est un bon point de départ; rien ne vaut une recommandation personnelle recueillie auprès d'une personne qui a déjà travaillé avec celle que vous souhaitez contacter. Une autre façon est de chercher sur Internet. Même si l'on trouve des informations sur son site web, il est judicieux de l'interroger directement ou de le rencontrer pour lui poser quelques questions. Travaille-t-il à l'heure ou au forfait? Depuis combien de temps travaille-t-il dans le domaine? Est-il possible de voir quelques-unes de ses réalisations ou d'appeler d'anciens clients? Vous pouvez aussi l'interroger sur son éthique ou la manière dont il gère les situations difficiles. Sondez toujours ainsi un nouvel intervenant pour vous assurer que son approche est en accord avec vos objectifs de durabilité.

ÉTAPE 7 : DOCUMENTS DÉTAILLÉS ET DE TRAVAIL

La plupart des projets demandent des documents de travail pour avancer, mais leur niveau de détail pourra varier. Pour obtenir des permis, vous aurez besoin de présenter aux services administratifs locaux des plans de construction, des précisions sur les matériaux, les toitures, les couleurs, et un document attestant que le projet a été approuvé par un architecte. À côté de cela, un plan de plantation pour une forêt vivrière peut souvent être fait à la main et légendé avec les noms botaniques des plantes utilisées. La liste détaillée des matériaux qui accompagne le plus souvent les documents de travail vous servira de liste de course dans vos recherches. L'objectif de ces documents est de fournir une feuille de route détaillée et préalablement pensée, avant de se lancer dans un nouveau projet.

PLAN DU SYSTÈME ÉNERGÉTIQUE

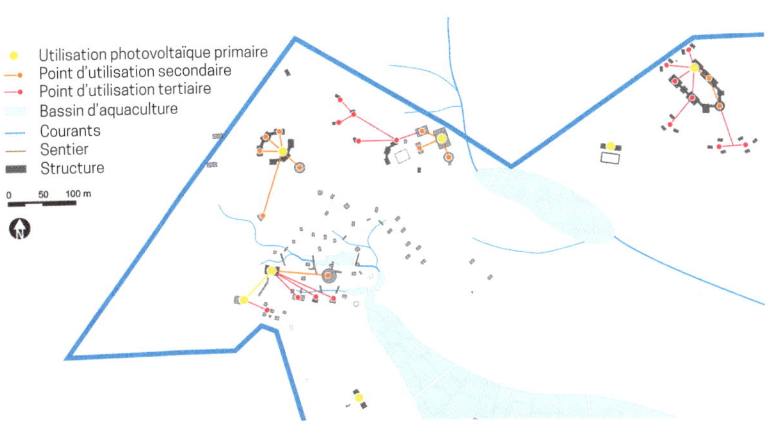

Ce schéma réalisé par l'agence Terra Phoenix Design détaille le système énergétique de l'un de leurs projets.

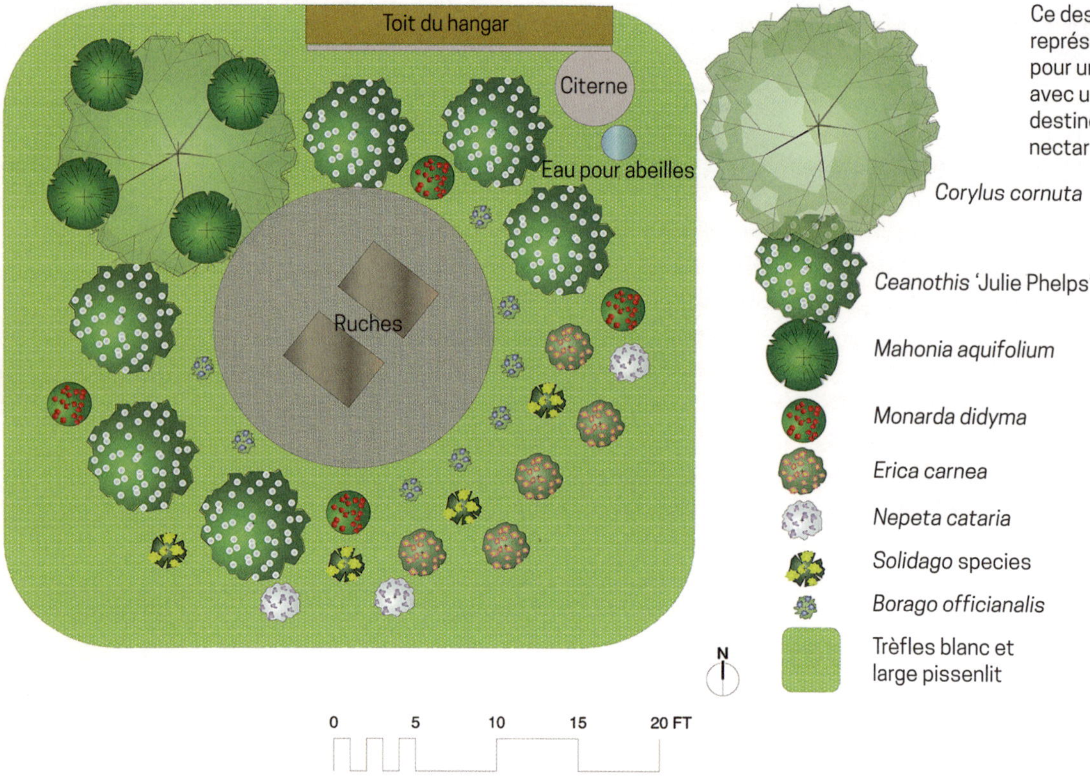

Ce dessin réalisé par ordinateur représente le concept de Jessi pour une association d'apiculteurs, avec une végétation spécifique destinée à fournir aux abeilles nectar et protection.

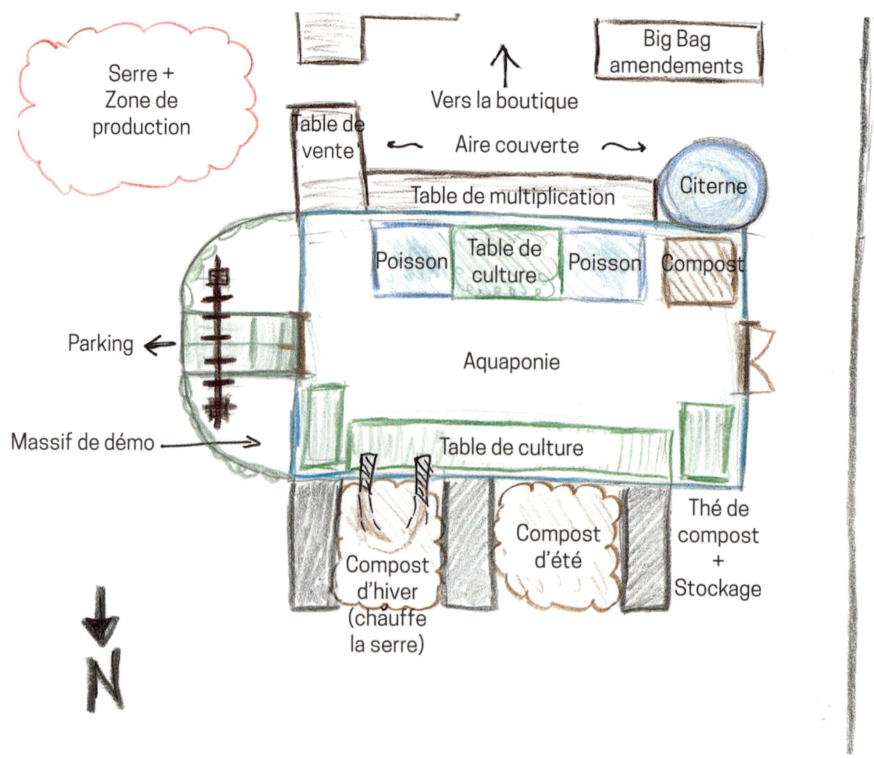

Représentation détaillée de la serre de Jessi montrant où les grands éléments seront placés en relation les uns avec les autres.

Réflexions sur l'esthétique

Même si vous avez probablement déjà pensé à l'esthétique tout au long du processus de concepton, c'est maintenant le vrai moment de préciser ce point. Si l'on se réfère à l'Échelle de permanence, la dimension esthétique est la chose la plus facile à modifier, ce qui nous donne beaucoup de pouvoir sur cet aspect. Dans leur empressement à avoir des systèmes avant tout fonctionnels, certains permaculteurs l'ont laissée de côté ; certains même tournent en dérision les plantes d'ornement et ce genre de considérations. À la base, c'est une réaction à un monde où le « joli » prévaut dans les concepts, où la diffusion d'images de corps retouchés et de gazons impeccables a dénaturé l'environnement et l'âme humaine. Pourtant la beauté fait intrinsèquement partie de la nature, c'est pourquoi dans notre attachement à la fonction nous ne devons pas oublier la forme.

Parce que les gens sont très sensibles à la beauté, notre objectif est de rendre la permaculture si belle que tout le monde souhaite l'intégrer dans sa vie. La *biophilie* est la reconnaissance de ce besoin biologique qu'ont les humains de se rapprocher et de se connecter aux systèmes et processus naturels. Tout projet que nous créons peut contribuer à cet attachement et ce sentiment de connection. Il a été prouvé que les espaces conçus pour intégrer lumière, couleur, formes naturelles et présence végétale améliorent la santé et le bien-être de leurs utilisateurs. De tels espaces peuvent augmenter la productivité sur le lieu de travail et participer en milieu hospitalier à une guérison plus rapide des malades. Le pouvoir guérisseur de la nature est aussi évident dans les exemples que donne la thérapie par les animaux : de nombreuses études ont fait état de la manière dont les gens sont aidés dans leur processus de guérison par la fréquentation de chiens, de chats et de chevaux. Il en va de même avec le jardinage, qui a donné lieu à un domaine à part entière appelé *jardinage thérapeutique*.

(à gauche) Dans le paysage vivrier de la permacultrice Marisha Auerbach, cette simple botte de paille apporte une beauté rustique et fournit un endroit où s'asseoir.

(à droite) Une plante fonctionnelle peut être tout à fait belle. Ce chou vivace fournit un beau feuillage panaché et se contente de la mi-ombre.

Ce bel érable à feuilles rondes (*Acer circinatum*), une espèce indigène aux USA, a été placé à proximité du bureau de Jessi et soigneusement taillé de manière à lui offrir pendant son travail une vue apaisante, animée par les oiseaux, les écureuils et les tamias.

(en bas, à gauche) Ce massif dans le jardin de Jessi est bâti sur la couleur et la répétition. Les fleurs jaunes et mauves se complètent mutuellement dans un arrangement ponctué par des graminées en bordure, qui guident le regard à travers le paysage. Achillées et géraniums vivaces, tous deux des plantes nectarifères, se mêlent aux arbustes à petits fruits..

(en bas, à droite) Les strates couvre-sol et arbustive dans ce massif du jardin de Jude Hobbs débordent de plantes comestibles et marient les textures, lui donnant un aspect luxuriant.

La notion de beauté varie selon les personnes, mais un projet en permaculture est capable de satisfaire diverses sensibilités. Pour certains, un beau paysage consiste en un gazon impeccable et des haies taillées au cordeau ; pour d'autres, la beauté se loge dans les berges sauvages d'une rivière ou dans une prairie fleurie naturelle. Ce dernier camp est souvent plus facile à rallier aux principes de la permaculture car nombre des exemples sur lesquels ils pourront tomber possèdent cette beauté sauvage et hirsute. Mais en nous concentrant sur l'esthétique de nos projets, nous pouvons également attirer des personnes qui apprécient un environnement plus rangé. Pour celles-là, nous pouvons intégrer des éléments comme des bordures soignées et des haies bien nettes pour circonscrire leurs jardins écologiquement fonctionnels. Mais ceux qui préfèrent un jardin sauvage peuvent aussi employer les techniques paysagères traditionnelles pour donner à leurs espaces plus d'attrait esthétique.

L'enseignement traditionnel paysager met en avant des principes esthétiques tels que la répétition, l'unité, la couleur, les proportions et l'équilibre. Ce n'est pas vraiment habituel de les prendre en compte en permaculture, mais il n'y a pas, non plus, de raison de ne pas le faire. Ces principes peuvent être facilement intégrés à votre projet détaillé.

Thèmes et répétition. La répétition d'un thème dans l'espace inspire un sentiment d'unité et de cohésion. Cela peut être obtenu avec la couleur, la texture ou les matériaux. Par exemple, vous pouvez utiliser de manière répétée une couleur dans les fleurs ou les conteneurs. Vous pouvez répéter aussi une plante à la texture particulière qui contrastera avec les plantes environnantes et liera l'espace.

Couleur. En utilisant sciemment la couleur dans votre concept, vous pouvez rendre celui-ci plus attrayant tout en lui conférant une ambiance particulière. Par exemple, si vous souhaitez faire d'un endroit un lieu de détente, votre choix s'orientera plus vers les violets et les bleus, tandis que pour un endroit plus dynamique, qui impulse son énergie, vous vous tournerez plus vers les rouges et les jaunes. Nos yeux sont naturellement attirés par les couleurs claires et c'est important à prendre en compte si vous utilisez du blanc ; les couleurs plus sombres se remarquent moins et tendent à dissimuler les imperfections.

Équilibre et proportions. Ces deux valeurs s'appliquent tant aux espaces qu'aux éléments compris dans ces espaces. Par exemple, si vous disposez de seulement 3 m × 3 m, cela n'aurait aucun sens de planter un arbre qui atteint à maturité une dizaine de mètres de haut et de large. À la place, vous en choisirez qui occupe joliment l'espace, sans passer inaperçu non plus.

Établir la connexion

Un environnement qui vous aide à être plus autonome inspire aussi un lien fort. C'est ainsi qu'un concept peut aider les gens à établir une connexion physique et émotionnelle avec le paysage en se dotant de caractéristiques qui inspirent un sentiment de sécurité et de protection. Cela peut être un simple abri ou une enceinte qui emploie des matériaux naturels ; cela peut être aussi en fournissant des ressources alimentaires à portée de main.

Cette pergola dans le jardin de Jessi fournit à la fois un sentiment apaisant de sécurité, ainsi que des kiwis et de l'ombre en été. Ses matériaux furent récupérés dans une écurie des alentours, ce qui lui ajoute une dimension symbolique supplémentaire.

Un concept en permaculture peut aussi stimuler l'émotionnel en intégrant des plantes ou des éléments à la signification historique et qui évoquent des souvenirs positifs. Lorsque chaque élément dans votre espace — plantes aux matériaux — possède une histoire derrière lui, il devient plus intéressant et sympathique. Par exemple, si la bordure de l'un des massifs de votre jardin est faite de pierres prises dans les fondations de la maison où vous avez grandi, elle évoquera souvenirs et lien personnel. Un arbre fruitier que vous plantez en mémoire de votre grand-mère possède une valeur sentimentale. Un râtelier à outils fait avec des palettes récupérées auprès de votre brasserie préférée sort de l'ordinaire. Plus nous pouvons raconter d'histoires sur les éléments de votre environnement, plus ces environnements deviennent personnels, et plus vous serez en connexion intime avec eux.

ÉTAPE 8 : PLANIFICATION DE LA GESTION

Il y a un mythe qui consiste à dire que la permaculture dispense d'entretien ou génère moins de travail. Même s'il est vrai qu'un système, une fois établi, demande réellement moins d'énergie de votre part, il est tout aussi vrai que rien dans nos vies ne demande pas un certain niveau d'entretien. Particulièrement durant la période d'établissement, qui est exigeante, un environnement en permaculture demande des soins réguliers, variables selon les saisons.

Il est assez fréquent de voir des projets correctement mis en œuvre finir par ne pas être entretenus correctement, entraînant un gaspillage des ressources. Tous les systèmes que vous concevrez et réaliserez exigeront une attention continue. Étudiez ce point lors de la phase de conception de manière à savoir à quoi vous attendre et planifiez à l'avance un programme de gestion pour vous assurer que rien n'a été oublié. Ce programme variera selon les exploitations : il peut être aussi simple qu'une liste de tâches, ou aussi élaboré qu'une feuille de calcul. Il peut être utile de regrouper les tâches par zone et de les noter sur un calendrier.

Les systèmes domestiques qui demandent un entretien vont des systèmes énergétiques aux systèmes de gestion de l'eau, en passant par la production alimentaire, etc. Pour le chauffage, sa maintenance pourrait couvrir votre approvisionnement en fioul et l'inspection et nettoyage annuels du conduit de cheminée de votre poêle à bois. Pour les systèmes de récupération des eaux pluviales, cela implique de vous assurer de la propreté des gouttières et de leurs filtres avant la saison des pluies et après toute grosse tempête. L'entretien de votre cellier ou de votre cave à légumes peut signifier un grand nettoyage et/ou une réorganisation une fois par an, en fonction des récoltes et des temps de garde ; cela peut aussi impliquer d'envisager des méthodes simples de conservation, comme la déshydratation.

Planifier l'irrigation est important, que vous réalisiez un goutte-à-goutte ou que vous arrosiez à la main, tout particulièrement dans les premières années. Les minuteurs et autres instruments de gestion de l'eau sont pratiques mais demandent également à être vérifiés et reprogrammés selon l'époque de l'année et les niveaux d'humidité saisonniers du sol. L'arrosage à la main est en fait un excellent moyen de surveiller vos plantes.

Les jardins en zone 1 sont ceux qui demandent le plus de travail en termes de maintenance, des semis préparatoires au contrôle permanent des plantes tout au long de la saison de végétation, où l'on s'assure qu'elles ont tout ce qu'il faut — arrosage, fertilisation, paillage, récolte — pour finir par la récolte des graines en prévision de l'année suivante. Les plantes alimentaires vivaces comme les arbres fruitiers (fruits et fruits à coque) peuvent demander moins d'entretien mais il demeure important de planifier la taille, la surveillance des ravageurs, l'éclaircissage des fruits, la récolte et la conservation de cette dernière. La plupart de ces plantes demanderont probablement aussi un certain nettoyage, mais cela dépend des systèmes que vous aurez mis en place et de l'esthétique désirée.

Si vous possédez des petits animaux, telles que des abeilles et des poules, vous aurez besoin d'inspecter relativement souvent le rucher et le poulailler. Ayez une routine bien organisée et un programme défini pour les tâches plus importantes, de manière à ne rien négliger. Les ruches peuvent être passées en revue une fois par semaine en période d'activité ou beaucoup moins, en fonction du style de gestion que vous aurez adopté. Le ramassage des œufs est une tâche quotidienne — tout comme le remplissage des abreuvoirs, à moins que vous n'ayez mis au point un système automatisé.

Les gros animaux demandent aussi un certain niveau de soin quotidien. Des soins routiniers comme le parage des sabots peuvent être faits tous les quelques mois, mais le lait devra être tiré tous les jours auprès des bêtes laitières. La reproduction demandera un autre niveau de soin, pour être planifiée bien en avance.

ACCUEILLIR LES RETOURS ET APPRENDRE DE SES ERREURS

Nous avons besoin d'être ouverts à tout ce qui peut représenter un retour sur ce nous avons fait, tout au long des processus de conception et de mise en œuvre. Lorsque nous avons des signes que quelque chose ne fonctionne pas — par exemple, quand nous essayons de planter des cerisiers trois fois de suite à un endroit où ils dépérissent systématiquement — nous devrions tout simplement abandonner, repenser les choses et repartir de l'avant sur cet élément ou ce système précis jusqu'à arriver à une meilleure solution. Si nous abandonnions sans réessayer, nous court-circuiterions ce que l'on appelle la boucle de rétroaction et passerions à côté de l'opportunité de développer nos compétences et de nous améliorer. Ce n'est qu'en acceptant ces retours et en travaillant dessus que nous progresserons en tant que concepteurs et gardiens de la Terre.

Il est également important de se rappeler que toutes choses changent, que nous les aimions ou non. Même si vous avez réalisé un travail approfondi sur le A + A, il peut arriver que quelque chose dans votre environnement ou votre vie l'emporte sur les données que vous avez recueillies. Peut-être que l'ombrage qui vous semblait amener une contrainte sur le placement de votre jardin disparaîtra à la faveur de la tempête qui aura arraché un arbre. Cela signifie que vous devrez repenser alors votre concept et décider si cela vaut la peine de le modifier en fonction de cette nouvelle donnée. Dans tous les cas, ce changement dans les conditions vous offrira une opportunité de peaufiner ou de réorienter complètement votre concept : essayez donc de voir les choses de manière positive dans chaque modification et travaillez avec elle.

LA FERME BLOOM

Planification de la mise en œuvre

PHASE 1

Fertilité du sol — construire des bacs de compostage, engrais verts

Construire une zone de potager annuel

Infrastructure — construire des bâtiments (écurie, maison)

Construire une aire de jeux pour les enfants

Clôturer une seconde pâture pour la mettre en rotation

Le développement de la fertilité du sol est une priorité sur ce projet, c'est pourquoi des plantes à croissance rapide seront immédiatement plantées et des systèmes de compostage des fumiers animaux développés. L'écurie et les abris pour animaux seront les premiers éléments à être conçus en détail et mis en œuvre.

(*suite page 126*)

Planification de la mise en œuvre *(suite)*

PHASE 2

Planter la bordure sud pour une production alimentaire pérenne et comme brise-vue

Systèmes de récupération des eaux pluviales — rattacher des citernes à tous les bâtiments et creuser un bassin

Construire une serre avec un système aquaponique

Étendre l'espace réservé au potager annuel

Développer les pâtures et un système de fourrages

Les systèmes de récupération des eaux pluviales sont une autre priorité, afin d'exploiter les précipitations. Un réservoir sera donc placé pour chaque toit. Cette récupération permettra d'augmenter les plantations. Ce que permet aussi la serre en étendant la saison de culture et en y abritant les semis précoces du printemps.

PHASE 3

Installer des systèmes énergétiques tels que des dispositifs solaires

Développer une pépinière

Réaménager la grange

Développer des zones fourragères pour les volailles et la production de bois

Développer des zones fourragères sur les pâtures

Installer une piscine naturelle

Toutes ces tâches constituent les dernières étapes car elles exigent qu'une base soit déjà présente. C'est ainsi que la construction de bâtiments vient avant les installations solaires. La grange et les zones fourragères supplémentaires sont moins prioritaires en raison de leur proximité avec la maison mais aussi du temps de réflexion nécessaire pour déterminer quels types d'animaux seront les plus faciles à élever sur le site.

À TOUT MOMENT

Des plantations alimentaires vivaces seront ajoutées chaque automne, afin de réserver le printemps aux plantations annuelles, qui seront ainsi faites avec un effort soutenu mais minimal en raison du peu de temps que laisse la pleine période de végétation.

LES SYSTÈMES EN PERMACULTURE

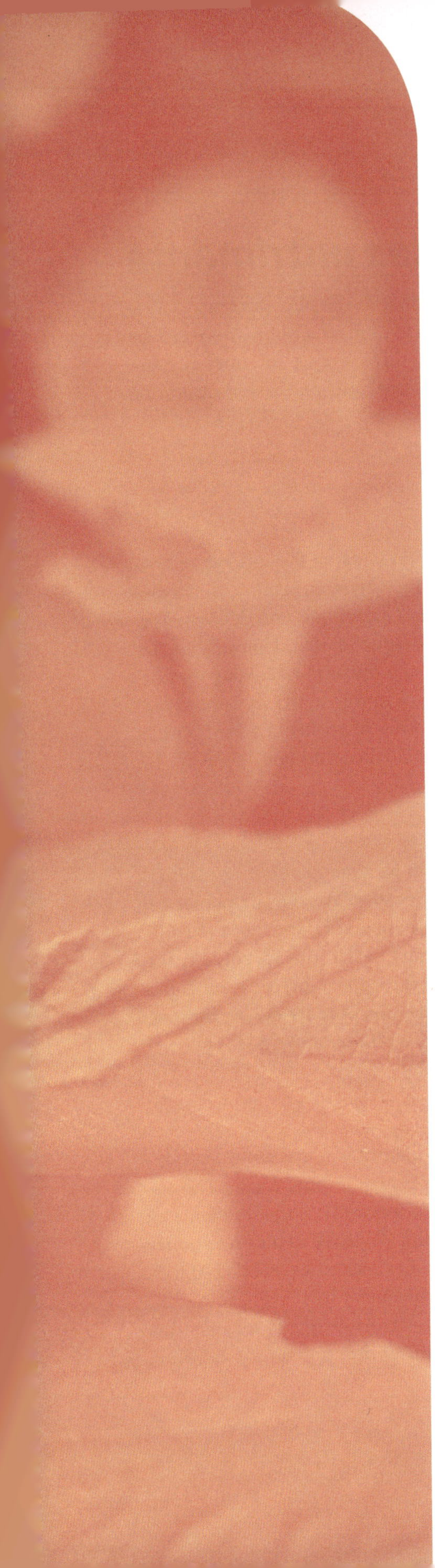

La permaculture est un processus holistique qui nous oblige à penser en termes de systèmes. Un système réunit un certain nombre d'éléments divers pour accomplir une fonction essentielle et, dans l'idéal, décrire une boucle fermée. La deuxième partie de ce livre étudie de manière plus détaillée les différents systèmes que tout projet de permaculture se doit d'intégrer. Le plan directeur de chaque projet doit inclure des systèmes destinés à gérer la fertilité du sol, l'eau, l'énergie, les déchets, les bâtiments, la production alimentaire, les animaux et la faune sauvage. Chacun de ces systèmes est une pièce majeure du puzzle d'un développement soutenable. En découvrant ces systèmes en détail, n'oubliez pas que la permaculture nous fournit une perspective, pas une prescription. Servez-vous de ces exemples pour mieux comprendre les enjeux qui les sous-tendent, non comme des solutions toutes faites qu'il suffirait de copier-coller.

Cette partie comprend plusieurs listes de plantes que nous trouvons très utiles ou qui méritent d'être essayées à diverses fins. Ces listes incluent les informations suivantes :

Nom scientifique. Nous vous encourageons à vous familiariser avec les noms scientifiques des plantes afin de communiquer sans ambiguïté.

Nom(s) commun(s) : Nous indiquons un ou deux noms communs les plus courants.

Zones de rusticité : Le département américain de l'agriculture (USDA) a mis au point un zonage basé sur les températures minimales annuelles moyennes. Divisé en treize zones, ce système est aussi utilisé en Europe. Plus le nombre de la zone est bas, plus les températures sont froides. L'intervalle de rusticité associé à chaque plante indique les zones dans lesquelles elle est susceptible de survivre et de croître. Mais n'oubliez pas que ce n'est qu'un indicateur parmi d'autres.

La fertilité du sol

Améliorer la structure et les nutriments

La fertilité du sol est la base de la réussite de toute démarche de permaculture. Gérer les nutriments et la vie dans le sol est donc une tâche essentielle. La bonne nouvelle est qu'il est toujours possible d'améliorer la structure et la fertilité d'un sol, quel que soit son état initial. Cela commence par l'analyse de votre terre, puis par la détermination des plantes et des systèmes qui pourront l'améliorer.

ANALYSER VOTRE SOL

Une analyse de sol est un excellent moyen de savoir où vous en êtes. Il est recommandé de prélever plusieurs échantillons dans un même secteur, en sections verticales des 15 centimètres supérieurs, à l'exclusion de la matière organique non décomposée. Les échantillons peuvent être analysés mélangés ou individuellement. Une analyse des micronutriments ne devrait pas être trop chère et vous en fournira beaucoup d'informations précieuses. Elle contient les données de base, à savoir le pH et le pourcentage de matière organique, ainsi que les concentrations des nutriments essentiels aux plantes. Vous pourrez alors mettre eu point un plan de fertilisation pour apporter les nutriments manquants.

Le pH du sol

Le pH du sol vous indique les plantes qui se plairont et les amendements qui seront utiles. Si vous n'avez pas fait pratiquer d'analyse et que vous n'avez pas de papier pH ni de testeur, vous pouvez vous faire une idée du pH de votre sol par le goût et l'odorat. Les sols acides ont plutôt un goût et une odeur amers, tandis que les sols alcalins ont un goût et une odeur plus doux. Le pH est un facteur important, car les sols très acides ou très alcalins tendent à retenir les nutriments. La plupart des nutriments sont accessibles à un pH entre 6,3 et 7,0. La plupart des plantes aiment les sols avec un pH entre 5,5 et 7,0.

Les macronutriments

Plusieurs nutriments sont absorbés par les plantes en quantités importantes, notamment l'azote, le phosphore, le potassium, le calcium et le magnésium. L'azote (N) stimule la croissance et la production des feuilles. Le phosphore (P) aide les plantes à fleurir, à fructifier et à produire des graines. Le potassium (K) les rend plus résistantes aux perturbations de l'environnement et aux maladies. Les sacs et les boîtes d'engrais du commerce (chimiques ou organiques) indiquent généralement les teneurs en N-P-K, ce qui vous permet de connaître les proportions de ces trois éléments majeurs que vous incorporez dans votre sol. Les engrais que vous utilisez doivent correspondre aux besoins révélés par l'analyse de sol.

Les micronutriments

Les micronutriments ou éléments-traces sont des nutriments dont la plante n'a besoin qu'en petites quantités. Les micronutriments essentiels sont le bore, le cuivre, le fer, le chlorure, le manganèse, le molybdène et le zinc. Bien que les quantités requises soient très petites, les plantes doivent en recevoir les quantités adéquates. Si vos plantes ne paraissent pas en bonne santé, recherchez les symptômes dans la table des carences. Les plantes servent ainsi d'indicateurs de la santé du sol.

La vie du sol

La fraction vivante (ou biologique) du sol est aussi importante que la fraction non vivante, car c'est grâce à elle que les nutriments circulent. On peut comprendre les techniques utilisées pour gérer la fertilité du sol (telles que le paillage et le compost) comme une façon de nourrir les petites bêtes qui vivent dans le sol. Certains disent même : « Nourrissez votre sol, pas vos plantes ».

La fraction biologique du sol se compose d'un large éventail de personnages effectuant une grande variété de tâches, comme tamponner le pH du sol dans la zone racinaire des plantes. Les consommateurs primaires dégradent directement la matière organique ; ce sont les champignons, les bactéries, les lombrics, les campagnols, etc. Les consommateurs secondaires mangent les consommateurs primaires, ce sont les acariens, les carabes, les collemboles, les protozoaires et les amibes. Les consommateurs tertiaires sont les équivalents des superprédateurs des macroécosystèmes. De même que la présence ou l'absence de superprédateurs nous en dit long sur la santé d'un macroécosystème, la présence ou l'absence de ces consommateurs sont un indice de la santé du microécosystème édaphique (du sol).

Pour créer les conditions propices à un réseau trophique diversifié dans le sol, nous devons commencer par disposer d'une variété d'aliments, c'est-à-dire d'une diversité de plantes sur notre terrain. La diversité au-dessus du sol génère de la diversité en dessous, car une diversité de plantes nécessite une variété de petites bêtes pour décomposer la matière organique produite.

Au début de la succession de la végétation, les sols des écosystèmes sont en général dominés par les bactéries, qui sont très efficaces pour décomposer les matériaux non ligneux. Dans un paysage cultivé, les jardins d'annuelles et les pâturages simulent ce stade de la succession.

Un type de bactéries très important qu'on trouve dans ces sols initiaux sont les bactéries symbiotiques fixatrices d'azote. Ces bactéries ont la faculté précieuse d'absorber l'azote atmosphérique et de le restituer sous une forme assimilable par les plantes. Elles vivent sur les racines de certaines plantes, principalement de la famille des légumineuses. Les plantes se procurent l'azote grâce aux bactéries qui vivent sur leurs racines, tandis que la bactérie reçoit en échange des composés carbonés.

Ultérieurement dans la succession, les écosystèmes contiennent généralement plus de matière ligneuse à décomposer. Ainsi, à mesure qu'un écosystème avance dans la succession, les bactéries

Les lombrics sont les grands aérateurs et transformateurs de la matière organique du sol, et pourtant ce ne sont que quelques-uns des millions de micro-organismes qui vivent sous vos pieds.

cèdent progressivement la position dominante aux champignons. Dans un paysage cultivé, ce stade correspond aux vergers, aux bois, haies et jardins-forêts.

Les champignons mycorhiziens ont une importance particulière. Il s'agit de champignons qui forment des réseaux filamenteux dans le sol et instaurent des relations avec les plantes, un peu à la manière des bactéries racinaires. Certains d'entre eux vivent autour des racines des plantes, tandis que d'autres pénètrent à l'intérieur des tissus racinaires. Heureusement, il s'agit encore d'une relation symbiotique. Les champignons se déploient sur une grande surface où ils relient tout, à la manière d'un réseau géant. Ils contribuent ainsi à la circulation des nutriments vers les lieux où ils sont le plus nécessaires. Ils agissent comme des extensions racinaires, transportant les nutriments et l'eau depuis des lieux éloignés jusqu'à la plante. En échange, les plantes leur fournissent des glucides. Certains champignons mycorhiziens exsudent aussi des substances antibiotiques qui contribuent à protéger les plantes de maladies présentes dans le sol. Dans un sol perturbé à l'extrême (par exemple par décapage ou par les pesticides), il reste souvent peu de champignons mycorhiziens. Pour planter dans des sols si appauvris, vous pouvez utiliser des inoculants mycrorhiziens sous forme de tablettes, de poudre ou de gel. Ensemencez le type de mycrorhize correspondant aux plantes que vous prévoyez de cultiver.

Adaptez vos interventions au type de succession que vous voulez créer. Pour vos jardins annuels (potager, etc.) et vos pâturages, utilisez du compost et du paillis à base de végétaux non ligneux ainsi que du fumier, afin de favoriser les bactéries qui dominent naturellement dans ces milieux. Pour vos vergers, jardins-forêts et bois, employez des compost et paillis à base de végétaux ligneux pour encourager les champignons qui dominent naturellement.

Si vous comprenez les lignes directrices définies par les propriétés physiques de votre sol, vous serez en mesure de savoir où vous pouvez intervenir pour que le sol devienne productif. C'est la vie du sol qui vous aidera à y parvenir. La plupart des stratégies de fertilité travaillent avec la fraction vivante (ou anciennement vivante) du sol pour augmenter sa fertilité à court et à long terme. Comprendre et gérer le réseau trophique du sol vous permettra de créer des paysages productifs même dans des environnements défavorables.

Les sols contaminés

Votre sol peut avoir été contaminé par des produits pétrochimiques, des matériaux radioactifs ou autres. Les contaminants parmi les plus courants sont les métaux lourds. Par exemple, le terrain autour d'une vielle bâtisse peut être contaminé par le plomb, longtemps utilisé dans les peintures. Si le terrain a été utilisé pour la fruiticulture, la culture de canne à sucre ou autre, il se peut qu'il contienne du plomb et de l'arsenic, ingrédients majeurs de beaucoup de pesticides utilisés pendant longtemps en agriculture. Dans la région du Détroit de Puget, dans l'état américain de Washington, certains secteurs sont pollués par le cadmium à cause d'une fonderie locale, qui a émis des matériaux toxiques recouvrant toutes les surfaces sous le vent de la fonderie pendant de nombreuses années.

Un diagnostic de contamination coûte cher, n'y recourez que si vous avez des raisons de la suspecter. Mais dans ce cas, la dépense peut en valoir la peine, vous informant sur les concentrations de métaux dans votre sol. En comparant les valeurs obtenues avec celles du bruit de fond local, vous pourrez repérer les anomalies éventuelles. Interpréter les résultats peut être délicat et nous vous conseillons de solliciter l'aide du service environnement local.

Si votre sol s'avère pollué, plusieurs solutions s'offrent à vous :

* Remplacer la couche supérieure du sol. Cela demande beaucoup de travail et ne résout pas vraiment le problème (que faire de la terre toxique ?), mais c'est parfois la meilleure solution.
* Planter les cultures au-dessus du sol contaminé, dans des conteneurs, des planches de culture surélevées ou de la terre rajoutée et séparée du sol par une barrière. Si aucune culture alimentaire n'a ses racines dans la couche polluée, vous avez moins de chances d'entrer en contact avec les métaux en jardinant ou en mangeant vos produits.
* Ajouter beaucoup de matière organique. En augmentant la teneur du sol en matière organique, vous augmentez le nombre de sites de liaison susceptibles de retenir les métaux lourds, diminuant les quantités de métaux dans les plantes.
* Éviter les légumes racines et les légumes feuilles. Les plantes ont tendance à absorber les métaux lourds dans leurs feuilles, tandis que les racines sont en contact direct avec le sol. Même le lavage le plus soigneux n'éliminera pas tous les métaux lourds. Plantez plutôt des plantes à fruits et à graines, souvent épargnés par les métaux lourds.
* Utiliser certaines plantes ou champignons qui absorberont les métaux lourds et les concentreront dans leurs tissus, un processus appelé phyto- ou mycoremédiation. Puis débarrassez-vous des tissus concernés. Ne mangez pas les plantes ni les champignons utilisés.

GÉRER LA FERTILITÉ

Gérer la fertilité du sol est une des choses les plus importantes à garder à l'esprit quand vous concevez un projet de permaculture. Si vous ne recyclez pas les nutriments à l'intérieur de votre système, vous allez devoir importer la fertilité de l'extérieur. Pendant la période d'établissement, quand votre jardin est jeune et démarre à peine, ce sera sûrement nécessaire. Mais si vous gérez correctement les nutriments, vous devriez réduire régulièrement les apports au fil des années.

Équilibrer les nutriments est également important. Par exemple, un excès d'azote peut accélérer la croissance de vos plantes. Si elles n'ont pas le temps d'endurcir leurs parois cellulaires, elles seront plus vulnérables aux maladies et aux coups de froid.

Inversement, une carence peut se traduire par une insuffisance de croissance, de production ou de teneur en nutriments. Si un minéral est absent de votre sol, il sera aussi absent des aliments produits. Veiller à l'équilibre des nutriments est crucial pour votre santé et la croissance de vos plantes.

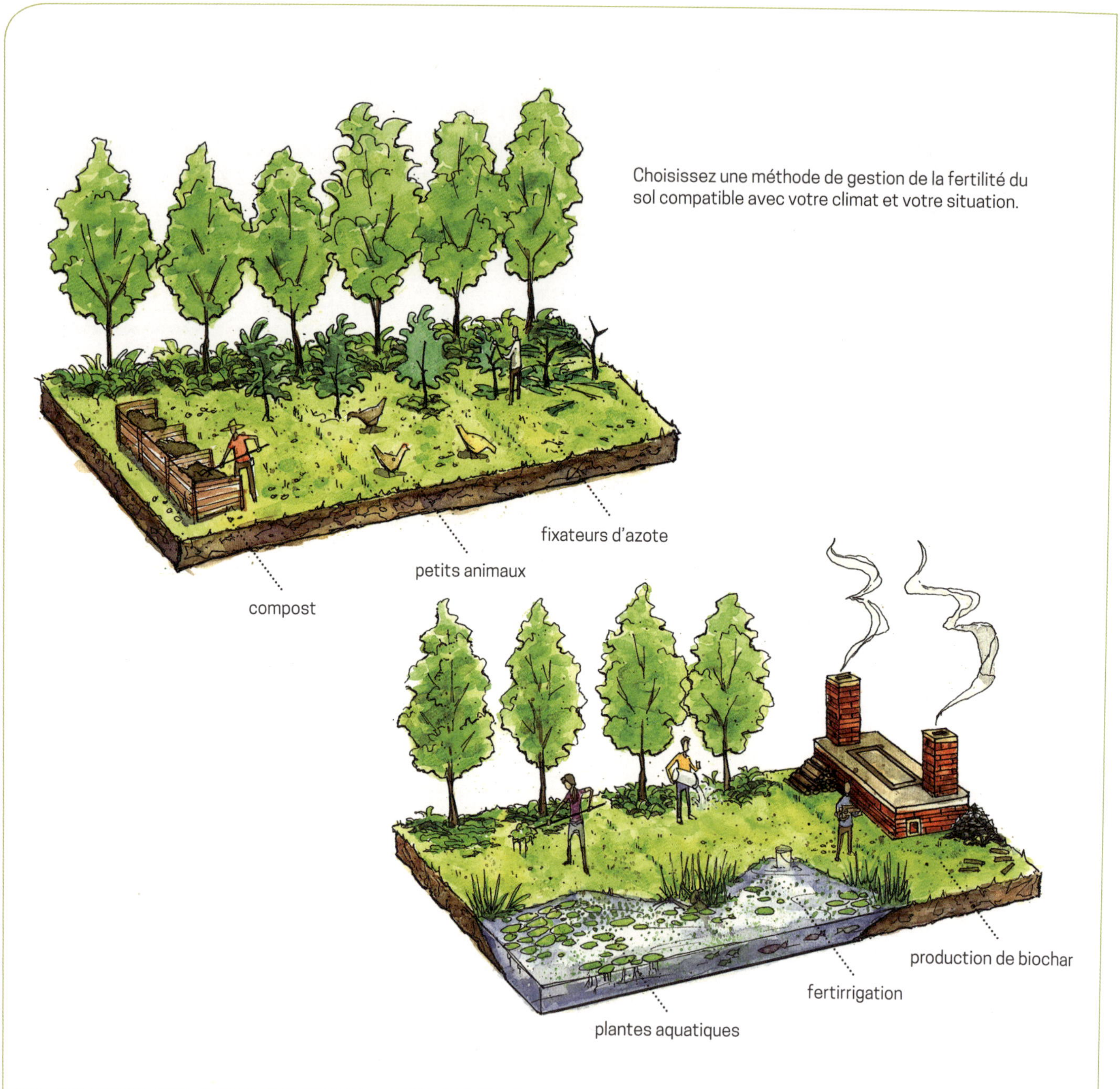

le compost

Le compostage est un excellent moyen de recycler la matière organique dans votre jardin et de tirer parti des nutriments contenus dans les épluchures, les mauvaises herbes et les broussailles. C'est à la portée de tous, y compris en appartement. Beaucoup de livres expliquent en détail comment faire son compost ; dans ces pages, nous vous présentons plusieurs moyens de rendre au sol les nutriments de vos déchets organiques.

Le compostage à trois bacs. Dans ce système, on installe trois bacs facilement accessibles et protégés des rongeurs. Jetez vos déchets de jardin ou de cuisine dans le premier bac. Une fois qu'il est plein, transférez le contenu dans le second bac à l'aide d'une fourche et recommencez à remplir le premier bac. Quand celui-ci est à nouveau plein, recommencez le transfert du second bac vers vers le troisième. Une fois que le premier est une nouvelle fois rempli, le compost dans le troisième bac devrait être prêt à être utilisé dans votre jardin. C'est un moyen simple et peu contraignant de faire son compost, mais celui-ci ne chauffe pas toujours assez pour tuer les graines des mauvaises herbes, à cause de sa division en trois tas.

Le lombricompostage. Les lombrics sont parmi les organismes les plus précieux du sol. Ils assurent la tâche cruciale de digérer la matière organique de la couche supérieure du sol et de restituer une nourriture riche pour les plantes. Nous pouvons nous procurer cet engrais précieux en leur donnant un bac couvert de litière comme demeure ainsi que de la biomasse à digérer. Le lombricompostage utilise souvent deux ou trois bacs, généralement superposés. Il peut s'agit de caisses en bois ou de vieilles boîtes alimentaires, mais vous pouvez aussi acheter des lombricomposteurs qui facilitent la récolte du compost. Les lombrics préfèrent vivre entre 13 et 24 °C. Rentrez les bacs en hiver si vous vivez en climat froid.

Dans sa forme la plus simple, un bac à lombricompostage est une boîte avec des trous dans le fond pour le drainage, remplie d'un matériau humide en guise de litière (Dave utilise des courriers publicitaires en noir et blanc qu'il passe à la déchiqueteuse). Placez quelques épluchures sous la litière à un bout du bac et relâchez quelques lombrics du fumier. Ils transformeront vos épluchures en un magnifique lombricompost (ou vermicompost), un engrais de premier choix. Ajoutez des épluchures et de la litière jusqu'à ce que le bac soit rempli, puis récoltez le compost et recommencez. Pensez à récolter le jus qui s'écoule depuis le fond ; ce jus est un engrais excellent, très riche en acides humiques, un bon moyen d'augmenter la capacité de rétention en nutriments de votre sol.

Le digesteur à déchets alimentaires. Un digesteur est un outil pratique et efficace pour composter les déchets alimentaires. Vous pouvez fabriquer le vôtre ou en acheter un de la marque Green Cone. Un Green Cone est un panier en plastique qu'on enterre et qu'on surmonte d'un grand cône en plastique dépassant du sol. Il suffit de jeter les restes alimentaires par le haut et les laisser se décomposer lentement. Le panier inférieur permet aux décomposeurs du sol de pénétrer dans le digesteur sans laisser passer les rongeurs et autres indésirables. Jetez vos déchets dans le digesteur jusqu'à ce qu'il soit plein. Il est utile d'avoir un second cône à remplir pendant que le compost mûrit dans le premier. Une fois que le second est rempli à son tour, récoltez le compost du

(en haut à gauche) Ce système de compostage à trois bacs s'insère très bien dans une allée derrière un petit jardin urbain.

(en haut au centre) Yuko verse des épluchures dans le lombricomposteur qu'elle a fabriqué dans son appartement. La litière est composée de vieux courrier déchiqueté.

(en haut à droite) Ces digesteurs Green Cone servent à composter les déchets de cuisine dans une cour. Dès que l'un d'eux est plein, on utilise l'autre pendant que le contenu du premier se décompose.

(en bas) Au centre de permaculture de Bullock, dans l'État américain de Washington, les résidents produisent un compost de grande qualité en utilisant des anneaux grillagés. Le compost sert dans les jardins annuels et pour produire du thé de compost aérobie.

premier et utilisez-le dans votre jardin. Si vous n'avez que les déchets de la cuisine à composter, le cône se remplit lentement, ce qui représente un minimum de travail.

Compost chaud et compost froid. Les composts chauds sont ceux qui produisent une forte chaleur lors de la décomposition. Le fumier et les épluchures favorisent ce processus. Les tas de compost chaud sont généralement montés en une seule fois. Le bénéfice du compostage à chaud est que la température élevée tue la plupart des graines des mauvaises herbes et fournit un excellent engrais pour les cultures annuelles et les planches de semis. Ses inconvénients sont que la fabrication et le retournement du tas demandent plus de travail, et qu'il dégage plus d'azote dans l'atmosphère pendant la maturation.

Les composts froids ne s'échauffent pas autant pendant la décomposition. C'est le cas des tas de branchages ou des tas de compost qu'on approvisionne au fil des apports. Ils demandent peu de travail mais se décomposent lentement. Ils sont peu efficaces pour tuer les graines indésirables, mais ils perdent moins d'azote.

Les composts chauds ont leur place dans la zone 1, car ils exigent des interventions plus fréquentes et s'utilisent surtout dans les jardins annuels. Les composts froids peuvent être situés plus à la périphérie, car ils ne demandent presque pas de maintenance et servent surtout au pied des arbres ; de plus, leur aspect est moins plaisant.

Les petits animaux

Les petits animaux peuvent aller et venir sur le terrain pour se nourrir tout en assurant divers services, comme la limitation des ravageurs, la prévention des maladies en consommant les fruits tombés, et la fertilisation par leurs déjections.

En laissant poulets, moutons et cochons se nourrir dans la partie pérenne du jardin, vous vous épargnerez le travail de fertilisation. Dans l'Ohio, le permaculteur Chris Chmiel utilise même des chèvres et des poules pour gérer les mauvaises herbes et la fertilité dans sa plantation d'asiminiers (*Asmina triloba*). L'ingéniosité du système repose sur le fait que les chèvres n'aiment pas l'asiminier mais mangent presque tout le reste. Les animaux répandent eux-mêmes de l'engrais et lui évitent de recourir à un engrais azoté.

Selon l'espèce animale choisie, il y a différentes façons de la faire pâturer pour fertiliser les secteurs voulus. Des enclos fixes ou mobiles laissent les animaux vivre aussi naturellement que possible et vous font bénéficier d'un des meilleurs modes de fertilisation mis au point par la nature. Un tracteur à poules (un poulailler mobile sans plancher de n'importe quelles forme et taille) est un moyen ingénieux de faire travailler les poules sur de petites surfaces telles qu'une planche surélevée ou un carré de pelouse.

Les plantes régénératrices du sol

Au premier stade de la succession, quand le sol est nu, des plantes pionnières très adaptables sont généralement les premières à s'installer, créant des conditions plus favorables pour les plantes qui finiront par prendre leur place. Ces pionnières ont des particularités que nous pouvons utiliser pour créer et entretenir un sol fertile.

Les plantes fixatrices d'azote hébergent dans leurs racines des bactéries qui fixent l'azote atmosphérique et le convertissent sous une forme accessible aux plantes. C'est une propriété précieuse avec un sol carencé en azote ou des plantes gourmandes en azote. La plupart des plantes fixatrices d'azote sont des espèces pionnières adaptées à la vie dans les premiers stades d'une succession.

Cytisus 'Zeelandia' est un arbrisseau fixateur d'azote qui aide ce cardon planté dans un sol pauvre. *Cytisus* peut se montrer opportuniste dans certains lieux, mais ce cultivar est un hydride stérile qui produit très peu, voire aucune graine viable.

Les accumulateurs dynamiques (ou plantes reminéralisantes) produisent des racines profondes qui extraient les minéraux et les concentrent dans leurs tissus. Certaines plantes sont connues pour accumuler des minéraux spécifiques. Par exemple, les pissenlits sont des accumulateurs de potassium, de phosphore, de calcium, de cuivre et de fer. Ces plantes peuvent servir à stimuler le compost ou à produire des engrais spécifiques. Elles peuvent aussi servir d'aliments riches en minéraux ou de remède naturel.

Les plantes productrices de biomasse produisent de grandes quantités de biomasse. Leurs feuilles peuvent contribuer à régénérer la matière organique des sols ou du compost, et fournissent un paillage vert facile à appliquer. La consoude, le miscanthus, la banane, la canne à sucre et le bambou sont parmi les plantes les plus généreuses en biomasse.

PLANTES RÉGÉNÉRATRICES DU SOL

Achillea millefolium
achillée millefeuille
zones 3-9
accumule phosphore, potassium, cuivre

Brownea macrophylla
rose du Venezuela
zones 11-13
fixatrice d'azote

Cajanus cajan
pois cajan
zones 9-13
fixateur d'azote

Elaeagnus multiflora
goumi du Japon
zones 5-8
fixateur d'azote

Elaeagnus umbellata
baie d'argent, olive d'automne
zones 4-8
fixatrice d'azote

***Equisetum* spp.**
prêle
zones variables
accumule calcium, cobalt, fer, magnésium

Gliricidia sepium
gliricidia
zones 10-13
fixatrice d'azote

***Lupinus* spp.**
lupin
zone variable
fixateur d'azote, accumule le phosphore

Medicago sativa
luzerne
zones 3-8
fixatrice d'azote, accumule le fer

Nasturtium officinale
cresson de fontaine
zones 2-10
accumule potassium, phosphore, calcium, soufre, fer, magnésium, sodium

Petroselinum crispum
persil
zones 5-9

Schizolobium parahyba
guarapuvu
zone 10 et plus
fixateur d'azote

Symphytum* × *uplandicum
consoude de Russie
zones 3-9
accumule potassium, phosphore, calcium, cuivre, fer, magnésium

Trifolium pratense
trèfle rouge
zones 3-9
fixateur d'azote, accumule le phosphore

Urtica dioica
ortie
zones 3-10
accumule potassium, calcium, soufre, cuivre, fer, sodium

Cette citerne destinée à l'aquaculture dans une ferme de l'île d'Hawaï sert à produire de grandes quantités de biomasse utilisée comme paillis.

Les plantes aquatiques

Beaucoup de plantes flottantes, comme les lentilles d'eau, se reproduisent à une vitesse incroyable, une propriété précieuse pour pailler vos cultures. Ainsi, des mares peuvent contribuer à la fertilité même dans des sols pauvres en nutriments. En climat chaud, on peut récolter ces plantes tous les deux mois environ ; en climat froid, comptez une ou deux récoltes par an. Laissez-en toujours assez pour que votre mare se repeuple.

La fertirrigation

La *fertirrigation* consiste à administrer à vos plantes des engrais liquides hydrosolubles distribués par le réseau d'irrigation. C'est très efficace, car les engrais liquides sont rapidement absorbés. La fertirrigation utilise généralement des engrais chimiques, car les engrais organiques liquides ont tendance à colmater les tuyaux. Mais une attitude « bio » implique de concevoir un système d'irrigation adapté. Avec une mare ou une citerne d'aquaculture, vous avez sous la main une grande source d'eau enrichie en nutriments, plus riche que l'eau du robinet ou du puits. Vous pouvez la fournir directement à vos plantes avec un simple arrosoir, un asperseur ou par submersion.

Le biochar[1]

Le biochar est une forme de charbon de bois, obtenue en transformant des matériaux organiques (bois et déchets agricoles) dans des fours spéciaux. Ce processus, appelé pyrolyse, brûle à très haute température et sous manque d'oxygène toute la matière organique à l'exception du carbone. Le biochar est le carbone pur résultant de la pyrolyse. Il ne contient pas de nutriments, mais ses nombreux sites de liaison permettent aux nutriments de se lier à lui. La présence de biochar dans le sol n'augmente pas directement la fertilité du sol, mais sa capacité à retenir les nutriments est un atout pour les sols épuisés. De plus, ses pores fournissent un habitat pour les micro-organismes du sol.

La meilleure façon d'utiliser le biochar est de le charger préalablement en nutriments. Imbibez-le par exemple avec un mélange d'émulsion de poisson (hydrolysat) et d'extrait liquide d'algue. Dans certains sols pauvres, un engrais liquide déversé directement dans le sol aurait de grandes chances de lessiver rapidement. Le biochar est donc un moyen de préparer le sol afin que les nutriments que vous apportez ne se perdent pas, mais soient retenus et mis à disposition des plantes sur le long terme.

Le thé de compost

Comme son nom l'indique, le thé de compost est du compost infusé dans de l'eau à des fins précises. Il peut être aérobie ou anaérobie ; chaque type de thé a un but différent. Étudiez longuement cette méthode de gestion des nutriments avant d'essayer.

Le thé de compost aérobie n'apporte pas directement une quantité significative de nutriments à votre sol. Son but est d'extraire et de multiplier les populations d'organismes bénéfiques qui vivent dans le tas de compost, et d'inoculer la terre avec cette culture. Le thé de compost vous permet de diversifier le réseau trophique du sol et d'amplifier les effets positifs du compost ; de plus, il peut prévenir maladies et ravageurs. Pour préparer du thé aérobie, placez par exemple du compost mûr dans un sac perméable et plongez-le dans un fermenteur (fait maison ou importé). Puis remplissez le brasseur avec de l'eau dépourvue de chlore et de chloramine. Aérez l'eau au moyen d'une pompe d'aquarium pour générer un bouillonnement de bulles d'air à la surface. Pour terminer, ajoutez des quantités modérées d'aliments facilement digestibles (farine, extrait de poisson ou d'algues, etc.) destinés à nourrir les micro-organismes pendant leur multiplication. Laissez fermenter le tout plusieurs heures. Appliquez le thé directement sur le sol ou sur les plantes entières.

Les thés anaérobiques mettent en œuvre un processus de fermentation pour extraire les nutriments de matériaux organiques. La fermentation produit de mauvaises odeurs, elle n'est donc pas vraiment adaptée à un petit jardin urbain. Il y a même un débat sur leur efficacité et sur leur danger sanitaire éventuel (par ex. des pathogènes comme *E. coli* ou les salmonelles).

1. Le biocharbon est très proche mais sert à la combustion et au chauffage.

(à gauche) Dans le jardin-forêt de l'Université de Florida Gulf Coast, aux États-Unis, les patates douces sont un paillage vivant efficace.

(à droite) Dans cette résidence d'Edmonds, État de Washington, ces sacs en toile de jute servent de barrière à mauvaises herbes sous la future couche de paillage. C'est une technique courante utilisée par la société de Jessi, NW Bloom Ecological Landscapes.

Le paillage

Le paillage ou mulch, qui consiste à appliquer une couche de matériau à la surface du sol, peut faire une grande différence. En effet, le paillage :

- conserve l'humidité du sol en prévenant l'effet desséchant du vent et du soleil
- contribue à éliminer les mauvaises herbes
- peut réduire le lessivage en enrichissant le sol en matière organique spongieuse
- prévient le battage du sol par la pluie ainsi que son érosion et son compactage
- isole la surface du sol, gardant les racines au chaud en hiver et au frais en été
- peut avoir un effet esthétique.

Il y a différentes sortes de paillis, chacun avec ses propres avantages. Les paillis inertes, comme le gravier, les cailloux et le plastique noir sont très efficaces pour éliminer les mauvaises herbes, mais ils n'apportent pas de matière organique dans le sol et ne sont souvent pas la meilleure solution. Nous préférons utiliser du compost ou des paillis contenant de la matière organique qui enrichit le sol. Les paillis morts, c'est-à-dire de la matière végétale qui a été vivante, tels que les copeaux de bois, le compost ou la balle de riz, exigent un renouvellement régulier. Ils sont efficaces pour éliminer les mauvaises herbes en épaisseur de 5 à 15 cm.

Les paillis vivants sont des plantes qui couvrent le sol comme le trèfle, la vesce ou le dactyle. Selon vos objectifs et la culture concernée, vous pouvez les faucher de temps à autre pour qu'ils se renouvellent.

Le paillage en couche peut être utilisé au début pour réinitialiser le système écologique. Par exemple, vous voulez convertir votre pelouse en jardin annuel. Vous pourrez utiliser une barrière de matériaux biodégradables tels que papier ou carton pour étouffer l'herbe, et la lester d'une couche de matériaux organiques comme du broyat de bois ou du compost qui nourrira en même temps votre sol. Une fois l'herbe morte et la barrière décomposée, vous avez un sol riche pour vos plantations. Vous pouvez aussi attendre moins longtemps et percer la barrière pour planter. Mais surveillez les plantes à étouffer, car certaines comme le liseron ou la prêle se développent même sous le paillage.

Les engrais verts

Les engrais verts sont une pratique destinée à protéger le sol et à le réapprovisionner en nutriments. Elle consiste à semer un paillis vivant qu'on retournera dans la terre, d'où le nom d'*engrais verts*. En climat tempéré, les cultures sont souvent récoltées à l'automne, laissant le sol à nu. Pendant l'hiver, un couvre-sol nourrissant est le meilleur moyen de protéger le sol de l'érosion et de le régénérer. En climat chaud, on peut utiliser les engrais verts sur toute surface non utilisée. Ils peuvent aussi briser le cycle des maladies et des ravageurs. Si vous jardinez toute l'année, une des difficultés est de leur trouver de la place et du temps pour les semer. La fève et le sarrasin sont deux engrais verts intéressants, car ils produisent des aliments en plus de couvrir le sol.

Les bases sont simples :

- Choisissez et semez votre engrais vert au moment propice suivant votre climat et vos objectifs.
- L'engrais vert doit recevoir les soins appropriés à l'espèce concernée. Certaines ont besoin d'être tondues ou arrosées. La plupart du temps, vous verrez qu'elles demandent très peu d'entretien
- Tuez votre engrais vert avant qu'il ne monte à graines ou que sa croissance échappe à tout contrôle. Coupez-le et laissez-le sur place, enfouissez-le ou récoltez les graines et laissez la verdure mourir de sa propre mort.

Les engrais verts les plus courants en climat tempéré sont l'avoine, les légumineuses, le sarrasin, l'orge, les moutardes et le sorgho. Il est important de semer l'engrais correspondant à votre situation.

Dans ce jardin du New Hampshire, États-Unis, on fait pousser du sarrasin sur les planches de culture qui ne sont pas en phase de production. L'engrais vert protège le sol et empêche les mauvaises herbes de s'installer.

Les engrais verts ont chacun des propriétés différentes : rusticité, résistance à la chaleur, fixation d'azote ou élimination des mauvaises herbes. Certains sont meilleurs à certaines saisons ou dans certains climats. L'avoine et le sorgho sont connus pour inhiber la germination et la croissance d'autres plantes, un avantage pour étouffer les mauvaises herbes mais pas pour semer des graines.

Les engrais verts peuvent être utilisés en association avec la jachère, c'est-à-dire la mise au repos d'une parcelle. Les engrais verts associés à la jachère dans une partie de votre terrain, pour une saison ou plus, peuvent briser le cycle biologique des maladies et des ravageurs et contribuer à reconstituer la matière organique du sol.

ACTIONS POUR AMÉLIORER LA FERTILITÉ DE VOTRE SOL

	Facile	Moyennement exigeant	Plus exigeant
Recyclage des déchets de jardin et de cuisine	Compostez vos déchets de cuisine.	Construisez un lombricomposteur.	Fabriquez du biochar.
Paillis mort ou vivant	Paillez votre jardin. Collectez la biomasse des voisins.	Semez des engrais verts.	
Fertirrigation ou thé de compost	Préparez du thé de compost pour fertiliser votre jardin.	Aspergez du thé de compost aéré.	

L'eau

Tirer le meilleur parti d'une ressource limitée

> *Nous ne connaissons pas la valeur de l'eau tant que le puits n'est pas tari.*
>
> —THOMAS FULLER

(ci-dessus) Cette grande citerne galvanisée recueille l'eau de pluie de la grange, dans les jardins collectifs de Picardo P-Patch à Seattle, États-Unis.

L'eau est une ressource précieuse et vitale, la plus importante des ressources dont nous dépendons au quotidien. Nous en avons besoin pour boire, produire nos aliments, pour le transport et tant d'autres usages. Mais la quantité d'eau potable accessible sur la planète est limitée et, à mesure que la population augmente, cette réserve est menacée par la pollution *via* divers agents toxiques, par la mauvaise gestion et la surconsommation. Dans beaucoup de régions, l'eau de pluie est la principale source renouvelable d'eau ; en la gérant intelligemment, nous pouvons en tirer de nombreux avantages sans en priver l'écosystème. Dans ce chapitre, nous verrons comment la collecter et nous en servir au quotidien.

PENSER COMME UN BASSIN VERSANT

Comprendre le fonctionnement hydrologique de votre terrain est crucial en permaculture. Suivant le climat et les particularités du site, vous aurez trop d'eau ou pas assez, voire les deux à des moments différents. L'eau étant une ressource limitée, réutilisez-la autant de fois que possible.

Voici quelques questions importantes à vous poser au sujet de l'eau de votre terrain :

* Où la pluie tombe-t-elle et où s'accumule-t-elle pendant un orage ?
* Un plan d'eau à proximité influence-t-il l'hydrologie de mon terrain ?
* D'où vient mon eau potable ?
* Où va l'eau après usage dans les toilettes ou dans mon évier ?
* Quelles activités en amont de mon terrain peuvent avoir un impact sur cette eau ?
* Comment puis-je utiliser l'eau de telle manière qu'elle soit plus propre en sortant qu'en entrant de chez moi ?
* Y a-t-il en aval de mon terrain quoi que ce soit que mes actes peuvent influencer ?

HIÉRARCHISER LES USAGES

Il y a différentes façons d'utiliser l'eau et, dans l'idéal, la qualité de l'eau doit correspondre à l'usage concerné. La plupart du temps, l'eau de bonne qualité fournie par le réseau public sert pour la chasse d'eau ou pour arroser le jardin. Bien que la plomberie de nos maisons soit ainsi conçue, il est possible de modifier cet état de choses. Des eaux de moindre qualité peuvent faire ce travail et réduire le gaspillage.

Commencez par recenser les sources d'eau disponibles sur votre terrain, par exemple :

* pluie, neige
* rivières et ruisseaux
* mares et étangs
* sources
* puits
* ruissellement provenant des terrains voisins
* réseau public.

Voici une liste générale des usages de l'eau classés par ordre de qualité exigée, de la meilleure à la plus mauvaise :

* boisson et toilette
* ménage
* irrigation et usage agricoles (y compris aquaculture)
* loisirs
* lutte contre l'incendie

Ce puits peu profond se trouve dans une cour de Shodoshima, au Japon. L'eau est tirée au moyen d'une simple pompe à bras, le meilleur outil non électrique qui soit pour pomper l'eau.

- mares et étangs
- infiltration dans le sol
- zones humides.

Grâce à cette liste, vous pouvez rechercher sur votre terrain la source d'eau la plus appropriée à chaque usage. Par exemple, l'eau du réseau public peut être réservée à la boisson et à la toilette. L'eau d'un ruisseau ne peut pas être consommée sans filtration, mais elle peut être propre à l'irrigation (à condition de ne pas être polluée). L'eau de ruissellement chargée en sédiment venant d'un champ voisin n'est pas propre aux usages ci-dessus, mais on peut la laisser s'infiltrer dans le sol grâce à des tranchées collectrices. Après avoir filtré dans le sous-sol, cette eau a de grande chance de parvenir dans une zone humide. Dans l'idéal, l'eau sortira de votre terrain plus propre qu'en entrant, grâce au système que vous aurez mis en place.

Dans ce petit jardin en Arizona, le permaculteur Andrew Wilson a conçu un système collectant les eaux pluviales dans une citerne, où elle est disponible pour l'arrosage. Le trop-plein se déverse dans le terrain, qui a été aménagé pour retenir l'eau du mieux possible afin qu'elle s'infiltre dans le sol.

UTILISER L'EAU DÉJÀ PRÉSENTE SUR VOTRE TERRAIN

Si vous vivez dans une région aride, les économies d'eau n'ont sûrement rien de nouveau. Mais cela nous concerne tous, quel que soit le climat. Nous devons faire notre possible pour utiliser l'eau ambiante afin de minimiser la consommation d'eau du réseau public, chère et gourmande en énergie. Pour beaucoup de gens, cela signifie collecter l'eau de pluie dans des fûts ou dans des citernes. C'est très bien si vous avez besoin d'eau sous la main pour des usages spécifiques, mais c'est insuffisant. Si vous vivez en climat aride, avec des précipitations moyennes de 400 mm par an et un terrain de 1.000 m², 400 m³ d'eau tomberont sur votre propriété. Vous seriez bien en peine d'installer suffisamment de fûts pour collecter autant d'eau. Pour en tirer parti, d'autres stratégies sont nécessaires.

Il y a différentes façons de stocker l'eau, qui diffèrent par leur coût, leur permanence et leur capacité. Il faut également penser à la facilité d'accès pour l'usage auquel elle est destinée ; par exemple, prendre une douche avec l'eau d'une citerne sur le toit est plus facile que de la pomper depuis le sol. Tout compte fait, une mare est souvent le meilleur moyen de stocker l'eau. Mais même si vous avez des citernes et des mares, intéressez-vous aux stratégies d'infiltration, car le plus grand réservoir dont vous disposez est le sol.

COMPARAISON DES STRATÉGIES DE STOCKAGE DE L'EAU

citernes et récupérateurs	**mares**	**sol**
plus cher par litre stocké		moins cher par litre stocké
moins permanent		plus permanent
mois d'eau de pluie collectée		plus d'eau de pluie collectée
accès plus facile		accès moins facile

Les priorités pour la gestion de l'eau de pluie

L'ordre des priorités pour la gestion de l'eau de pluie est le suivant :

1. Ralentir l'eau pour diminuer l'érosion et faciliter le dépôt des sédiments.

2. Répartir l'eau sur le terrain pour augmenter la surface d'infiltration.

3. Faire pénétrer l'eau dans le sol et la stocker pour plus tard.

Permettre à l'eau de s'infiltrer dans votre terrain a de nombreux avantages :

* Réduction du ruissellement et des inondations en aval. En pénétrant dans le sous-sol, l'eau est suffisamment ralentie pour que les cours d'eau et le réseau d'eaux pluviales ne soient pas saturés.

- Maintien d'une nappe phréatique en bon état et recharge de l'aquifère. Dans les régions arides, cela peut éviter que le niveau de la nappe s'effondre si suffisament de gens adoptent cette pratique.
- Prévention de l'érosion. En ralentissant l'eau, en la répartissant et en l'infiltrant, nous l'empêchons de ruisseler avec force à la surface et d'éroder le sol.

Développer le sol-éponge

Nous savons tous qu'une éponge peut contenir beaucoup plus d'eau qu'un morceau de béton. Dans le sol, c'est la matière organique qui joue le rôle de l'éponge. Augmenter la teneur du sol en matière organique est l'une des meilleures stratégies pour augmenter l'infiltration et la capacité du sol à stocker l'eau.

Quelle quantité d'eau le sol peut-il contenir ? Généralement plus que nous l'imaginons, mais cela varie d'un endroit à l'autre et en fonction de la nature du sol. Grosso modo, chaque pour cent de matière organique peut absorber 15 mm d'eau (par averse). Par exemple, dans le Midwest américain, une prairie sauvage avec son sol riche (jusqu'à 10 % de matière organique) peut absorber jusqu'à 150 mm d'eau au cours d'une seule averse. En d'autres termes, aucun ruissellement de surface ni aucune inondation ne se produisent tant que l'averse ne dépasse pas 150 mm. Par contraste, un champ de maïs conventionnel de la même région contient moins de 2 % de matière organique, et l'eau se met à ruisseler sous une modeste averse de 30 mm, provoquant inondations, érosion et colmatage.

Le concept de ligne-clé

La notion de ligne-clé désigne un système révolutionnaire de gestion de l'eau et du sol. Développée par P.A. Yeomans, ingénieur des mines et fermier australien, elle a servi de source d'inspiration majeure à Bill Mollison et David Holmgren pour mettre au point la permaculture. La notion de ligne-clé est applicable à presque tous les terrains, mais elle convient mieux aux grands terrains vallonnés. Elle peut vous aider à augmenter l'infiltration de l'eau à long terme et à créer un site optimisant l'utilisation de l'eau.

Commencez par identifier le point-clé majeur de votre pente. Le point-clé est le point où le profil d'une colline passe de convexe à concave. Au-dessus se trouve une zone caractérisée par l'érosion ; même dans un écosystème intact, un peu de terre et de matière organique migre naturellement vers le bas. En dessous du point-clé se trouve une zone d'accumulation où se déposent les matériaux ruisselant de plus haut. Au-dessus du point-clé, le sol tend à s'appauvrir ; en dessous ; il tend à s'enrichir.

La ligne-clé est une courbe de terrain passant par le point-clé. Savoir où passe votre ligne-clé vous aidera à concevoir l'aménagement de votre terrain. Le sol au-dessus de la ligne-clé ayant tendance à s'éroder, conservez en priorité le couvert végétal (une forêt de préférence) dans cette partie de la pente. En dessous de la ligne-clé se trouvent les surfaces les plus propices pour vos parcelles productives. Le terrain plat en bas de pente peut accueillir une agriculture annuelle sans s'éroder, tandis que les pentes plus raides sous la ligne-clé peuvent accueillir vergers et autres cultures d'arbres. La ligne-clé elle-même est en général un bon emplacement pour les habitations humaines.

(ci-dessus) À la ferme de New Forest dans le Wisconsin, États-Unis, Mark Shepard s'est servi du concept de ligne-clé pour optimiser l'utilisation de l'eau. Talus, tranchées et plantations ralentissent, répartissent et font pénétrer l'eau dans le sol, maintenant le niveau de la nappe phréatique et alimentant ses cultures.

POINT-CLÉ D'UNE PENTE

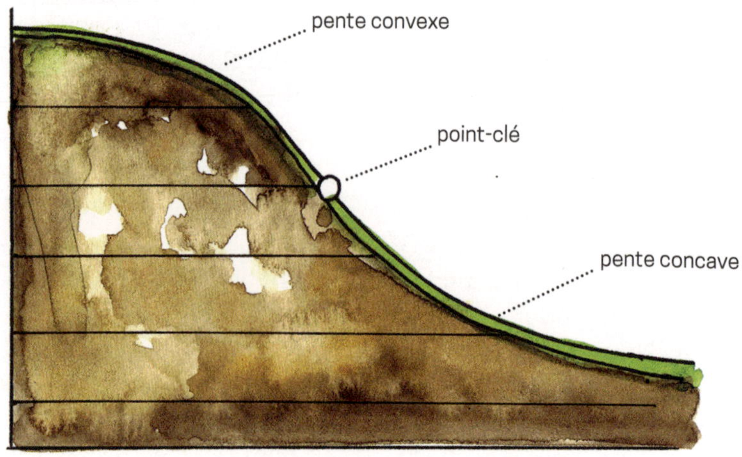

CONCEPT DE LIGNE-CLÉ ET VOCABULAIRE

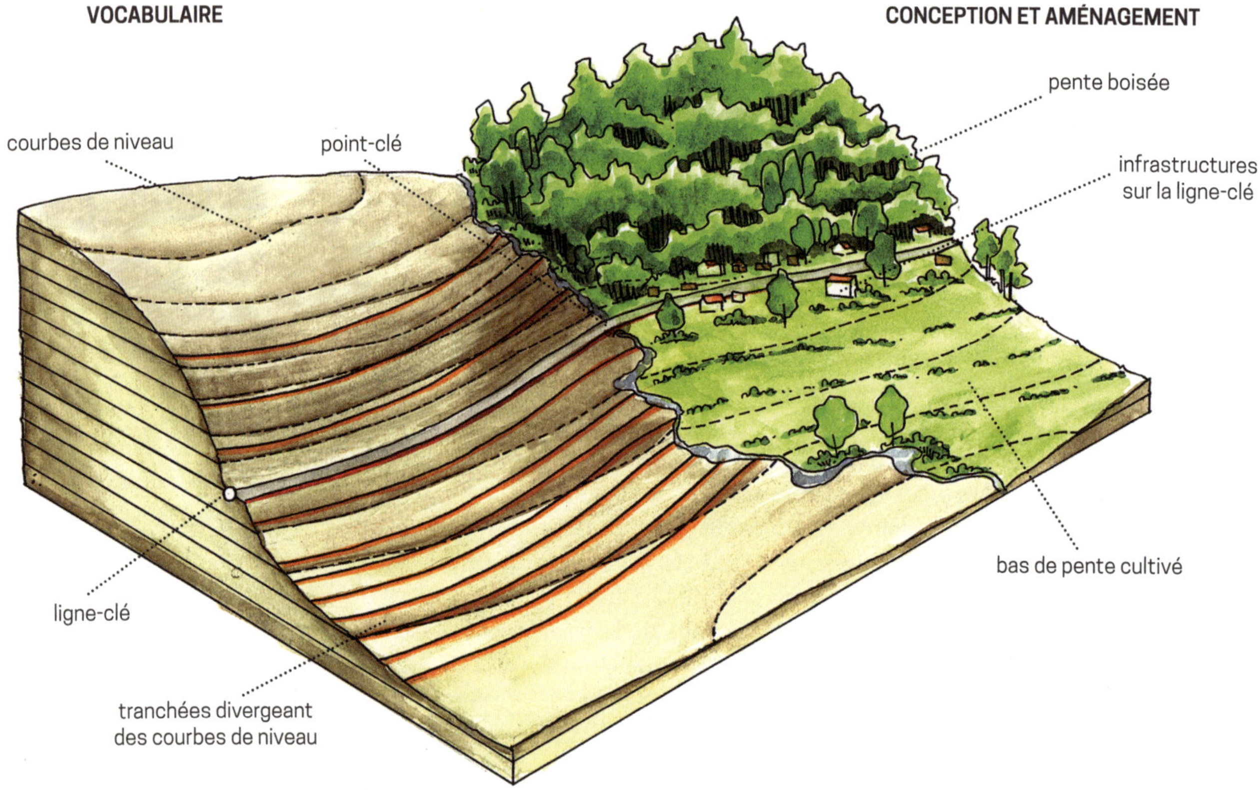

C'est suffisamment haut pour éviter les inondations et le drainage de l'air froid, et suffisamment bas pour éviter les pentes sujettes à l'érosion et le danger plus élevé d'incendie. La ligne-clé est aussi un bon endroit pour les voies d'accès, car on peut se rendre facilement dans les parties hautes, basses et habitées à partir d'une route ou d'un sentier relativement plat. La ligne-clé est aussi le point le plus haut où créer de grandes mares de stockage sans risque de glissement de terrain.

Au Centre d'Art et d'Écologie d'Occidental, en Californie, les plantations suivent les courbes de niveau pour permettre à l'eau de s'infiltrer et pour prévenir l'érosion.

Le concept de ligne-clé permet aussi de faciliter la répartition de l'eau sur toute la surface cultivée. Dans la nature, l'eau tend à descendre vers les creux en s'éloignant des crêtes. Si vous creusez des sillons de sous-solage parallèles à la ligne-clé avec un tracteur, vous constaterez vite qu'ils s'éloignent peu à peu des courbes de niveau à cause des variations topographiques (contrairement au labour, le sous-solage ouvre le sol sans le retourner). En ruisselant vers le bas, une partie de l'eau va tomber dans les sillons et s'écouler en sens inverse, en direction des crêtes. C'est un excellent moyen de répartir l'eau sur votre terrain et d'augmenter l'infiltration.

À terme, un sous-solage parallèle à la ligne-clé augmente l'infiltration et la pénétration des racines. P.A. Yeomans a mis au point une sous-soleuse spéciale dans ce but. Un sol compacté peut être difficile ou impossible à ouvrir, mais si vous pouvez creuser ne serait-ce qu'un sillon profond d'à peine 2,5 cm, l'eau commencera à s'infiltrer et les racines à pénétrer. L'eau entraînera un peu de matière organique et, l'année suivante, vous pourrez creuser un peu plus profond parce que le sol aura été ameubli. Pour finir, vous parviendrez à creuser jusqu'à la profondeur du bras de la sous-soleuse. Pendant ce temps, la terre végétale se développera.

SOUS-SOLAGE SUIVANT LA LIGNE-CLÉ

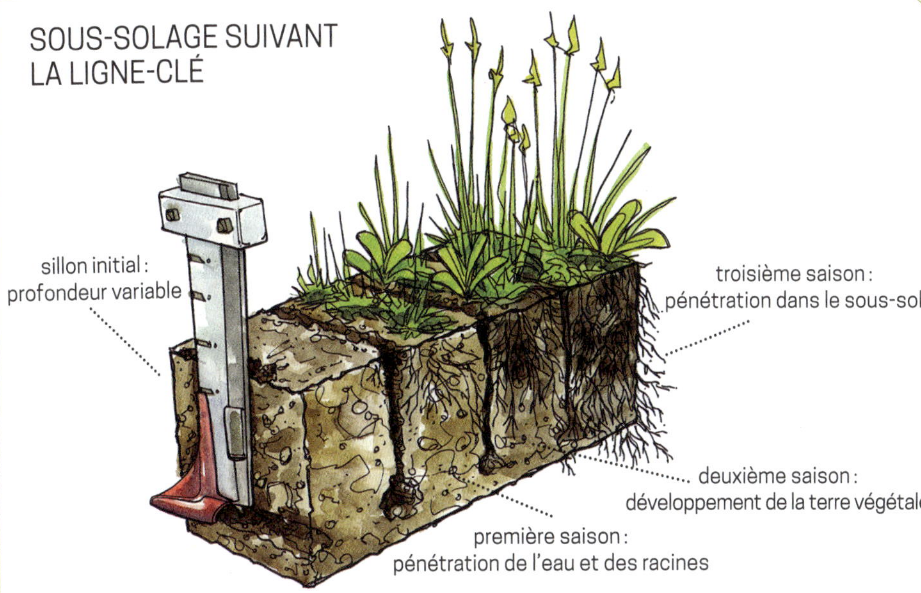

LES TERRASSEMENTS POUR COLLECTER L'EAU

En plus de développer le sol-éponge, ce qui peut prendre des années, et d'utiliser la ligne-clé pour concevoir votre terrain, des travaux de terrassement peuvent collecter l'eau à des endroits où vous en avez besoin. Ils sont particulièrement précieux pour gérer le manque ou l'excès d'eau.

Par exemple, si votre sol est gorgé d'eau et si vous souhaitez assécher un secteur, un fossé drainant est utile. Il s'agit d'une tranchée qui diverge légèrement des courbes de niveau pour collecter l'eau et la diriger ailleurs. En général, un drain perforé est posé au fond et recouvert de gravier. C'est également utile autour de fondations dans un sol humide.

Un puits perdu permet d'évacuer l'excès d'eau. Si votre terrain est peu drainant à cause de la présence d'une couche compacte, creusez un trou à travers cette couche, remplissez-le de gravier ou couvrez-le simplement d'une grille. Le trop-plein se déverse dans le puits et s'infiltre en dessous de la couche compacte.

En climat aride avec un sol drainant, où les pluies sont peu fréquentes et irrégulières, vous profiterez au mieux de cette ressource limitée en surbaissant vos planches de culture sous le niveau du sol. L'eau sera collectée dans la planche de culture et pourra s'infiltrer dans le sol. De même, vous pouvez surélever les planches en climat humide pour faciliter le drainage ainsi que le séchage, grâce à une meilleure exposition au soleil et au vent.

Les autres travaux de terrassement sont les noues d'infiltration et les drains de détournement.

Noues d'infiltration et drains de détournement

Les noues d'infiltrations sont de longues dépressions sinueuses qui suivent les courbes de niveau. Lorsque l'eau de pluie ruisselle sur le sol ou juste sous la surface, la noue collecte l'eau, qui peut ainsi percoler lentement dans le sous-sol et éventuellement créer une poche d'eau sous la surface (à condition qu'elle ne rencontre pas de couche imperméable, par ex. la roche-mère). Cette poche est comme une bulle d'eau géante suspendue au-dessus de la nappe phréatique que la végétation peut utiliser en période sèche.

En créant des noues d'infiltration sur un terrain vallonné, vous augmenterez la quantité d'eau qui percolera dans le sol et rechargera l'aquifère. À terme, le besoin en arrosage sera diminué et le niveau de la nappe sera stabilisé. En plantant des graminées en touffe ou autre végétation dense au-dessus de la noue, les sédiments sont filtrés avant d'atteindre la nappe. Des arbres ou d'autres cultures plantés sur le talus aval (ou juste en dessous) pourront profiter du sol humide pendant les épisodes de sécheresse.

Les noues d'infiltrations conviennent aux pentes douces à modérées. Elles sont déconseillées en pente raide, car la poche d'eau risque de rompre en cas de forte pluie.

Dans ces pentes, vous pouvez créer des barrières avec des branchages plessés sur des piquets parallèlement aux courbes de niveau. Elles ralentiront l'eau et favoriseront son infiltration sans perturber le sol ni collecter de grandes quantités d'eau. Vous devez savoir quoi faire du trop-plein des noues dès leur conception : l'eau peut déborder uniformément par-dessus de talus (pour être, dans l'idéal, collectée par la noue suivante en aval) ou rejoindre un autre lieu de collecte *via* un drain de détournement.

TERRASSEMENTS POUR GÉRER L'EAU

NOUE D'INFILTRATION

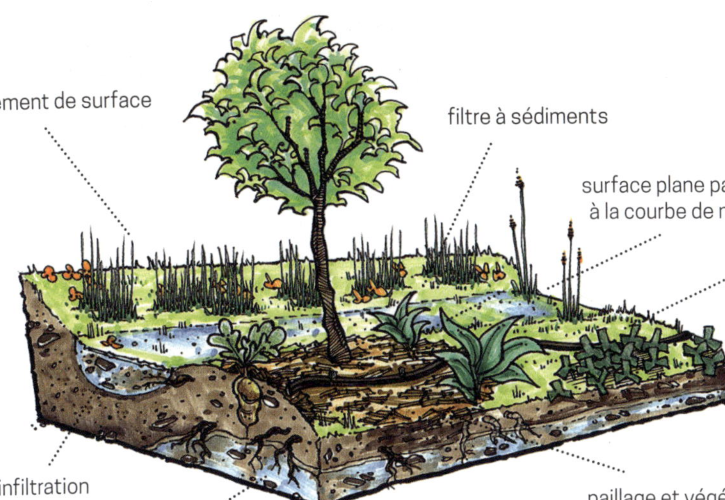

Au centre de la Vie Naturelle du Costa Rica, beaucoup de pentes ont été plantées avec du vétiver (*Chrysopogon zizanioides*) en suivant les courbes de niveau pour prévenir l'érosion.

Un drain de détournement est une tranchée qui n'est pas complètement horizontale et conduit l'eau d'un lieu à l'autre. Ces drains, inclinés par rapport aux courbes de niveau, sont disposés de manière à conduire l'eau dans un lieu spécifique (une zone humide, une mare, une citerne, un cours d'eau). Leur pente doit être assez douce pour qu'une forte pluie n'entraîne pas leur érosion. Comptez environ 30 cm de dénivelé pour 100 m de longueur (0,3 %), mais consultez un ingénieur en cas de doute.

Les mares

Mares et étangs sont des éléments à la fois esthétiques et fonctionnels. Ils peuvent stocker l'eau pour l'arrosage ou les besoins domestiques (souvent le moyen de stockage le moins cher), accueillir la faune sauvage et servir de baignade en climat chaud. Bien situés, ils peuvent aussi servir à l'aquaculture ou à la lutte contre l'incendie.

L'élévation et la topographie sont des critères majeurs pour choisir l'emplacement d'une mare. Une mare en partie haute du terrain peut alimenter par gravité les points bas de la propriété. Les réseaux d'eau alimentés par gravité sont les plus résilients, car ils ne dépendent pas de l'électricité ni d'une pompe sujettes à des pannes. Une chaîne de mares cascadant en bas d'une pente et reliées par des drains de détournement ou des déversoirs peut stocker l'eau tout en ayant un aspect naturel.

Il est cependant nécessaire de réfléchir à comment ces mares se rempliront. Faute d'une source d'eau suffisante plus haut dans la pente, il est possible de pomper l'eau depuis le bas. Si les mares sont destinées à collecter les eaux de ruissellement, chaque mare en aval doit être plus grande que la précédente pour accueillir un volume d'eau plus grand. Mais ne créez pas de grande mare en haut de pente, à cause du risque plus élevé de rupture de digue en cas de forte pluie. Pour dimensionner vos mares, vous devez avoir une idée de la quantité d'eau que chacune doit accueillir (suivant la surface drainée et la hauteur des plus fortes pluies).

Voici les règles cardinales pour construire une mare :

- Chaque mare doit posséder un trop-plein se déversant dans un lieu connu.
- Tenez les végétaux ligneux à l'écart de la digue pour éviter que les racines ne la transpercent.
- En climat sec, minimisez la surface de la mare et ombragez-la avec des arbres pour réduire l'évaporation.
- Pour construire un étang, une chaîne de mares ou tout aménagement dépassant vos compétences, faites appel dès le départ à un ingénieur ou à un conducteur expérimenté d'engins de terrassement.

Les mares préfèrent les sols argileux. Avec un fond argileux, l'écosystème s'établit plus facilement grâce au substrat naturel. Si votre sol n'est pas argileux ou ne retient pas l'eau (par ex. si la couche d'argile repose sur une veine de sable), il existe des solutions. Vous pouvez tapisser le fond de la mare avec de l'argile importée ou étendre une barrière synthétique en élastomère EPDM ou en polyéthylène. Ces matériaux retiennent très bien l'eau, mais ils sont facilement percés par les animaux ou les humains et deviennent glissants quand des algues s'y développent.

Vous aurez aussi besoin de créer des banquettes à différentes profondeurs afin d'accueillir une plus grande diversité de plantes et d'animaux, mais aussi de sortir plus facilement après une baignade. Les banquettes peuvent aussi accueillir des plantes en pot telles que nénuphar, lotus et wapato.

Les terrasses

Si vous manquez de surfaces planes pour les voies d'accès, les infrastructures, l'habitat ou les cultures, des terrasses sont une bonne solution. Les terrasses préviennent l'érosion en ralentissant le ruissellement et fonctionnent jusqu'à un certain point comme des noues d'infiltration, car une partie de l'eau s'infiltre dans le sol. Créer des petites terrasses est assez facile, mais à plus grande échelle, cela représente un travail énorme. Leur construction peut endommager gravement le terrain si elle n'est pas effectuée dans les règles de l'art. Soyez prudent avec ce type de travaux et consultez un ingénieur en cas de doute.

Une terrasse peut comprendre ou non un mur de soutènement. Grosso modo, en dessous de 25 % de pente, un mur n'est pas nécessaire ; entre 25 et 45 %, il est recommandé ; au-delà de 45 %, il est conseillé de planter de la végétation pour retenir la terrasse et de consulter un ingénieur.

Les jardins de pluie

Un jardin de pluie ou aire de biorétention est une dépression peu profonde qui collecte l'eau en provenance des surfaces imperméables environnantes. Cette dépression permet aux eaux d'orage de s'infiltrer peu à peu, un peu comme une noue. Elle est remplie d'un substrat spécial pour biorétention, mélange de substances minérales et organiques. Les plantes d'un tel jardin sont adaptées à des alternances de submersion après de gros orages et de sécheresses prolongées, suivant le climat régional. Ces aires sont souvent aménagées près de parkings ou de petites surfaces imperméables dont elles recueillent l'eau. Dans les zones urbaines, elles diminuent la quantité d'eau à évacuer par le réseau d'eaux pluviales, car l'eau recharge la nappe phréatique et réduit le besoin d'arrosage. Pour créer un jardin de pluie, déterminez la superficie de la zone de collecte de l'eau et comparez-la avec le taux de percolation du sol pour calculer la surface de stockage.

LA GESTION DES ZONES HUMIDES

Si votre propriété contient des zones humides, cela vous donne à la fois de grandes opportunités et de grandes responsabilités. En termes de biomasse, les zones humides sont les écosystèmes les plus productifs qui soient. Ce sont les reins de la terre, nettoyant l'eau qui les traverse. Mais elles sont souvent victimes des activités humaines. Dans de nombreux pays, les autorités ont réglementé ce qu'on peut faire ou ne pas faire dans une zone humide. Mais la législation étant généralement élaborée en réponse aux dégâts causés, elle laisse souvent peu de place à des usages productifs inoffensifs (ou qui dans certains cas restaurent ces zones). Sachez donc que certaines idées présentées dans ce chapitre ne sont peut-être pas légales dans votre pays.

(ci-dessus) Cette mare de la ferme de Red Rabbit sur l'île aux Orques, État de Washington, est une source d'eau à usages multiples : lutte contre l'incendie, loisirs et habitat des plantes et des animaux sauvages.

(en haut à droite) Le permaculteur Sam Bullock en train de créer une terrasse sur son terrain.

(en bas à droite) Ce jardin de pluie à côté de la maison de Jessi reçoit le trop-plein d'un fût de récupération de l'eau de pluie destiné à l'irrigation. Le jardin infiltre près de 57 m^3 d'eau par an.

GESTION DES ZONES HUMIDES

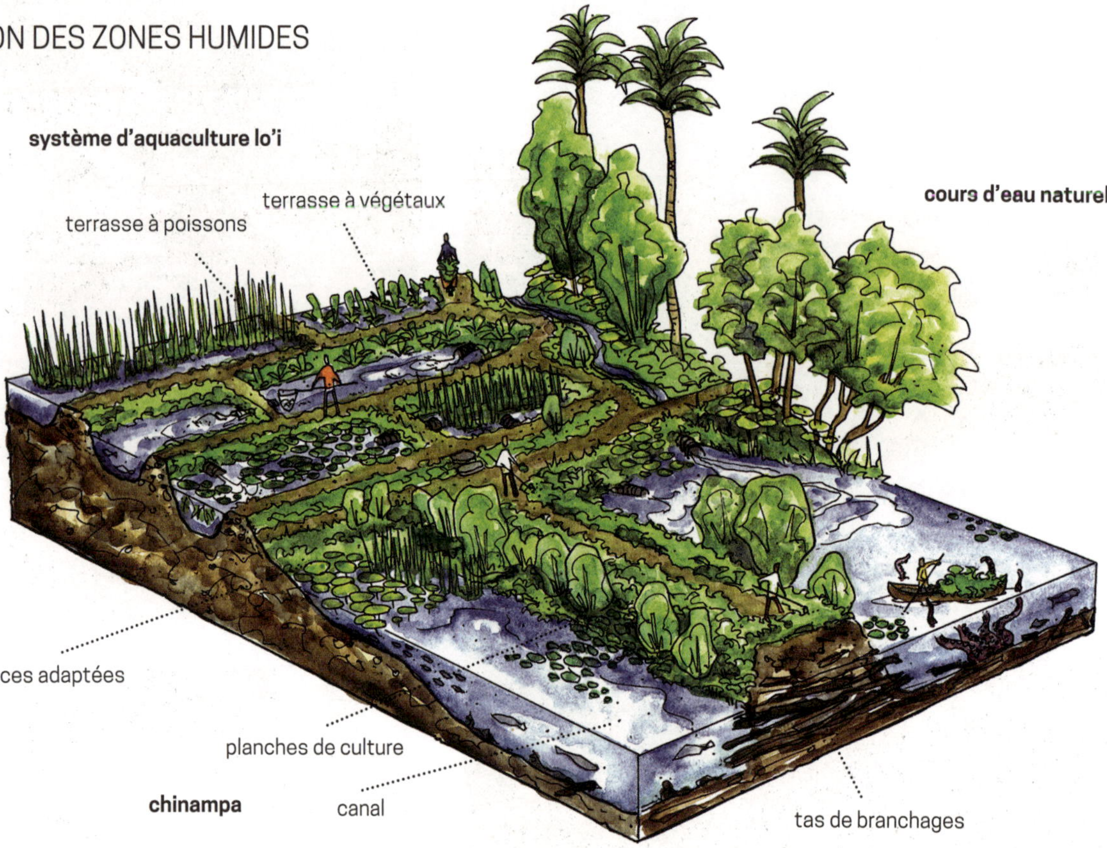

En travaillant dans une zone humide, le principe de précaution doit prévaloir : ne pas nuire à l'écosystème. Si l'exploitation de la zone entraîne une dégradation ou une baisse de sa fonction écologique, révisez vos plans. Voici quelques indicateurs de la santé d'une zone humide :

- une population prospère d'amphibiens
- diverses populations de macro-invertébrés
- une eau d'excellente qualité mesurable par une analyse simple
- absence de turbidité et de sédiments provenant d'un terrain érodé à proximité.

Si la zone humide est déjà dégradée, restaurer sa fonction écologique est prioritaire. Cela signifie au besoin de localiser la source de pollution ou de sédimentation et de régler le problème. La végétalisation des bordures de la zone peut y contribuer en filtrant la terre ruisselant des champs voisins et en absorbant le surplus de nutriments.

Ces bandes végétalisées peuvent comprendre des plantes productives pour vous et la vie sauvage. Une fois la pollution et les sédiments maîtrisés, vous pourrez réintroduire des plantes, des animaux et des macro-invertébrés indigènes pour aider la fonction écologique à se restaurer.

Après avoir fait de la santé des zones humides votre priorité, vous pouvez leur appliquer certaines techniques pour augmenter leur productivité, par exemple des cultures adaptées, les rizières ou les systèmes chinampa et lo'i.

Les cultures adaptées

Beaucoup de cultures sont adaptées aux sols humides. Elles supportent l'inondation (saisonnière ou permanente) ou sont complètement aquatiques. Elles peuvent rendre votre zone humide productive sans la bouleverser.

PLANTES POUR SOLS SATURÉS

Aronia melanorcarpa
aronie noire
zone 3-9

Asimina triloba
asiminier
zones 5b-7

Borassus flabellifer
rondier, palmier de Palmyre
zone 10 et plus

Colocasia esculenta
taro
zones 10-13

Cornus sericea
cornouiller soyeux
zones 3-8

Cydonia oblonga
cognassier
zones 5-9

Durio zibethinus
durian
zone 12 et plus

Eleocharis dulcis
châtaigne d'eau chinoise
zone 9 et plus

Nasturtium officinale
cresson de fontaine
zones 2-10

Nelumbo nucifera
lotus sacré
zones 9-12

Sagittaria spp.
wapato
zones variables

Salacca edulis
salak
zone 10 et plus

Salix spp.
saules
zones variables

Dans cette ferme en permaculture, îles et presqu'îles chinampas permettent d'exploiter le marais de manière productive sans endommager l'écosystème.

Les chinampas

L'agriculture sur chinampas a été mise au point par les Aztèques dans les basses plaines du Mexique, en modifiant les marais pour pouvoir les cultiver. Pour cela, ils empilaient des branchages dans des marais peu profonds pour créer une charpente grossière. Puis ils creusaient la vase fertile pour en recouvrir les branchages, créant des îlots émergeant d'environ 30 cm et entourés de canaux. Puis ils plantaient sur les rives des arbres de zone humide dont les racines stabilisaient la nouvelle « île ». Sur ces chinampas, les mésoaméricains produisaient de grandes quantités d'aliments avec très peu ou sans irrigation, car l'eau remontait depuis le marais. Au moment de la récolte, les chinampas étaient accessibles par canoë, facilitant le transport des produits vers les villes.

Il est possible de créer des chinampas à petite échelle. La création d'îles et de presqu'îles dans un marais augmente la longueur des accès à l'eau pour les espèces qui en ont besoin, notamment le poirier, le cognassier, l'aronia et l'aubépine. Elle permet aussi de produire beaucoup d'osier pour la vannerie et le torchis.

Lo'i et rizières

En Asie et dans le Pacifique Sud, beaucoup de peuples utilisaient les marais ou en ont créé sur de grandes surfaces pour les cultiver. Par exemple, dans le système lo'i des Polynésiens, de vastes terrasses s'étageaient sur les pentes. Avec le temps, elles se remplissaient de limon et d'eau, créant des conditions parfaites pour la culture du taro des marais. L'eau s'écoulait par gravité de terrasse en terrasse, tandis que l'érosion et les inondations étaient limitées.

Imaginez ce système avec une alternance de terrasses pour les poissons et les plantes. L'eau riche en lisier des terrasses à poisson fertilise les terrasses cultivées, et celles-ci filtrent l'eau pour les poissons. La succession de terrasses doit toujours se terminer par une terrasse cultivée pour épurer l'eau avant son retour à l'environnement.

Dans des pays comme la Chine ou le Japon, les rizières en terrasse existent depuis des millénaires. Ces rizières sont si anciennes que beaucoup d'espèces se sont adaptées aux conditions qui y règnent et sont dépendantes des activités agricoles pour leur survie. Ces systèmes offrent des possibilités étonnantes pour intégrer systèmes productifs et écosystèmes.

La construction de ces rizières en terrasses sur l'île de Shodoshima, au Japon, a commencé vers 1 400. Pendant des siècles, elles ont permis aux habitants de la vallée de satisfaire leurs besoins alimentaires tout en protégeant les pentes de l'érosion.

Ces photos montrent une zone de l'Institut Chaikuni, dans l'Amazonie péruvienne, avant, pendant et après construction d'une série de lo'is. La végétation pionnière de la zone a cédé la place à un système agricole prospère en moins de 9 mois. Ce lo'i produit de grandes quantités de taro et autres plantes alimentaires qui nourrissent les résidents, les visiteurs et les locaux.

Cette cuve dans un coin de la grange de Jessi stocke l'eau destinée à l'arrosage. Une vanne permet de choisir la destination du trop-plein : vers un abreuvoir ou vers la mare voisine (pendant la saison humide).

COLLECTE ET STOCKAGE DE L'EAU DE PLUIE

L'eau de pluie est une ressource merveilleuse à condition d'être en mesure de la collecter. Dans les zones urbaines et suburbaines, chenaux, gouttières et caniveaux évacuent l'eau aussi vite qu'elle tombe. Pour éviter de perdre cette ressource précieuse, un des éléments clés de la permaculture est un système de collecte et de stockage de l'eau de pluie.

Un tel système se compose de plusieurs éléments auxquels correspond chaque fois une question :

- Sources : d'où vient votre eau ?
- Collecte : où cette eau est-elle collectée : un toit, une allée, une rue, un captage ?
- Distribution : comment l'eau collectée est-elle transportée : conduites, tuyaux souples, tranchées, pompes ?
- Stockage : comment est-elle ensuite collectée : fûts, citernes, cuves, mares ?
- Trop-plein : où va l'eau en excès ?
- Points d'utilisation : où l'eau stockée est-elle utilisée : éviers, robinets de jardin ?
- Épuration : comment l'eau est-elle épurée après utilisation ?
- Recyclage ou retour à la terre : comment l'eau est-elle renvoyée dans une autre partie du système ou restituée à la terre ?

Pour concevoir votre réseau d'eau (pluviale ou non), vous devez considérer tous ces éléments. Si l'un d'entre eux manque, l'ensemble ne fonctionnera pas.

Collecter de l'eau potable depuis un toit

Si vous collectez l'eau d'un toit pour la boire, il faut choisir le bon matériau de couverture, savoir où évacuer le premier flux et filtrer l'eau. Analyser l'eau est le meilleur moyen de savoir si ce que vous buvez est potable.

Matériau de couverture. Les tuiles bitumées ne sont pas idéales, car il y a de fortes chances pour qu'elles exsudent des substances toxiques tout au long de leur vie. Les toits métalliques sont parmi les plus propres. Les métaux peints ou scellés sont les meilleurs. Les métaux galvanisés sont susceptibles de libérer des toxines. Le bois et le chaume sont une bonne solution à condition de ne pas être traités contre les mousses, les champignons ou autre. Les tuiles en ardoise ou en terre cuite sont excellentes.

(à gauche). Cette maison en Arizona possède un système de collecte de l'eau de pluie complet, comprenant une toiture métallique, un capteur de premieur flux et une jolie cuve de stockage.

(à droite) Ce système de récupération de l'eau de pluie, à l'institut d'écologie régénératrice de Bolinas, en Californie, est équipé d'un capteur de premier flux de conception simple. Une fois que le tuyau descendant est rempli d'eau, l'eau commence à s'écouler vers la cuve. Un trou à la base du tuyau descendant permet au premier flux de s'évacuer lentement, et un bouchon à la base facilite le nettoyage de la conduite après une averse.

Capteur de premier flux. Des débris tels que feuilles mortes, crottes d'oiseaux, poussière et autre s'accumulent sur les surfaces de collecte. Au début d'une averse, les débris seront emportés dans votre système, sauf si vous l'équipez d'un capteur avec évacuateur de premier flux, qui évacue cette première eau souillée avant l'unité de stockage. Vous pouvez en acheter un dans le commerce ou le fabriquer vous-même à l'aide d'une chute de tuyau en T en amont de la cuve. Dans la branche verticale, une balle de ping-pong ou autre flotteur bouche la branche une fois qu'elle est remplie, piégeant l'eau sale tandis que l'eau propre peut se diriger vers la cuve.

Filtration. Pour pouvoir boire l'eau, un système de filtrage est capital. Filtres en céramique, osmose inverse et ultraviolets permettent d'obtenir une eau conforme aux normes. Vous pouvez aussi fabriquer un filtre lent sur sable, technique biologique de filtration peu sophistiquée mais demandant néanmoins une conception soigneuse.

Un filtre lent sur sable est un récipient rempli de sable, depuis le seau de 20 litres jusqu'aux grandes unités collectives. Plus le système est grand est plus la quantité filtrée par unité de temps est grande. L'eau entrante tombe à la surface du sable, où se développe une couche de micro-organismes qui réalise une grande part de la filtration. En pénétrant dans le sable, l'eau est aussi filtrée par les différentes couches. Quand elle atteint le fond, elle ressort par le tuyau d'écoulement.

Penny Livingston-Stark nous montre le filtre lent sur sable de son système de collecte de l'eau de pluie chez elle, en Californie.

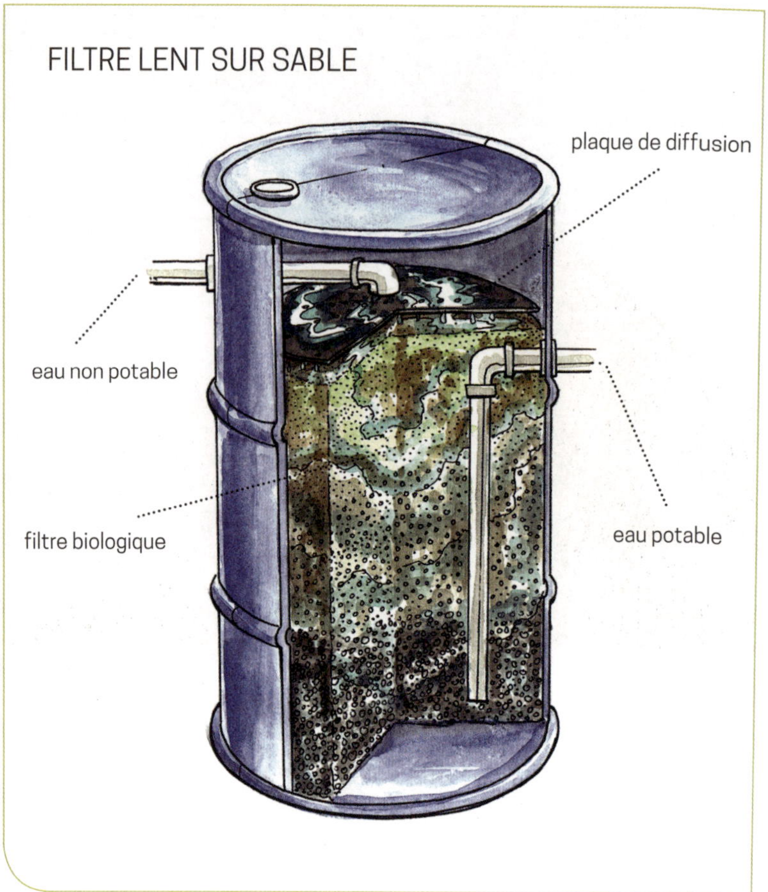

Il est capital que le tuyau de sortie soit plus bas que le tuyau d'entrée. Ce système basique devrait éliminer 99 % des agents biologiques potentiellement nocifs. Vous pouvez aussi demander à un spécialiste de concevoir un système pour un grand nombre de personnes ou des systèmes plus complexes.

Le stockage

On peut stocker l'eau de pluie dans des fûts, des citernes, des cuves ou des mares de formes et de tailles variables. L'espace disponible ou votre budget limiteront peut-être votre choix.

En déterminant le volume de stockage dont vous avez besoin, sachez que peu de gens se plaignent d'avoir une capacité de stockage trop grande. Voici les questions auxquelles répondre pour déterminer la taille du système adapté à vos objectifs :

- Quelle quantité d'eau pouvez-vous capter ? Voici une simple équation pour la calculer : (moyenne annuelle des précipitations en mm) x (surface de collecte en m^2) = mètres cubes par an. Si, par ex., il tombe chez vous 850 mm de pluie par an et que votre toit mesure 10 m^2, vous collecterez 8,5 m^3 d'eau par an (ou 8 500 litres).

* Combien d'eau consommez-vous ? Faites des estimations en séparant les besoins en eau potable de l'arrosage.
* Quelle est la plus longue période sans eau que vous risquez de traverser, c'est-à-dire pendant laquelle vos cuves ne se rechargeront pas ?
* Quels sont vos objectifs ? Voulez-vous être entièrement indépendant du réseau public ? Voulez-vous seulement l'eau de pluie pour votre chasse d'eau ?

Voici quelques solutions de stockage :

* Les cuves en plastique sont faciles à trouver ; la taille et la couleur varient selon les modèles. Choisissez une couleur sombre pour intercepter la lumière et empêcher le développement d'algues.
* Les citernes métalliques sont souvent cylindriques et plus chères, mais elles durent plus longtemps et sont souvent plus esthétiques que le plastique.
* Le ferrociment, mélange de ciment appliqué sur un treillis métallique, est un très bon matériau pour les grands stockages, mais il demande plus de travail.
* Les cuves minces, souvent rectangulaires, ont du succès dans les zones urbaines où l'espace est compté. Elles sont souvent plus chères que les cuves agricoles, mais certains modèles peuvent servir de masque ou de paravent.

Vous pouvez aussi stocker l'eau directement dans votre terrain grâce aux techniques d'infiltration et de paillage.

Les fûts en série

Il est toujours utile de stocker autant d'eau que possible à des fins d'autonomie. Avant de construire un réseau de collecte complexe et coûteux, il vaut mieux commencer petit. Nous vous conseillons de commencer par un simple système de fûts en série, première étape vers un système plus complexe.

Dans le système illustré page 167, l'eau descendant par la gouttière remplit une poubelle neuve et propre équipée d'un filtre grossier pour arrêter les débris. Ce filtre doit être facile à nettoyer ; il s'agit souvent d'une moustiquaire de fenêtre tendue sur l'ouverture. Deux poubelles sont connectées par un tuyau pour augmenter le volume. Le raccord doit être étanche et placé aussi bas que possible pour que les deux fûts se remplissent en même temps. Vous pouvez raccorder autant de fûts que souhaité. Le robinet peut équiper un seul fût ou les deux et doit se trouver en partie basse.

(en haut à gauche) Cette cuve en plastique peinte approvisionne le jardin d'une école de Portland, dans l'Oregon, et il sert de démonstration pour la collecte de l'eau de pluie.

(en haut au centre) Si vous manquez de place, raccordez et empilez verticalement plusieurs petits fûts, comme ici à l'Institut Planet-Repair de Portland, dans l'Oregon.

(en haut à droite) Si vous n'avez pas la place pour une grande citerne, vous obtiendrez le résultat en raccordant plusieurs petits fûts. Ici, les fûts occupent un espace étroit entre un bâtiment et une allée.

(ci-contre) Cette belle citerne à débordement en ferrociment à Inanltah, Isla de Ometepa, au Nicaragua, fournit l'eau d'irrigation aux systèmes de production alimentaire. C'est aussi un endroit idéal pour se rafraîchir par une journée chaude.

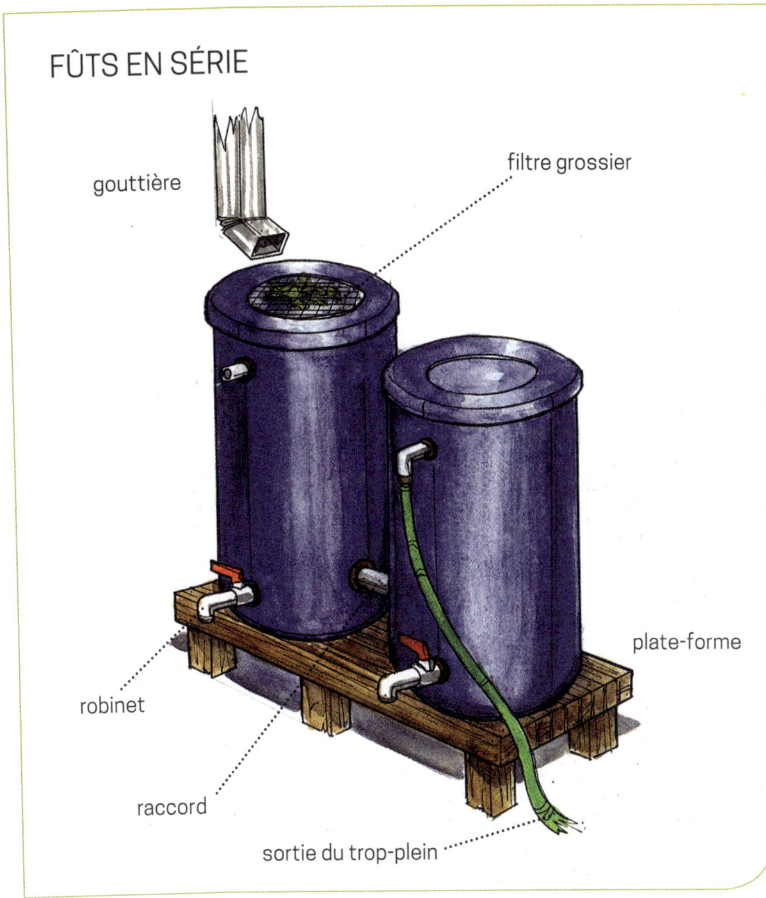

Une simple cuve est un bon point de départ pour collecter l'eau de pluie. ici, la cuve peinte de la même couleur que la maison déverse son trop-plein dans un matelas à eau placé sous la terrasse, fournissant une capacité de stockage supplémentaire.

Sans pompe ni filtration additionnelle, l'eau issue d'un tel filtre servira plutôt à l'arrosage ou autre usage extérieur. Mais l'eau peut toujours être purifiée en cas d'urgence.

En plaçant les poubelles sur une plate-forme, le supplément de gravité résultant du plus grand dénivelé augmente la pression en sortie. Vous pouvez aussi utiliser des moellons, des palettes ou autre structure capable de supporter le poids des poubelles pleines d'eau. Le trop-plein se trouve en partie haute d'un des fûts. Déterminez au préalable la destination du trop-plein afin que l'eau soit recueillie dans un lieu approprié, par exemple un jardin de pluie, une noue d'infiltration ou autre système de gestion des eaux pluviales.

Les réseaux d'eau gravitaire intégrés

L'étape suivante est un réseau d'eau gravitaire entièrement intégré, qui est le type de réseau le plus efficace et le plus résilient. Un tel réseau utilise la gravité pour transporter l'eau dans les différents lieux, et ses éléments sont situés chacun à une altitude pertinente. C'est un moyen efficace de collecter l'eau potable et d'utiliser le surplus à bon escient. C'est un système astucieux, car il récupère plusieurs sources d'eau et les stocke dans des citernes destinées à différents usages.

Si la gravité est un enjeu important, les différents éléments n'ont pas besoin de se trouver sous le même toit. Vous pouvez collecter l'eau depuis un bâtiment plus haut sur le terrain et alimenter un bâtiment en contrebas.

RÉSEAU INTÉGRÉ BASIQUE POUR LA COLLECTE ET LE TRAITEMENT DE L'EAU

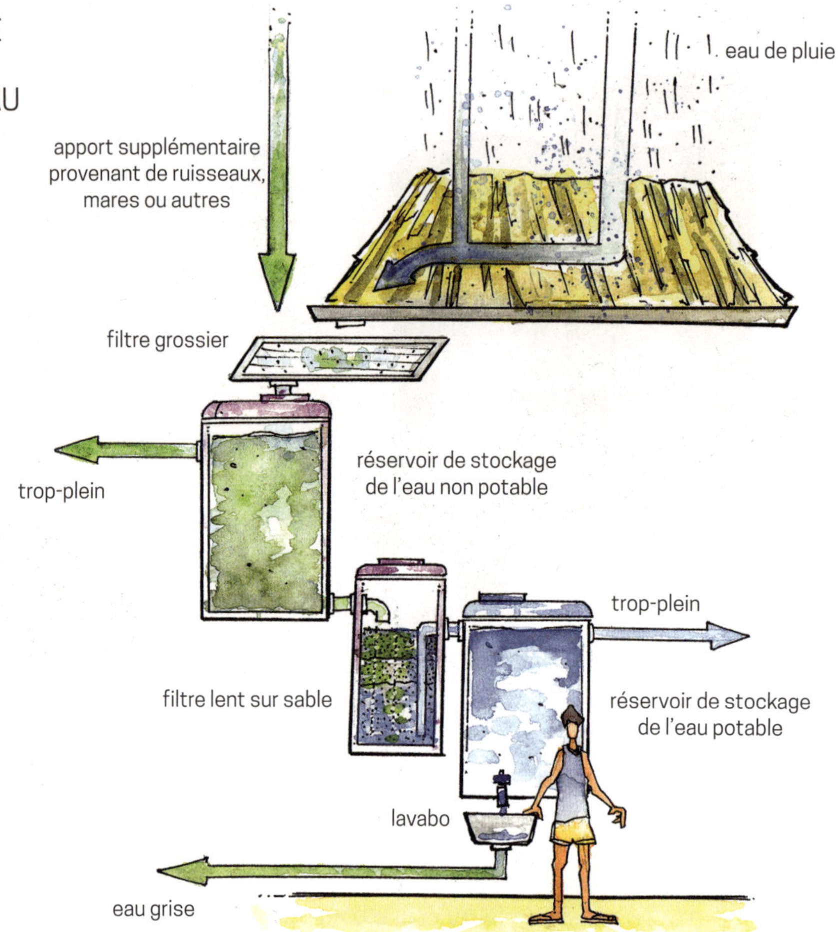

Dans un réseau basique tel que celui-ci, la pluie tombe dans un filtre grossier, puis dans un dispositif de premier flux (non présenté ici). Puis elle est stockée dans le premier réservoir, destiné à l'eau non potable. Celle-ci peut être utilisée pour l'irrigation, l'infiltration ou autre. Puis l'eau passe dans un filtre lent sur sable (dimensionné selon vos besoins), qui purifie l'eau et la rend potable. L'eau usée en sortie du lavabo ou de l'évier peut servir d'eau grise dans le jardin.

AJOUT DE STOCKAGES ET DE POINTS D'USAGE

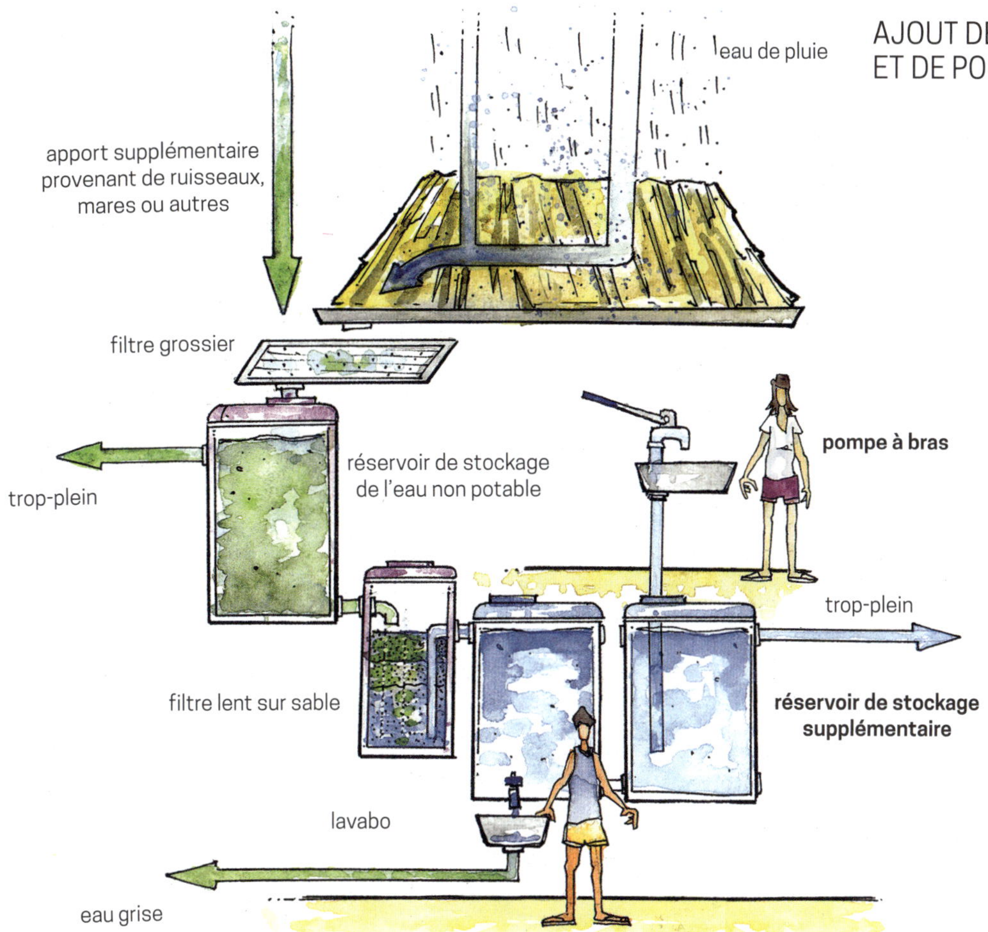

Au stade suivant, il est utile d'ajouter des réservoirs et de les raccorder pour disposer du plus grand volume possible. S'ils sont raccordés par le haut, le second réservoir servira essentiellement de trop-plein et le premier ne sera pas vidé régulièrement. En les raccordant par le bas, le niveau sera identique dans les deux, fonctionnant comme un seul réservoir. Si le point d'usage est situé plus haut que les réservoirs, une pompe à bras est une bonne solution ne nécessitant pas d'électricité.

UN RÉSEAU COMPLET

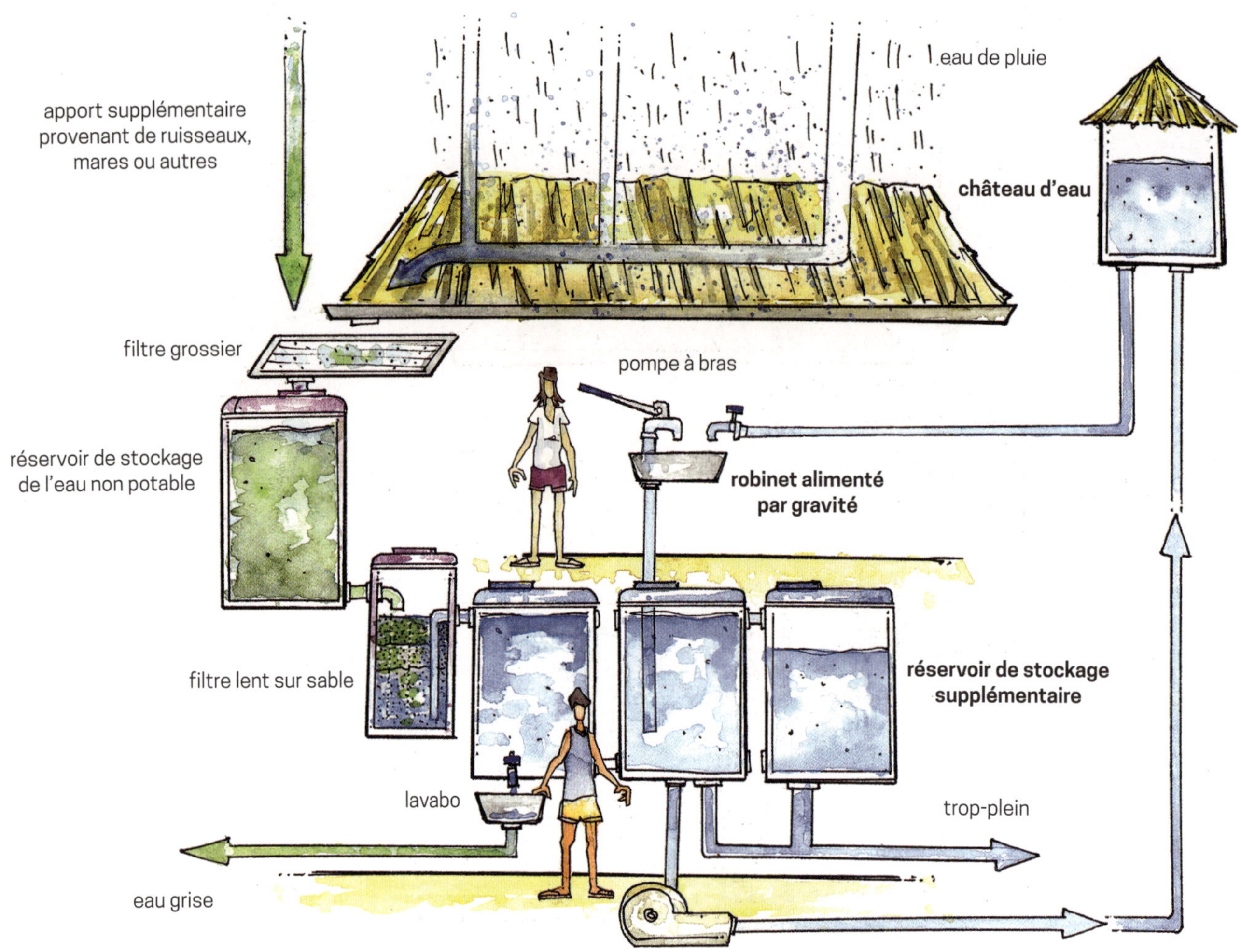

Dans un réseau plus complet, une boucle est créée en pompant l'eau vers un château d'eau au moyen d'une pompe rudimentaire (fonctionnant de préférence avec une énergie renouvelable comme le soleil). Le château d'eau fournit une pression suffisante à tout le réseau, supprimant la pompe à bras (mais elle peut servir de secours). Le château d'eau a un intérêt si votre point d'usage est au-dessus du stockage ou pour augmenter la pression. Et en cas de panne électrique, l'eau continuera d'alimenter vos points d'usage par gravité. Un réservoir supplémentaire peut être ajouté pour des usages secondaires.

ÉCONOMISER L'EAU

Économiser et protéger l'eau douce est d'une importance toujours plus cruciale dans le monde actuel. D'après l'Organisation mondiale de la Santé, plus d'un milliard de personnes souffrent d'un manque d'eau. La déstabilisation du climat pourrait augmenter la fréquence des sécheresses dans certaines régions. Le réseau d'alimentation est surchargé dans beaucoup de villes. Et certaines régions sont arides la plupart du temps. Dans tous les cas, économiser l'eau est le meilleur moyen de se garantir contre l'incertitude. Le tableau ci-dessous suggère quelques moyens d'économiser l'eau, des plus simples (changer de comportement) aux plus complexes (construire de nouveaux éléments).

ACTIONS POUR ÉCONOMISER L'EAU

	Changer de comportement	**Améliorer l'existant**	**Créer de nouveaux éléments**
Salle de bain et toilettes	Utilisez la chasse différemment : l'urine peut rester, les matières fécales doivent être évacuées. Prenez des douches brèves. Ne laissez pas couler l'eau pendant que vous vous brossez les dents.	Installez des toilettes à double flux. Installez des pommes de douche économiques.	Compostez les déchets humains (pas besoin d'eau). Installez un lavabo à pédale.
Linge et vaisselle	Lavez à la main en utilisant aussi peu d'eau que possible.	Choisissez des machines très peu consommatrices.	Installez une machine à laver à pédale.
Arrosage	Choisissez des plantes dont le besoin en eau correspond à votre climat.	Installez un goutte-à-goutte.	Créez un réseau d'eaux grises et des tranchées pour collecter l'eau de ruissellement.

Les déchets

Colmater les fuites dans le système

Cette planche de culture surélevée, dans le jardin partagé de Picardo P-Patch à Seattle, États-Unis, a été construite avec des matériaux de construction récupérés, qui ainsi ne finiront pas dans une décharge.

Votre projet de permaculture doit tendre vers le "zéro déchet". Il ne s'agit pas d'y parvenir du jour au lendemain, mais c'est clairement un objectif prioritaire. Si votre système produit beaucoup de déchets, vous resterez dépendant d'apports extérieurs importants pour le faire fonctionner. C'est le cas de la plupart des pelouses : sans engrais chimiques, sans l'eau du réseau public et sans essence pour la tondeuse, elles ne resteraient pas longtemps en l'état.

La plupart des ressources externes que nous consommons ne sont pas renouvelables (au moins à l'échelle d'une vie humaine). Elles servent une fois et c'est fini. Dépendre de ces ressources au quotidien nous rend vulnérables aux fluctuations du marché et à la chaîne d'approvisionnement, et donc moins résilients. En cas d'urgence, la pelouse pousse et se fait envahir par les mauvaises herbes, mais que se passe-t-il si nous dépendons fortement de l'extérieur pour nos aliments, l'eau ou le chauffage ?

Ce chapitre nous apprend où les fuites apparaissent le plus souvent dans les systèmes et comment les minimiser et éliminer les déchets. L'idée est de réintégrer ces surplus (un autre nom pour les déchets, considérés d'un autre point de vue) dans nos systèmes. En produisant du compost, par ex., les pommes pourries ne deviennent pas des déchets. En appliquant une conception énergétique efficace et le principe de l'usage prioritaire suivant, nous gaspillons très peu d'énergie. L'objectif est de maîtriser ce qui entre et ce qui sort de nos systèmes. Il ne s'agit pas de créer de système complètement fermé (où rien n'entre ni ne sort), mais de chercher à s'en rapprocher beaucoup plus qu'à l'état actuel. Enfin, il s'agit de savoir comment les flux sortants de notre système peuvent devenir des flux entrants. Nos flux sortants finaux ne doivent nuire ni à l'environnement, ni aux voisins.

Les déchets à prendre en compte dans votre projet sont les déchets humains, les eaux grises, les déchets de cuisine et de jardin, et la chaleur. Nous avons déjà vu comment composter les déchets de cuisine et de jardin dans le chapitre sur la fertilité du sol. Nous traiterons ici surtout des autres catégories de déchets.

LES DÉCHETS HUMAINS

Le sujet des déchets humains ou fumier humain est tabou dans la culture occidentale. Pas question d'en parler en bonne compagnie. En revanche, il est temps de prendre nos responsabilités à ce sujet. Malheureusement, les réseaux centralisés auxquels beaucoup d'entre nous sont reliés et les fosses septiques conventionnelles n'ont pas un bon bilan écologique. Dans beaucoup de régions du monde, les eaux usées collectées par les égouts sont rejetées dans l'océan ou injectées dans la nappe phréatique. Même les réseaux publics plus exemplaires consomment souvent beaucoup d'énergie. La quantité d'eau douce et propre gaspillée par ces systèmes est ahurissante. Pensez par exemple au fleuve Colorado, qui n'atteint plus la baie de Californie en partie à cause des chasses d'eaux des grandes métropoles en plein désert comme Las Vegas.

Heureusement, il existe des moyens efficaces de gérer nos propres déjections au lieu de les évacuer, polluant l'eau et devenant le problème d'autrui. Avec le bon dispositif, vous pouvez même réintégrer ce flux sortant dans un autre composant de votre système de permaculture, sans que cela soit dégoûtant ni contraire à l'hygiène. Traiter notre fumier humain de manière responsable, c'est le gérer sans qu'il présente de risque pour la santé ou qu'il pollue accidentellement.

Avant de vous précipiter pour démonter vos toilettes, il est essentiel de vous renseigner sur le sujet. La réglementation et son application peuvent varier d'un département à l'autre ; que vous la respectiez ou non, vous devez au moins la connaître. La durée et la température de compostage peuvent aussi varier suivant les endroits. Approfondissez la question avant de vous lancer et commencez petit. La gestion des déchets humains exige le soin du détail ; pour faire fonctionner ces systèmes de manière sûre, vous devrez surveiller des détails comme la température, la durée et la propreté. Si cela ne vous ressemble pas, tout le monde se portera peut-être mieux si vous utilisez la chasse d'eau.

Pour que votre compost de fumier humain soit sans risque pour la santé et l'environnement, il doit passer suffisamment de temps au-dessus d'une certaine température.

Il existe aussi des solutions intermédiaires pour minimiser les impacts négatifs, comme utiliser de l'eau grise pour votre chasse d'eau. Vous pouvez aussi intégrer un lavabo dans le couvercle de la chasse, afin que l'eau grise s'écoule directement dans le réservoir.

Pour choisir un système de gestion des déjections humaines, tenez compte de ces deux facteurs majeurs : la nappe phréatique et le contexte culturel.

La profondeur de la nappe phréatique déterminera l'option la mieux adaptée. Par exemple, un cabanon au fond du jardin avec un trou creusé dans le sol que vous déplacez une fois que le trou est plein n'est pas approprié si la nappe est proche de la surface, car vous risquez de la polluer (de même qu'une fosse septique vieillissante). Inversement, si la nappe est très profonde, ce système peut rendre de grands services, car il laisse dans les sols de grosses masses spongieuses de matériau composté que les plantes peuvent utiliser sans que vous ayez à manipuler le fumier humain.

La culture dominante est un autre facteur de choix. Par exemple, dans certaines régions du monde on utilise du papier toilette, ailleurs on se lave avec de l'eau, ce qui affectera votre choix. De même, la culture dans un immeuble de bureaux est radicalement différente de celle d'une ferme familiale ou d'un camping. Trimbaler des seaux de sciure et des brouettes de fumier humain est acceptable dans un lieu et pas dans l'autre. Pensez toujours aux utilisateurs et à leur ouverture d'esprit. Pensez aussi à l'éducation dont un nouvel utilisateur va avoir besoin pour éviter de faire des gaffes (personne n'a envie de sortir une crotte d'un séparateur d'urine). Comme pour toutes les techniques de permaculture, le contexte est crucial. En choisissant le bon système pour le bon contexte, vous réduirez les gaspillages et l'expérience sera positive pour tout le monde.

Les options que nous trouvons bonnes pour gérer le fumier humain sont les toilettes sèches, les bassins de phytoépuration et les biodigesteurs.

Les toilettes sèches

Les solutions excluant l'eau contribuent aux économies d'eau. Dans des toilettes sèches, chaque fois que vous faites vos besoins, vous jetez dans le trou un peu de matière carbonée, comme de la sciure ou des copeaux de bois, afin de maintenir un bon rapport carbone-azote (C/N) et d'éviter odeurs et mouches (comme un chat qui enfouit ses crottes dans la litière). Jeter quelques lombrics du fumier peut aussi aider, car les lombrics évitent le cœur chaud et se tiennent sur les bords du tas. Leurs déplacements dans le tas contribuent à un compostage plus homogène. Il est conseillé d'équiper ces toilettes d'un séparateur d'urine, qui dirige celle-ci dans un autre endroit pour qu'elle ne se mélange pas au compost, causant mauvaises odeurs (c'est l'urine qui sent vraiment mauvais).

On trouve divers modèles de toilettes sèches dans le commerce. Les toilettes sèches sont autorisées en France et ne nécessitent pas de permis de construire (voir l'arrêté du 7 septembre 2009 pour les prescriptions techniques).

Des toilettes sèches à deux compartiments de compostage sont un excellent choix. Les deux cuvettes sont situées au-dessus des deux compartiments en béton, en ferrociment ou en pierre.

Chaque compartiment est équipé d'un trou dans le plafond et d'une large porte d'accès au niveau du sol. Vous utilisez une seule des deux cuvettes jusqu'à ce que le compartiment soit rempli, puis vous changez de côté. Quand le second compartiment est plein, le premier devrait être en grande partie composté. Il est temps de vider le compost en le retournant et de le déposer dans l'endroit choisi, à l'abri des animaux et de la pluie, où il finira sa maturation. Vous pouvez créer des toilettes à trois ou quatre compartiments pour un plus grand nombre de personnes.

Un conduit de ventilation peut évacuer les vapeurs au-dessus du niveau où les gens se tiennent. Une gaine métallique prolongeant le trou de la cuvette plus bas que le conduit de ventilation empêchera les vapeurs de remonter par la cuvette. Si c'est bien fait, la personne assise sur la cuvette sentira le courant d'air descendant par le trou. Puis l'air est évacué par convection par le conduit de ventilation, épargnant toute mauvaise odeur à l'utilisateur.

Un dispositif plus simple est un seau de 20 litres équipé d'une lunette de WC. Vous faites vos besoins dans le seau en ajoutant chaque fois du matériau carboné, puis vous le videz quand il est plein dans la zone de compostage réservée au fumier humain. Cette solution évite des travaux de construction, mais elle exige plus de travail pour gérer les déchets.

Que faire ensuite du compost obtenu ? Il est essentiel de vous renseigner sur la température et la durée à atteindre dans votre climat et dans votre contexte, afin que le compostage à chaud dure assez longtemps pour tuer les germes pathogènes. Il est parfois utile de chauffer le compost sous une vitre exposée au soleil.

(à gauche) Ce cabanon dans une communauté du nord de la Californie démontre que le compostage du fumier humain peut être coloré et gai, sans rien de dégoûtant.

(centre) Au jardin partagé de Picardo P-Patch à Seattle, ce Picaloo permet aux jardiniers de se soulager.

(à droite) Ces belles toilettes à deux compartiments de compostage ont été construites à partir de matériaux trouvés sur place par Chris Shank, du Projet Bona Fide à Isla Omotepa, au Nicaragua.

Dans le cas où un agent pathogène survive, n'utilisez pas ce compost en contact direct avec vos cultures alimentaires (par ex. légumes racines, laitues, asperges). Le fumier humain est excellent pour pailler la base des arbres, les ornementales et autres plantes non comestibles.

Les solutions utilisant de l'eau

Parfois, un dispositif utilisant de l'eau est plus adapté que des toilettes sèches. L'effluent provenant des toilettes est appelé eaux noires. Bien que ces techniques aient toutes l'inconvénient de consommer de l'eau, le gaspillage peut être énormément réduit en trouvant le moyen de tirer parti des eaux noires.

Les systèmes d'épuration par lagunage permettent de gérer les eaux noires en utilisant cette ressource biologique. Un ingénieur vous aidera à créer le vôtre. En résumé, quand vous tirez la chasse, l'effluent aboutit dans une série de bassins superficiels. Comme dans une fosse septique, les eaux noires traversent ces bassins où des bactéries décomposent la matière organique. Vous pouvez aussi planter les bassins avec des plantes non ligneuses de lieux humides ou de prairie, qui absorberont ces nutriments. L'eau en sortie d'un lagunage bien conçu est généralement plus propre que celle qui sort d'une station d'épuration urbaine. L'eau doit être régulièrement analysée, mais vous pouvez l'utiliser pour l'irrigation. Ces systèmes peuvent coûter assez cher, mais un seul lagunage peut desservir plusieurs foyers et le coût peut être partagé entre voisins.

On peut également opter pour un biodigesteur ou digesteur à biogaz, un dispositif qui reçoit les effluents de vos toilettes à eau et le digère en conditions anaérobiques dans une grande citerne, produisant du méthane. Capturé, celui-ci sert de combustible. Les résidus de la digestion, ou digestat, constituent un engrais excellent et dépourvu d'agents pathogènes. La digestion anaérobique peut aussi servir à traiter les fumiers animaux, les déchets organiques et le fumier humain. Au Canada, la ville de Lloydminster possède un réseau municipal de collecte des déchets, qui sont convertis en électricité, en engrais et autres par biodigestion (ou méthanisation).

Quelle que soit l'option que vous choisissez, il faut savoir que la plupart des produits de nettoyage ménager contient des substances toxiques comme le chlore, qui tue les micro-organismes chargés de décomposer les déchets. Nettoyez vos toilettes avec des alternatives non toxiques telles que l'eau oxygénée, le vinaigre ou le bicarbonate de soude.

Recycler l'urine

L'urine est un déchet humain digne d'intérêt. À moins d'être malade, l'urine quitte généralement le corps sans germes pathogènes. Mélanger l'urine au fumier humain ou aux eaux noires est un gaspillage d'une substance précieuse. L'urine est riche en azote, et la forme sous laquelle il se trouve le rend facilement absorbable par les plantes. En d'autres termes, votre urine est l'un des meilleurs engrais azotés qui soient ! D'après une étude de l'université de Kuopio, en Finlande, l'urine d'une seule personne produit de quoi faire pousser plus de 150 choux par an. Dans une logique de permaculture, traitez séparément l'urine et les excréments.

Les risques sanitaires liés à l'utilisation d'urine au jardin sont minimes. Si vous êtes malade ou si vous vivez en climat tropical, renseignez-vous. Sinon, les salmonelles sont le principal risque, mais elles meurent généralement peu de temps après l'excrétion. Pour écarter tout risque de salmonellose, attendez quelques jours après la dernière application pour utiliser les plantes concernées. Vous pouvez aussi laisser fermenter votre urine pendant 6 mois. Cela va sentir mauvais, c'est donc un compromis, par exemple si vous récupérez l'urine d'autres personnes.

Une fois que votre urine est prête, vous pouvez :

- la diluer et l'appliquer directement au jardin dans des secteurs bien drainants. Diluez une part d'urine dans huit parts d'eau froide. Si vous épandez chaque jour de l'urine fraîche, répartissez-la bien pour éviter qu'une zone soit surchargée en sels et pour éviter les odeurs
- la répandre sur un tas de compost afin d'accélérer le processus de compostage. Votre tas doit être riche en matière carbonée pour compenser cet apport d'azote
- l'introduire dans votre réseau d'eaux grises pour l'irrigation.

LES EAUX GRISES

L'expression d'eaux grises concerne les eaux usées ne contenant pas de déchets humains et provenant des éviers, des lavabos, du lave-linge, du lave-vaisselle et de la douche. Là où les économies d'eau sont une priorité importante, les eaux grises peuvent servir à irriguer les cultures, diminuant la consommation d'eau propre. C'est l'usage prioritaire suivant après avoir lavé vos légumes ou votre linge.

Tout système utilisant les eaux grises doit respecter deux règles cardinales :

Pas d'eaux grises stagnantes. Bien qu'on puisse répandre les eaux grises à la surface du sol, elles ne doivent pas y rester. Si votre réseau inclut des mares, des aqueducs ou des étangs, revoyez vos plans, sinon l'eau se contamine et toutes sortes d'animaux peuvent vous contaminer après être entrées en contact avec elle.

Pas de stockage. Les eaux grises stockées dans une citerne avant utilisation vont s'infecter. Elles sentiront mauvais et risquent de contenir des agents pathogènes dangereux. Les eaux grises ne doivent pas être stockées plus de 24 heures. Au-delà de cette durée, traitez-les comme des eaux noires.

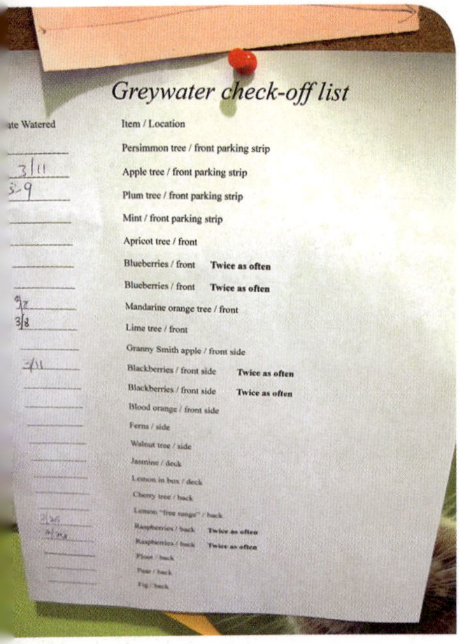

Les membres d'une coopérative d'habitat de Berkeley, en Californie, arrosent certaines plantes directement avec des eaux grises. Cette fiche sert à noter les plantes qui ont été arrosées.

RÉSEAU D'EAUX GRISES ARBORESCENT

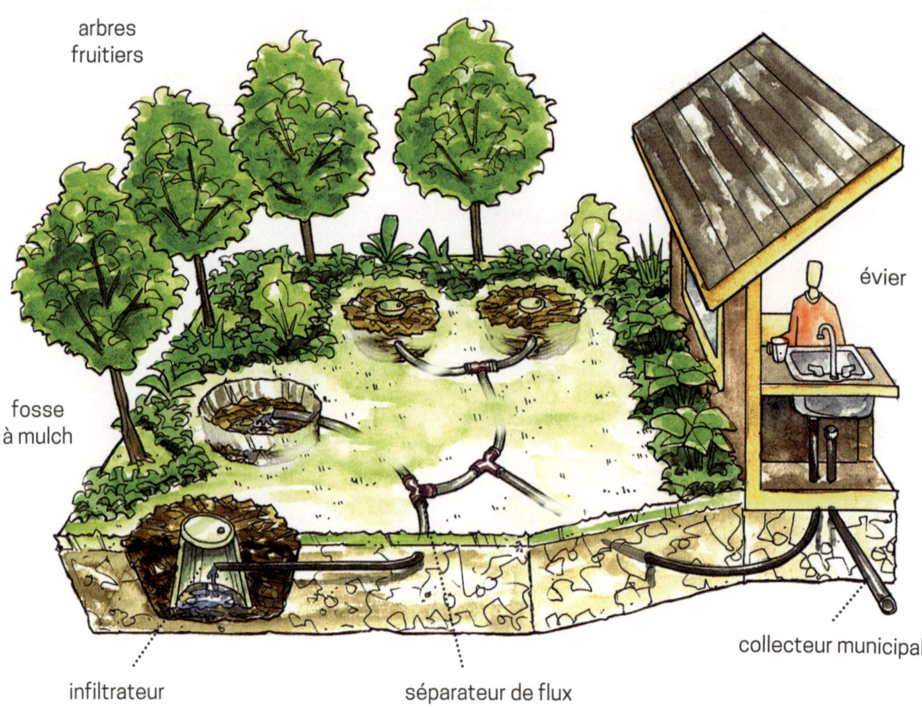

Abstenez-vous d'utiliser des produits ménagers contenant des substances toxiques qui finiront dans vos eaux usées.

Deux systèmes efficaces d'utilisation des eaux usées sont la bassine vidée et le réseau souterrain arborescent (ramifié).

La bassine vidée est aussi simple que ça en a l'air. Vous lavez votre vaisselle dans une bassine et vous versez l'eau au pied d'un arbre fruitier. Vous pouvez aussi débrancher le siphon de votre baignoire et collecter l'eau dans un seau que vous videz chaque jour. (Bouchez le tuyau de raccordement à l'égout pour empêcher les gaz et les odeurs de remonter). Si votre sol est drainant, l'eau versée à la surface percolera en quelques minutes. Le grand avantage de ce système est qu'il coûte moins de 5 € à mettre en place.

Un réseau arborescent débouchant dans des fosses à mulch est la limousine des systèmes d'eaux grises. Art Ludwig d'Oasis Design, le gourou des eaux grises, produit une pièce de plomberie appelée séparateur de flux qui ressemble à un raccord en T. Placé bien à plat, le séparateur reçoit l'effluent et le divise en deux. Avec trois séparateurs, vous obtenez quatre conduites sortantes transportant chacun un quart de l'effluent.

Chaque conduite aboutit à une fosse creusée dans le sol, dans un lieu bien drainant et à bonne distance de la nappe phréatique, avec à proximité des vivaces que vous souhaitez irriguer.

Chaque fosse doit mesurer environ 40 cm de profondeur (sa taille réelle dépendra de la vitesse de percolation et du volume d'eaux grises à traiter) et être remplie de mulch, par exemple du broyat de bois, qui ne flotte pas trop. Chaque fosse devrait recevoir le quart des eaux grises. Celles-ci pénétreront rapidement sous le paillage, dans le respect de notre première règle cardinale. Les eaux grises sont épurées par l'action bactérienne dans la fosse. L'eau et les nutriments profiteront aux plantes voisines.

Si la réglementation l'exige, vous pouvez installer un dispositif d'infiltration entre les conduits et les fosses, mais il est plus simple que l'eau se répande brièvement au dehors avant de percoler dans la fosse. De temps à autre, il faudra retirer le mulch et le remplacer quand il commencera à se décomposer. Utilisez-le pour pailler les arbres voisins.

En climat très froid, prévoyez des mesures pour les mois d'hiver. En première approche, vous pouvez installer une vanne qui vous permettra d'envoyer les eaux grises dans le réseau arborescent ou vers l'égout ou la fosse septique. Ainsi, vous pourrez rediriger l'eau en hiver ou pendant que vous travaillez sur le système.

(à gauche) Ce petit lit de roseaux sert à épurer des eaux grises à Portland, dans l'Oregon (États-Unis). Comme un lagunage, ces plantes et le milieu filtrent et épurent l'eau avant d'irriguer les plantes.

(à droite) Ces bassins d'écoulement à l'Institut Solar Living de Hopland, en Californie, aèrent l'eau et mettent en valeur sa beauté avant son utilisation pour irriguer le terrain.

LES DÉCHETS DE LA CUISINE ET DU JARDIN

Le chapitre sur la fertilité du sol a déjà exposé de nombreuses façons de recycler les déchets de cuisine et de jardin. Ici, nous n'évoquerons qu'un moyen éprouvé de réutiliser des déchets de la taille et de l'arrachage des plantes. Une butte de culture consiste à empiler des matériaux organiques grossiers et à couvrir ce tas avec de la terre de jardin afin de créer une planche de culture de taille variable.

Pour créer une butte de culture, faites des piles superposées de matériaux organiques de diamètres variés, en commençant par les plus gros comme les troncs et les branchages, et en terminant par les matériaux les plus fins, par exemple fumier, compost ou autre. Puis recouvrez le tas avec de la terre de jardin. Vous pouvez planter directement dans cette terre et pailler avec des copeaux de bois ou de la paille. En grandissant, les plantes font remonter l'eau et les nutriments depuis les couches de matériaux organiques en train de se décomposer lentement.

(en haut à gauche) Butte de culture en cours de réalisation au Centre de Formation et de Réception de Lost Valley dans l'Oregon, aux États-Unis.

(en haut à droite) Du côté nord de la serre de Jessi, les tas de compost contiennent des serpentins qui conduisent la chaleur produite par la décomposition à l'intérieur de la serre, où elle profite aux plantes.

(ci-contre) Dans sa maison de Monroe, dans l'état de Washington (États-Unis), Angela Davis réutilise les vieilles fenêtres pour construire des serres.

LA CHALEUR

La chaleur est un déchet souvent négligé. La plupart des processus biologiques produisent de la chaleur. Tout processus impliquant une combustion produit de la chaleur. Le soleil aussi. Si vous vivez dans une région froide, il est important de chercher des moyens de récupérer la chaleur qui s'échappe de vos systèmes.

La chaleur produite par les animaux et les tas de compost peut être récupérée dans les serres, les couches chaudes et même en plaçant les parties habitées au-dessus des étables et bergeries (rappelez-vous que la chaleur monte). À moins de se doucher à l'eau froide, les effluents de votre douche emportent de la chaleur avec eux. Un échangeur de chaleur au niveau de la conduite d'évacuation peut récupérer une partie de la chaleur pour la restituer à votre ballon d'eau chaude. Soyez créatif et considérez la chaleur comme une ressource.

LA RÉCUPÉRATION

Nous pouvons aussi tirer parti des fuites dans les systèmes des autres. Dans les pays développés en particulier, il est facile de trouver dans le flot énorme de déchets de quoi stimuler la fertilité et la fonctionnalité de votre système. Avant d'acheter des produits neufs, essayez d'abord de récupérer quelque chose qui existe déjà. Par exemple en échangeant une cagette de pommes contre des copeaux de bois chez un arboriculteur local, ou en récupérant les tontes de pelouses d'un voisin qui n'utilise pas de produits chimiques pour pailler vos cultures.

Nous tenons à utiliser cette ressource, mais nous ne devons pas en devenir dépendants. Si la permaculture connaît un large développement (ce que nous croyons), beaucoup de ces « déchets-ressources » risquent de devenir convoités. Il y aura peut-être de la concurrence pour le seau de 20 litres de marc de café que vous allez chercher chaque semaine au café du coin.

Imaginez le jour où le flot de déchets sera fortement diminué parce que leur production aura cessé d'être rentable ou possible. Et n'oubliez pas non plus l'éthique de la transition : profitez de ces déchets comme moyen d'atteindre une plus grande résilience, mais ne devenez pas dépendant d'eux pour votre vie quotidienne. Il ne s'agit pas de dépendre de sources extérieures pour la fertilité de votre sol, mais de s'en servir pour générer la fertilité intrinsèque de votre sol. Il en va de même pour l'énergie, l'eau, la nourriture et l'habitat.

Au Japon, dans la ville de Marugame, la famille Akiyama utilise des baguettes provenant de restaurants à udons pour allumer le feu dans leur cuisinière à bois.

L'énergie

Minimiser le travail à effectuer soi-même

Au centre de permaculture de Bullock, ces panneaux photovoltaïques produisent l'électricité qui fait fonctionner une pompe à eau.

L'énergie se réfère à la capacité à effectuer un travail. Nos systèmes de permaculture représentent beaucoup de travail. Si nous les concevons en nous inspirant de la nature, nous pouvons créer des systèmes demandant un minimum d'apports extérieurs et fonctionnant avec une grande efficacité. Notre but en toutes choses est de concevoir des systèmes qui produisent et recyclent l'énergie, dans l'idéal en minimisant le travail à effectuer de nos propres mains. Imaginez par exemple que vous n'ayez pas besoin de fertiliser votre verger parce que des moutons s'en chargent tout en le nettoyant des fruits tombés.

De nos jours, pour la plupart d'entre nous, le mot énergie se traduit automatiquement par électricité, ce qui signifie en fait combustibles non renouvelables (nucléaire et fossiles). Mais en permaculture, l'énergie signifie beaucoup plus que cela.

L'électricité n'est qu'une des formes que l'énergie peut prendre ; elle peut aussi prendre la forme de chaleur, de lumière, d'action chimique ou mécanique.

Bien qu'une grande part de ce chapitre traite des systèmes électriques, nous commencerons par d'autres moyens de produire l'énergie, car ils sont souvent plus élégants et impliquent des technologies simples.

Pensez aux systèmes énergétiques dès l'élaboration du plan directeur. Commencez par évaluer votre situation et par faire des modifications mineures ; vous découvrirez comment réduire les impacts négatifs et vous aurez une idée plus précise de vos consommations et de vos installations.

L'ÉNERGIE NON ÉLECTRIQUE

Beaucoup de systèmes énergétiques les plus efficaces n'utilisent pas d'électricité. Toute forme d'électricité, y compris issue de sources renouvelables comme le soleil, a un coût en termes d'efficacité. La deuxième loi de la thermodynamique nous enseigne que chaque fois que l'énergie change de forme, une partie de l'énergie se dissipe sous forme de chaleur ou de lumière. Par exemple, si vous convertissez la lumière solaire en électricité *via* des capteurs photovoltaïques puis transformez l'électricité en eau chaude, l'efficacité du processus est inférieure à 15 % à cause des deux conversions. Utiliser directement la source d'énergie (par ex. en chauffant l'eau au soleil) est beaucoup plus efficace : en chauffant l'eau directement avec un capteur thermique, l'efficacité avoisine 75 %, c'est-à-dire qu'on n'a perdu que 25 % de l'énergie en route.

Sachant que l'électricité n'est pas le moyen le plus efficace d'utiliser l'énergie et que produire votre propre électricité demande pas mal de savoir-faire technologique, il vaut mieux commencer par des systèmes non électriques. Reconsidérons la notion de technologie appropriée selon cette perspective. Qu'est-ce qui rend une technologie appropriée ? La réponse sera différente suivant les technologies, le contexte et les personnes. Voici quelques questions clés :

* Comprenez-vous comment ça marche ?
* Pouvez-vous la réparer avec des matériaux locaux en cas de panne ?
* Quelqu'un autour de vous en est-il capable ?

Si la réponse est non, la technologie concernée n'est peut-être pas appropriée pour vous et votre situation.

Les moyens non électriques d'exploiter l'énergie peuvent être passifs (sans éléments mobiles) ou actifs (avec des éléments mobiles). Avant la révolution industrielle, tout fonctionnait sans

RESTER DANS LES LIMITES DE VOTRE BUDGET SOLAIRE

Le budget solaire de votre propriété est la quantité d'énergie qui la touche sous forme de lumière solaire (on parle de rayonnement solaire incident). En concevant nos systèmes énergétiques, nous voulons rester autant que possible dans les limites de ce budget. Ce qui signifie d'abandonner les énergies fossiles (rayonnement solaire passé), l'électricité du réseau (en grande partie d'origine non renouvelable) et les sources d'énergie extérieures comme le bois de chauffage (le budget solaire de quelqu'un d'autre). Vous n'y parviendrez peut-être pas au cours d'une vie, mais cela vaut la peine de tendre vers ce but.

La lumière solaire peut être convertie sous des formes utilisables par le biais de panneaux photovoltaïques (électricité solaire), de serres (pour chauffer) ou d'organismes biologiques (via la photosynthèse). Ces derniers sont le moyen le plus renouvelable de tous. Les systèmes biologiques ne comportent aucun composant non renouvelable tel que câbles de cuivre, panneaux en plastique ou cadres métalliques (dans ce contexte, non renouvelable signifie qu'ils ne se renouvellent pas dans le sous-sol après leur extraction). En connectant nos systèmes biologiques à nos systèmes énergétiques, nous pouvons vivre en restant dans les limites de notre budget solaire.

électricité, depuis la mouture de la farine jusqu'à l'éclairage. Ainsi, l'histoire se combine avec l'ingéniosité moderne pour mettre à nos dispositions un large éventail de systèmes passifs et actifs. Partout où il y a du mouvement dans la nature, il y a moyen de convertir ce mouvement en travail.

Les systèmes actifs

Les systèmes actifs consistent à transformer un mouvement naturel en un autre mouvement : roue à aubes, éolienne, bélier hydraulique, air comprimé et machines à pédales en font partie.

Roue à aubes. En transmettant la force de l'eau courante à un axe tournant, la roue à aubes permet d'effectuer beaucoup de travaux, par exemple de faire fonctionner des outils comme une scie à bande ou un tour de menuisier. Elle a longtemps été utilisée pour moudre la farine et pour pomper l'eau vers le haut.

Éolienne. À l'instar de la roue à aubes, une éolienne peut exploiter le mouvement de l'air dans les zones ventées. Traditionnellement utilisée pour moudre le grain, elle peut servir à pomper l'eau des puits, baratter le beurre et accomplir d'autres tâches.

Machines à pédales. La bicyclette est l'une des machines les plus efficaces jamais inventées. C'est un excellent moyen de récupérer l'énergie biologique pour effectuer des tâches d'échelle petite à moyenne. Il existe des plans et des modèles commerciaux de mixeurs, de moulin à farine, de pressoir à huile, de pompes à eaux et de machines à écaler actionnés par des pédales.

Bélier hydraulique. Si vous avez un cours d'eau sur votre propriété, vous pouvez en faire remonter une partie en hauteur grâce à des techniques de pompage mécanique. Un bélier hydraulique utilise l'énergie du cours d'eau pour faire remonter de petites quantités d'eau dans une conduite. Bien que la quantité d'eau propulsée à chaque coup de piston du bélier soit faible, ces pompes opèrent sans arrêt et peuvent faire circuler des quantités d'eau appréciables sans électricité.

Air comprimé. L'air comprimé n'est pas en soi une source d'énergie, mais c'est une façon de stocker l'énergie qui se passe d'électricité. Pensez au bruit que vous entendez chez le garagiste quand le mécanicien serre ou desserre les boulons de votre roue : il s'agit en général d'une clé pneumatique. Les outils de dentiste sont également pneumatiques, prouvant que ces outils peuvent faire du travail fin. On peut comprimer l'air par des techniques mécaniques non électriques. L'air comprimé peut faire fonctionner les outils dans un atelier et même des véhicules.

Ce vieux moulin à vent se trouve sur l'île de Shodoshima, au Japon. Ce genre d'installation a été utilisé pendant des siècles pour effectuer toutes sortes de travaux.

Les systèmes passifs

Les systèmes passifs sont dépourvus d'éléments mobiles, ce qui signifie moins de friction, de pertes et d'usure. Ils sont incroyablement résilients et risquent peu de tomber en panne pour des raisons mécaniques. Ils incluent séchoirs et chauffe-eau solaires.

Séchoirs solaires. Depuis des milliers d'années, on conserve les aliments par la fermentation, le stockage au froid, la salaison et, plus récemment, les conserves et la congélation. Déshydrater vos fruits, légumes et aromates est un autre moyen de les conserver. Dans les régions ensoleillées, un séchoir le fera sans dépasser votre budget solaire.

SÉCHOIR SOLAIRE

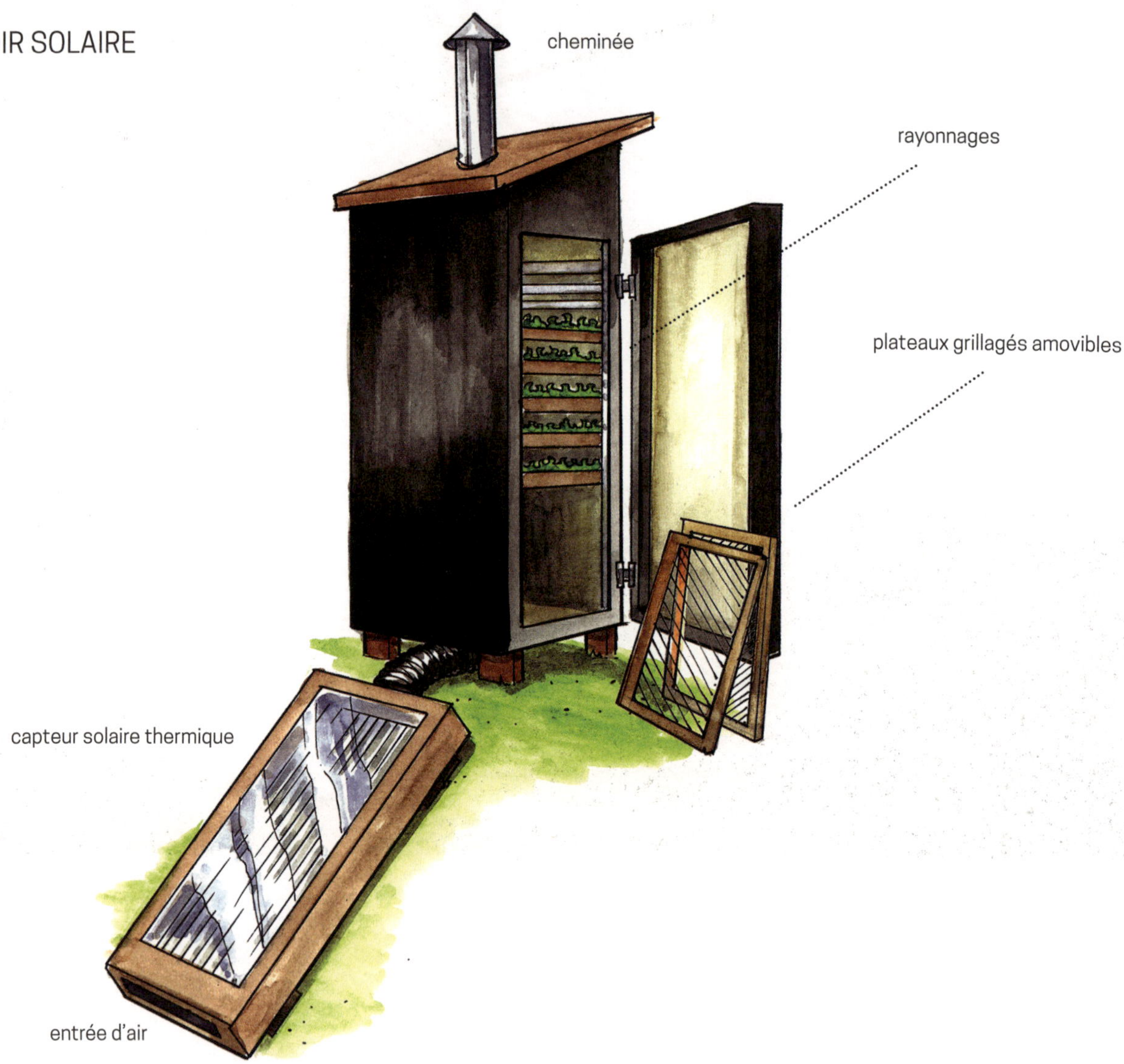

Voici comment construire votre séchoir solaire :

1. Trouvez un emplacement dans une pente bien orientée au soleil. Le capteur solaire devra être placé plus bas que le séchoir.

2. Démontez un vieux frigo en ne gardant que la coque vide. Si vous ne savez pas comment démonter le réfrigérant sans risque, faites-vous aider par une personne compétente. Les réfrigérants tels que le fréon sont des gaz à effet de serre qu'il est interdit de relâcher dans l'atmosphère.

3. Percez dans le fond un trou assez large pour accueillir la gaine provenant du capteur thermique.

4. Percez un trou dans le haut assez large pour fixer un tube de poêle (2 à 2,5 m de long) en soignant l'étanchéité de la liaison.

5. Peignez l'extérieur du frigo et le tuyau de cheminée en noir, qui sera surmonté d'un chapeau pour empêcher la pluie de tomber à l'intérieur.

6. Fabriquez un système de rayonnages à l'intérieur du frigo.

7. Fabriquez le capteur thermique avec un morceau de tôle de couverture peint en noire et monté à l'intérieur d'un cadre refermé par une vitre (plus le capteur est long, mieux c'est). La boîte doit être étanche à l'air, à l'exception des ouvertures du bas et du haut ; celle du bas laisse entrer l'air extérieur dans le panneau et celle du haut fait passer l'air réchauffé dans le frigo. Couvrez l'ouverture du bas d'un grillage métallique fin pour empêcher les petits animaux et les insectes d'entrer.

8. Raccordez le haut du capteur au fond du frigo à l'aide d'une gaine métallique souple ; le raccord doit être étanche à l'air.

Quand le soleil frappe le capteur, l'air à l'intérieur s'échauffe et s'élève, puis s'échappe par la cheminée, aspirant de l'air frais à l'intérieur du capteur. Tant que le soleil brille, de l'air chaud ne cessera de circuler à travers les plateaux grillagés où reposent vos récoltes. Suivant leur nature et l'ensoleillement, elles devraient être sèches au bout d'un à quatre jours.

Chauffe-eau solaire. Le chauffage solaire thermique est au point depuis de nombreuses années et séduit toujours plus de monde. Le chauffe-eau solaire est la technologie énergétique renouvelable qui offre le retour sur investissement le plus rapide. Vous pouvez construire le vôtre, mais la plupart des gens achètent des capteurs à tubes sous vide ou des capteurs vitrés préfabriqués. L'eau se réchauffe passivement à l'intérieur du capteur et la dirige vers votre ballon d'eau chaude. Même si votre région n'est pas très ensoleillée, le capteur peut au moins préchauffer l'eau et vous consommerez moins d'électricité, de gaz ou de fioul pour la faire monter à la température d'utilisation. En climat froid, versez de l'antigel dans le panneau et installez un échangeur de chaleur dans votre ballon d'eau chaude.

Cette douche solaire extérieure est un excellent moyen de se décrasser après une dure journée de travail au centre de formation et de réception de Lost Valley à Dexter, dans l'Oregon, États-Unis.

Pour réduire la consommation d'énergie au minimum, placez le capteur plus bas que le ballon d'eau chaude, afin que l'eau circule dans le système sans pompes, *via* un thermosiphon.

Un thermosiphon est un moyen passif de faire circuler un fluide par convection thermique. Un ballon d'eau chaude situé plus haut que le capteur solaire crée un thermosiphon, car l'eau qui se réchauffe passivement dans le capteur commence à s'élever, et l'eau qui refroidit dans le ballon se met à descendre, retournant au capteur solaire. Les circuits à thermosiphon sont intrinsèquement plus résilients que les pompes mécaniques, qui peuvent tomber en panne.

Les systèmes biologiques

Les systèmes biologiques fournissent des moyens variés d'exploiter l'énergie. Une machine à pédale utilise l'énergie humaine. Les autres sources de bioénergie sont les animaux et les plantes (biocombustibles).

Animaux. Quand on évoque la place des animaux en permaculture, nous pensons souvent à leurs produits matériels tels que la viande, la laine et le fumier. Mais beaucoup d'entre eux nous offrent aussi une source d'énergie. La traction animale peut être dévolue aux bœufs, aux buffles et aux chevaux. Depuis des millénaires, les hommes utilisent les chevaux, les chameaux et les bœufs pour se déplacer et transporter les marchandises. De plus, tous les animaux à sang chaud produisent de la chaleur que l'on peut mettre à profit pour chauffer des espaces. Même des animaux de compagnie comme le chien ou le chat travaillent depuis longtemps à notre service. La plupart des races de chiens n'existent que pour effectuer un travail précis comme rapporter le gibier ou trouver des truffes. Il y a sûrement des choses que vos animaux de compagnie peuvent faire pour vous.

Biocombustibles. À petite échelle, les biocombustibles ont leur place en permaculture. Par exemple, le bois que vous brûlez dans votre poêle est un biocombustible. C'est certainement mieux que de brûler des combustibles fossiles ou utiliser de l'électricité nucléaire. Mais nous devons prendre conscience que leur combustion dégage du dioxyde de carbone et contribue au réchauffement climatique. Choisissez si possible des poêles efficaces et peu polluants pour cuire vos aliments et chauffer les pièces habitées. La méthanisation en biodigesteur permet de convertir fumier et déchets organiques en méthane utilisable pour la cuisson.

PLANTES À BIOCOMBUSTIBLES

Acer saccharum
érable à sucre
zones 4-8
très bon bois de chauffage

***Alnus* spp.**
aulne
zones variables
bois de chauffage

Betula alleghaniensis
bouleau jaune
zones 4-7
bon bois de chauffage

Calliandra calothyrsus
calliandra
zones 10-11
excellent petit bois
pour la cuisson

Coccoloba uvifera
raisinier bord-de-mer
zones 10-11
bois de chauffage

Elaeis guineensis
palmier à huile africain
zone 13
huile culinaire et à biocarburant

Fraxinus americana
frêne blanc
zones 6-9
très bon bois de chauffage

Gliricidia sepium
gliricidia
zones 10-11
bois de chauffage

Helianthus tuberosus
topinambour
zones 7-9
sucre pour éthanol biocarburant

Jatropha curcas
jatropha
zone 9 et plus
huile ou biocarburant

Larix laricina
mélèze d'Amérique
zones 2-8
bon bois de chauffage

***Populus* spp.**
peuplier hybride
zones variables
bois de chauffage en cépées
pour poêles de masse

Ricinus communis
ricin
zones 11-13
huile pour biocarburant

Robinia pseudoacacia
robinier faux-acacia
zones 4-9
bois de chauffage

***Saccharum* spp.**
Canne à sucre
zones 10-13
sucre pour éthanol biocarburant

***Salix* spp.**
saule
zones variables
bois de chauffage en cépées
pour poêles de masse

POÊLE À BOIS MULTIFONCTIONS

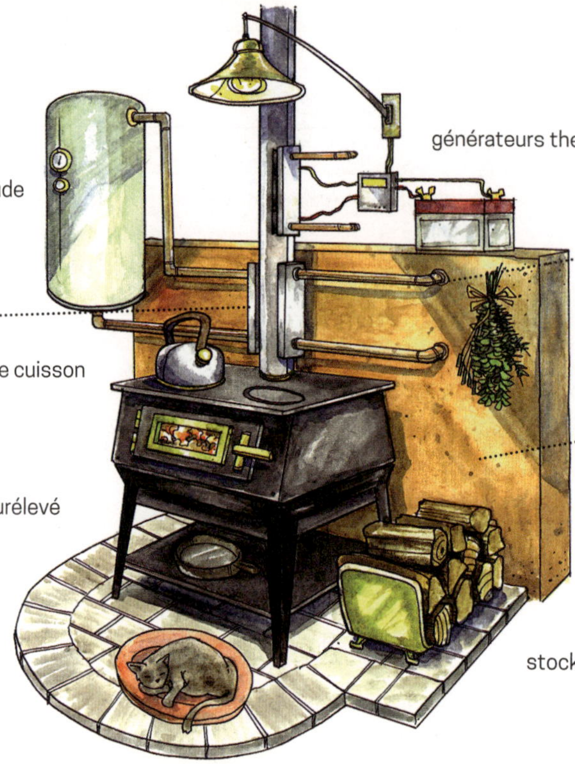

Beaucoup de gens chauffent leur maison avec un poêle à bois, mais celui-ci peut effectuer d'autres tâches. C'est un très bel exemple d'élément pouvant remplir plusieurs fonctions, et il justifie largement l'investissement.

Outre réchauffer l'air à l'intérieur de la maison, un poêle à bois peut chauffer l'eau et les aliments. Un plateau de cuisson posé dessus permet de garder l'eau et la nourriture chaudes. La vitre sur le devant projette un peu de lumière, contribuant à l'éclairement et au caractère douillet de la pièce.

Un petit bouilleur (ou échangeur) sur le côté du tuyau à fumée peut chauffer l'eau pour laver la vaisselle et prendre des douches. Le bouilleur doit être placé sur le tuyau de la cheminée plutôt que contre la chambre de combustion pour éviter une baisse d'efficacité de la combustion, qui entraînerait une pollution accrue. Si le bouilleur absorbe la chaleur-déchet, ce n'est plus un problème. Un poêle plus efficace peut aussi régler le problème. Si vous voulez fixer le bouilleur sur le poêle, approfondissez le sujet et pesez le pour et le contre.

Un autre petit bouilleur sur l'autre face du tuyau peut se raccorder à un serpentin courant dans le mur derrière le poêle. Quand le poêle est allumé, l'eau du serpentin se réchauffe et sa chaleur est stockée dans la masse thermique du mur, puis sera rayonnée dans la pièce quand le feu sera éteint.

Une série de panneaux thermoélectriques à l'arrière du poêle peut mettre à profit la différence de température pour produire de l'électricité. Plus la différence de température entre les deux faces du panneau est grande et plus ils produisent d'électricité. Une des faces de chaque panneau peut être en contact avec le tuyau à 250 °C et l'autre avec un bouilleur contenant de l'eau à 33-40 °C et raccordé à un vieux radiateur de voiture suspendu dehors ou dans une pièce froide que vous souhaitez chauffer. Quand le poêle fonctionne à plein, ces petits panneaux peuvent produire 50 watts d'électricité chacun, voire plus. Ils peuvent être reliés au réseau d'énergie renouvelable général de la maison.

En outre, des plantes oléagineuses et sucrières vivaces peuvent produire une partie de l'huile de table et du sucre que vous consommez. Si vous avez un très grand terrain, le palmier à huile africain, le noyer et le cocotier produisent des huiles de table dont on peut tirer du carburant pour les moteurs diesel préalablement convertis, faisant fonctionner véhicules, générateurs et certains outils. Les plantes sucrières comme la canne à sucre, la betterave sucrière et le sorgho fournissent aussi des produits comestibles. On peut aussi les faire fermenter pour produire de l'alcool utilisé comme boisson, teinture de plantes médicinales ou carburant dans les moteurs à essence modifiés.

L'ÉNERGIE ÉLECTRIQUE

Le monde moderne ne peut pas fonctionner sans électricité. L'écriture de ce livre a nécessité beaucoup d'électricité. Bien souvent, consommer de l'électricité signifie consommer des ressources non renouvelables (combustibles fossiles et nucléaire), voire produire des déchets radioactifs. Si nous n'économisons pas cette ressource précieuse et si nous oublions ses impacts, nous soutenons des systèmes qui nuisent à d'autres et à l'écosystème. L'éthique de la permaculture, fondée sur la redistribution des surplus et la maîtrise de nos consommations, exige que nous prenions en charge notre production et notre consommation d'électricité.

En permaculture, nous cherchons à produire et à consommer l'électricité avec discernement. De toutes les formes d'énergie mentionnées, l'électricité est la plus difficile à comprendre et celle qui implique le plus de technologie. Son avantage est que c'est la forme la plus dense d'énergie à laquelle nous ayons communément accès, avec une diversité d'usages sans égale. En d'autres termes, produire de l'électricité est complexe, mais il est très facile de la convertir en de nombreuses formes de travail.

La notion d'usage prioritaire suivant implique que si un travail peut être effectué directement par le soleil, le vent ou l'eau courante, commencez par cette solution avant de vouloir produire de l'électricité. Réservez l'électricité à ce qui ne peut pas fonctionner sans elle (ordinateurs, hi-fi et télévision). La chaleur est une des formes d'énergie les moins denses. Ses applications sont limitées, mais elle est facile à produire (vous en produisez en ce moment). Si vous envisagez de produire de la chaleur avec de l'électricité, trouvez plutôt un moyen plus efficace et moins gaspilleur de le faire.

Estimer et réduire votre consommation d'énergie

La première étape de la conception d'un système d'énergies renouvelables est de mesurer votre consommation et de la réduire au minimum. Vous vous apercevrez peut-être que vous pouvez vous contenter d'un système beaucoup plus petit qu'initialement prévu, avec à la clé des économies d'argent et de matériaux non renouvelables. Si votre habitation existe déjà, un diagnostic énergétique est un excellent point de départ. Vous pouvez le faire vous-même ou demander un audit plus complet à un consultant. Un diagnostic de performance énergétique est maintenant obligatoire en cas de vente ou de location. Il vous apprendra où sont les points faibles et comment y remédier. Il paraît logique de commencer par les mesures les plus simples et les moins coûteuses, comme changer vos ampoules et de calfeutrer vos fenêtres.

Un contrôleur de consommation est un appareil qui mesure la consommation électrique de vos appareils. Branchez votre chaîne hi-fi dans le contrôleur et faites varier le volume, vous constaterez comme la consommation fluctue. Vous verrez que certains de vos appareils continuent de consommer même quand ils sont éteints. C'est ce qu'on appelle les charges fantômes. Identifier ces charges et débrancher les appareils qui ne sont pas en service ou les brancher sur une prise avec interrupteur est un premier pas simple à réaliser.

ACTIONS POUR ÉCONOMISER L'ÉNERGIE

	Changer de comportement	Améliorer l'existant	Créer de nouveaux éléments
Chauffage et climatisation	Réglez le thermostat quelques degrés plus bas et portez un pull. Baignez-vous quand il fait trop chaud.	Améliorez l'isolation et le calfeutrage. Installez un thermostat programmable. Construisez une pergola ou une ombrière.	Installez un système de production électrique.
Éclairage	Éteignez les lumières dont vous n'avez pas besoin.	Installez des conduits de lumière pour l'éclairage passif. Utilisez des lampes de travail à faible voltage.	
Appareils électroniques et autres	Éteignez les appareils qui ne sont pas en service. Suspendez votre linge au lieu d'utiliser le sèche-linge quand le temps le permet.	Recherchez et éliminez les charges fantômes.	

Concevoir votre installation de production électrique

Utiliser les ressources disponibles et optimiser l'usage de l'énergie exploitée sont deux points cruciaux d'un système de production électrique bien conçu.

Commencez par recenser les ressources disponibles sur votre propriété. Y a-t-il un vent suffisant et constant ? Le terrain est-il bien orienté par rapport au soleil ? Y a-t-il un cours d'eau permanent exploitable pour produire de l'électricité hydraulique ? La disponibilité de ces ressources fluctue-t-elle au cours de l'année (le ruisseau s'assèche-t-il, le vent est-il saisonnier, l'hiver est-il couvert ?). Sachant qu'il existe des variations saisonnières presque partout, vous pouvez créer des systèmes hybrides pour augmenter leur résilience et répondre à vos besoins toute l'année. Par exemple, le solaire et l'éolien se combinent bien par endroits, car le vent y souffle surtout en hiver et prend la relève du soleil, et inversement.

(en haut à gauche) Cette éolienne dans la ferme de New Forest, dans le Wisconsin (États-Unis), fournit une partie de la consommation d'énergie du site.

(en haut à droite) Au gîte rural de Fertile Ground d'Olympia, dans l'état américain de Washington, le linge est séché à l'ancienne, sans consommer d'électricité.

(en bas à gauche) Ce chariot stéréo solaire, au centre de permaculture de Bullock, est un bel exemple de petite installation photovoltaïque simple. On peut charger ses outils dans le chariot, filer au jardin et planter ses légumes en écoutant du rock !

(en bas à droite) Ce compresseur d'air au centre de permaculture de Bullock sert à faire fonctionner les outils pneumatiques de l'atelier. Le compresseur fonctionne avec de l'électricité photovoltaïque une fois que les batteries au plomb sont pleines.

En plus de disposer de plusieurs sources d'énergie, vous devez concevoir l'installation en vue d'optimiser l'utilisation de l'énergie produite. En climat ensoleillé, des panneaux photovoltaïques autonomes finissent de recharger les batteries vers 10 heures du matin. L'énergie produite le reste de la journée est perdue, sauf si votre installation est conçue de manière à utiliser toute la production, par ordre de priorité. Par exemple, la première priorité est de mettre vos batteries à niveau. Puis vous pouvez remplir les bouteilles d'air comprimé de l'atelier, ensuite pomper de l'eau dans un réservoir ou dans une mare située plus haut sur votre terrain. S'il vous reste du courant, il peut servir à faire tourner un jet d'eau, un ventilateur ou autre appareil moins essentiel, moins prisonnier du temps mais néanmoins utile. Il existe des moyens plus sophistiqués de stocker l'énergie, tels que pile à combustible (hydrogène), volant d'inertie, compression d'amortisseurs, mais cela demande certaines compétences. Pensez à toutes les tâches à effectuer chez vous et chercher comment les exécuter avec votre surplus de courant.

Commencez par une installation modeste mais prévue pour évoluer. Beaucoup de gens démarrent avec une installation minimaliste, qui leur sert à acquérir de l'expérience avant de l'agrandir. S'ils endommagent leurs batteries, ils n'en perdent qu'une ou deux au lieu de huit ou douze. Si vous avez déjà une idée de votre installation définitive, concevez-la de manière à pouvoir la réaliser par étapes.

Pour certains composants, il est intéressant de voir grand dès le départ. Par exemple, un onduleur et un contrôleur de charge surdimensionnés au départ vous permettront d'ajouter peu à peu de nouveaux panneaux photovoltaïques sans devoir renouveler ces équipements à chaque fois. Votre montée en puissance peut aussi prévoir le remplacement ou la réutilisation ailleurs des vieux équipements. Réfléchissez à tout cela avant de vous lancer et faites appel un professionnel si besoin.

Relié au réseau ou indépendant ?

Une des décisions majeures à prendre est de savoir si vous souhaitez relier ou non votre installation au réseau électrique. L'avantage principal d'être relié est que vous n'aurez pas besoin de batteries, car c'est le réseau qui fait office de « stockage ». Les installations reliées ne se retrouvent jamais à court de courant, vous devrez simplement payer le surplus de courant que vous consommez. Il est également possible de revendre vos surplus de production au gestionnaire du réseau. Inversement, vous serez privé d'électricité en cas de panne du réseau, vraisemblablement quand vous en aurez le plus besoin, à moins de posséder quand même des batteries ou un générateur à essence.

Le principal inconvénient d'une installation autonome est la nécessité d'utiliser des batteries. Une batterie est fondamentalement un moyen de stocker l'électricité. Il en existe deux types avec leurs avantages et inconvénients respectifs. Les batteries au plomb à décharge profonde sont les plus courantes. Avec un usage soigneux, des batteries au plomb de bonne qualité peuvent durer entre 10 à 15 ans au moins.

Mais, souvent, les gens vident trop leurs batteries, raccourcissant significativement leur durée de vie. Bien qu'elles soient recyclables, les batteries au plomb sont le point faible de la soutenabilité de ces systèmes. Les batteries nickel-fer sont une option meilleure mais beaucoup plus chère. Elles durent trois à quatre fois plus longtemps et ne laissent pas derrière elles un métal lourd très toxique en fin de vie. Une installation autonome exige aussi plus d'entretien et une consommation plus responsable du courant produit.

Les composants de base d'une installation de production électrique domestique

Une installation de production électrique domestique possède généralement les composants suivants :

Capteur. Le capteur est le plus souvent un ensemble de panneaux photovoltaïques, une éolienne, un système picohydraulique et/ou un générateur. Il existe des technologies plus rares et/ou expérimentales telles que réacteurs à pyrolyse et turbines marémotrices, qu'il est intéressant d'étudier si vous aimez la mécanique et l'expérimentation.

Batteries. C'est là que l'électricité produite est stockée.

Contrôleur de charge. Cette pièce essentielle est le cerveau de l'installation. Elle lui dit où envoyer l'électricité entrante. Elle maintient les batteries chargées et prévient les surcharges qui risqueraient de les endommager ou de poser des problèmes de sécurité.

Onduleur. L'électricité produite par votre installation (quelle que soit sa nature) sera fournie en courant continu ou CC. Mais la plupart de nos appareils fonctionnent avec du courant alternatif ou CA. À moins de n'acheter que des appareils et équipements CC, vous aurez besoin d'un onduleur pour produire du CA. Renseignez-vous, analysez vos besoins et choisissez un type de courant ou les deux. Vous devez aussi connaître vos appareils. Certains, comme les imprimantes laser et certains équipements stéréo sensibles, ont des besoins particuliers. Sachez que beaucoup d'appareils électroniques, comme les ordinateurs portables, fonctionnent mieux avec du courant continu ou avec un adaptateur CC qu'avec du courant alternatif et leur adaptateur CA.

Fusibles, disjoncteurs et interrupteurs. En cas de problème, vous devez pouvoir couper le courant entrant. Fusibles et disjoncteurs fonctionnent automatiquement, un interrupteur d'urgence est actionné manuellement. Ils peuvent être situés en divers points de l'installation avec des rôles protecteurs différents.

Appareils CA ou CC. Il s'agit des appareils et équipements qui consomment du courant alternatif ou continu.

COMPARAISON ENTRE COURANT ALTERNATIF ET COURANT CONTINU

Courant Alternatif (CA)	**Courant continu (CC)**
Mieux adapté aux grandes longueurs de câble (> 30 m)	Mieux adapté aux courtes longueurs de câble (< 30 m)
Généralement 120 ou 240 volts = risque d'électrocution plus élevé	Habituellement 48 volts ou moins = risque d'électrocution minimal
Fonctionne avec la plupart des appareils courants	Ne fonctionne qu'avec des appareils CC, plus difficiles à trouver et/ou plus chers
Nécessite un onduleur = dépense	Ne nécessite pas d'onduleur = économies d'argent et d'énergie
Normes généralement faciles à respecter	Normes difficiles à respecter pour une grande installation
Beaucoup d'appareils inefficaces et gaspilleurs	Beaucoup d'appareils très efficaces
Risque potentiel pour la santé en cas d'exposition à long terme	Pas de risque connu pour la santé

INSTALLATION ÉLECTRIQUE DOMESTIQUE

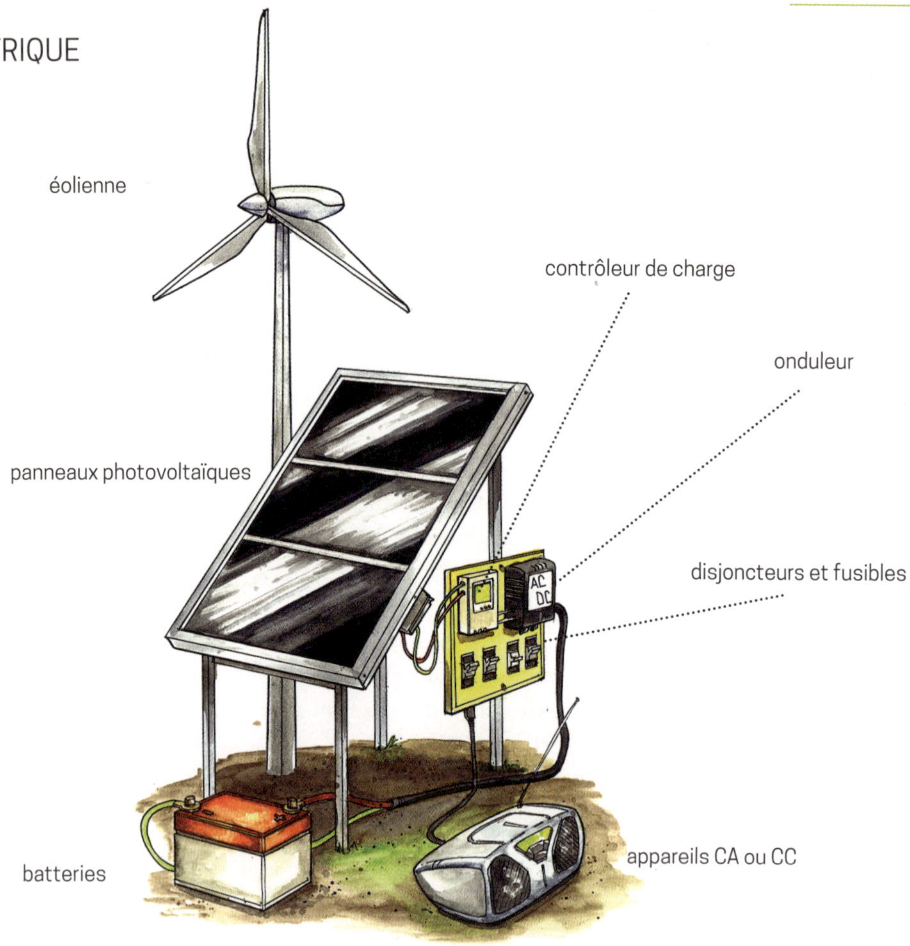

Rappelez-vous que concevoir sa propre installation énergétique est un processus qui va du général jusqu'aux petits détails, comme tout le reste. Si vous avez pris les bonnes décisions au départ, les détails se mettront en place assez facilement.

Des panneaux photovoltaïques peuvent servir à autre chose qu'à produire de l'électricité. Ceux-ci couvrent des places de parking et servent de vitrine aux énergies renouvelables à la coopérative Alternative Natural Foods dans l'Oregon, États-Unis.

L'habitat

Construire des bâtiments fonctionnels et efficaces

La conception des bâtiments et leur intégration dans notre système de permaculture exige une réflexion soigneuse. Les bâtiments étant très consommateurs d'énergie et de matériaux, ils offrent des opportunités incroyables pour économiser l'énergie ainsi qu'en termes de multifonctionnalité. Dans tous les cas, vos constructions doivent être adaptées à votre contexte. Étudier comment les peuples traditionnels construisent (ou construisaient) leurs maisons est un très bon point de départ. Identifier les matériaux, les sources d'énergie locaux et les paramètres climatiques de votre région sont un préalable indispensable à la conception de maisons à haute performance écologique, saines et agréables à vivre.

L'IMPORTANCE DE L'ADAPTATION AU CLIMAT

Avant la révolution industrielle, un bâtiment devait être situé et construit en fonction du climat pour être habitable. Autrement dit, ceux qui construisaient des bâtiments adaptés au climat avaient plus de chances de survivre et de transmettre leur savoir-faire. On construisait donc des maisons qui restaient fraîches dans les déserts chauds, qui avaient une circulation d'air dans les régions tropicales humides ou qui restaient (un peu) chaudes en climat froid.

Avec la révolution industrielle, des quantités considérables d'énergie sont devenues disponibles sous la forme de combustibles fossiles. Des bâtiments inefficaces pouvaient néanmoins être habitables en noyant le problème sous des quantités massives de ressources, telles bois, charbons et pétrole. Nous en sommes toujours là aujourd'hui. Nous construisons des bâtiments qui répondent à nos souhaits esthétiques, sans considération pour le climat, l'aspect et l'orientation du site ou les matériaux locaux. Pour être habitables, nos maisons nécessitent des systèmes de chauffage ou de climatisation reposant sur les énergies fossiles ou nucléaires. Sans ces apports, beaucoup de ces constructions seraient très inconfortables au moins une partie de l'année, voire inhabitables pour cause de chaleur, de froid ou d'humidité excessifs.

Nous avons beaucoup à apprendre de l'architecture vernaculaire, une façon de concevoir les bâtiments basés sur les techniques traditionnelles et les ressources locales. Les traditions architecturales des peuples traditionnels sont issues d'une époque où les gens avaient peu d'énergie à leur disposition et ne pouvaient pas la gaspiller par des mauvais choix. Leurs techniques et leurs choix de matériaux, élaborés avec le temps, reflètent leurs contextes environnementaux et culturels et représentent le *nec plus ultra* en matière d'adaptation au climat. Elles consistaient à vivre dans les limites du budget solaire et à utiliser les ressources locales. C'est exactement ce que nous cherchons à faire en permaculture.

La question qui se pose à nous est celle-ci : Comment concevoir des bâtiments plus efficaces en termes de consommation de ressources (initiale et en fonctionnement) et répondant au but recherché ? Nous allons examiner trois aspects fondamentaux : situation et conception d'ensemble, matériaux et chauffage, rafraîchissement et « températion ».

Nichée dans une pente, cette maison profite pleinement de l'énergie solaire grâce à sa situation et à son orientation.

(en haut à gauche) Cette salle de yoga à Inanltah, au Nicaragua, a un sol en terre battue, une ossature en bois rond et un toit de chaume, des matériaux locaux. Un bâtiment reflétant le paysage donne à ses occupants un sentiment d'enracinement et de connexion naturelle au lieu.

(en haut à droite) L'architecture balinaise est faite de petites cases séparées et reliées par des allées couvertes, permettant aux gens de se déplacer sous la pluie sans se mouiller et générant une bonne circulation d'air.

SITUATION ET CONCEPTION D'ENSEMBLE

Commencez par évaluer soigneusement les forces naturelles à l'œuvre sur le site. Les perspectives visuelles comptent, mais il faut parvenir à profiter des beaux panoramas (ou fermer les vues déplaisantes) sans compromettre la performance de la maison. Il faut donc prendre en compte prioritairement les facteurs tels que le soleil, le vent et le risque d'incendie. Une belle vue ne vous sera d'aucun secours si votre maison brûle, si la chaleur y est insupportable ou si vous consommez beaucoup de fioul pour la chauffer.

C'est le moment d'utiliser le principe de positionnement relatif. Quels liens votre bâtiment a-t-il avec les autres constructions de votre terrain ? Avec les infrastructures, les sources d'eau et la topographie ? Son emplacement vous permet-il ou non de créer un réseau d'eau gravitaire ? Les accès sont-ils aisés ? Un bâtiment est un élément très permanent : testez plusieurs options avant de choisir un emplacement. Un mauvais emplacement peut entraîner des erreurs de type 1 susceptibles d'affecter un projet pour longtemps.

Soleil et construction solaire passive

Le soleil est un des principaux facteurs à prendre en compte. Il peut chauffer votre maison à la saison froide ou la surchauffer insupportablement en été. Votre climat et la topographie de votre site sont des facteurs déterminants. Dans l'hémisphère Nord tempéré, les pentes orientées au sud sont des lieux excellents, car idéalement frappées par le soleil, et inversement dans l'hémisphère Sud. En climat équatorial, on cherche plutôt à éviter le soleil. À l'équateur, le nord et le sud ont moins d'importance que l'ouest et l'est, car la course du soleil varie peu au cours de l'année. Cependant, le soleil de l'après-midi est bien plus chaud que celui du matin.

Dans la maison de Jude Hobbs à Cottage Grove, dans l'Oregon (États-Unis), les espaces intérieurs ont tous vue sur un superbe paysage productif.

MAISON SOLAIRE PASSIVE

La relation au soleil dépend aussi du type de bâtiment concerné. Une maison ou un bureau peuvent avoir besoin de soleil pour rester agréables et économiser du chauffage, tandis qu'un cellier à fruits a besoin d'un emplacement frais abrité du soleil.

La conception solaire passive consiste à inclure certains éléments dans une structure formant un système avec le soleil afin d'augmenter l'efficacité du bâtiment de manière passive (sans éléments mobiles). Comme toujours en permaculture, il est crucial de prévoir plusieurs éléments s'équilibrant entre eux. Par exemple, si beaucoup de soleil pénètre dans une pièce sans masse thermique pour l'absorber, elle peut se réchauffer désagréablement quand le soleil brille, même en hiver.

Orientation. L'orientation est la base d'une maison solaire passive efficace. En général, le côté le plus long du bâtiment doit faire face au soleil (façade sud dans l'hémisphère Nord et façade nord dans l'hémisphère Sud). Vous pouvez aussi placer les fenêtres sur la face ensoleillée pour profiter pleinement du soleil. Réduire les ouvertures dans la face la moins ensoleillée diminue les pertes de chaleur, de même qu'une isolation renforcée de ce côté. Des fenêtres à claire-voie laissent pénétrer la lumière par le haut, réduisant le besoin en éclairage actif. Si ces fenêtres sont ouvrantes, l'air chaud pourra s'évacuer en été.

Avancées de toiture, pergolas et arbres d'ombrage. Des avancées de toiture correctement dimensionnées sur la façade ensoleillée de la maison laissent entrer le soleil d'hiver, bas sur l'horizon, et réchauffent l'intérieur ; en été, elles barrent le soleil haut dans le ciel, empêchant la surchauffe. Des pergolas appuyées contre la façade ensoleillée renforceront cet effet. Couvertes de plantes grimpantes à feuilles caduques comme la vigne ou le kiwi, elles produiront de l'ombre en été et au début de l'automne, et laisseront passer le soleil en hiver et au début du printemps. Des arbres d'ombrage ont le même effet à condition de choisir des essences produisant une mi-ombre légère plutôt qu'une ombre épaisse et sombre.

Sols en maçonnerie et masses thermiques. En hiver, un plancher en maçonnerie de couleur foncée complète bien une fenêtre orientée au sud. Quand le soleil pénètre par la fenêtre, le sol foncé absorbe la chaleur et la restitue après le coucher du soleil. Des masses thermiques intérieures telles que murs trombe, bancs en torchis et demi-murs en maçonnerie absorbent aussi cette chaleur. Toutes ces techniques diminuent le besoin en chaleur active.

Choix de couleurs. Les couleurs foncées absorbent la chaleur et les couleurs claires la réfléchissent. Une couleur claire sur les murs extérieurs orientés au sud contribue au rafraîchissement en été. À l'intérieur, des murs clairs contribuent à créer des pièces plus lumineuses, car la lumière ambiante se réfléchit sur ces surfaces. En réduisant votre besoin en éclairage actif, vous économisez l'énergie.

Conduites solaires. En réduisant les fenêtres sur la face à l'ombre, vous réduisez les pertes de chaleur, mais aussi l'entrée de lumière naturelle. Vous pouvez résoudre ce problème par l'installation de conduites solaires, qui conduisent la lumière à travers le toit vers les pièces sombres et diminuent le besoin en éclairage actif.

Ensemble, ces techniques et bien d'autres peuvent augmenter l'efficacité des bâtiments au point que, sous certains climats, aucun système de chauffage ou de climatisation actif n'est nécessaire. Et si de tels systèmes restent nécessaires sous votre climat, vous en serez beaucoup moins dépendant. Cerise sur le gâteau, ces maisons sont souvent agréables. L'abondance de lumière et des conditions confortables ont un impact positif sur le psychisme.

Vent et brise-vent

Comme le soleil, le vent peut avoir des impacts positifs ou négatifs sur vos bâtiments, suivant le contexte. En climat tempéré froid, dans une plaine ouverte à tous vents, le vent peut augmenter considérablement la consommation d'énergie. Inversement, dans une plaine tropicale humide et sans vent, le moindre mouvement d'air est recherché pour abaisser la température et éviter les moisissures.

Dans une zone balayée par les vents, une haie brise-vent peut diminuer beaucoup d'effets négatifs. Non seulement elle diminuera les coûts de chauffage, mais elle

- rendra plus agréable de séjourner dehors
- protégera les cultures des dégâts du vent
- créera un habitat pour la faune sauvage
- interceptera la dérive aérienne des pesticides et les nuages de poussière
- empêchera les plantes de se dessécher
- préviendra la perte de poids chez les animaux domestiques.

Dans les climats froids, les haies brise-vent ont aussi l'avantage de créer de grosses congères du côté opposé au vent. Au printemps, les congères fondent et l'eau s'infiltre lentement dans le sol. L'eau d'infiltration alimentera vos arbres en saison de croissance ou rechargera l'aquifère.

Concevoir un brise-vent efficace. Pour obtenir de tels bénéfices, votre haie brise-vent doit être bien conçue. Un simple alignement d'arbre peut fonctionner longtemps, mais c'est risqué : que se passe-t-il si un arbre meurt ? Il y aura un trou dans le brise-vent. En raison de l'effet Venturi, le vent s'engouffrant par le trou va s'accélérer et finira par endommager les arbres voisins et tout ce qui se trouve de l'autre côté. Le stress supplémentaire causé aux arbres voisins peut même les faire mourir. Un simple alignement d'arbre peut ainsi se muer en erreur coûteuse.

CONCEVOIR UNE HAIE BRISE-VENT

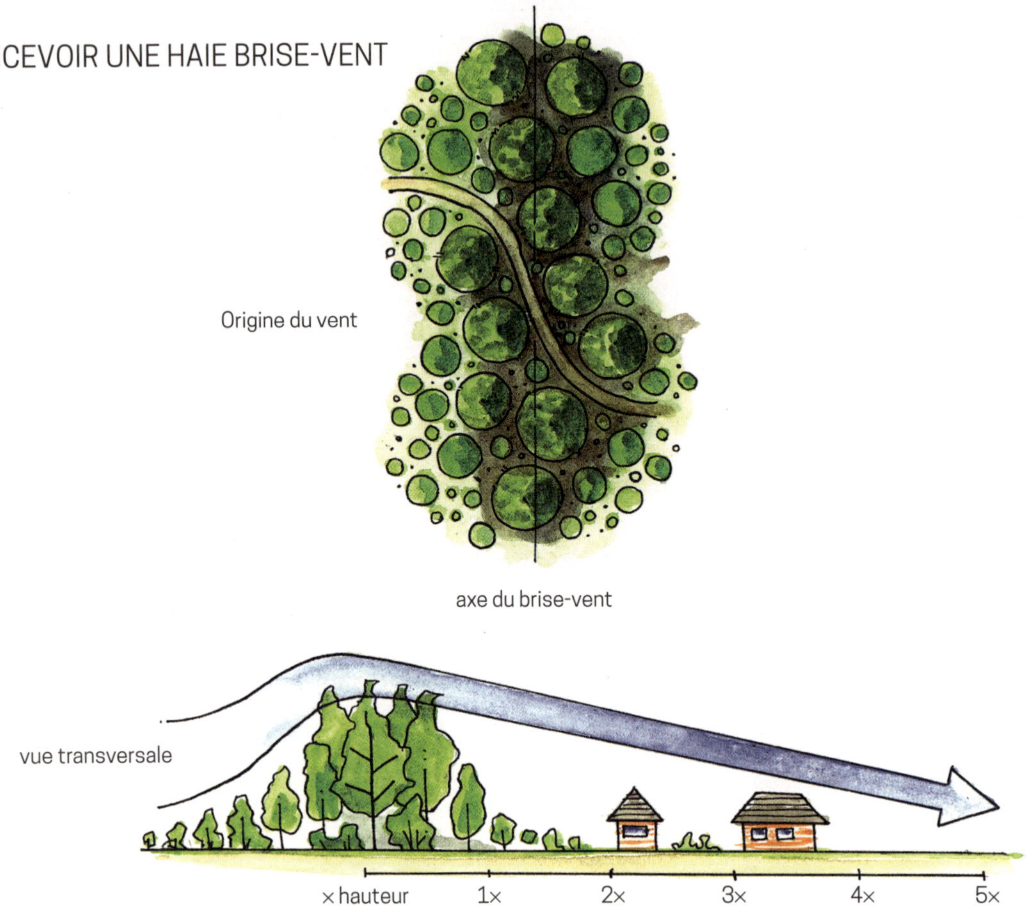

En vous inspirant de la nature (pensez au littoral venté), vous remarquerez que la végétation pousse progressivement de plus en plus haut avec la distance, au lieu de former brutalement un haut mur vertical. Cela permet au vent de s'élever progressivement au-dessus du brise-vent et diminue les turbulences dévastatrices de l'autre côté.

La surface protégée par la haie brise-vent dépend de ses constituants les plus hauts. On considère qu'un brise-vent a un effet protecteur sur une distance égale à deux à cinq fois la hauteur du point le plus haut, avec une protection résiduelle jusqu'à dix fois cette distance. Si votre brise-vent comprend une rangée de sapins hauts de 20 m, la distance protégée sera de 40 à 120 m.

Si l'espace à protéger est plus grand, vous pouvez planter une succession de brise-vent qui repousseront le vent vers le haut avant qu'il ne retouche terre. Le Midwest américain était autrefois couvert de réseaux de brise-vent, de même que la vallée du Rhône. Beaucoup de ces brise-vent ont été arrachés pour agrandir les parcelles dans le cadre de l'intensification de l'agriculture. Ces haies brise-vent, de taille parfois respectable comme le bocage normand, fournissaient du bois, un habitat pour la faune et divers services écologiques, tout en protégeant les cultures au centre.

Si votre terrain est grand, ouvert et plutôt plat, renseignez-vous sur les réseaux de brise-vent et sur le bocage et réfléchissez à leur intégration dans votre projet.

Mais il ne faut pas non plus que votre brise-vent bloque complètement le vent. Un bon brise-vent est perméable à 40 ou 50 %. Sinon, il se produira des turbulences néfastes de l'autre côté. Il est également conseillé de mélanger des arbres et des arbustes à feuilles persistantes et à feuilles caduques. S'il s'avère plus tard que la perméabilité doit être augmentée, vous ouvrirez des espaces en taillant les arbres. Ce faisant, ne coupez pas les branches inférieures ; c'est peut-être plus joli, mais cela détruit l'effet brise-vent, laissant le vent passer sous les arbres.

PLANTES POUR BRISE-VENT

La première dimension est la hauteur, la seconde est la largeur.

Akebia quinata
akébie
zones 5-9
plante grimpante
jusqu'à 13 m

Artocarpus heterophyllus
jaquier
zones 10-13
arbre décidu
8-25 m x 17-20 m

Azadirachta indica
margousier
zone 9 et plus
arbre persistant
ou brièvement décidu

Bambusa lako
bambou noir de Timor
zone 9b et plus
bambou géant
17 m x indéfini

Bambusa oldhamii
bambou d'Oldham
zone 9 et plus
bambou géant
18 m x indéfini

Caragana arborescens
caraganier de Sibérie
zones 2-8
arbuste décidu
7 m x 4 m

Casuarina equisetifolia
filao
zones 11-13
arbre persistant
5-27 m x 3-8 m

Celtis occidentalis
micocoulier de Virginie
zones 3-7
arbre décidu
22 m x 22 m

Cercis canadensis
gainier du Canada
zones 6-9
arbre décidu
13 m x 10 m

Chilopsis linearis
catalpa du désert
zones 8-9
arbre décidu
2-10 m x 2-10 m

PLANTES POUR BRISE-VENT *(SUITE)*

Cocos nucifera
cocotier
zone 11 et plus
arbre persistant
10-30 m x 5-7 m

Cornus sericea
cornouiller soyeux
zones 3-8
arbuste décidu
2 m x 2-4 m

Erythrina variegata **'Tropic Coral'**
arbre corail
zones 11-12
arbre décidu
20-27 m x 8-17 m

Fargesia robusta
zone 7a et plus
bambou non traçant
5 m x 3-4 m

Gliricidia sepium
gliricidia
zones 10-13
arbre décidu
7-11 m x 5-8 m

Hippophae rhamnoides
argousier
zones 3-7
arbuste décidu
5-7 m x 3-7 m

Juniperus scopulorum
genévrier des Rocheuses
zones 3-7
arbre persistant
10 m x 4 m

Lablab purpureus **'Lignosa'**
haricot lablab
zones 9-13
plante grimpante
jusqu'à 2 m

Maclura pomifera
oranger des Osages
zones 5-9
arbre décidu
17 m x 13 m

Myrciaria cauliflora
jaboticaba
zones 9-11
arbre décidu
5-10 m x 4-6 m

Nastus elatus
zone 9b et plus
bambou géant
20 m x indéfini

Quercus macrocarpa
chêne à gros fruits
zones 2-8
arbre décidu
25-33 m x 25-33 m

Passiflora edulis
passiflore
zones 9-11
plante grimpante
jusqu'à 10 m

Pinus nigra
pin noir d'Autriche
zones 5-8
arbre persistant
27-33 m x 8 m

Pinus pinea
pin parasol
zones 8-11
arbre persistant
10-23 m x 7-13 m

Potentilla fruticosa
potentille arbustive
zones 3-7
arbrisseau décidu
1-1,2 m x 1,2-1,5 m

Prunus tomentosa
Cerisier tomenteux
zones 2–7
arbuste décidu
3 m x 2 m

Pterocarpus indicus
Bois de rose de Birmanie
zone 10 and plus
arbre brièvement décidu
25–35 m x 25–35 m

Il est souvent nécessaire de ménager une voie d'accès à travers la haie, mais cette trouée va poser le même problème qu'un arbre manquant dans un alignement. Dessinez plutôt une voie en zigzag ressortant de la haie en un autre point.

Créer une haie brise-vent, c'est créer un microclimat. Un exemple concret de mise en pratique de cette idée est le piège à soleil. Quand la propriété du centre de permaculture de Bullock a été achetée, la pente exposée au sud était couverte de jeunes sapins et d'arbousiers d'Amérique. Un des premiers travaux a été de couper certains de ces arbres et d'ouvrir une série de clairières disposées comme des écailles de poisson. Dans l'une, on a implanté une maison et un jardin ; dans une autre, un bâtiment collectif ; dans une troisième, un verger. Les arbres conservés autour des clairières les protègent des vents froids soufflant du nord, de l'est et de l'ouest. Les arbousiers ont des feuilles luisantes qui réfléchissent le soleil dans la clairière, où les rochers sombres sont maintenant exposés aux rayons solaires. Tout s'additionne pour créer un microclimat qui se réchauffe plus vite au printemps, favorisant la croissance des cultures.

Au centre Aprovecho d'éducation au développement soutenable de Cottage Grove, dans l'Oregon, les jardins principaux et l'habitat sont nichés dans un piège à soleil agréable.

Construire un brise-vent temporaire. Mais comment aménager une haie brise-vent quand le vent est si fort qu'il déracine les jeunes arbres ? La réponse est un brise-vent temporaire. Si, pour votre haie, vous avez choisi des essences à fort ancrage et tolérantes au vent, elles devraient pouvoir s'établir si vous leur donnez une chance de s'enraciner avant d'être abattues par un coup de vent.

Recensez d'abord tout ce qui peut vous servir de brise-vent temporaire. Les vieux ballots de foin sont très efficaces, de même que les tas de branchages. Vous pouvez même utiliser les vieilleries abandonnées par les anciens propriétaires. (Sortez cette vieille Ford des bois pour protéger ce jeune chêne avant de l'envoyer à la casse). Un bâtiment fait aussi office de brise-vent pour tout ce qui se trouve derrière. Si votre sol est bien drainant, plantez vos arbres dans des fosses ; la terre issue de la fosse pourra servir de levée du côté exposé au vent.

Un autre type de brise-vent temporaire est la clôture philippine, très efficace dans les lieux où des vents constants rendent le travail et la plantation d'arbre difficiles. Commencez par planter des poteaux dans le sol, alignés presque perpendiculairement au sens du vent. Puis fixez-y du treillis métallique à béton (maille de 20 m) et attachez ou tressez des matériaux végétaux dans le treillis.

CLÔTURE PHILIPPINE

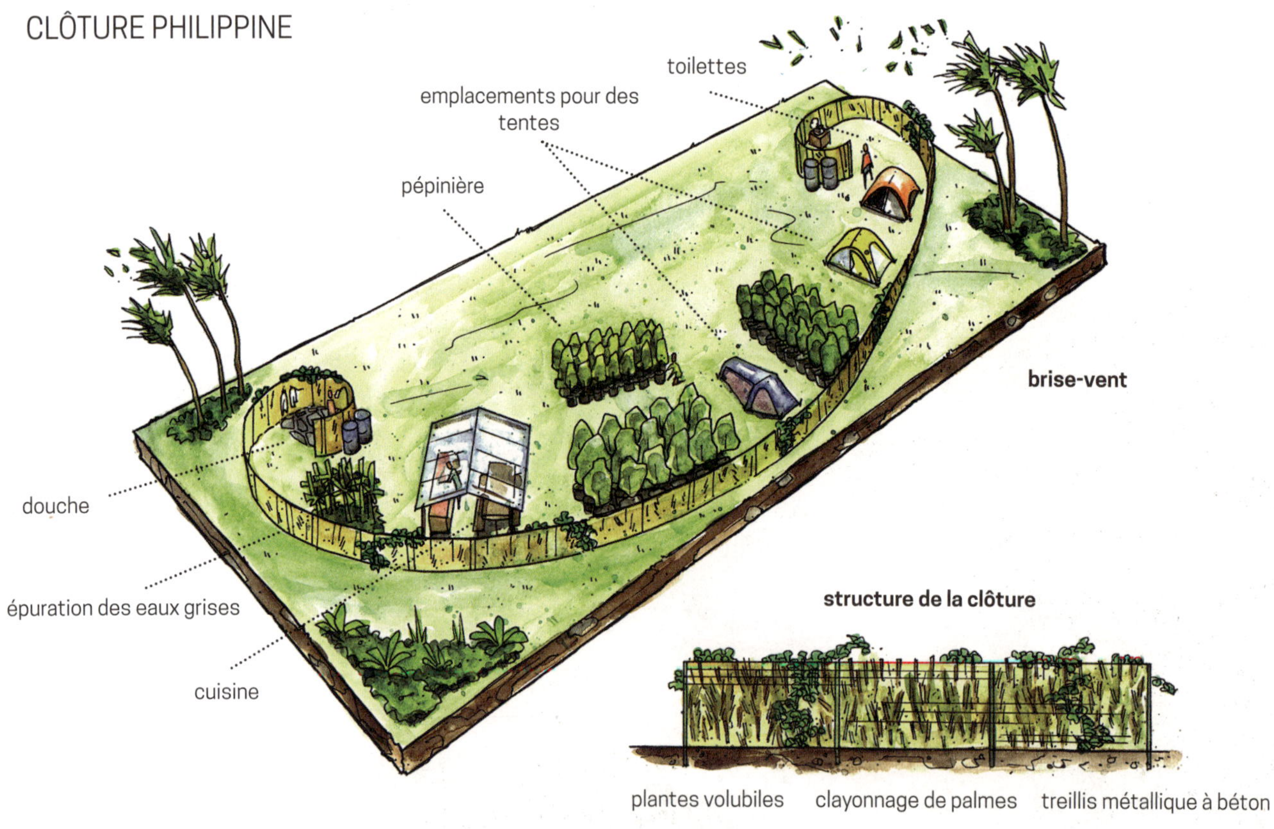

Nous aimons nous servir de palmes, de bambous de petit diamètre, de roseaux et de graminées. Un tel brise-vent devrait durer de quelques semaines à une année. Puis nous plantons une plante volubile à croissance rapide comme la passiflore (*Passiflora* spp.) à la base de chaque poteau. Quand l'écran végétal commence à tomber en ruine, la plante grimpante remplit les espaces. Pour finir, celle-ci recouvre toute la clôture, tandis que les végétaux tombés au pied du brise-vent servent de paillage.

Vous pouvez donner une forme arquée à votre clôture pour dévier le vent vers les côtés et vers le haut. Du côté abrité, plantez votre pépinière près de la clôture pour bien l'abriter du vent, avec les premières rangées tout contre la clôture. Vous pouvez aussi y installer vos tentes, une cuisine de plein air, des toilettes sèches et une douche. Plantez.

Le feu

Si vous vivez dans un environnement qui a été en grande partie façonné naturellement par le feu, choisissez avec le plus grand soin l'emplacement de vos bâtiments, ainsi que ce qui prendra place entre eux et le secteur vulnérable à l'incendie. Les régions à étés secs sont les plus vulnérables. Construire votre maison au sommet d'une colline dans un tel climat augmente le danger, car le feu peut se déplacer très vite vers le haut.

LES MATÉRIAUX

La fonction primaire d'un bâtiment est d'abriter ses occupants. Mais il y a un certain nombre de préalables qui paraissent si évidents que nous n'y pensons plus. C'est pourquoi nous rencontrons souvent des déconvenues avec les matériaux de construction modernes.

Nous ne voulons pas que nos maisons soient toxiques. Or, beaucoup de matériaux de construction courants contiennent des substances nocives. Les problèmes de qualité de l'air intérieur proviennent souvent des émanations de matériaux employés récemment, tels que moquettes et peintures. Une pathologie appelée syndrome des bâtiments malsains affecte les personnes ayant séjourné dans un bâtiment où des substances toxiques sont présentes.

Nous ne voulons pas utiliser des matériaux de construction dont la fabrication, le transport ou l'élimination nuisent à l'environnement. Par exemple, la production de polychlorure de vinyle (PVC), un matériau employé pour les canalisations, les cadres de fenêtres, les revêtements de sol et les parements, a des impacts environnementaux néfastes, de même que son élimination. Les matériaux transportés autour du monde ont un contenu énergétique élevé en raison du transport.

Ces deux aspects nous orientent vers les matériaux locaux, qui causent des dommages minimes à l'environnement tout au long de leur cycle de vie. Il n'y a pas si longtemps encore, les matériaux de construction étaient à la fois locaux et non toxiques. Notre but est de combiner le meilleur de ce que les matériaux modernes ont à offrir avec les meilleurs matériaux naturels et locaux en usage depuis des millénaires.

Cette toiture végétalisée de Berkeley, en Californie, met à profit les plantes et le substrat pour isoler, diminuer le ruissellement et contribuer à l'esthétique. Pourtant, elle utilise une membrane synthétique pour protéger le toit du substrat, un bon compromis entre naturel et réalisme.

Trouver des compromis entre local, naturel et réalisme

Pour choisir des matériaux de construction, vous devrez faire des compromis entre naturel et local d'une part, et réalisme d'autre part. Si vous trouvez des matériaux qui réunissent ces trois critères, tant mieux. Mais il se peut aussi que leur combinaison soit rare, très onéreuse, voire impossible.

Par ex., vous avez peut-être près de chez vous une source d'argile et de paille pour fabriquer du torchis, mais la réglementation locale ne l'autorise pas, entraînant des années de coûteuses tracasseries administratives. Ou vous aurez besoin de matériaux non locaux pour respecter la réglementation antisismique. Peu d'entre nous ont une source locale de ciment ou d'acier, mais nous pouvons en avoir besoin quand même.

L'important est de faire de votre mieux et de vous renseigner sur tous les matériaux que vous comptez employer.

Masse thermique et isolation

Le choix des matériaux doit être fondé sur vos besoins. Utiliser un matériau isolant quand vous avez besoin d'une masse thermique ou vice-versa ne vous mènera pas au résultat désiré.

Une masse thermique sert à atténuer les fluctuations de température. Imaginez un gros rocher noir au milieu de votre jardin par une journée ensoleillée. Tandis que le soleil le frappe, il absorbe une belle quantité de chaleur. Après le coucher du soleil, il rayonne la chaleur absorbée, réchauffant légèrement le volume environnant. Les matériaux naturels comme le torchis, la terre crue et la pierre offrent de bonnes masses thermiques.

Un bon matériau isolant empêche la chaleur de passer. Une veste en duvet

isole grâce au duvet gonflant qui renferme de l'air : celui-ci piège votre chaleur corporelle et l'empêche de s'échapper trop vite.
Inversement, une glacière en polystyrène isole parce que l'air emprisonné dans le matériau empêche la chaleur d'entrer. Les matériaux tels que la paille, la laine de bois, la laine, les plumes et même les vieux blue-jeans ont un effet isolant. En construction, la valeur R (R pour résistance) mesure le niveau de résistance d'un matériau au passage de la chaleur. Plus ce nombre est élevé et meilleure est l'isolation.

Voici les valeurs R de quelques matériaux de construction naturels courants :

ballot de paille : 6,5 par m

terre-paille : 1,7 par m

granite : 0,28 par m

brique : 1,2 par m

cellulose brune : 16 par cm

bois : 3,3 par m

laine : 20 par m

Ce plafond en canne de Provence isole une toiture métallique dans un pays tropical. Les toits métalliques sont connus pour surchauffer l'intérieur quand le soleil brille et pour être très bruyants quand il pleut. Cette couche isolante atténue ces deux effets et elle offre un bel aspect.

Les matériaux de construction naturels

La plupart des maisons naturelles associent de la biomasse (bois, paille, mottes d'herbe et bambou) avec de la terre (terre crue, torchis, argile, terre cuite, céramique) ou de la pierre (granite, calcaire, sable). Utilisés seuls ou combinés, ces matériaux vous donnent un vaste choix de techniques qui ont fait leurs preuves depuis très longtemps.

Torchis. Le torchis permet de construire des murs pleins avec un mélange de sable, d'argile et de paille. On commence par façonner des boules avec ce mélange uniforme. Puis on les empile couche après couche et on les lisse pour qu'elles adhèrent ensemble. On monte ainsi environ 30 cm de torchis par jour, afin de lui laisser le temps de sécher et de durcir. Si votre terre est riche en argile, elle se prête peut-être au torchis et aux enduits de terre crue. (Procédez au test du shaker décrit au début du livre pour savoir si votre terre est argileuse). Un four à pizza en terre crue est un beau projet pour se faire la main. (Dans un four, les ingrédients du torchis ne sont pas mélangés : terre-sable à l'intérieur, terre-paille fine pour l'isolation, puis paille grossière et enduit de terre crue pour la finition).

Ballots de paille. Les maisons en paille ont des murs en ballots de paille très isolants. Puis on enduit les murs de chaque côté, souvent avec un enduit de terre crue recouvert d'un badigeon d'argile pour l'étanchéité. Les ballots peuvent servir de remplissage ou de structure porteuse. Faites-vous la main sur un petit projet, par ex. un mur d'atelier ou une cabane de jardin. Ainsi, vous accumulerez de l'expérience pour votre maison sans prendre trop de risques.

Bois. Ossatures bois, assemblages poteaux-poutres et colombages sont des techniques qui utilisent le bois, excellent matériau de construction local et renouvelable. Construire avec du « bois rond », branches entières ou petits troncs, permet d'économiser le sciage et l'énergie. Le bois rond a également une plus grande résistance intrinsèque que le bois rectangulaire à section égale. Pour apprendre à travailler avec le bois, commencez par de petites constructions, cabane, meubles ou pergola.

Pierre. Si votre région fournit des pierres de qualité, la maçonnerie produit certains des bâtiments les plus durables qui soient. La pierre n'étant pas isolante, employez-la plutôt là où vous avez besoin de résistance et de masse, comme les fondations, les dépendances non chauffées, les murs de soutènement et autres.

Terre crue sur clayonnage. Cette technique consiste à tresser des clayonnages à l'aide de branches, de troncs ou de bambous de faible diamètre pour fabriquer une cloison, un peu à la façon d'un panier en osier.

(en haut à gauche) Four à pizza en terre crue d'Erik Ohlsen, de Permaculture Artisans. Il inclut une longue banquette en torchis sur laquelle s'asseoir en attendant votre tarte.

(en haut à droite) Ce bâtiment du centre Aprovecho d'éducation au développement soutenable dans l'Oregon, aux États-Unis, est construit avec des rondins de petit diamètre. Il est isolé avec des fibres de papier recyclé et enduit d'argile locale.

(en bas à gauche) Dans ce jardin du New Hampshire, aux États-Unis, les rochers sont abondants. Ils ont juste été déplacés aux endroits voulus pour constuire des murs de soutènement qui retiennent la terre et délimitent les chemins.

(en bas à droite) À Tihany, en Hongrie, ce pavillon d'été en pierre tire parti d'une ressource locale. C'est un lieu douillet où dormir par une fraîche nuit d'été, dans le climat d'Europe Centrale.

(ci-dessus) Ces briques tests permettent de tester les performances de différents mélanges de matériaux avant de les mettre en œuvre à grande échelle pour construire un mur.

(en haut à droite) À Kasilof, en Alaska, ce mur en argile-paille ajoute une couche isolante à une maison. Quand le coffrage sera retiré, il sera recouvert d'un enduit de finition en terre crue.

(ci-contre) Cette maison du Devon, dans le sud-ouest de l'Angleterre, reçoit un nouveau toit en chaume. Le chaume a été utilisé dans le monde entier et c'est maintenant un savoir-faire qui disparaît et mériterait qu'on le sauvegarde.

Puis on recouvre le clayonnage de terre crue, mais on peut aussi appliquer du torchis. Cette technique ne vaut que pour les cloisons non porteuses. Exercez-vous sur une simple cloison séparatrice.

Argile-paille et argile-copeaux banchés. Un mélange d'argile et de paille ou de copeaux de bois remplit les espaces entre des poteaux pour créer un mur isolant. Fixez des planches de coffrage aux poteaux (exactement comme pour un mur en béton).

Vous pouvez vous contenter de hacher grossièrement la paille. Puis déposez la paille ou les copeaux et versez dessus une barbotine d'argile. Mélangez le tout et comprimez le mélange entre les planches à l'aide d'un bâton. En retirant le coffrage, la paille ne devrait pas bouger. Fixez les planches au niveau de la couche suivante et recommencez. Le travail progresse très vite. Une fois que le mur est monté, enduisez-le de terre crue pour maintenir en place la paille et les copeaux. C'est un bon moyen d'isoler une maison par l'extérieur : installez un cadre contre la face extérieure du mur et ajoutez votre mélange isolant.

PLANTES FOURNISSANT DES MATÉRIAUX DE CONSTRUCTION

Borassus flabellifer
rondier, palmier de Palmyre
zones 10-11
un des meilleurs palmiers à chaume pour les régions tropicales

Castanea dentata
châtaignier d'Amérique
zones 4-8
excellent bois d'œuvre

Cedrela odorata
acajou amer
zones 9-11
bois d'œuvre et ombrage

Corylus avellana
noisetier
zones 3-9
excellent pour les clayonnages
peut se tordre à 180°

Eucalyptus deglupta
eucalyptus arc-en-ciel
zones 9-11
croissance rapide

Guadua angustifolia
guadua
zones 10-11
recherchez la variété peu épineuse

Lolium perenne
ray-grass anglais
zones 3-6
utilisé depuis très longtemps en Europe pour les toits de chaume

***Phyllostachys* spp.**
bambous
zones variables
bambou d'œuvre tempéré

Prunus serotina
cerisier tardif
zones 4-8
meubles, ébénisterie, finitions

***Quercus* spp.**
chêne
zones variables
bois d'œuvre de premier choix pour une variété d'usages

***Salix* spp.**
saule
zones variables
excellente source de bois de petit diamètre pour les clayonnages

Swietenia macrophylla
acajou du Honduras
zone 11
excellent bois d'œuvre

Tabebuia impetiginosa
lapacho
zones 9-11
bon bois d'œuvre

CHAUFFAGE, CLIMATISATION ET TEMPÉRATION

Une maison qui reste confortable par temps chaud ou froid est un facteur important pour atteindre l'efficacité énergétique. Comment concevoir des bâtiments nécessitant un chauffage et une climatisation minimaux ? Quand avons-nous besoin d'un chauffage ou d'une climatisation d'appoint, et comment satisfaire ce besoin avec une consommation d'énergie et une pollution minimales ?

Le chauffage

Dans l'idéal, votre maison sera chauffée passivement et n'aura pas besoin de chauffage d'appoint. Mais dans certaines situations, c'est peut-être placer la barre trop haut. Un des moyens les plus simples de chauffer un espace est un poêle à bois. Même si ce n'est qu'un appoint, en posséder un peut être capital dans une région à hivers froids où les ruptures d'approvisionnement sont courantes. Achetez un poêle le plus efficace et le moins polluant possible. Car bien que le bois soit une ressource renouvelable, sa combustion rejette du dioxyde de carbone dans l'atmosphère, contribuant au réchauffement climatique. Mettez en priorité en œuvre des solutions qui ne nécessitent pas de combustion.

Les poêles de masse classiques et les poêles de masse rocket associent un foyer et un conduit de cheminée parcourant une grande masse thermique. Ainsi, vous récupérez beaucoup plus de chaleur. En allumant un seul feu par jour, la grande masse thermique rayonnera de la chaleur pendant toute la journée.

La distribution de la chaleur dans toute la maison est un enjeu important du chauffage. Les fourneaux bouilleurs à l'ancienne alimentaient des radiateurs *via* des tuyaux. De nos jours, on recourt souvent à des systèmes hydroniques. Des tuyaux en polyéthylène transportent l'eau réchauffée par un poêle dans le plancher ou dans les murs pour distribuer la chaleur dans les pièces. En association avec une masse thermique (par ex. un sol en terre battue), de grandes quantités de chaleur seront stockées et restituées lentement, jour et nuit. Si vous associez un système hydronique avec un sol en terre battue, isolez le sol par en dessous afin que la chaleur ne se dissipe pas dans le sous-sol.

Une serre ou une véranda attenantes peuvent emmagasiner la chaleur solaire dans les régions à hivers ensoleillés. En traversant les vitres, le soleil réchauffe l'espace intérieur (une illustration parfaite de l'effet de serre). Profitez de cette chaleur en ouvrant les portes dans la journée et en les refermant quand la serre commence à se refroidir.

Il est possible de concevoir des structures multifonctions qui non seulement produisent et réutilisent la chaleur, mais économisent aussi les matériaux et créent des relations bénéfiques. Dans la structure de jardin illustrée à la page suivante, les poules réchauffent la serre en hiver. Le poulailler permet aux poules de pondre leurs œufs et de s'abriter du soleil. La remise à outils fournit un fond sombre et isolant qui réduit les pertes de chaleur ; en hiver, elle est chauffée par la serre et devient un endroit agréable où travailler par temps froid et pluvieux.

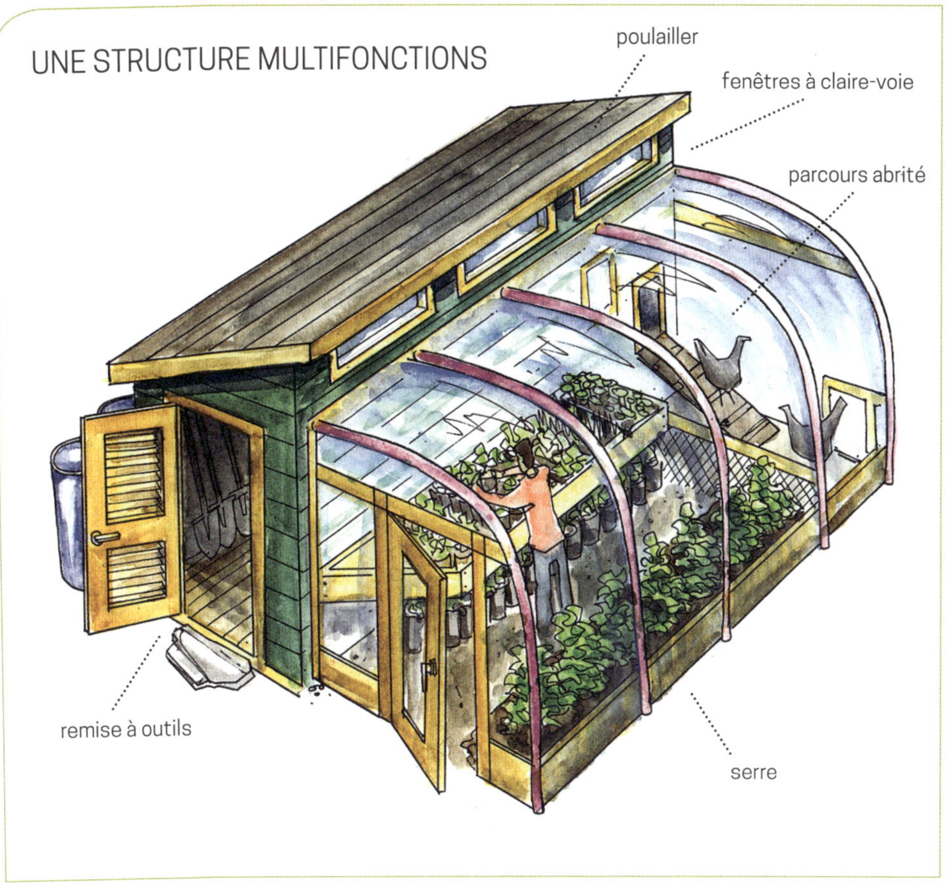

(en haut à gauche) Le conduit de cheminée de ce poêle de masse rocket circule dans la banquette en terre crue. Quand on allume le feu, la banquette se réchauffe et fonctionne comme une masse thermique, rayonnant la chaleur longtemps après l'extinction du feu.

(en haut à droite) Cette serre appuyée contre la façade sud d'une vieille maison au centre de permaculture de Bullock emmagasine beaucoup de chaleur, permettant aux légumes de produire tout l'hiver ou de démarrer plus tôt au printemps.

La climatisation

En climat sec, les refroidisseurs par évaporation sont un moyen simple et énergétiquement efficace de rafraîchir un bâtiment. Ils se constituent généralement d'un petit ventilateur électrique et d'une pompe qui fait circuler de l'eau. L'eau s'écoule sur une membrane et le ventilateur souffle dessus. L'eau s'évapore et rafraîchit l'air environnant (comme quand on porte un t-shirt mouillé dans le vent). Ces refroidisseurs consomment beaucoup moins d'électricité qu'un climatiseur. Mais ils ne fonctionnent pas bien en climat humide à cause de l'hygrométrie élevée.

Les sols en maçonnerie peuvent rafraîchir l'intérieur tant que le soleil ne les éclaire pas directement, comme on le constate en séjournant dans une cave en climat chaud. Une cour ombragée à l'écart de la maison est un endroit frais où s'attarder par temps chaud. En climat sec, des brumisateurs installés dans un lieu ombragé et abritant de nombreuses plantes augmentent le rafraîchissement par évaporation de l'endroit.

Des arbres d'ombrage bien choisis et disposés avec pertinence peuvent contribuer à garder un bâtiment frais. Pensez à la taille adulte de l'essence, au meilleur emplacement en fonction de cette taille, au type d'ombre (légère et non épaisse) et à sa compatibilité avec le reste du paysage. Un arbre persistant donne de l'ombre toute l'année, tandis qu'un arbre à feuilles caduques choisi pour ses dates de feuillaison et de chute des feuilles donne de l'ombre quand vous en avez besoin et du soleil le reste du temps. Les arbres donnant une ombre légère et morcelée sont excellents, ils laissent passer assez de lumière pour éclairer l'intérieur de la maison et laisser pousser un potager sous leur couronne. C'est le cas du févier d'Amérique (*Gleditsia triacanthos*) et de l'arbre à soie (*Albizia julibrissin*) en climat tempéré, de l'arbre à pluie (*Albizia saman*) et du bois rose de Birmanie (*Pterocarpus indicus*). De plus, tous ces arbres sont aussi des fixateurs d'azote.

Tempérer votre intérieur

Certaines techniques vous permettent de maintenir votre maison chaude en hiver et fraîche en été. Citons le puits canadien, les cuves d'eau et une isolation suffisante.

Le puit canadien (ou échangeur air-sol) est un système de tuyaux installé dans le sol autour de la maison et débouchant dans celle-ci. La température du sous-sol est constante autour de 12 °C (avec une certaine variation suivant le climat). Si l'air des tuyaux pénètre directement dans votre maison par une chaude journée d'été, votre intérieur sera agréablement frais (12 °C, ça fait envie quand il fait 35 °C dehors). Si le même air est pompé dans un système de chauffage par une froide journée d'hiver, il faudra moins d'énergie pour le réchauffer à une température confortable (disons de 12 à 20 °C) que si l'air provient du dehors (à réchauffer par ex. de -5 à 20 °C).

Une cuve remplie d'eau sous une maison tempère l'intérieur toute l'année, car l'eau est une excellente masse thermique. Une telle cuve peut faire une différence non négligeable dans votre consommation d'énergie. Vous pouvez même utiliser une « cuve thermique » pour stocker la chaleur et la restituer sur une période prolongée.

Une bonne isolation peut contribuer à tempérer l'intérieur de la maison. Isoler la sous-face de votre sol réduit les pertes de chaleur en hiver et contribue à garder l'intérieur agréablement frais en été. Pensez aussi à isoler plafonds, murs, fenêtres et portes.

Si vous sentez des courants d'air froid le long des fenêtres et des portes, placez des joints isolants pour garder la chaleur à l'intérieur.

LA RÉNOVATION DE BÂTIMENTS SAINS ET ÉNERGÉTIQUEMENT EFFICACES

Dans l'idéal, l'efficacité énergétique et le caractère sain du bâtiment sont à concevoir dès le début. Mais que faire si la maison existe déjà ? Démolir la maison et la reconstruire gaspillerait des tonnes d'énergie, au détriment du but recherché (sans parler du trou dans vos finances). Trouvez un compromis entre vision à long terme et réalisme. Si votre maison a été construite dans les dix dernières années et n'est pas prête d'être démolie, des travaux de rénovation peuvent augmenter son efficacité et diminuer sa toxicité.

AUGMENTER L'EFFICACITÉ ET DIMINUER LA TOXICITÉ DE VOTRE MAISON

	Prendre des mesures simples	**Améliorer l'existant**	**Créer de nouveaux éléments**
Toxicité et qualité de l'air intérieur	Installez des plantes d'intérieur (qui éliminent une partie des toxines de l'air).	Refaites les peintures avec des produits contenant peu ou pas de COV ou des peintures naturelles. Enlevez la moquette. Étanchéifiez les ouvertures vers les espaces non finis (comme les vides sanitaires).	Installez de bons extracteurs d'air dans les pièces humides.
Performance thermique	Placez des joints isolants. Peignez les murs extérieurs avec une couleur claire pour réfléchir le soleil ardent.	Augmentez l'isolation des murs. Incorporez une masse thermique dans un coin ensoleillé.	Ajoutez ou supprimez des fenêtres. Installez un puits canadien. Refaites le système de chauffage. Construisez un poêle de masse
Mesures contre l'incendie	Ouvrez des pare-feu.	Plantez des plantes résistantes au feu dans les secteurs à risque.	Créez une mare dans le secteur à risque.
Mesures contre le vent	Placez des joints isolants.	Isolez la façade exposée au vent.	Plantez une haie brise-vent.
Mesures contre le soleil	Installez des stores vénitiens à l'extérieur des fenêtres exposées.	Construisez une pergola contre la façade ensoleillée. Modifiez l'avant-toit sur la façade ensoleillée.	Soulevez le bâtiment et tournez-le (faisable pour de petites structures). Construisez une serre attenante à la façade ensoleillée.

Les systèmes alimentaires et végétaux

Produire nos propres aliments

(à gauche) Un paysage productif peut aussi être beau.

(à droite) Produire sa propre nourriture, c'est aussi avoir accès à une diversité qu'on trouve rarement au supermarché. Dans le sens horaire à partir du bas : groseilles blanches 'Blanka', framboises dorées, mûres blanches 'Illinois Everbearing', groseilles à maquereau 'Red George', cassis, prune 'Santa Rosa'.

La production alimentaire est l'enjeu principal de la plupart des systèmes de permaculture. Les problèmes liés au système agro-industriel mondial sont si nombreux que le meilleur moyen de se fournir en aliments sains et sans danger est d'en produire soi-même au moins une partie. De plus, si la longue chaîne d'approvisionnement est interrompue, nous risquons de manquer de nourriture. La production locale de nourriture sera-t-elle suffisante pour faire face ? Produire une partie au moins de nos aliments est un des leviers les plus puissants pour augmenter notre autonomie et notre résilience. Une autre raison importante pour cultiver notre jardin, notre toit ou tout autre espace disponible et qu'ainsi nous savons d'où viennent nos aliments et comment ils sont produits. Si nous ignorons d'où provient notre nourriture, comment savoir si elle contient des substances chimiques et si elle est vraiment fraîche ?

Ce chapitre est consacré à l'intégration de systèmes alimentaires et autres systèmes végétaux dans notre système de permaculture. Nous y étudions la place des plantes alimentaires pérennes et annuelles dans notre site, ainsi que les techniques d'agriculture urbaine. Nous traitons des diverses questions de gestion et d'entretien qui se posent pour que nos systèmes réalisent tout leur potentiel. Les techniques de transformation et de conservation des aliments pour gérer l'abondance résultant d'une production alimentaire efficace sont également abordées.

CULTURES PÉRENNES OU CULTURES ANNUELLES ?

Le plus gros de l'alimentation mondiale provient de plantes annuelles cultivées d'une manière qui gaspille les ressources et porte atteinte à l'environnement. Le labourage régulier du sol est destructeur et le recours massif aux produits chimiques et à l'irrigation est inhérent à ces systèmes. Une culture annuelle pousse en une seule saison et doit être replantée. Les bisannuelles complètent leur cycle en 2 ans. Par contraste, les plantes pérennes vivent et produisent pendant plusieurs années avant de mourir. Elles fournissent des produits variés : fruits, noix, baies, cannes, pousses, tubercules et autres. Les permaculturistes insistent sur les plantes pérennes pour fournir au moins une partie de notre nourriture, car elles nécessitent moins de ressources et d'intrants que les annuelles, et elles permettent à la succession naturelle de dépasser le premier stade (que les annuelles maintiennent à perpétuité).

Que la nourriture soit ta médecine et que la médecine soit ta nourriture.

—HIPPOCRATE

(en haut à gauche) Cette planche de culture comprend des légumes vivaces (asperges) à l'arrière-plan et des annuelles grimpantes devant. Au premier plan, les ardoises servent à garder les pastèques au chaud.

(en haut à droite) Les dahlias sont aimés pour leurs grandes fleurs colorées. Beaucoup de dahlias ont des pétales et des tubercules comestibles.

(ci-contre) De nombreux jardiniers ignorent que plusieurs espèces d'hostas sont des légumes vivaces dont les jeunes pousses sont comestibles.

LES PRINCIPES DE PLANTATION EN PERMACULTURE

Les principes qui guident la pratique de la permaculture, qu'elle inclue des pérennes ou des annuelles, sont : préférer les polycultures aux monocultures ; utiliser les associations de plantes et les guildes ; choisir des espèces et des cultivars adaptés au site ; planter un mélange de plantes natives et importées.

Les associations de plantes

La polyculture consiste à planter plusieurs espèces en même temps dans le même espace, par opposition à la monoculture où une seule plante est cultivée sur une grande surface. Les associations de plantes sont une forme de polyculture où l'interaction des plantes augmente leur productivité. Un exemple traditionnel est celui des « trois sœurs » : maïs, haricot et courge. Le maïs a besoin d'azote que le haricot fixe pour lui, tandis que le maïs sert de tuteur au haricot. Les courges couvrent le sol, ombrageant les racines des autres plantes.

Associées judicieusement, les plantes peuvent se rendre mutuellement divers services :

Lutte contre les ravageurs. Tous les ravageurs ont un prédateur, et certaines plantes attirent les prédateurs spécifiques de certains ravageurs.

Partage et mise à disposition des ressources. Certaines plantes rendent certaines ressources telles que l'azote accessible aux autres. D'autres plantes fournissent de l'ombre ou ont des types complémentaires de racines.

Répulsion des ravageurs. Certaines plantes ont un effet répulsif sur des ravageurs précis, grâce aux substances qu'elles diffusent ou exsudent. Plantées près de cultures vulnérables à ces mêmes ravageurs, elles ont un effet préventif. Quelques plantes aromatiques comme l'oignon ou le souci perturberaient les insectes, les tenant à l'écart des autres plantes ou du jardin.

Leurres. Les plantes-leurres attirent activement les ravageurs, prévenant les dégâts sur les cultures qu'on souhaite protéger. Par exemple, en plantant des radis au milieu des navets, on réduit les dégâts causés aux navets par les vers fil de fer, car les radis poussent les premiers et sont attaqués par les larves. Il suffit alors d'arracher les radis avec les larves.

Les interactions entre les plantes ne sont pas toujours bénéfiques. Les plantes ont le pouvoir d'inhiber la croissance et la survie des autres plantes en libérant des inhibiteurs de croissance *via* leurs tissus (écorce, racines, feuilles, tiges et autres). Cette allélopathie, comme on l'appelle, est la défense naturelle de la plante contre la concurrence. Les arbres de la famille du noyer (Juglandacées) et certaines graminées traçantes sont des exemples de plantes allélopathiques. Chaque partie du noyer produit de la juglone, une substance qui inhibe la croissance des végétaux sous l'arbre. Les plantes allélopathiques sont les herbicides de la nature.

Si vous intégrez de telles plantes dans votre jardin, placez-les à l'écart des cultures sensibles. Vous pouvez aussi les planter entre vos cultures et un secteur peuplé de mauvaises herbes nocives. Le ray-grass est une plante allélopathique souvent incluse dans les mélanges d'engrais verts destinés à couvrir le sol en hiver. Il inhibe la germination des mauvaises herbes au début du printemps.

Jardiner avec les guildes

En permaculture, un groupe de plantes mutuellement bénéfiques réunies en communauté interactive est appelé une *guilde*. Dave Jacke et Eric Toensmeier, auteurs du classique *Edible Forest Garden*, identifient trois types de guildes pour montrer que les permaculteurs utilisent ce terme différemment des écologues :

Guildes fonctionnelles. Ce type de guilde regroupe toutes les espèces remplissant une fonction précise ou une niche écologique particulière (par ex., les plantes attirant les prédateurs des ravageurs, ou les couvre-sol fixateurs d'azote). C'est le sens du mot en écologie. Chez les humains, tous les boulangers ou tous les maçons d'une ville appartiennent à la guilde correspondante. Dans notre contexte, tous les éléments remplissant une fonction donnée et nécessaire (par ex. produire de l'électricité ou de la nourriture, prolonger la saison) peuvent être recensés, nous donnant un éventail d'options où puiser pour résoudre des problèmes particuliers.

Guildes complémentaires. Ce type de guilde regroupe des espèces aux fonctions complémentaires, qui travaillent ensemble ou se soutiennent mutuellement. C'est en ce sens que les permaculteurs emploient le mot. Une guilde complémentaire peut comprendre un fixateur d'azote, une plante attirant les prédateurs et une autre attirant les pollinisateurs. En établissant la liste des guildes fonctionnelles du jardin, nous pouvons en extraire les espèces qui permettront de créer des guildes complémentaires.

Guildes de partage des ressources. Ce type de guilde regroupe des espèces qui se partagent les ressources en utilisant des niches différentes, par exemple une plante à bulbe qui a besoin de soleil en début de saison et un arbre à feuillaison tardive (partage de la lumière), ou une plante à racines superficielles et une plante à racine pivot, qui exploitent les minéraux du sol à des profondeurs différentes. L'idée est de maximiser la coopération et de minimiser la concurrence afin que toutes les plantes de la polyculture puissent s'épanouir.

Chacun de ces types de guilde peut vous guider pour sélectionner des combinaisons de plantes destinées à votre jardin. Faites des listes de plantes regroupées par guildes fonctionnelles afin d'avoir un éventail d'options sous la main, par exemple une liste de barrières à mauvaises herbes, de producteurs de mulch, de fixateurs d'azote, d'accumulateurs dynamiques, de brise-vent, de plantes pour les animaux, de plantes répulsives, de retardateurs de feu, de plantes aromatiques, médicinales ou fourragères, ainsi que de plantes à vannerie, à bois, à fibres, à fourrage, à huile et à fleurs à couper.

À partir de ces listes, vous pouvez créer des guildes complémentaires. Par exemple, votre guilde complémentaire peut inclure une plante vivrière, un fixateur d'azote, quelques accumulateurs dynamiques et une barrière à mauvaises herbes. Une fois cette liste établie, vérifiez si certaines espèces entrent en concurrence en utilisant le principe de répartition des ressources. Les espèces choisies se partagent-elles les ressources ou se font-elles concurrence ? Si c'est le cas, allez-vous régler le problème en cultivant l'espèce la plus vigoureuse ou en remplaçant une des espèces ?

Outre ces catégories, nous distinguons aussi souvent les guildes d'établissement et les guildes de maturité. Une guilde d'établissement est une guilde utilisée pour démarrer la végétalisation d'un terrain. La guilde comprend généralement les espèces cibles qu'on tente d'établir ainsi que des espèces pionnières qui faciliteront leur établissement. Beaucoup de ces pionnières, voire toutes, seront éliminées par l'ombre à mesure que les plantes cibles grandiront. Une guilde de maturité comprend les espèces compatibles à planter ultérieurement pour remplacer les pionnières éliminées. Par exemple, si la strate arborée de votre végétation referme sa couronne, vous pouvez planter un sous-bois de plantes médicinales tolérant l'ombre, telles que le ginseng, l'actée à grappe ou l'hydraste.

Choisir des espèces et leurs cultivars

Pour choisir des espèces et leurs cultivars, tenez compte de plusieurs propriétés qui rendent les plantes envisagées plus ou moins appropriées à votre site ou à votre situation.

Densité nutritionnelle. Certaines plantes alimentaires ont une plus grande densité nutritionnelle que d'autres. Contenant plus de nutriments et moins de calories vides, ces plantes vous nourrissent mieux et vous maintiennent en bonne santé. Parmi les annuelles concernées, citons le chou frisé (kale), l'épinard et la blette ; du côté des vivaces, il y a la fraise, la mûre, la prune et l'artichaut. Un jardin plein de plantes à haute densité nutritionnelle, c'est comme un garde-manger bien rempli.

Autofertilité et pollinisation croisée. Certaines plantes sont autofertiles, c'est-à-dire qu'elles produisent des fruits et des graines sans l'aide d'un autre plant de la même espèce. D'autres espèces ont besoin de deux plants aux génomes différents pour produire. Par exemple, les pêches sont autofertiles, mais la plupart des pommes ont besoins de deux cultivars différents fleurissant à la même période (comme 'Fuji' et 'Gala'). Vérifiez à quelles catégories appartiennent vos plantes.

Plantes dioïques. Chez certaines espèces, les plants sont soit mâles, soit femelles. En général, les mâles ne produisent pas de fruits et les femelles ne produisent que si elles ont reçu le pollen d'un mâle. Il est important de le savoir à l'avance.
Si vous démarrez à partir de graines, plantez plus densément que l'espacement adulte afin de pouvoir éliminer sélectivement les mâles surnuméraires. Le kiwi (*Actinidia deliciosa*), la papaye (*Carica papaya*) et le ginkgo (*Ginkgo biloba*) sont des plantes dioïques.

Besoin de froid. Cette notion est importante à comprendre si vous vivez en climat méditerranéen ou subtropical, où les gelées sont rares en hiver. Certaines plantes comme le pommier, le cerisier ou le pêcher ont besoin de froid pour produire des bourgeons dormants. Sinon, ces plantes réagissent mal au printemps et souvent ne fleurissent pas. Dans ces climats, vous devez savoir si vos plantes ont besoin de froid, et de combien. Ce besoin s'exprime empiriquement en heures qu'un arbre passe en dessous de 7 °C. Si les gelées sont rares dans votre région, choisissez des variétés à faible besoin de froid. Par exemple, les pommes 'Pink Lady' n'ont besoin que de 200 à 400 heures de froid pour produire.

Maladies. Renseignez-vous sur les maladies présentes dans votre région afin de choisir des cultivars résistants. Par exemple, les poiriers européens sont sensibles au feu bactérien. Si c'est un problème dans votre région, choisissez des cultivars résistants comme 'Harrow Delight' ou 'Honeysweet'.

Longueur de la saison de végétation. Vos cultures doivent être en mesure de parvenir à maturité avant la fin de la saison de végétation dans votre région.
Par exemple, les noix de pécan et les pommes 'Fuji' poussent très bien au centre de permaculture de Bullock sur les îles Orcas, dans l'état américain de Washington, mais la saison de végétation y est rarement assez longue pour que les fruits mûrissent. La noix ordinaire et les pommes 'Gala' sont de bien meilleurs choix.

(à gauche) Dans le jardin de Jessi, ce poirier se dresse au-dessus d'une guilde de plantes tolérantes à l'ombre incluant la consoude panachée (accumulateur dynamique et barrière à mauvaises herbes), la bugle rampante (couvre-sol), des hostas (légume vivace) et des lamiers (source de nectar pour les prédateurs de ravageurs).

(au centre) À l'institut de Design Régénérateur de Bolinas, en Californie, cette guilde d'arbres fruitiers est visuellement plaisante, avec ses répétitions de couleurs et de textures et sa jolie bordure faite avec du bois ramassé sur le site.

(à droite) Cette treille à kiwis au centre Good Shepherd de Seattle, aux États-Unis, mélange des plants mâles et des plants femelles, permettant la pollinisation des fleurs femelles et la production de fruits.

Utiliser des plantes indigènes ou importées appropriées

Si vous recherchez une plante pour remplir une certaine fonction et qu'il existe une plante indigène (native) correspondante, il est logique de lui accorder la priorité. Après tout, les espèces indigènes sont généralement très bien adaptées aux conditions de leur biorégion et demandent souvent moins de soins qu'une plante importée. De plus, il y a des chances pour qu'elles attirent des espèces locales désirables, par exemple des insectes auxiliaires qui ont coévolué avec leurs plantes nourricières. Aider les espèces natives est la clé de la préservation des briques constituant un écosystème fonctionnel.

Les plantes importées (non natives) ont également leur place en permaculture. S'il n'y a pas d'espèce indigène pour remplir la fonction désirée, tournez-vous vers les espèces non natives. La permaculture accorde une grande valeur à l'autosuffisance, et si vous vous limitez aux espèces indigènes, cela risque de compromettre cet objectif. Plus largement, si vous ne prenez pas la responsabilité de produire au moins une partie de vos aliments, fibres, remèdes et autres, vous continuerez de dépendre de quelqu'un d'autre. Réserver votre jardin aux espèces indigènes et importer vos aliments de très loin n'est pas un scénario soutenable. Si nous produisions tous ne serait-ce qu'un faible pourcentage de notre nourriture, il deviendrait possible de laisser une partie des monocultures retourner à leur fonction primaire, qui est de fournir la biodiversité nécessaire aux animaux sauvages et de rendre divers services écologiques.

De plus, dans beaucoup de biorégions, l'écosystème est dégradé au point que nous ne pouvons plus vivre des espèces indigènes. Par exemple, sur la côte nord-ouest des États-Unis, la vie des amérindiens tournait beaucoup autour du saumon et des vieilles forêts de cèdre de l'Ouest. De nos jours, il reste très peu de vieilles forêts de cèdres, les populations de saumons ne sont plus ce qu'elles étaient et il y a beaucoup plus de gens à nourrir. Nous ne pouvons pas revenir au mode de vie d'antan, mais nous devons pourtant nous nourrir, nous habiller et construire des maisons. Ce qui signifie cultiver des plantes importées d'ailleurs.

Posez-vous les questions suivantes à propos des espèces indigènes et importées :

* Combien d'espèces indigènes avez-vous mangé aujourd'hui ? Beaucoup de civilisations ont une alimentation incluant des espèces importées. Par ex., les tomates originaires d'Amérique du Sud sont un élément important de la culture et de la cuisine italiennes.
* Quel rôle joue le temps dans la notion d'espèces indigène ? Les chameaux sont apparus en Amérique du Nord, mais il n'y en a plus depuis longtemps.

- Quel rôle joue la géographie dans la notion d'espèce indigène ? Y a-t-il sur la carte une ligne qui garantit avec précision qu'une espèce est présente d'un côté et pas de l'autre ?
- Sauvegarder une espèce menacée dans une région où elle n'est pas native peut-il avoir un intérêt ?

L'AGROFORESTERIE

L'agroforesterie est un système dans lequel on plante des arbres pour soutenir la production agricole. Les exemples connus sont les vergers à fruits ou à noix, la culture en allées (où des allées cultivées alternent avec des rangées d'arbres) et le jardin-forêt. Ces systèmes incluent tous des arbres alimentaires et autres plantes ligneuses.

Beaucoup de systèmes d'agroforesterie associent les arbres avec des animaux à viande ou à lait, avec l'apiculture, avec les plantes médicinales, les plantes pour la vannerie et autres. Le choix d'un système dépend du caractère commercial ou non de vos cultures. Si vous cultivez pour vous, le jardin-forêt ou forêt vivrière est un excellent choix. Aussi séduisant soit-il, le concept de jardin-forêt en est encore à ses balbutiements, et il y a encore besoin de retours d'expérience.

Si votre subsistance dépend de la productivité de vos cultures (qu'elles soient commerciales ou vivrières), votre système doit assurer :

- la facilité de la récolte et du transport
- un accès pratique pour les machines et l'entretien
- une production suffisante de chaque produit pour être économiquement viable
- une période de récolte qui s'accorde avec les travaux d'entretien
- des productions commercialisables.

En agroforesterie, on intercale souvent des arbres et des arbustes fixateurs d'azote avec des arbres fruitiers. On peut gérer ces systèmes par la technique du « chop and drop » (couper et laisser sur place). Les fixateurs d'azotes sont taillés en cépée (coupés à la base du tronc pour produire de nouveaux rejets) ou en têtard (la coupe a lieu en hauteur sur le tronc). En coupant les tiges feuillues, de préférence juste avant que les arbres fruitiers ne commencent leur croissance, une partie proportionnelle du système racinaire meurt, libérant de l'azote dans le sol pour les autres plantes. Puis on hache le feuillage et on le dépose à la base des arbres fruitiers. Ainsi, on a un paillis de qualité qui rend inutile de transporter les déchets de la taille.

L'objectif général de l'agroforesterie, commerciale ou non, est d'augmenter la fonction écologique et la biodiversité, et de diminuer la charge de travail. Si nos systèmes productifs atteignent cet objectif, c'est un grand pas que nous faisons sur la voie de la soutenabilité.

Les allées cultivées

Si la production est votre objectif, les allées cultivées méritent votre attention. La présence d'alignements d'arbres fruitiers dans les champs de céréales, de légumineuses et de légumes a de nombreux avantages. On peut en voir un exemple à la ferme Bona Fide sur Isla Ometepe, au Nicaragua. Sur une pente douce, les résidents ont planté des rangées d'arbres le long des courbes de niveau. Les rangées sont très espacées et les allées sont plantées de vétiver (*Chrysopogon zizanioides*), qui préviennent l'érosion lorsque les allées sont dénudées après récolte. Les arbres sont des fixateurs d'azote et rendent d'autres services, comme le madroño (*Callycophyllum candidissimum*), un arbre local, qui fournit des manches d'outils, du bois de chauffage et du charbon de bois.

Au début de la saison des pluies, on plante dans les allées des cultures annuelles comme le riz, le sorgho et les haricots. Au même moment, les arbres sont taillés en cépée pour faire un maximum de lumière aux allées et pour libérer dans le sol l'azote dont les cultures ont besoin. Les cultures et les arbres poussent pendant la saison des pluies. Quand arrive la saison sèche, les arbres fournissent de l'ombre, les cultures annuelles sont récoltées et les allées sont laissées en friche. L'opération est répétée chaque année, permettant de régénérer la fertilité du sol et d'augmenter la diversité des produits issus des champs.

Au centre de permaculture de Bullock, des rangées de jeunes arbres fruitiers et de petits fruits alternent avec des allées de légumes annuels.

Forêts et bois

Les forêts et les bois sont principalement entretenus pour fournir du bois d'œuvre et de chauffage ainsi que de la pâte à papier. Suivant votre climat, cela peut être la meilleure option pour les grandes parcelles de votre propriété classées en zone 4, car ils demandent peu d'entretien et ne nécessitent que des visites occasionnelles. L'entretien comprend l'éclaircissement, l'élagage, la surveillance des ravageurs et des maladies et la sélection d'essences préférées. Dans ces zones, un plan de gestion soigneusement élaboré est crucial. Il est essentiel de savoir quelles espèces sont présentes, quand les abattre et comment.

Un calendrier des travaux est également nécessaire. Par exemple, la météo et l'état du sol (gorgé d'eau, compacté ou gelé) doivent être pris en compte pour réduire au minimum la compaction et l'érosion. De même, pénétrer dans la forêt avec de lourds engins d'abattage n'a pas les mêmes conséquences que travailler avec un attelage de chevaux et des tronçonneuses.

Le jardin-forêt

Le jardin forêt ou forêt vivrière est l'approche agroforestière qui imite le plus la nature. Historiquement, cultiver dans une forêt diversifiée n'est pas nouveau, mais il n'en reste plus beaucoup d'exemples, en particulier en climat tempéré. Les perma-culteurs Dave Jacke et Eric Toensmeier ont compilé des tonnes d'études scientifiques et leur expérience personnelle dans un livre en deux volumes, *Edible Forest Garden*, qui présente de manière très détaillée comment concevoir des jardins-forêts pour augmenter leur production tout en préservant leurs fonctions écologiques.

Le jardin-forêt répond à plusieurs objectifs qui paraîtront pertinents pour quiconque se lance dans un projet de permaculture. Par exemple, nous cherchons à créer ce que Jacke et Toensmeier appellent « des polycultures surproductives ». En d'autres termes, si nous comparons un verger en monoculture à un jardin-forêt de superficie identique, la polyculture nous fournira une plus grande valeur totale, même si chaque produit pris individuellement nous rapporte moins. Si nous réussissons à créer des boucles fermées, nous devrions pouvoir laisser la forêt faire le plus gros du travail, ne nous laissant que la récolte à effectuer.

Dans un jardin-forêt, les plantes doivent être étagées en hauteur de manière à maximiser la production. Un jardin-forêt possède plusieurs étages ou strates :

Strate arborée supérieure. Cette strate comprend les arbres dominants, ceux qui prennent le plus de place et ont le plus grand impact sur les ressources, lumière, eau et nutriments. Elle inclut les arbres fruitiers et à noix parvenus à maturité, ainsi que de nombreux arbres à bois d'œuvre ou de chauffage.

Strate arborée inférieure. C'est la strate où vivent la plupart des arbres fruitiers. Ils peuvent être greffés sur des porte-greffes nains afin de faciliter les récoltes et de laisser le soleil parvenir jusqu'aux strates sous-jacentes.

LES STRATES D'UN JARDIN-FORÊT

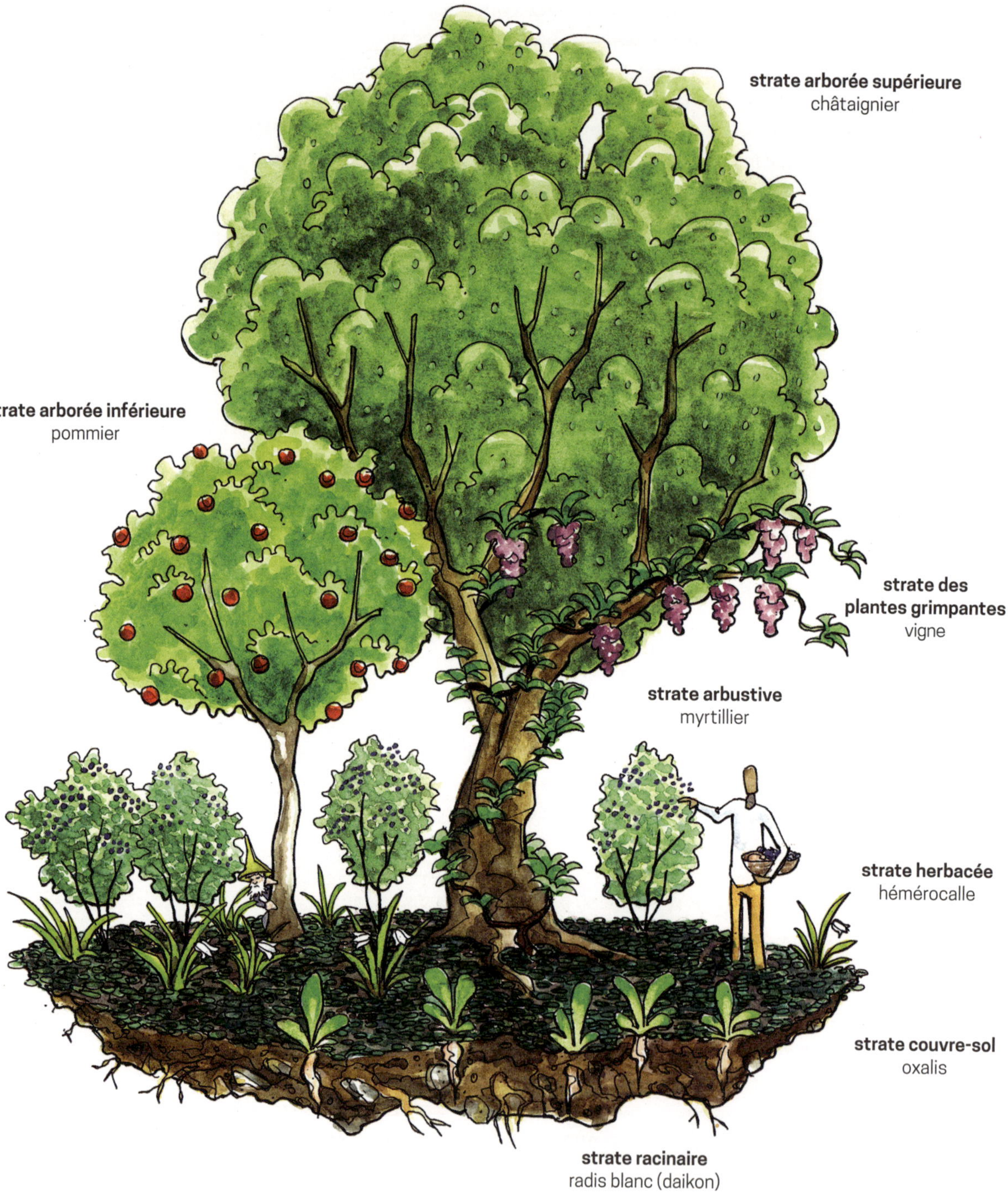

Strate arbustive. Cette strate se constitue de plantes ligneuses de taille moyenne produisant des fruits, des fibres et un habitat pour la faune. C'est la strate des arbustes à petits fruits et des bambous. Beaucoup d'espèces à fruits sont plus productives à la lumière solaire, leur emplacement doit donc être soigneusement choisi.

Strate herbacée. Elle comprend des plantes vivaces herbacées, c'est-à-dire non ligneuses, par exemple légumes, plantes aromatiques, fleurs à couper et plantes attirant les insectes.

Strate couvre-sol. Les couvre-sols diminuent l'érosion et produisent du mulch. Dans l'idéal, ils produiront aussi des aliments ou un habitat pour la faune sauvage.

Strate des plantes grimpantes. Nous pouvons cultiver des plantes grimpantes alimentaires ou bénéfiques à la faune. En les faisant grimper sur les arbres, nous réduisons la consommation d'espace, mais elles ont besoin d'un tuteur pour supporter le poids des fruits.

Strate racinaire. Le sous-sol ne doit pas être négligé. Il nous fournit toutes sortes de racines comestibles et de champignons.

Il s'agit de simuler l'architecture d'une forêt naturelle et d'augmenter la productivité. Mais une des erreurs les plus fréquentes est de planter trop serré. Il peut en résulter des attaques de champignons et une compétition pour la lumière, réduisant la productivité et augmentant le travail d'entretien. En appliquant ici le concept des guildes, vous pourrez créer des jardins-forêts équilibrés où la productivité et les fonctions écologiques sont en équilibre, tout en évitant une concurrence inutile.

D'une manière générale, le jardin-forêt est une excellente approche pour ceux qui souhaitent faire évoluer leur jardin traditionnel vers un système plus pérenne et optimisant les espaces productifs.

(à gauche) Cette collection de plantes aromatiques qui se ressèment toutes seules forme un excellent couvre-sol dans le jardin de Jessi. On y reconnaît la ciboulette, l'oseille et l'origan.

(ci-dessous) Dans la ferme de Treesearch à Houston, au Texas, les jardins de démonstration comprennent une grande variété d'espèces productives et fonctionnelles occupant différentes strates verticales.

Démarrer un système d'agroforesterie

Il existe plusieurs stratégies éprouvées pour démarrer un système d'agroforesterie : utiliser les guildes d'établissement, planter parallèlement aux courbes de niveau et planter en succession.

Guildes pionnières. Se servir de guildes pionnières (ou guildes d'établissement) est un bon moyen d'aider les arbres à s'installer. La plupart des espèces de votre guilde pionnière disparaîtront avec le temps. Rappelez-vous, les systèmes de permaculture sont des systèmes dynamiques.

En climat tempéré, on a le choix entre de nombreuses espèces pour soutenir un jeune arbre fruitier au centre d'une guilde pionnière. Par exemple, la consoude (*Symphytum officinale*) est une bonne barrière à mauvaises herbes et un accumulateur dynamique, le lupin (*Lupinus* spp.) est un fixateur d'azote idéal et le narcisse (*Narcissus* spp.) a un effet répulsif sur les ravageurs. La plupart des plantes de ces

GUILDE TEMPÉRÉE POUR ARBRE FRUITIER

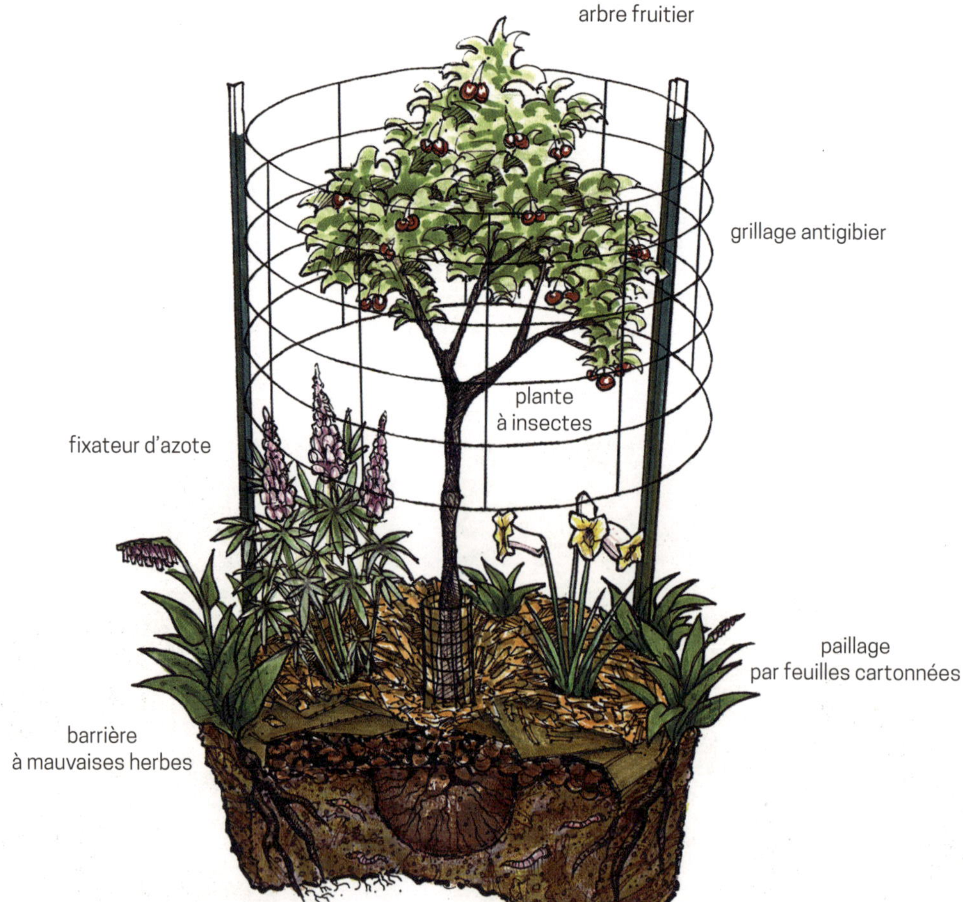

guildes sont des plantes de lumière. En d'autres termes, dès que l'arbre aura grandi, les conditions nécessaires à leur existence auront disparu.

Dans une guilde tropicale à banane, le bananier fournit une protection contre le vent, le soleil, l'assèchement du sol, un paillage vert et des bananes. Les autres plantes remplissent diverses fonctions qui aident le bananier à s'établir (dans notre illustration *Artocarpus heterophyllus*, le jaquier). Le gliricidia (*Gliricidia sepium*) est un fixateur d'azote, la citronnelle (*Cymbopogon flexuosus*) est une bonne barrière à mauvaises herbes et le piment (*Capsicum* spp.) est un "appât" à humains. Attirer les humains dans vos guildes pionnières grâce à des fruits savoureux est en effet un excellent moyen d'éveiller périodiquement leur attention sur le jardin ; ainsi, ils pourront remarquer ce qui ne va pas.

Ne créez pas de guildes pionnières trop complexes. Trop d'espèces différentes ou trop de plantes peuvent devenir un cauchemar à gérer. Si vous n'êtes pas sûr, optez pour la simplicité.

GUILDE POUR BANANE TROPICALE

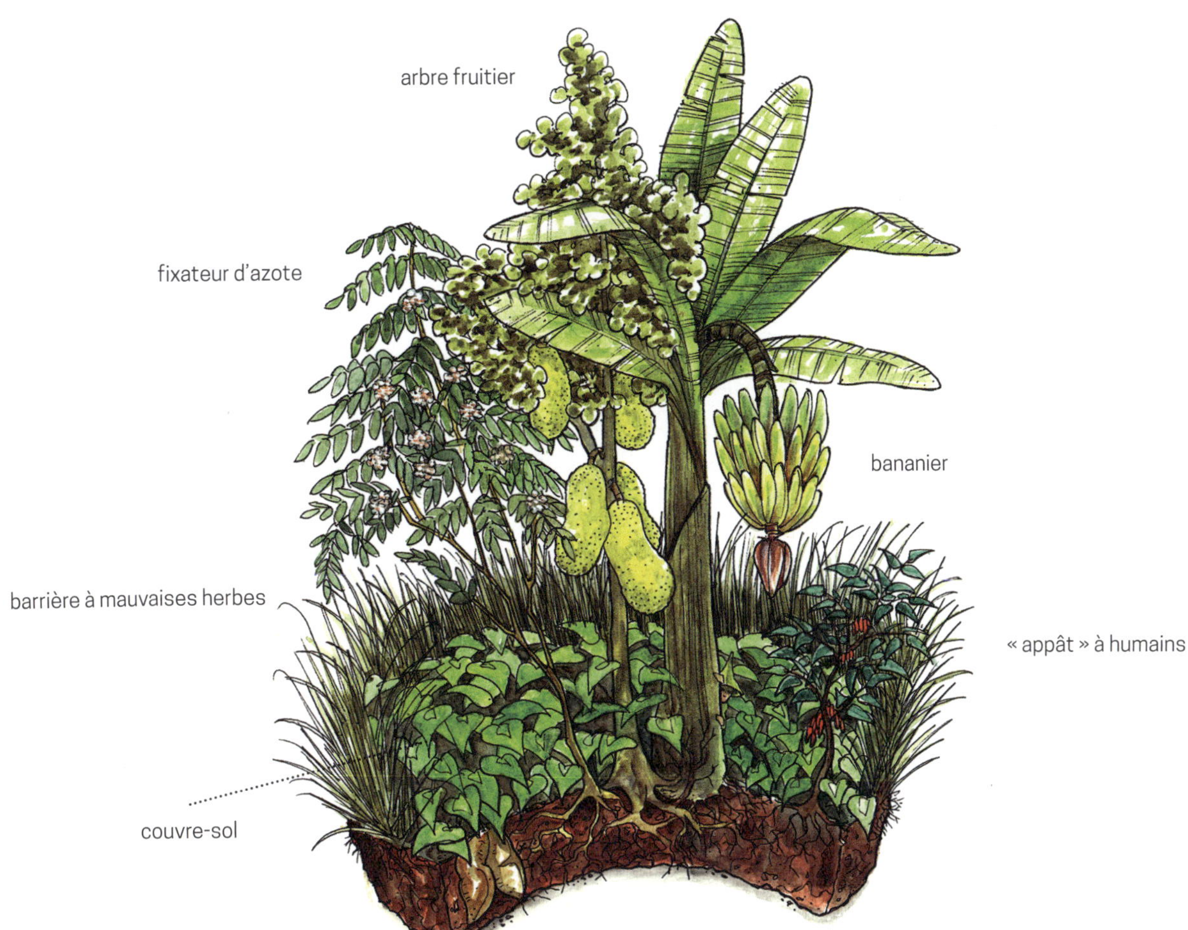

Planter parallèlement aux courbes de niveau. Une fois que vous maîtrisez la notion de guilde pionnière, vous pouvez en combiner plusieurs pour créer votre système agroforestier. Par exemple, planter les arbres en suivant les courbes de niveau est une stratégie de plantation sur pente. Les guildes pionnières sont établies autour de chaque arbre le long de la courbe (c'est-à-dire que chaque rangée d'arbre est horizontale). Ce mode de plantation diminue l'érosion grâce au paillage et autres matériaux étalés entre les arbres. Il est également compatible avec des noues d'infiltration qui vont aider l'eau à pénétrer dans le sol. À mesure que les arbres grandissent, les plantes de la guilde vont peu à peu disparaître. L'entretien consiste à couper et laisser sur place les fixateurs d'azote et à implanter des palmiers solitaires entre les arbres fruitiers (en régions tropicales).

Dans les régions tropicales, on conseille de planter en alternance des arbres fructifiant sur les branches avec d'autres fructifiant sur le tronc (cauliflorie). Les premiers ont souvent la couronne ronde et font leurs fruits à l'extrémité des branches, exposés au soleil. C'est le cas de la mangue (*Mangifera indica*), du litchi (*Litchi sinensis*), du longane (*Euphoria longan*) et de la noix de pili (*Canarium* spp.). En revanche, les arbres cauliflores ont des formes plus colonnaires ou pyramidales, les fruits se trouvant sur le tronc ou les grosses branches, à l'abri du soleil. Citons le jaquier (*Artocarpus heterophyllus*), la carambole (*Averrhoa carambola*), le cacaoyer (*Theobroma cacao*) et le jaboticaba (*Myrciaria cauliflora*). Si on resserre des arbres fructifiant sur les branches, une bonne partie de la production sera perdue à cause du manque de lumière, tandis que les arbres cauliflores produisent, que le fruit soit éclairé ou non. En mélangeant les deux types d'arbres sur une même parcelle, vous optimiserez la production.

Accélérer la succession naturelle. Une excellente stratégie pour démarrer un système agroforestier consiste à planter plusieurs stades de succession en même temps. Ainsi, la succession naturelle est accélérée et vos premières récoltes seront plus précoces. Par exemple, vous plantez des jeunes arbres fruitiers suivant leur espacement définitif. Mais cela laisse beaucoup d'espace libre. Vous pouvez alors planter des rangées de petits fruits entre vos arbres fruitiers, et même des rangées d'annuelles entre ceux-ci et les petits fruits. Ainsi, tout l'espace est occupé par des plantes productives.

Les annuelles donneront dès la première année et les petits fruits devraient commencer à produire la deuxième ou la troisième année. Les années suivantes, vous pourrez continuer à cultiver des annuelles jusqu'à ce que les arbres et les petits fruits produisent trop d'ombre pour les légumes. Mais à ce moment, les arbres fruitiers commencent à prendre la relève. Lorsqu'ils sont devenus adultes et que les petits fruits sont étouffés à leur tour, la production de fruits et de noix bat son plein. Ainsi, vous aurez récolté beaucoup plus que si vous aviez seulement planté les arbres fruitiers à leur espacement définitif en attendant qu'ils produisent. Il est temps, ensuite, de réfléchir aux cultures d'ombre que vous pourriez planter sous les arbres.

Transition vers une guilde mature. Le concept de guilde que nous avons exposé pour établir votre système agroforestier peut être complété par cette notion de succession. Dans une guilde mature, une partie des fonctions initiales a perdu de son importance.

PLANTER PARALLÈLEMENT AUX COURBES DE NIVEAU

ACCÉLÉRER LA SUCCESSION NATURELLE

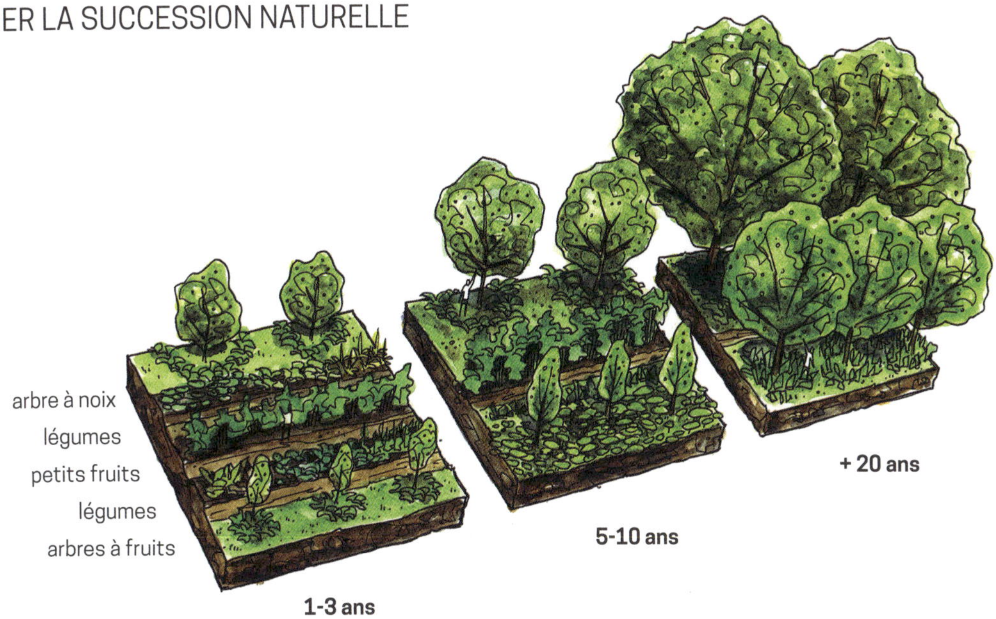

Par exemple, les nutriments tendent à se recycler très efficacement dans un système établi, et les fixateurs d'azote n'y sont plus aussi importants (ce qui est bien, car très peu de fixateurs d'azote tolèrent l'ombre). C'est un moment particulièrement intéressant pour le permaculteur et cela montre que le processus de création d'un système de permaculture ne s'arrête pas avec le plan initial.

Arrivé à ce stade, vous en savez en principe déjà beaucoup sur ce qui s'accorde ou ne s'accorde pas à votre contexte et à votre mode de vie. Cela vous aidera à choisir des guildes de plantes d'ombre pour le sous-bois. Vous pouvez d'ailleurs démarrer les plantations de plantes d'ombre plus tôt dans la succession. Il suffit de les planter en massifs à la base des arbres et les laisser occuper le terrain à mesure que l'ombre s'étend. Les plantes productives de cette guilde comprennent des plantes médicinales ainsi que des champignons comestibles et médicinaux.

LES CULTURES ANNUELLES

Bien que la permaculture insiste sur les cultures pérennes, les cultures annuelles ont également leur place. Ces plantes font la totalité de leur cycle biologique en une seule année. Les cultures annuelles demandent plus de travail et de planification que des cultures pérennes, mais si elles restent petites et intensives, les rendements peuvent être très gratifiants. Le travail commence par la préparation du sol et le dessin des planches de culture et se poursuit avec le choix des plantes et la mise en place d'un plan de gestion de la fertilité.

Dessiner les planches de culture

En permaculture, les jardins en « trou de serrure » et les jardins mandalas sont fréquemment utilisés pour leur efficacité spatiale. Mais si votre terrain est long et étroit, aucun des deux ne sera envisageable. Vous devez aussi penser à l'accessibilité et à la circulation. Si vous devez entrer et sortir avec une brouette, vos plans doivent en tenir compte.

Comme évoqué dans le chapitre sur l'eau, vous pouvez optimiser l'usage de l'eau en milieu aride en surbaissant les planches de culture. Inversement, des planches surélevées relèvent les racines au-dessus d'un sol peu drainant et gorgé d'eau. Dans certains climats très humides, c'est impératif pour la santé des plantes. De telles planches permettent aussi de créer des îlots de fertilité sur des terrains peu fertiles. De plus, l'entretien des cultures et le désherbage se font à hauteur des mains.

Une planche surélevée n'a pas besoin de bordures en bois, en pierre ou autre, mais peut simplement être constituée de terre entassée. Mais des bordures offrent plusieurs avantages. La masse thermique de certains matériaux tels que blocs de béton récupéré ou pierres, peut élever et réguler la température de la terre. La bordure est aussi un bon endroit où s'asseoir quand on travaille au jardin. Le revers de la médaille est que pierres, blocs de béton et bois créent des interstices susceptibles d'accueillir des mauvaises herbes comme le chiendent et des ravageurs comme les limaces et les escargots.

(en haut à gauche) Dans les environs de San Francisco, Rebecca Newburn a dessiné un jardin qui facilite les accès tout en restant esthétique.

(ci-dessus) Les bordures de ces planches de culture surélevées, dans les jardins partagés de Picardo P-Patach à Seattle, sont en genévrier imputrescible. Les légumes sont destinés à la banque alimentaire locale.

(ci-contre) Le jardin de Jessi comprend une diversité de planches de cultures, certaines surélevées et bordées de granit récupéré, de pierre locale ou de bois, les autres constituées de simples entassements de terre.

Le paillage autour de ces blettes diminue le besoin de désherbage et empêche le sol de s'assécher.

Jardiner sans retourner le sol

L'idée qu'il faudrait retourner le sol chaque année va à l'encontre de ce que la nature nous enseigne. Il est vrai que le labour décompacte le sol et facilite le travail. Il aère le sol, induisant le développement explosif des micro-organismes et la décomposition accélérée de la manière organique, rendant des nutriments disponibles pour les plantes. Mais beaucoup de ces mêmes nutriments sont lessivés, emportés par le vent ou par l'eau de ruissellement. À long terme, le labour réduit l'activité biologique du sol. Les techniques de jardinage sans retournement sont meilleures pour le sol.

Au siècle dernier, Ruth Stout, pionnière du jardinage biologique, a appris et enseigné que nous devons suivre l'exemple de la nature en utilisant le paillage pour éviter de labourer. Le paillage ou mulch protège et nourrit le sol, qui nourrit ensuite les plantes. Il diminue aussi la charge de travail : pas de bêchage, pas de sarclage, pas de fertilisation et peu d'arrosages.

Masanobu Fukuoka était un agronome japonais qui a beaucoup influencé la permaculture et les méthodes de jardinage naturel. Son approche basée sur le « laissez-faire » se passe pratiquement de labour et insiste sur le fait de laisser les systèmes biologiques travailler pour nous. Son best-seller de réputation mondiale, *La révolution d'un seul brin de paille,* traite non seulement du jardinage naturel, mais il le relie à la santé, à l'alimentation et aux valeurs culturelles. Le livre contient des conseils pratiques, mais c'est surtout une œuvre philosophique inspirante sur les liens entre les humains et le monde naturel.

Semer au bon moment et allonger la saison de culture

Pour les annuelles, semer et récolter au bon moment est décisif. Dans les régions tempérées, la saison de culture est la période entre les dernières gelées de printemps et les premières gelées d'automne. En climat chaud, il est souvent possible de cultiver toute l'année, à condition d'arroser pendant la saison sèche et de garder les plantes au frais en cas de canicule. Certaines plantes peuvent être semées directement en terre, tandis que d'autres doivent être semées à l'abri avant les dernières gelées ou pour anticiper la saison des pluies. Les dates des premières et des dernières gelées varient d'une année sur l'autre : surveillez la météo. La période optimale de récolte varie aussi d'une plante à l'autre dans le même jardin. Certaines plantes comme les petits pois, les laitues et le basilic peuvent être semées plusieurs fois pendant une même saison pour assurer une récolte régulière.

Dans les régions tempérées, il existe de nombreux moyens de prolonger la saison de croissance dans l'une ou l'autre direction. Tunnels et châssis, qu'on peut fabriquer avec toutes sortes de matériaux gratuits ou bon marché, retiennent la chaleur et protègent les plantules contre le gel. Vous pouvez aussi sélectionner des espèces rustiques qui supportent mieux les basses températures.

Dans les régions tropicales à saison sèche et humide, prolonger la saison de culture jusque dans la saison sèche a l'avantage de diminuer les attaques de ravageurs et de maladies. Cela nécessite une stratégie de préservation de la ressource en eau, une irrigation efficace, des ombrages pour diminuer les dégâts dus à la chaleur, et le choix de cultures adaptées.

(à gauche) Le jardin de Dave et Yuko, devant leur appartement de Seattle, aux États-Unis, est fait de planches de cultures surélevées et équipées de tunnels amovibles qui autorisent une production toute l'année en pleine ville.

(à droite) Ces pastèques poussant sous un châssis en verre illustrent un autre dispositif pour allonger la saison de culture. Sans cela, les pastèques ne recevraient pas assez de chaleur pour mûrir.

La rotation culturale

La rotation des cultures est une pratique ancestrale qui consiste à changer chaque année les cultures de parcelle. Cultiver constamment une plante ou des plantes de la même famille sur la même parcelle finit par appauvrir le sol et favorise la multiplication des maladies et ravageurs spécifiques de la plante, et il s'ensuit une perte de rendement. Il faut donc prévoir à l'avance la rotation des différentes familles de plantes d'une parcelle à l'autre. Voici les principales familles de cultures annuelles :

Amaranthacées : betterave, blette, amaranthe, quinoa, épinard, betterave sucrière, arroche

Alliacées : oignon, ciboule, ail, poireau, échalote

Apiacées : aneth, persil, fenouil, panais, cumin, carvi

Astéracées : tournesol, laitue, endive, chicorée, camomille, salsifis, shungiku

Brassicacées : brocoli, chou frisé, chou fourrager, radis, choux, navet, moutarde, roquette, chou chinois, chou de Bruxelles

Cucurbitacées : courge, potiron, concombre, melon, courgette, cornichon, luffa

Fabacées : petit pois, haricots, soja, pois chiche, lentille, fève, luzerne (alfafa), pois patate (jicama), cacahuète

Solanacées : tomate, tomatillo, pomme de terre, poivron, piment, aubergine.

Certaines de ces « annuelles » sont en réalité des vivaces qu'on cultive comme annuelles en climat tempéré (c'est le cas des solanacées, comme la tomate). Préparez votre plan de rotation avant de vous lancer. Par exemple, sur telle planche des légumineuses suivront des choux qui eux-mêmes suivront des oignons. Cela préviendra le développement des maladies et régénérera le sol.

ANNUELLES ET BISANNUELLES ALIMENTAIRES SE RESSEMANT SEULES

Antheum graveolens
aneth
annuelle

Arctium lappa
bardane
bisannuelle

Borago officinalis
bourrache
annuelle ou vivace

Brassica napus var. *pabularia*
chou frisé sibérien
annuelle
passe l'hiver en zone 7 et plus

Chrysanthemum coronarium
shungiku
annuelle

Coriandrum sativum
coriandre
annuelle

Eryngium foetidum
coriandre chinoise
annuelle ou vivace

Hibiscus acetosella
hibiscus à feuilles rouges
annuelle ou vivace

Lactuca indica
laitue d'Inde
annuelle ou vivace

Petroselinum crispum
persil
bisannuelle

Tragopogon porrifolius
salsifis
bisannuelle

L'AGRICULTURE URBAINE

Certaines techniques de production alimentaire utilisant des annuelles ou des vivaces ont un intérêt particulier pour les citadins. Certaines d'entre elles sont également valables à la campagne, mais en milieu urbain elles peuvent augmenter la production de manière significative.

Espaliers. Un espalier est une plante ligneuse taillée sur un plan bidimensionnel afin de la faire pousser le long d'une clôture ou d'un mur. Les arbres fruitiers peuvent être taillés en espaliers partout où l'espace est compté.

Jardins sur les toits. En ville, beaucoup de toits plats sont inutilisés. Si la toiture est conçue pour supporter la charge, on peut y créer des potagers.

Jardins verticaux. Grâce à de nouveaux matériaux, on commence à faire pousser des légumes sur les surfaces verticales. Le jardin vertical doit s'intégrer au bâtiment, il doit être facile à irriguer et ne doit pas consommer trop d'énergie ou autres ressources extérieures.

Jardins en bacs. Beaucoup de plantes, depuis les légumes jusqu'aux arbres fruitiers, peuvent pousser en bacs, une solution idéale si vous vivez en appartement. Un des avantages de cette méthode est que si vous déménagez, vous pouvez emporter vos plantes avec vous.

(à gauche) Dave a taillé ce pêcher en espalier sur la façade sud de l'immeuble où il habite. L'arbre profite de la lumière et de chaleur réfléchies par le mur et son feuillage est protégé de la pluie et de la cloque du pêcher, une maladie fongique fréquente dans sa région.

(à droite) À Seattle, aux États-Unis, Stracy Brewer fait pousser ses haricots verticalement le long de ficelles suspendues à une roue de bicyclette.

Vergers urbains. De plus en plus de villes encouragent la plantation de vergers urbains. Si votre ville interdit les arbres fruitiers dans les bandes de stationnement, essayez de repousser les limites. Si des arbres fruitiers poussent déjà dans votre rue, augmentez leur production en greffant branche après branche. Vous avez peut-être un avenir de guérillero du jardinage !

Espaces publics. Jardins partagés, parcs et terrains vagues : beaucoup de terrains en ville pourraient être convertis pour la production alimentaire. En participant à un jardin partagé dans votre quartier, vous contribuerez à augmenter la production alimentaire urbaine. Imaginez si les parcs étaient plantés d'arbres alimentaires requérant peu d'entretien tels que le châtaignier, le noyer et le pin pignon. Prenez contact avec les élus municipaux et participez aux consultations publiques concernant les terrains publics.

PLANTES DE PERMACULTURE POUR PETITS ESPACES

Acca sellowiana
feijoa
zones 8-11
bel arbuste ou arbre persistant à belles fleurs comestibles suivies de fruits semblables à des ananas

Butia capitata
palmier abricot
zones 10-12
bel arbre pour cour, délicieuse gelée de fruits

Castanea pumila
châtaignier de Virginie
zones 5b-9
grand arbrisseau à châtaignes comestibles

Citrus ichangensis* × *C. reticulata
yuzu
zones 7a-11
petit citronnier utilisé comme aromate en cuisine japonaise

Citrus japonica
kumquat
zones 8-12
petit agrume pouvant pousser en haie ; les fruits n'ont pas besoin d'être pelés et sont excellents à croquer

Cornus mas
cornouiller mâle
zones 5-8
bel arbuste avec de savoureux fruits rouges ou dorés

Dioon edule
cycas de la Vierge
zones 11-12
très beau cycas mexicain ; les plants femelles donnent des graines comestibles qu'on moud avant consommation

***Diospyros kaki* 'Izu'**
kaki 'Izu'
zones 7-10
kaki nain asiatique requérant peu de tailles

Eugenia uniflora
cerisier de Cayenne
zones 10-12
excellent fruit à croquer pour alignements

Malus domestica 'Scarlet Sentinel' et 'Golden Sentinel'
pommiers colonnaires
zones 4-9
pommiers colonnaires presque dépourvus de branches pour bacs ou petits espaces

---

Manilkara zapota
sapotille
zone 11 et plus
les fruits ont le goût de la cassonade ou du sirop d'érable ; il existe des variétés naines

---

Myrciaria cauliflora
jaboticaba
zones 9-11
arbre fruitier particulièrement ornemental qui ne grandit pas trop

Pouteria sapota
sapote
zone 10 et plus
les fruits ont un goût de patate douce ; on commence à trouver des variétés naines

---

Punica granatum
grenade
zones 7-10
arbre très ornemental ; les variétés naines sont idéales pour les bacs

---

Pyrus 'Warren' et 'Magness'
poire
zones 4-9
port plus colonnaire que la plupart des variétés

L'ENTRETIEN DES SYSTÈMES PRODUCTIFS

Pour entretenir vos systèmes de production alimentaire et végétaux, vous devrez apprendre à utiliser diverses techniques et à planifier de nombreuses opérations. La nature vous réservera des coups durs au moment où vous vous y attendrez le moins. Mieux vaut s'y préparer et avoir un plan de rechange. Toutes les plantes peuvent être agressées par des insectes, des animaux, des toxines environnementales, une météo extrême ou des maladies. La plupart des jardiniers apprennent tout au long de leur vie et cherchent sans cesse à affiner leurs connaissances, une qualité précieuse. Les saisons changent, les plantes ont besoin de soins différents pour diverses raisons, qu'il s'agisse de sarcler, de tailler, de lutter contre les ravageurs et autres. L'apprentissage est permanent.

Gérer les espèces invasives ou opportunistes

Une petite partie des plantes exotiques et natives est opportuniste et profite des niches écologiques qui se libèrent, et se dissémine rapidement de manière végétative ou par les graines. On les qualifie parfois d'invasives, mais nous préférons éviter cet adjectif qui est émotionnellement chargé et complique souvent les débats. À chaque permaculteur de se forger son opinion au sujet de ces espèces.

La plupart des espèces opportunistes sont adaptées aux milieux perturbés. Leur apparition est donc un témoin de la santé du site. Si nous voulons les empêcher de proliférer, il faut s'attaquer à la cause sous-jacente, à savoir un sol perturbé ou dégradé. Si nous nous contentons d'éliminer le problème sans combattre la cause, nous avons peu de chances de le résoudre. C'est comme épandre chaque année un herbicide sur la pelouse pour éliminer la mousse sans se préoccuper du fait que le terrain est trop ombragé et trop acide pour accueillir une belle pelouse.

En réalité, les espèces opportunistes sont les équipes de réparation de la nature. Elles apparaissent dans les paysages perturbés, où elles recouvrent le sol pour prévenir l'érosion, produire de la biomasse et augmenter la fertilité. Elles remplissent les niches libérées, absorbent les nutriments rendus accessibles et permettent à la succession naturelle de se mettre en place. Ces fonctions précieuses sont rarement comprises. Nous devons nous rappeler que les paysages naturels ne sont jamais figés. Ils se trouvent tous à un stade ou un autre de succession et ils ne cessent d'évoluer. Chercher à les figer, c'est lutter contre la nature et se donner du travail en plus.

Il y a des cas où nous bloquons volontairement la succession. Par exemple, un jardin annuel est volontairement figé au premier stade de la succession et nous acceptons le supplément de travail parce que nous voulons en tirer une production précise. Mais, dans d'autres cas, interrompre la succession ne fait qu'exacerber le problème que nous voulons régler. Si nous figeons la végétation à un stade précoce, nous aurons toujours des difficultés avec les espèces opportunistes. Le meilleur moyen d'éliminer les opportunistes est de laisser la succession dépasser les premiers stades. Un des indices que nous quittons les premiers stades est l'apparition de l'ombre, que beaucoup d'opportunistes ne tolèrent pas. Établir un couvert végétal est un moyen d'éliminer une opportuniste tenace sans produits chimiques et sans trop de travail. Les opportunistes tolérantes à l'ombre, comme le liseron ou le kudzu, sont plus coriaces. Une solution est de leur trouver un usage. Par exemple, la farine de racine de kudzu remplace la maïzena en cuisine japonaise.

Souvent, l'alternative à cette approche consiste à dépenser beaucoup de temps, d'argent et de produits chimiques pour lutter contre la nature. Tandis que la nature travaille à réparer la perturbation, nous la combattons et créons de nouvelles perturbations. Cette approche n'est pas très cohérente, et c'est certainement une piètre excuse pour utiliser des herbicides carcinogènes et ce faisant soutenir l'industrie des combustibles fossiles. D'un point de vue réaliste, éradiquer les nombreuses opportunistes exotiques qui ont pris pied dans nos contrées est impossible (d'autant plus que beaucoup finissent par développer une résistance aux herbicides).

Comment alors gérer les espèces opportunistes dans un système de permaculture ? Pour commencer, évitons d'intégrer dans nos jardins des opportunistes qui créeraient du travail supplémentaire ou des problèmes pour nous et nos voisins. Nous devons également envisager nos systèmes dans un cadre temporel qui dépasse nos limites humaines. Avec ou sans nous, les plantes ne cessent de se déplacer.

Quand une plante s'introduit dans un écosystème, elle peut se comporter initialement de manière opportuniste. Mais avec le temps (généralement plus long que celui dans lequel nous sommes habitués à penser), les autres espèces s'adaptent et l'écosystème retrouve un équilibre dynamique. Il en résulte une écologie hybride fonctionnelle (ce que David Holmgren, cofondateur de la permaculture, appelle l'écosynthèse). Si nous cessons de perturber sans cesse les secteurs à opportunistes par des produits chimiques ou autres techniques d'éradication, d'autres espèces s'adapteront et un équilibre se créera. Le problème est que cela prend de nombreuses années et que nous pensons rarement à si long terme.

Ravageurs et maladies

Une stratégie de lutte contre les ravageurs et les maladies est la lutte intégrée. Il s'agit de rechercher le moyen le moins gaspilleur d'énergie pour obtenir le résultat voulu. La lutte intégrée va des méthodes les moins gaspilleuses aux plus consommatrices.

La première étape consiste à identifier correctement le ravageur ou la maladie. Vous pouvez demander l'aide d'un technicien agricole connaissant les problèmes des cultures dans votre région. En connaissant le ravageur et son cycle biologique, vous pourrez agir à bon escient. Commencez par surveiller vos cultures et mesurer les dégâts qu'elles subissent.

À partir de là, déterminez un seuil de dégâts acceptables. Il est possible que l'ensemble des dégâts soit tout à fait négligeable, auquel cas il suffit de les ignorer. Quelques insectes grignotant des feuilles ici et là sont beaucoup moins préoccupants qu'une plante malade au point de nécessiter des soins constants. Souvent, un entretien régulier et ciblé suffit à tenir les ravageurs à distance. Ce devrait être un réflexe quand vous découvrez des problèmes qui peuvent se résoudre de cette manière.

(à gauche) Dans cette bordure longeant le jardin annuel de Jessi, la plupart des plantes comme l'achillée et l'aster accueillent des prédateurs de ravageurs. Les aulx et la lavande servent à désorienter les insectes et les poules bantam font un sort à tous les ravageurs qui se risquent dans le coin.

(à droite) La petite entreprise de paysagisme de Jessi, NW Bloom Ecological Landscapes, comprend une petite pépinière. Les poules détruisent les ravageurs et les mauvaises herbes dans les pots.

Si les dégâts ne sont plus supportables et ont un retentissement sur les rendements, vous pouvez commencer par les méthodes les moins néfastes d'un point de vue écologique. Elles peuvent être mécaniques (récolte à la main, taille, pièges), culturales (rotations, cultures associées, mesures sanitaires), biologiques (phéromones, prédateurs) ou, en dernier ressort, chimiques.

L'étape suivante consiste à évaluer les résultats. Certains ravageurs ou maladies peuvent nécessiter l'association de plusieurs mesures. N'hésitez pas à essayer plusieurs approches pour combattre un même ravageur. Par exemple, vous pouvez obtenir un résultat satisfaisant en taillant à une époque de l'année et en piégeant à une autre.

Malheureusement, cette approche raisonnée sert parfois d'excuse à l'utilisation de pesticides chimiques. Les produits chimiques doivent être le dernier recours et sont à éviter entièrement quand c'est possible, en raison des nuisances qu'ils infligent aux systèmes (santé du sol, qualité de l'eau, prédateurs des ravageurs) que vous vous efforcez justement à garder en bonne santé. Si vous ne pouvez pas vous passer de produits chimiques pour cultiver une plante, songez à la remplacer par une autre.

La taille

La taille est une mesure d'entretien incontournable. Tailler est important pour la santé des plantes : élimination des branches mortes ou malades, pénétration de la lumière, circulation de l'air, création d'une structure équilibrée. Les jeunes arbres ont souvent besoin d'être taillés et formés afin qu'ils développent une solide charpente de branches. On taille aussi les arbres fruitiers pour stimuler la production de fruits et limiter leur hauteur afin de faciliter la récolte. Certains arbres sont taillés en cépée ou en têtard et la récolte a lieu sur les nouvelles tiges. Procurez-vous de bons outils de taille, suivez des formations et consultez des livres pratiques pour apprendre cet art incontournable.

La multiplication

Vous pouvez multiplier vous-même vos plantes. Dans la nature, les plantes naissent de manière sexuée (par graines) ou végétative. La multiplication sexuée est source de variation, car elle implique de mélanger les gènes de deux parents, tandis que la reproduction végétative produit des rejetons identiques à la plante mère. Certaines plantes n'adoptent qu'une seule forme de reproduction et ont des besoins spécifiques. D'autres se multiplient des deux façons, à vous de choisir laquelle en fonction de vos objectifs. Par exemple, si vous voulez sélectionner une nouvelle variété de quinoa adaptée à votre climat, vous devez utiliser la reproduction sexuée afin de pouvoir sélectionner les rejetons qui se portent le mieux dans votre climat. Mais si vous souhaitez produire la réplique exacte d'une plante pour conserver ses qualités (comme l'époque de maturation, la rusticité ou la couleur), la multiplication végétative (bouturage, division, greffe) est plus appropriée. Pour choisir un mode de multiplication, il faut aussi tenir compte de l'époque de l'année et du type de soins nécessaires aux plantes après la multiplication.

Graines. Certaines plantes se multiplient mieux par les graines. Il est important de connaître les conditions naturelles dans lesquelles une plante germe. Certaines plantes ont besoin de conditions spécifiques. Par exemple, l'aneth a besoin d'eau et de lumière solaire directe. Beaucoup de graines possèdent un mécanisme qui les empêche de germer en cas de coup de chaleur automnal. Leurs graines ont besoin d'être exposées au froid pendant plusieurs semaines ou mois (stratification) pour germer. En climat froid, il suffit de les semer à l'automne.

TECHNIQUES DE MULTIPLICATION

À Portland, dans l'Oregon, Marisha Auerbach fait sécher ses graines dans un séchoir solaire avant de les stocker.

Vous pouvez aussi les placer dans un sac en plastique avec du substrat humide et les réfrigérer pendant la durée requise. La scarification est un traitement qui fragilise le tégument pour permettre à la graine de germer : en scarifiant, en perçant ou en abrasant le tégument, l'eau pénètre plus facilement. Dans la nature, cela se produit souvent dans l'estomac des animaux.

Bouturage. Couper une branche ou son extrémité, ou couper un morceau de racine et leur faire produire des racines est un moyen simple de produire de nouvelles plantes. On procède à des moments précis de l'année. Les boutures de certaines plantes prennent facilement une fois placées dans le substrat. Certaines, comme les saules (*Salix* spp.), produisent des hormones d'enracinement (ou de bouturage) qui facilitent la production de racines, mais d'autres ont besoin d'un coup de pouce. On peut acheter de l'hormone de bouturage ou la fabriquer soi-même sous forme d'eau de saule. Les plantes qui, comme le saule, produisent de l'hormone de bouturage, peuvent servir à limiter l'érosion grâce à la technique des pieux vivants. Cela consiste à planter dans le sol des branches prélevées sur les arbres en question. Les branches s'enracinent et deviendront des arbustes ou des arbres.

Division. La multiplication par division est une technique efficace avec de nombreuses plantes et graminées vivaces qui forment des touffes ou des tiges multiples. Il suffit de diviser la plante en deux avec un fer à bêche. Nos outils préférés sont le couteau hori hori et le fer à bêche denté, mais une pelle bien affûtée convient aussi.

Greffes. Le greffage est une technique de multiplication presque magique utilisée depuis plus de 2000 ans. C'est un peu comme un acte chirurgical qui consiste à connecter deux plantes entre elles. Pour cela, on choisit un porte-greffe, c'est-à-dire la plante qui possède les racines, en fonction de propriétés désirées (par exemple hauteur, tolérance à la sécheresse ou à l'eau, rusticité). On sélectionne aussi un greffon, la partie qui surmontera le porte-greffe, choisi aussi pour ses propriétés (type de fruit, saveur, période de maturation). Par exemple, un prunier sauvage pour sa robustesse comme porte-greffe et le prunier 'Santa Rosa' aux fruits délicieux comme greffon.

Presque tous les fruits du commerce proviennent d'arbres greffés. C'est une pratique courante avec les arbres ornementaux pour obtenir la couleur de feuilles ou la période de floraison désirées. On greffe généralement une plante d'une espèce avec une autre plante de la même espèce, mais il arrive qu'on greffe des plantes d'espèces ou de genres différents. Approfondissez le sujet avant de choisir des espèces à greffer. Un porte-greffe local est une excellente option, car il est adapté aux conditions locales telles que le sol et le climat.

Le greffage permet aussi de restaurer de vieux arbres, de sauvegarder des variétés anciennes, d'accélérer l'entrée en production (2 ans au lieu de 5 ou plus), de produire des fruits sans pépins, d'augmenter la résistance aux maladies et de loger plusieurs variétés de fruits dans un petit espace en les greffant sur un même porte-greffe.

Le greffage se produit naturellement dans la nature, essentiellement au niveau racinaire. Les racines des pommiers sauvages se greffent souvent les unes aux autres, ainsi chaque arbre peut aider les autres. On a également découvert ce phénomène chez des Douglas qu'on avait abattus. Normalement, la souche meurt, mais si ses racines sont greffées aux arbres voisins, ceux-ci aident la souche à cicatriser, exactement comme ils l'auraient fait d'une blessure dans leurs propres tissus. Le greffage existe donc depuis très longtemps sans nuire à la nature ni à l'homme.

La conservation des graines

La conservation de nos graines est un élément important de notre résilience, car cela nous évite de dépendre chaque année des compagnies semencières. Les graines de certaines espèces comme la laitue, les haricots et la tomate sont plus faciles à conserver que d'autres. Commencez par elles et laissez quelques plants monter à graine. Non seulement vous économiserez de l'argent, mais les plantes concernées pourront fleurir et nourrir les insectes.

TRANSFORMATION ET STOCKAGE DES ALIMENTS

Si votre jardin est productif, vous ne pourrez certainement pas tout consommer sur le champ. La transformation et le stockage de vos aliments sont nécessaires pour profiter de cette abondance pendant la saison improductive. Les techniques de conservation sont les conserves, le séchage, la congélation, le stockage au frais, le salage, le fumage et la fermentation.

Le stockage au frais mérite une attention particulière dès la conception votre système. Les caves à fruits et les silos à légumes-racines existent depuis des milliers d'années. Ces espaces doivent être situés dans des lieux qui restent frais sans geler. Ils sont souvent partiellement ou entièrement enterrés, car la température du sol est relativement constante, autour de 13 °C. Dans l'hémisphère Nord, les caves et silos sont souvent situés du côté nord des bâtiments et au pied des pentes orientées au nord.

Les celliers ont une fonction similaire à celle des silos à légumes-racines, mais ces derniers ont une humidité relative plus élevée (90 à 95 %), tandis que les celliers sont plus secs. Le cellier est le lieu où stocker les aliments secs comme les haricots, la farine et le grain, ainsi que les aliments séchés et les conserves en bocaux. (Dans une cave humide, les joints d'étanchéité finissent par s'abîmer).

SE LANCER DANS LA PRODUCTION ALIMENTAIRE

	Plus facile	Plus exigeant	Très exigeant
Jardinage	Faire un petit jardin de légumes.	Faire un grand jardin et planter quelques arbres fruitiers. Planter des plantes à insectes.	Créer un jardin-forêt. Gérer une forêt.
Multiplication	Diviser les plantes.	Semer et bouturer. Créer une pépinière chez vous.	Greffer vos arbres. Créer une pépinière commerciale.
Conservation	Sécher les aliments.	Faire des conserves en bocaux.	Construire une cave ou un silo.

La serre attenante à la maison de Jude Hobbs à Cottage Grove, dans l'Oregon, sert en été au séchage des aliments. Ceux-ci pourront être consommés toute l'année.

Animaux et vie sauvage

Accueillir la diversité naturelle

Pas de systèmes naturels sans animaux. Si votre système de permaculture n'inclut pas d'animaux domestiques ou n'est pas accueillant pour la faune sauvage, il n'imitera pas la nature aussi bien qu'il le pourrait. Les animaux sont indispensables au succès des écosystèmes naturels, et l'homme les utilise depuis longtemps pour la viande, la laine, le fumier ou comme moyen de trait ou de bât. Les animaux stimulent très fortement le développement de la fertilité des sols en digérant la biomasse, étape essentielle du cycle des nutriments. Contrairement aux plantes, ils sont mobiles et déposent leur fumier un peu partout, redistribuant minéraux, glucides, fibres et acides aminés dont les plantes et le réseau trophique du sol ont un besoin vital. Avec un peu d'anticipation, nous pouvons simuler ce fonctionnement naturel pour notre profit.

L'apiculture est un art qui mérite d'être appris car les abeilles pollinisent les plantes, produisent du miel, de la cire et d'autres produits.

ÉLEVER DES ANIMAUX

Les animaux d'élevage ont pratiquement disparu de notre paysage quotidien depuis qu'ils sont devenus un matériau de l'industrie agroalimentaire. Avant l'avènement du pétrole, les animaux ne fournissaient pas seulement de la viande, mais aussi du travail. En permaculture, nous cherchons à mettre à profit le comportement naturel des animaux et leur capacité à fournir d'autres services et produits.

Tous les animaux ont les mêmes besoins essentiels : nourriture, eau propre, protection contre les éléments et les prédateurs. Mais ils ont aussi besoin d'un minimum d'espace, d'un climat adapté et d'enclos. Renseignez-vous avant d'acheter un animal ou un troupeau. Voici un certain nombre de points à intégrer dans la planification de votre système de permaculture :

Objectif. Élevez-vous des animaux pour gagner votre vie ou pour être autonome ? Quels produits et rendements attendez-vous d'eux ?

Terrain et surface. Quels sont les animaux les mieux adaptés à votre environnement ? Un terrain boisé n'est pas favorable aux mêmes animaux qu'un vaste pâturage. Dans un environnement donné, les animaux peuvent se nourrir par eux mêmes ou on peut leur fournir leur alimentation par divers moyens.

Temps. De quel temps disposez-vous pour vous occuper de vos animaux ? Certaines espèces exigent beaucoup de travail et d'autres peuvent être livrées à elles-mêmes et visitées de temps à autre. Votre système de gestion doit correspondre à vos disponibilités. À mesure que votre système gagne en maturité, il réclamera peut-être moins de travail : planifiez son développement à l'avance.

Protection. De quels types d'enclos ou d'abris vos animaux ont-ils besoin pour être protégés des intempéries et des prédateurs ? Certaines espèces ou races sont plus vulnérables que d'autres.

Charge en bétail. Cette notion est similaire à la capacité de charge et se réfère au nombre d'animaux susceptibles de vivre sur une surface donnée. Mais la capacité de charge concerne des animaux devant être nourris par l'écosystème sur le long terme, tandis que la charge en bétail s'applique à des animaux d'élevage qu'on peut changer régulièrement de pâturage. Une surface donnée de terrain ne peut convertir chaque saison qu'une certaine quantité de lumière en nourriture. Si trop d'animaux vivent pendant trop longtemps sur une même parcelle, le sol peut se dégrader et les animaux peuvent être sujets au stress ou à des maladies. Le nombre d'animaux pouvant vivre sur une parcelle varie énormément selon l'espèce, les caractéristiques du terrain et le mode de gestion adopté. Par exemple, les ongulés peuvent dégrader le sol plus que d'autres espèces.

Parcours libre ou enclos ?

Il y a différentes façons de gérer les animaux en plein air, chacune présente des avantages et des inconvénients. Plus le parcours est libre, moins cela vous demandera de travail.

(à gauche) Tous les animaux ont besoin d'une forme d'abri. Celui-ci est adapté au comportement des chèvres et offre la possibilité de grimper.

(à droite) Jessi intègre ses poules dans le pré grâce à un « tracteur à volaille » (sorte de petit poulailler amovible et dépourvu fond). Celui-ci protège les poules et les empêche de dégrader le sol.

Les animaux se nourrissent de ce qu'ils trouvent et répandent leurs déjections en se déplaçant dans le pâturage. Mais ils sont plus vulnérables aux prédateurs et les maladies peuvent passer inaperçues plus longtemps. Dans un petit enclos, les animaux sont plus en sécurité et plus faciles à surveiller, mais la gestion de l'espace, du fumier et de la nourriture demandent plus de travail. Le parcours en semi-liberté est un moyen terme qui permet aux animaux de se nourrir naturellement, souvent dans des prés, mais dans un espace enclos, par exemple un tracteur à volailles.

NIVEAU DE CONFINEMENT

parcours libre	**semi-liberté**	**enclos**
moins de travail		plus de travail
plus de prédation		moins de prédation
les animaux se nourrissent seuls		les animaux doivent être nourris
les animaux répandent leur fumier		le fumier doit être récolté

Le système d'alimentation

Plus vos animaux tirent leur subsistance de votre terrain, plus votre élevage sera soutenable et résilient. Vous pouvez aussi inclure dans votre système des solutions proches de chez vous.

C'est bien mieux que de nourrir vos animaux avec des aliments commerciaux venant de loin, qui coûtent plus cher et dont vous ne pouvez pas contrôler la qualité. L'alimentation des animaux est un processus dynamique ; surveillez la santé de vos terres et de vos animaux et adaptez-vous aux changements constatés.

Pour mettre en place un système d'alimentation, sachez d'abord ce que vos animaux mangent et digèrent naturellement. Concevez un système aussi proche que possible de leur environnement naturel. Ce système sera plus résilient et demandera moins de maintenance. Si ce n'est pas possible, produisez vous-même leurs aliments dans la mesure du possible. Arrangez-vous aussi avec vos voisins pour qu'ils vous fournissent des aliments ou des pâtures.

PLANTES POUR L'ALIMENTATION ANIMALE

Calliandra calothyrsus
calliandra
zones 10-11
se taille en cépée

Caragana arborescens
caraganier de Sibérie
zones 2-8
graines appréciées par les poules et autres volailles

Ceratonia siliqua
caroubier
zones 9-11

***Erythrina* spp.**
arbre corail
zones variables

Gleditsia triacanthos
févier d'Amérique
zones 3-7
surtout pour moutons et chèvres, capables d'assimiler les glucides et protides contenus dans les gousses

Leucaena leucocephala
faux mimosa
zones 9-11

Lolium perenne
ray-grass anglais
zones 3-6

Lycium barbarum
lyciet commun
zones 6-9
excellent pour les poules

Medicago sativa
luzerne
zones 3-8
pour élevage laitier

Morus alba
mûrier blanc
zones 4-8
fruits et feuilles riches en protéines

Prosopis glandulosa
mesquite
zones 8-11

Robinia pseudoacacia
robinier faux-acacia
zones 4-9
peut se tailler en cépée

Rubus idaeus
framboisier
zones variables
excellent pour les poules ; plante médicinale majeure en élevage laitier

La gestion holistique

Avec les animaux brouteurs, il est crucial de prendre soin des terres qui les font vivre. Les ongulés peuvent détruire le sol ou au contraire contribuer à le restaurer. Allan Savory, inventeur de la gestion holistique, a compris qu'il fallait comprendre comment les troupeaux d'ongulés se nourrissent dans la nature pour établir une relation symbiotique entre un troupeau, le réseau trophique du sol et les pâturages où ils se nourrissent. La gestion holistique est un modèle important pour les systèmes agricoles écologiques s'inspirant des processus naturels.

Par exemple, dans la nature les ongulés broutent pendant quelque temps au même endroit, puis ils changent de place après avoir abandonné leurs déjections riches en nutriments. Alla Savory a découvert que, dans certains endroits d'où l'on avait retiré les ongulés pour lutter contre le surpâturage, l'écosystème s'était dégradé au lieu de se reconstituer. Cela peut paraître contre-intuitif, mais cela s'explique quand on comprend comment les nutriments circulent dans les écosystèmes soumis à une saison sèche. Dans ces milieux, l'absence saisonnière d'eau interrompt l'activité biologique dans le sol et les décomposeurs ne font plus leur travail consistant à restituer les nutriments à la terre. C'est là qu'interviennent les ruminants. En mangeant l'herbe et les plantes herbacées, ils les transforment dans leurs systèmes digestifs et les rendent au sol partiellement décomposés, riches en eau et en micro-organismes. Autrement dit, les ruminants sont un élément essentiel du cycle des nutriments dans ces environnements.

Dans beaucoup de ses projets, Savory augmente même la charge de bétail, mais il détermine avec soin où le bétail doit aller et pour combien de temps. Grâce à la gestion holistique, il a pu restaurer des terres dégradées dans le monde entier. Plus important encore, il pense que les animaux sont en réalité le meilleur remède pour ces terres, plutôt que des cultures dépendantes d'une irrigation abondante. Actuellement, on étudie la capacité de la gestion holistique pour combattre le changement climatique en incorporant plus de carbone dans les sols des prairies et des savanes du monde entier.

Sur cette ferme, les vaches sont élevées en pâturage tournant afin de gérer la ressource en herbe.

Le pâturage tournant

La plupart des fermiers ayant une surface limitée de terres, il est d'autant plus important de la gérer efficacement. Le pâturage tournant simule les déplacements des ongulés dans l'écosystème. L'idée est de diviser les terres en cellules, qu'il s'agisse de petits enclos ou de grandes parcelles, et de faire tourner les animaux de l'une à l'autre afin que la terre ait le temps de récupérer après leur passage. Pendant cette période, les racines des plantes se développent, la biomasse se régénère et la matière organique abandonnée par les animaux a le temps de décomposer et de nourrir le sol.

Avec le pâturage tournant, la gestion du temps est crucial. Les facteurs à prendre en compte sont la nature du sol, le climat, l'ensoleillement, la taille des enclos, le nombre et le type des animaux. Il faut aussi se préoccuper des surfaces mises à nu, des mauvaises herbes et de la fertilité du sol.

SECTEURS ET ÉQUIPEMENTS

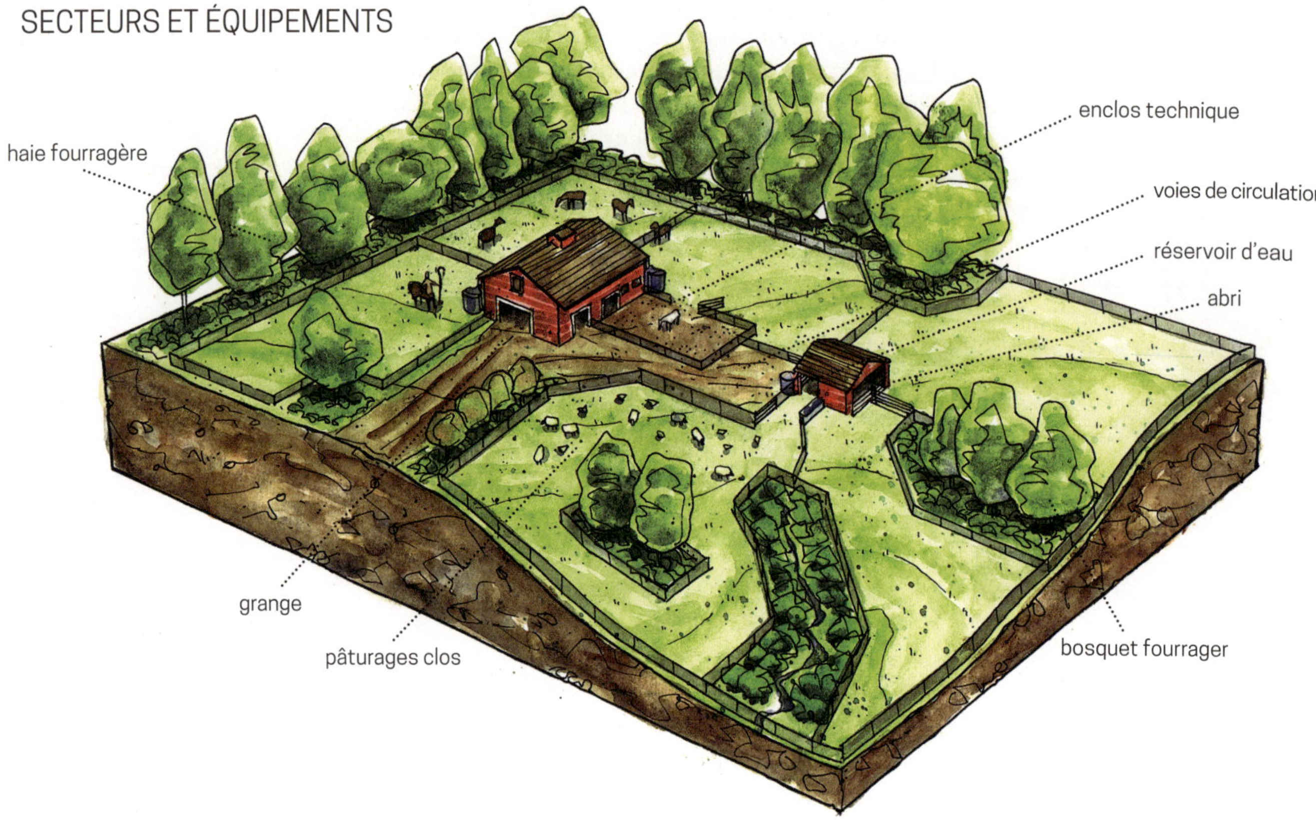

Secteurs et équipements

Si vous avez plusieurs espèces ou races d'animaux, faut-il les élever ensemble ? Qui doit être séparé de qui ? Comment diviser votre terrain ? Voici les principaux composants d'un élevage en permaculture :

- Une grange facilement accessible aux gens, aux animaux et aux véhicules ; un grenier à foin accessible, un parking à remorques et des zones de demi-tour. La grange sert à stocker nourriture, sellerie, ustensiles pour les soins, elle abrite les boxes de reproduction et de mise bas ainsi que l'atelier de transformation du lait, de la laine et de la viande.
- Un enclos technique adjacent à la grange doté d'un accès facile pour les animaux logés dans celle-ci. Cet enclos est typiquement couvert de gravier ou autres agrégats rocheux assurant un bon drainage. Situé à l'écart des pâturages, il sert quand la terre est gorgée d'eau ou quand des bêtes ont besoin de soins particuliers.

- Des abris simples contre les intempéries dans les pâturages et les enclos. Si l'eau est récupérée depuis leurs toits, cela économisera la pose de longues canalisations.
- Des voies de circulation et des portails pour faire passer facilement les animaux d'un espace à l'autre, sans oublier une voie centrale menant à toutes les parcelles.
- Des bosquets et des haies fourragers qui procureront nourriture, abri et ombre. On peut les créer au milieu et/ou en bordure des pâturages.
- Des périmètres de protection autour des zones sensibles pour épargner les ressources naturelles, par exemple une haie vive le long d'un ruisseau.

Les clôtures

Pour protéger les animaux des prédateurs et les empêcher de s'enfuir, il vous faut des clôtures spécifiques à chaque espèce. Le type de clôture est déterminé par la taille des animaux et leurs comportements. En général, les plus grands doivent être gardés en enclos, mais il suffit parfois d'une simple barrière visuelle (par exemple, un simple fil électrique suffit à contenir un troupeau de vaches). Les petites espèces exigent des intervalles ou des mailles plus petits.

Les modèles de clôtures proposés sont nombreux, pour un coût et une facilité d'installation très variables. Pensez aux ressources que vous avez sous la main et au travail qu'exigera l'entretien de la clôture. Si vous ne connaissez pas encore les animaux ou le terrain, installez une clôture temporaire en attendant un choix définitif. Les clôtures amovibles sont très pratiques pour le pâturage tournant ou pour moduler la taille des enclos.

Grillage à cervidés. Selon l'espèce concernée, un grillage à cervidés doit mesurer au moins 1,5 à 3 mètres de hauteur, avec le sommet incliné vers l'extérieur pour empêcher les animaux de sauter par-dessus. Vous pouvez utiliser n'importe quel type de grillage, mais évitez ceux dans lesquels ils risquent de se prendre. La clôture doit être visible de loin pour éviter qu'un cervidé en pleine course ne la heurte et ne se blesse.

Grillage à cochons. Les cochons sont lourds et aiment creuser : il leur faut une clôture solide et partiellement enterrée. Les panneaux grillagés rigides sont courants mais chers. Considérez des barrières à vache en tubes métalliques ou des grillages à mailles chaînées.

Barrières en rondins. Ce type de clôture convient très bien aux grands animaux comme les bovins, les lamas et les chevaux. Les matériaux et le mode d'agencement varient, mais ces barrières sont en bois imputrescibles. Elles n'arrêtent pas les prédateurs, et même des animaux paisibles peuvent les briser en cas de panique.

Clôtures vivantes. Une clôture vivante peut consister en une haie vive, un plessis ou des arbres taillés en têtard, en fonction du type d'animaux et des disponibilités.

TYPES DE CLÔTURES

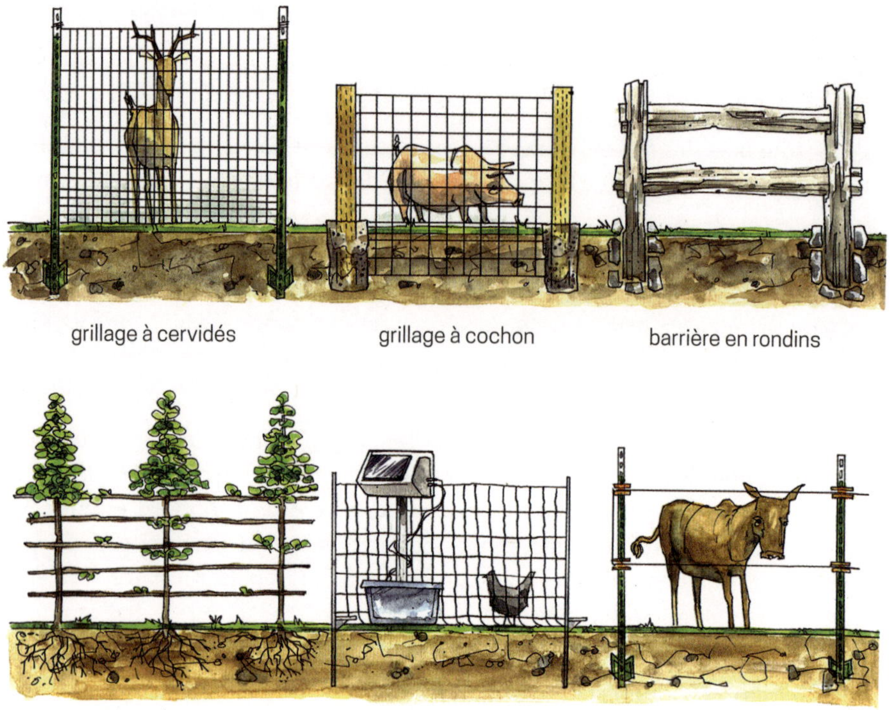

grillage à cervidés — grillage à cochon — barrière en rondins

clôture vivante — filet électrique à volaille — clôture électrique à fil unique

Les haies ont leur place en limite de propriété et le long des corridors naturels tels que les cours d'eau. Elles peuvent retenir certains animaux et hébergent la faune sauvage. Les plantes sont souvent variées et densément disposées. Les plantes épineuses font d'excellentes barrières à bestiaux.

Le plessage crée des plessis ou haies vives et denses, courantes à la fin du Moyen-Âge et jusqu'au XIXe siècle dans certaines régions. Cela consiste à planter des arbres rapprochés. Après quelques années de croissance, les jeunes troncs sont taillés à la base sans les couper de leurs racines et rabattus par-dessus l'arbre voisin. Des piquets peuvent maintenir le tout. C'est une bonne technique en permaculture, car elle utilise des matériaux locaux et réutilise des déchets pour les piquets.

La taille en têtard consiste à planter des piquets d'une espèce donnée qui rejettera à la hauteur désirée après chaque rabattage annuel. Les branches coupées peuvent être plessées entre les troncs pour servir de barrière. Si l'espèce utilisée est appréciée par les bêtes, les feuilles des branches coupées peuvent servir de fourrage.

Filets à volaille. Les filets électriques légers sont une bonne solution pour les petits animaux. Il en existe aussi pour les moutons. Ces filets sont alimentés par un petit chargeur solaire et sont faciles à déplacer d'une parcelle à l'autre.

Clôture électrique à fil unique (ou multiples). Utilisée généralement pour les animaux de grande taille, ces clôtures ne sont pas chères et faciles à déplacer. Il suffit de les enrouler et de les ranger jusqu'à la prochaine utilisation. Elles sont inefficaces avec les petits animaux et ne suffisent pas toujours à arrêter un animal déterminé à s'échapper.

PORTRAITS D'ANIMAUX D'ÉLEVAGE

Historiquement, les animaux étaient élevés sur des fermes familiales à des fins d'autosuffisance et de résilience. Étaient particulièrement prisés les animaux qui se reproduisaient facilement avec un instinct maternel marqué, qui se nourrissaient naturellement et qui présentaient une résistance aux maladies et aux parasites. Maintenant, beaucoup d'animaux sont élevés industriellement à des fins commerciales (ce qui signifie généralement un rendement maximal par kilo d'aliment dépensé), et beaucoup de leurs caractéristiques naturelles ont été perdues dans le processus de sélection. Beaucoup de races traditionnelles ont disparu ou se sont raréfiées, entraînant une grande perte de diversité génétique. Pourquoi ne pas choisir quand c'est possible des races traditionnelles correspondant à vos conditions et à vos besoins ?

La structure sociale des animaux est un facteur important pour mener une vie naturelle et saine. Beaucoup d'animaux domestiques sont grégaires. Ils ont besoin de la compagnie de leurs congénères ou au moins de celle d'autres animaux. Chez Jessi, sur une surface trop petite pour plusieurs chevaux mais assez grande pour un autre animal de petite taille, une chèvre tient compagnie au cheval. Les poules sont plus heureuses ensemble, même si elles se volent parfois dans les plumes. Jessi a remarqué que ses poules sont plus calmes quand un coq est présent dans le groupe. Plus d'animaux, c'est aussi plus de bousculade ou de concurrence pour se nourrir, mais c'est aussi un risque réduit de prédation.

Les petits animaux

Si votre terrain est petit, élevez des animaux qui auront un impact réduit. Évitez de surpeupler votre terrain. L'impact des bêtes n'est pas déterminé seulement par leur poids, mais aussi par le mode d'élevage.

Lapins. Ces adorables créatures sont des animaux simples à élever, y compris en zones urbaines où l'espace, la loi et la proximité des voisins réduit les possibilités. Les lapins sont silencieux, ils prennent peu de place et fournissent viande, fumier et fourrure. Ils peuvent aussi manger les épluchures et les mauvaises herbes. Mais ils peuvent faire de gros dégâts s'ils s'échappent dans le jardin. Ils se reproduisent facilement, souvent de manière prolifique, mais les lapines ne sont pas toujours de bonnes mères. Les lapins se contentent d'une simple cage les protégeant de la pluie, avec un sol grillagé qui laisse tomber les crottes en dessous, par exemple dans un bac de lombricompostage. On peut aussi les élever dans des clapiers mobiles, par exemple un « tracteur » avec le fond grillagé qui les laisse manger l'herbe sans pouvoir creuser le sol pour s'enfuir.

Abeilles. Ces insectes laborieux sont un élément indispensable de nos écosystèmes, qui pollinisent de nombreuses plantes alimentaires. Avec le développement rapide du syndrome d'effondrement des colonies (SEC) d'abeilles, il est devenu essentiel de diversifier les moyens de polliniser les plantes qui nous nourrissent. Les abeilles produisent aussi de la cire, du miel et autres produits. Le rucher doit être situé à l'abri du vent et des intempéries, face au soleil du matin (sud-est). L'apiculture est un art qui s'apprend et demande de l'engagement. Les abeilles ont une structure sociale complexe et des besoins spécifiques à chaque stade de leur vie.

Chiens et chats. Ces animaux de compagnie tiennent depuis longtemps une grande place dans nos vies. Dans une ferme, ils remplissent des fonctions utiles. Les qualités de chaque race, son comportement et son usage traditionnel doivent correspondre au rôle que vous en attendez. Certaines races sont d'excellents gardiens, signalant l'arrivée de visiteurs ou d'une menace éventuelle. Certaines races gardent les troupeaux, d'autres vont chercher le gibier, d'autres transportent les objets sur leur dos. Certains chiens sont d'excellents chasseurs, d'autres luttent efficacement contre les rongeurs et autres indésirables. Dans les pays froids, les chiens de traîneau sont utilisés pour le transport. Les chiens produisent beaucoup de chaleur, réchauffant leurs maîtres ou la pièce de vie.

Les chats sont d'excellents chasseurs de souris, de rats et autres rongeurs. Mais hors de nos maisons, leur place est controversée, car on s'est aperçu qu'ils élèvent significativement le taux de mortalité des passereaux. Vous pouvez y suppléer en munissant vos chats de colliers à grelot et en aménageant votre jardin pour aider les populations d'oiseaux à prospérer.

Volaille. Les oiseaux sont un élément important dans une ferme ou sur un petit terrain. On peut les laisser se nourrir en libre parcours ou dans des tracteurs ou poulaillers mobiles. Ils produisent des œufs et de la viande, ils détruisent insectes et autres ravageurs, ils fournissent du fumier, etc. Leurs abris doivent les protéger des prédateurs.

- Les poules sont idéales pour débuter, car elles sont amusantes et faciles à élever, avec des usages nombreux. Mais elles grattent le sol et peuvent le dégrader si leur espace est mal conçu.
- Si vous êtes infesté de limaces, les canards sont vos alliés. Ils sont très efficaces et ne grattent pas le sol comme les poules. Ils ont besoin d'eau et peuvent être plus sales que d'autres volailles.
- Les oies aiment nager et peuvent être de bonnes gardiennes. Elles ne sont pas très efficaces contre les ravageurs car elles sont végétariennes, mais elles contribuent à la lutte contre les mauvaises herbes.
- Les dindes produisent une viande de grande qualité, mais ce ne sont pas de bonnes pondeuses. Elles sont très faciles à gérer et se nourrissent dans toutes sortes d'environnement boisés ou herbeux.

(en haut à gauche) La jardinière Stacy Brewer élève des poules et des lapins dans sa cour à Seattle, en intégration avec son potager et sa pelouse.

(en haut au centre) Vous devez avoir suffisamment de temps libre si vous voulez élever des bébés animaux, car ils ont besoin de soins fréquents. Ici, le fils de Jessi, Micah, fait la connaissance des nouveaux venus à la ferme.

(en haut à droite) Au centre de permaculture de Bullock, Doug Bullock aime les canards pour leur caractère paisible, leur facilité de maintenance et leur amour pour les œufs de limaces.

(en haut à droite, photo inférieure) Lulu, un terrier américain, apprend dès son plus jeune âge à se familiariser avec les autres animaux de la ferme.

(ci-contre) Le centre d'agriculture soutenable de l'université de l'Oregon possède une collection de divers modèles de ruches.

Heidi est un bébé chèvre La Mancha, une race connue pour sa bonne production laitière, élevée en environnement urbain à Seattle, États-Unis.

Les animaux de taille intermédiaire

Les animaux de taille intermédiaire nous permettent de produire de la viande, de la laine et du fumier sur de petites surfaces. Les animaux laitiers exigent des soins et une gestion particuliers qui réclament du temps et de l'engagement. Pour une production de lait continue, il faut traire les bêtes sans interruption (normalement deux fois par jour), prendre grand soin des pis et bien concevoir votre calendrier de reproduction. Pensez aussi à ce que deviendront les petits et à qui vous remplacera pour traire les animaux en cas d'absence. Une bête gestante ou allaitante a besoin de soins spécialisés que la plupart des gardiens animaliers ne sont pas en mesure de fournir.

Chèvres. Les chèvres fournissent de la laine, de la viande et du lait. Elles broutent avec application et sont capables de défricher un terrain embroussaillé en peu de temps. En convertissant la biomasse en déjections, elles accélèrent son compostage. Les chèvres sont très intelligentes et grimpent très bien, ce qui en fait des artistes de l'évasion si elles sont seules, s'ennuient ou ont faim. Elles peuvent aussi tracter des charrettes et de petites charrues. Elles jouissent d'un regain de popularité.

Lamas et alpagas. Ces animaux sont faits pour vous si c'est avant tout la laine qui vous intéresse. Ce sont d'excellents gardiens qui peuvent tracter une petite carriole. Ils ont l'avantage de déféquer toujours au même endroit, facilitant la récolte du crottin.

Porcs. Les porcs sont omnivores et mangent toutes sortes d'aliments, convertissant efficacement la biomasse en viande de bonne qualité. Ce sont de grands fouisseurs qu'on peut mettre à contribution pour préparer le sol d'un nouveau jardin. On peut les laisser en libre parcours dans un pré ou en forêt ou les confiner dans de petits enclos. Les cochons sont très intelligents et peuvent être difficiles à manier au-delà d'un certain poids ; chez certaines races, il n'est pas rare qu'un cochon adulte pèse 200 à 300 kg.

Moutons. Ces brouteurs infatigables produisent une laine de grande qualité, du lait et de la viande. Ils remplacent efficacement une tondeuse à gazon et supportent les climats froids et humides. Ils sont doux et faciles à manier.

Les grands animaux

Les grands ongulés peuvent maltraiter le sol. Il est donc important d'héberger le nombre d'animaux correspondant à votre surface de terres et au système de gestion envisagé.

Chevaux, ânes et mules. Les chevaux peuvent tracter des charrettes, débarder le bois, transporter personnes et biens. Excellents brouteurs, ils produisent un fumier de grande qualité.

Leur viande peut être consommée. Les chevaux sont souvent des compagnons merveilleux et peuvent être dressés à effectuer bon nombre de tâches. Jessi décrit son cheval comme un producteur de biomasse et une tondeuse à gazon à temps plein, qu'elle utilise parfois pour effectuer des transports.

Vaches, bœufs et buffles. Ces animaux imposants ont été domestiqués il y a très longtemps pour fournir toutes sortes de produits et de services. Les bovins produisent de la viande, du lait, du cuir et du fumier, ils sont capables de tracter des charrettes et de tirer des charrues.

Les autres animaux

Dans les diverses régions et civilisations du monde, on élève des animaux pour de nombreux usages. Ceux que nous connaissons dans nos régions ne sont pas les seuls que nous pouvons intégrer dans nos systèmes de permaculture. En voici quelques autres :

- Volaille : pigeons, pintades, cailles.
- Mammifères : gibier, kangourous, yacks, chameaux et dromadaires, cobayes et agoutis.
- Insectes : vers de farine, vers à soie, sauterelles et grillons.

Réfléchissez bien aux implications d'un élevage d'animaux, pour la terre comme pour leur bien-être. Nous devons également être responsables vis-à-vis de la faune sauvage que nous exploitons en chassant ou en pêchant. Renseignez-vous auprès des associations locales de chasse ou de pêche.

L'AQUACULTURE

En termes de rendement et de diversité des produits, l'aquaculture est une des méthodes de production alimentaire les plus efficaces qui soient. Bien conçu, un système d'aquaculture peut produire des plantes, de la viande, de l'énergie et une réserve d'eau, et il peut recycler très efficacement les nutriments. Vous pouvez partir d'un plan d'eau existant ou en créer un dans le sol ou pourquoi pas dans une cuve. Les facteurs à prendre en compte sont la qualité de l'eau, les bordures, le choix des espèces et la capacité de charge. Les différents stades de croissance des poissons et autres organismes aquatiques ont aussi leur importance, ainsi qu'un abri et une protection contre la prédation. Renseignez-vous préalablement à l'introduction d'espèces nouvelles dans votre système.

La qualité de l'eau est le premier facteur à étudier. Les différentes espèces animales et végétales ont des besoins différents en oxygène, en nutriments, en pH et en température. L'eau peut être oxygénée au moyen de divers appareils à commencer par une simple pompe, si possible fonctionnant avec une énergie renouvelable.

L'apport d'amendements permet de modifier les nutriments et le pH. La température peut être ajustée par divers moyens, par exemple un thermosiphon solaire constitué d'une petite cuve de couleur sombre reliée à la citerne d'élevage et située en contrebas. La boucle de convection du thermosiphon élève l'eau dans la citerne, tandis que l'eau froide descend dans la petite cuve où elle se réchauffe. En revanche, refroidir l'eau au moyen d'un appareil réfrigérant coûte cher et ce n'est pas soutenable. L'idéal est que règne dans la cuve une diversité de conditions convenant à une variété d'espèces.

Ce simple système aquaponique dans la serre de Jessi permet de cultiver des légumes et d'élever des poissons. L'espace en dessous est occupé par des lombricomposteurs.

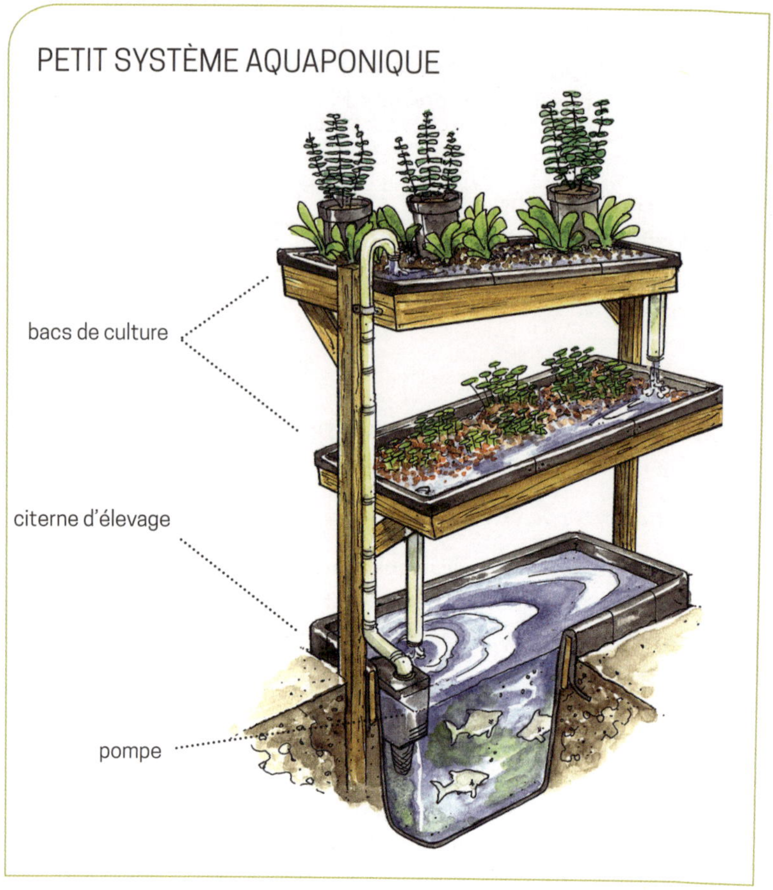

Avant de choisir des plantes et des animaux, renseignez-vous sur les capacités de charge, leurs taux de croissance, leur reproduction, leurs intervalles de conditions idéales et acceptables, ainsi que leurs besoins en nourriture et nutriments. Suivant les conditions de culture, vous pourrez élever des poissons, des écrevisses, des crevettes, des anguilles, des huîtres, des moules, des coques ou des bulots.

L'aquaponie est une manière astucieuse de combiner l'aquaculture et l'hydroponie pour obtenir de hauts rendements de poisson et de plantes en environnement contrôlé et à des échelles variables. Un petit système aquaponique peut prendre place dans une serre. À la base, il se constitue d'une citerne d'élevage contenant les poissons et la plus grande partie de l'eau, et de bacs de culture contenant le substrat et les plantes. Les plantes absorbent les nutriments contenus dans l'eau souillée par les poissons, puis l'eau ainsi purifiée retourne dans la cuve d'élevage. La circulation de l'eau dans le système est dépendante d'une source d'électricité. Le contrôle régulier de la qualité de l'eau est indispensable.

ACCUEILLIR LA FAUNE SAUVAGE

La faune sauvage fait partie de tout écosystème fonctionnel et nos systèmes de permaculture doivent lui être bénéfiques. Par exemple, en créant un habitat favorable aux hérissons, nous aurons moins de problèmes avec les limaces, dont ils limiteront la population. De plus, une fauve sauvage abondante nous permet de diversifier nos sources d'alimentation de manière soutenable, par exemple en prélevant des chevreuils surnuméraires.

La première étape consiste à recenser ce qui est présent et ce qui manque autour de chez vous. Explorez votre propriété, discutez avec les voisins, servez-vous de guides d'identification, parlez avec les chasseurs et les associations de protection de la nature. Une fois que vous avez identifié les acteurs qui ont un rôle à jouer dans votre système, renseignez-vous sur leurs besoins et sur le moyen de les satisfaire. Soyez particulièrement attentif aux espèces menacées et faites de votre mieux pour les accueillir et préserver la biodiversité.

Inversement, vous apprendrez peut-être que certaines espèces sont surabondantes ou indésirables (par ex., un renard dans votre poulailler). Des clôtures ou des animaux de garde peuvent leur interdire l'accès à certains secteurs. Certains animaux peuvent être problématiques s'ils aiment les mêmes plantes que vous, par exemple les oiseaux et les cerises. Des plantes leurres peuvent être intéressantes à expérimenter : si vous pouvez faire pousser des plantes que ces animaux préfèrent en même temps que celles qui vous intéressent, tout le monde sera content.

La faune sauvage et ses besoins

Pour accueillir les animaux sauvages, il faut de l'eau, de la nourriture et des lieux de vie. Une nourriture abondante pour les herbivores est indispensable pour voir revenir les prédateurs. De fait, la présence ou l'absence de superprédateurs est un indice de la santé d'un écosystème. Nourrir les herbivores consiste généralement à planter ce qu'ils aiment de telle manière qu'ils aient à manger tout au long de l'année. Pour accueillir un granivore, vous devrez planter diverses plantes qui font leurs graines à différentes saisons. Vous ne pouvez pas satisfaire les besoins des animaux une partie de l'année et espérer qu'ils resteront tout le temps.

L'eau est indispensable à la plupart des animaux. Une mare est non seulement esthétique, mais elle rend service aux animaux qui vous rendent service.

Le lieu de vie peut prendre des formes très variées selon les espèces que vous cherchez à attirer. Beaucoup d'animaux ont besoin de s'abriter dans des volumes à trois dimensions. Il peut s'agir de structures artificielles comme un nichoir à oiseaux ou d'espaces naturels que vous créez pour eux.

Un tas de branches permet aux oiseaux et aux petits mammifères d'échapper aux prédateurs. Les tas de pierres et les murets de pierres sèches permettent aux lézards de se réchauffer au soleil. En laissant sur place les têtes fleuries mortes, les arachnides pourront hiverner à l'abri. Les arbres au milieu des prés servent de postes de guet aux rapaces. Dans les régions à hiver froid, les cervidés se réfugient dans les bois de conifères pour se protéger du vent.

Un point d'eau est indispensable à la plupart des animaux. Si vous souhaitez des libellules pour manger les moustiques, vous ne pourrez pas vous passer de plan d'eau.

Beaucoup d'animaux ont besoins de grands espaces, d'où l'importance de relier les différentes zones favorables par des corridors biologiques qui leur permettront de passer de l'une à l'autre. Les haies vives et les forêts riveraines (ripisylves) sont des voies naturelles que beaucoup d'espèces utilisent pour se déplacer : faites-leur une place dans votre projet.

Les fonctions de la faune sauvage

Une fonction importante des animaux sauvages est la limitation des ravageurs, en particulier les insectes herbivores susceptibles de s'en prendre à vos cultures. Tout jardin devrait comporter un habitat favorable aux prédateurs de ces insectes. Pendant leur vie larvaire, beaucoup d'insectes se gavent de ravageurs tels que les pucerons et les vers gris, tandis que les adultes se nourrissent de nectar. Pour que les larves remplissent leur fonction, il faut donc prendre soin des adultes (vous n'aurez pas de larves de coccinelles pour dévorer vos pucerons si les coccinelles n'ont rien à manger) et leur fournir de nombreuses sources de nectar tout au long de l'année. Les plantes des familles des Astéracées (asters), des Lamiacées (menthes) et des Apiacées (carotte) sont particulièrement nectarifères.

PLANTES ATTIRANT LES INSECTES AUXILIAIRES

Achillea millefolium
achillée millefeuille
zones 3-9

Artemisia spp.
armoises et absinthe
zones variables

Aster spp.
asters
zones variables

Borago officinalis
bourrache
annuelle

Eryngium maritimum
panicaut maritime
zones 4b-10

Levisticum officinale
livèche
zones 4-9

Lobelia cardinalis
lobélie cardinale
zones 4-10

Medicago sativa
luzerne
zones 3-8

Melissa officinalis
mélisse
zones 4-9

Monarda spp.
monarde
zones 4-9

Myrrhis odorata
cerfeuil anisé
zones 3-7

Sambucus canadensis
sureau du Canada
zones 3-10

Thymus spp.
thym
zones variables

Tiarella cordifolia
tiarelle
zones 3-8

Trifolium repens
trèfle blanc
zones 4-8

Parmi les prédateurs de ravageurs, on compte aussi des reptiles et des amphibiens. Les premiers s'attaquent aux limaces, aux escargots et aux petits rongeurs, les seconds peuvent limiter fortement les moustiques.

Une autre fonction importante de la faune sauvage est la pollinisation. Les pollinisateurs sauvages contribuent à la fructification de nos plantes. Renseignez-vous sur ceux qui vivent autour de chez vous et aidez-les à s'installer. Encore une fois, ne vous attendez pas à ce qu'ils pollinisent vos arbres fruitiers au printemps s'ils n'ont pas de fleurs à butiner le reste de l'année. Plantez de nombreuses fleurs vivaces qui se succéderont au fil des saisons.

Aster x *frickartii* 'Monch' est une des fleurs d'automne préférées de Jessi. C'est aussi une excellente source de nectar pour les insectes prédateurs.

(ci-contre) Les couleuvres, comme cette espèce nord-américaine, contribuent à limiter les populations de limaces. Rendre son jardin accueillant pour elles, c'est moins de limaces à combattre.

(page suivante) Spanky, un bull-terrier du Staffordshire, fait connaissance avec les nouveaux membres du poulailler (ou, pour lui, de la meute).

N'hésitez pas à inventer de nouveaux moyens de mettre la faune sauvage à contribution. Un nichoir à chauves-souris stratégiquement situé ou un pigeonnier de jardin peuvent déposer un fumier riche précisément là où vous en avez besoin. Les sangliers peuvent être attirés dans des enclos à retourner et à fertiliser. Idéalement, un système de permaculture conçu pour vous et pour la faune sauvage vous fournira beaucoup d'autres façons de mettre celle-ci au travail.

ANIMAUX DOMESTIQUES ET SAUVAGES

	Plus facile	**Moyennement exigeant**	**Plus exigeant**
Animaux domestiques	Lapins, pigeons, abeilles maçonnes	Poules, abeilles domestiques, élevages domestiques	Bovins (lait et viande), chèvres, chevaux, élevages commerciaux
Nourriture	Achetée auprès de fournisseurs locaux	Cultiver grain et plantes fourragères	Créer des systèmes fourragers pérennes
Gestion	Tracteur	Pâturage tournant	Gestion holistique
Clôtures	Électrique amovible	Grillage	Barrière en rondins, clôtures vivantes, haies vives
Aquaculture	Plantes aquatiques pour paillage et engrais	Réseau de mares intégrées	Système aquaponique
Faune sauvage	Planter des espèces vivrières ou servant d'habitat Planter des espèces attirant les insectes	Mares et plans d'eau, nichoirs, abreuvoirs et nourrissoirs	Restauration des habitats et corridors biologiques

LES 50 PLANTES STARS DE LA PERMACULTURE

La sécurité alimentaire est certes une question très importante qui requiert beaucoup d'attention, mais la nourriture ne représente qu'une partie des ressources dont nous dépendons. S'appuyer sur des systèmes industriels situés à l'autre bout de la planète pour nos habits, les pièces de nos machines et nos carburants n'est pas moins précaire sur le long terme. Notre objectif en tant que permaculteurs est d'utiliser nos espaces tant pour bâtir notre autonomie personnelle que pour soutenir des fonctions écologiques. Nos environnements peuvent produire bien plus que de la nourriture. Quel que soit l'endroit où votre terre se trouve, vous avez la capacité de générer tout un éventail de choses utiles pour vivre et prospérer.

Dans la satisfaction de ces besoins de base, les plantes sont essentielles. Elles tirent leur énergie du soleil, du sol, de l'eau, et l'exploitent de toute une série de manières. Et à notre tour, nous pouvons profiter de cette énergie pour nos activités vitales. Du point de vue de la permaculture, les végétaux assurent en outre toute une myriade de fonctions écologiques. Comme nous l'avons vu plus haut, nous pouvons les utiliser pour régénérer un sol et subvenir aux besoins de la faune (humains compris). Car presque tous les organismes sur Terre ont besoin d'elles d'une façon ou d'une autre pour assurer leur survie. Parmi ces besoins de base que les plantes fournissent aux humains, on trouve :

- la nourriture — qui alimente nos corps
- les remèdes — qui guérissent nos maladies
- la protection — avec les matériaux qui constituent nos lieux de vie
- le carburant — qui fournit de l'énergie pour nos maisons voire certains véhicules
- les fibres — qui donnent des matériaux pour nous habiller, pour tresser nos cordages, etc.
- les fourrages — qui nourrissent nos animaux
- des refuges pour les insectes — où les insectes auxiliaires trouvent de la nourriture et un habitat.

Lorsque vous choisissez des plantes pour votre terrain, penchez-vous sur la manière dont elles ont été utilisées traditionnellement pour apprendre les bénéfices qu'elles pourraient vous apporter. Une plante inesthétique, au port difficilement contrôlable et aux épines géantes peut présenter soudain du charme dès le moment où vous savez qu'elle produit aussi des baies qui nourriront votre corps tout en améliorant votre sol. De nombreux végétaux sont dotés de fonctions multiples, et plus l'un d'eux a à vous offrir, et plus il sera une sélection de choix dans votre projet. C'est dans cette optique que nous vous proposons une liste de 50 espèces que nous considérons comme les stars du règne végétal pour la permaculture. **Cette sélection regroupe des espèces adaptées à quatre types de climats : tempéré, subtropical, tropical et aride.**

Pour chacune, vous trouverez toute une série d'informations comme son nom scientifique, ses noms communs, sa famille, sa zone de rusticité, ses besoins en lumière et en eau.

Besoins lumineux :

- ☼ plein soleil — 6 heures ou plus de soleil direct
- ◐ mi-ombre — 3 heures de soleil direct ou 6 heures de soleil tamisé
- ● ombre — protégée du soleil direct

Besoins en eau :

- ○ réduits — tolérante à la sécheresse
- ◒ moyens — préfère les sols humides
- ● élevés — préfère les sols détrempés ou saisonnièrement détrempés

La hauteur et la largeur (h × l) de la plante à maturité sont aussi indiquées. Cette information est utile pour se représenter la place qu'elle occupera dans le paysage. Mais notez bien qu'il s'agit de ses dimensions maximales, susceptibles de varier en fonction des conditions de croissance.

ARBRES ET ASSIMILÉS

Artocarpus heterophyllus

Jacquier | Moracées | zone 10 | 7 m - 22 m × 15-18 m

☼ - ☼ | ◊ - ◆

Le jacquier est assurément l'une de nos grandes vedettes pour la permaculture. Son fruit, qui est le plus gros du monde, peut être consommé de multiples façons : encore vert, cuisiné en curry ; mûr, en fruit de bouche. De plus, à maturité, ses graines sont comestibles bouillies ; riches en glucides, elles peuvent servir aussi à l'alimentation animale. Elles sont chacune entourées d'une délicieuse pulpe sucrée, dont la saveur a inspiré les parfums fruités de chewing-gums. L'arbre en lui-même constitue un excellent brise-vent, tolérant la sécheresse et fournissant un bois d'œuvre de grande qualité.

Casimiroa edulis

Pommier mexicain, sapote blanche | Rutacées | zones 9-11 | 3-18 m × 2-9 m

☼ | ◊ - ◆

Cet agrume, qui représente un excellent choix pour les climats subtropicaux, ressemble en fait assez peu aux oranges et aux citrons. Relativement tolérant à la sécheresse, il arbore une forme plaisante, un feuillage vert vernissé et des fruits vivement colorés. À maturité, l'extérieur du fruit passe du vert au jaune ou à l'orange, tandis qu'une chair sucrée, crémeuse et très agréablement parfumée se trouve à l'intérieur. Comme l'avocatier, le pommier mexicain se décline en variétés qui fructifient à différentes époques de l'année, ce qui permet de consommer ses fruits presque en continu d'octobre à mai (en Amérique du Nord).

Castanea spp.

Châtaignier | Fagacées | zones 4-9 | 5-18 m × 6-12 m

☼ | ◊ - ◆

Il existe différents types de châtaigniers, chacun associé à un climat tempéré spécifique et à un stade précis de la succession naturelle. Partout où ils se trouvent dans le monde, ils font partie du régime de base des populations locales. À la différence de la plupart des fruits à coque, les châtaignes sont pauvres en lipides mais riches en glucides. Un peu comme des pommes de terre en arbre. Elles se conservent quelque temps et servent de base à de nombreux produits, elles sont donc toutes destinées pour un projet d'autonomie et de résilience. Le bois d'œuvre tiré du châtaignier est aussi relativement apprécié pour la menuiserie et l'ébénisterie.

Ceratonia siliqua

Caroubier | Fabacées | zones 9-11 | 9-12 m × 9-12 m

☼ | ◊-◆

Le caroubier est un excellent choix pour un environnement désertique. Résistant à la sécheresse et fixant l'azote, il prodigue une ombre légère tout en enrichissant le sol. De plus, ses gousses contiennent une pulpe sucrée qui peut être transformée et utilisée dans diverses spécialités culinaires. Des graines elles-mêmes, on tire l'agent épaississant connu sous le nom de farine de caroube. Les gousses peuvent représenter un bon apport alimentaire pour les animaux, tant que cela se fait en petites quantités.

Citrus japonica

Kumquat | Rutacées | zones 8-12 | 2,50-5 m × 2,50-5m

☼ | ◆-◆

Les kumquats sont très utiles et relativement rustiques pour des agrumes. Ces arbres ont tendance à rester petits, trouvant ainsi toute leur place sur un terrain en ville ou en banlieue. Leurs petits fruits peuvent être mangés entiers (écorce comprise). Comme les autres agrumes, ils sont riches en vitamine C. Leur écorce contient des antioxydants aptes à prévenir les risques de cancer. Les kumquats peuvent être aussi conduits en haie taillée sévèrement, qui fera un agréable brise-vue fructifère.

Cocos nucifera

Cocotier | Arécacées | zone 11 et plus chaudes | 9-27 m × 4-6 m

☼ | ◆

Vrai pain de vie pour les contrées tropicales, ce palmier se rencontre sous des tailles très variables, des « nains » de 10 m aux monstres de 27 m. Certaines variétés sont sélectionnées pour leurs noix, d'autres pour les qualités hydroélectrolytiques de leur eau de coco. La noix de coco est riche en lipides et peut être utilisée tant pour la cuisine que pour des carburants. Lorsqu'elle est germée, elle devient l'une des meilleures friandises locales. Les cocotiers sont extrêmement résistants au vent et tolérants au sel. Leurs palmes servent de chaume pour couvrir les toits et fournissent aussi des fibres. Ce qu'on appelle plus spécifiquement la fibre de coco est tiré de l'enveloppe des noix et sert de support de culture. Tout cela fait qu'il s'agit probablement de l'espèce de palmier la plus utile au monde.

Jubaea chilensis

Cocotier du Chili | Arécacées | zones 8-11 | 12-24 m × 4-9 m

Le cocotier du Chili donne de magnifiques sujets dans les paysages. Quoique de croissance lente, il tolère une grande variété de conditions et arbore une apparence majestueuse quel que soit son âge. Il produit des noix à la coque dure dont on extrait un beurre qui n'est pas sans rappeler celui de la noix de coco. C'est l'équivalent du cocotier pour les climats subtropicaux. Au Chili, dans la région dont il est originaire, on récolte sa sève pour la faire fermenter et en tirer une boisson alcoolisée — mais au prix de la destruction de la plante entière. Les fibres de son tronc sont utilisées pour la confection de textiles, de paniers et pour la pâte à papier.

Moringa oleifera

Moringa | Moringacées | zone 10 et plus chaudes | 6-14 m × 4,50-9 m

Le moringa est aussi connu en anglais sous le nom de « raifort en arbre » étant donné que nombre de ses parties comestibles en rappellent la saveur. Racine, feuilles et gousses sont comestibles ; les feuilles en particulier sont très nutritives. Elles constituent de plus un excellent fourrage pour les animaux. On tire une très bonne huile culinaire des graines. Moulues, les graines mures peuvent aussi servir à purifier l'eau. Tolérant la sécheresse, cet arbre pousse extrêmement vite. On peut le tailler pour le conserver relativement petit. Il peut être cultivé comme une annuelle sous des climats plus frais.

Morus spp.

Mûriers | Moracées | zones 4-10 | 9-15 m × 9-12 m

Qu'ils produisent des fruits noirs, blancs ou rouges (plus les intermédiaires produits par leurs hybrides), les mûriers représentent par bien des aspects d'excellents arbres pour les climats tempérés. Tout d'abord, leurs fruits sont délicieux et abondants, et certaines espèces permettent des récoltes continues pendant près de deux mois. Ils peuvent servir de fruits de bouche mais aussi entrer au menu des poules ou surplomber un bassin en aquaculture. De plus, leurs feuilles (particulièrement celles du mûrier blanc, *Morus alba*) constituent un excellent fourrage, riche en protéines, pour les animaux. Et pour couronner le tout, si jamais vous vouliez élever des vers à soie, c'est précisément la plante qu'ils consomment en exclusivité, et elle sera ainsi un élément central de votre exploitation.

LÉGENDE

Besoins lumineux :
☼ plein soleil
☼ mi-ombre
☼ ombre

Besoins en eau :
◊ réduits
◊ moyens
◊ élevés

Myrciaria cauliflora
(Plinia cauliflora)

Jaboticaba, Vigne brésilienne | Myrtacées | zones 9-11 | 4-9 m × 3-5 m

☼ - ☼ | ◊

Comme de nombreux membres de la famille des Myrtacées, la vigne brésilienne donne des sujets impressionnants dans les paysages. Elle présente une écorce marbrée et un feuillage vernissé. Plusieurs fois par an, elle produit une profusion de fleurs blanches vaporeuses et parfumées sur ses branches mais aussi son tronc, suivies par des fruits violets ou jaunes, de la taille de gros grains de raisin. Ses fruits sucrés richement parfumés sont utilisés dans son pays d'origine pour réaliser une sorte de vin. La plus grande partie de ces fruits est produite une fois par an, mais des récoltes significatives peuvent malgré tout se faire tout au long de l'année. Bien qu'ils soient de croissance lente et longs à produire, ces arbres méritent assurément d'être intégrés aux paysages qui s'y prêtent.

Olea europaea

Olivier | Oléacées | zones 8-10 | 9 m × 9 m

☼ | ◊ - ◊

L'olivier est un bon choix pour presque n'importe quel terrain de climat méditerranéen. L'éclat argenté de son feuillage et ses fruits renommés en font une plante d'ornement attrayante partout où il pousse. Nous connaissons tous son fruit préparé en saumure. Ses feuilles peuvent être aussi utilisées pour une infusion à laquelle on prête des vertus apaisantes. Mais son produit le plus incontournable est probablement l'huile que l'on tire en pressant ses fruits. Être en mesure de presser soi-même son huile, pour la cuisine et l'usage médicinal, est incroyablement gratifiant. Vous pouvez aussi tirer un colorant des olives.

Pachira aquatica

Noix de Malabar | Malvacées | zone 10 | 9-18 m × 9 m

☼ - ☼ | ◊ - ◊

Se trouvant un peu partout dans le monde, cet arbre pousse rapidement et peut produire ses gousses à peine un an ou deux après sa plantation. Celles-ci contiennent des grappes de graines riches en amidon qui peuvent être consommées telles quelles ou cuisinées. Sa production précoce en fait une très bonne espèce à intégrer dès le début à des systèmes agroforestiers où elle fera patienter en attendant les productions plus tardives des autres espèces.

Persea americana

Avocatier | Lauracées | zones 9-11 | 9-12 m × 2-10 m

☼ - ◐ | ◑ - ●

Les avocatiers peuvent se montrer incroyablement productifs. Il en existe une myriade de variétés aux caractéristiques radicalement différentes, qui vont des avocats cocktail dont on ne fait qu'une bouchée aux monstres d'un kilo. Bien que l'avocat soit en général une source de lipides d'excellente qualité, on peut aussi se mettre en quête des variétés les moins grasses. Un travail important de sélection a été également réalisé pour obtenir un ensemble de variétés dont les productions se succèdent pour couvrir la plus grande partie de l'année. Si vous vivez sous un climat subtropical, n'hésitez pas !

Phoenix dactylifera

Palmier dattier | Arécacées | zones 11-12 | 12-22 m × 6-10 m

☼ | ◑

Plantation incontournable des oasis du Moyen-Orient, le dattier représente l'une des espèces de palmiers les plus importantes au monde sur le plan économique. Bien qu'il soit adapté aux climats chauds et secs, il demande un arrosage régulier et un sol bien drainé. Nous connaissons surtout les dattes Medjool ou Deglet Noor, mais de nombreuses autres variétés excellentes existent. Les plants étant mâles ou femelles, vous devrez pour une bonne pollinisation en planter des deux sexes et en quantité à peu près équivalente. Toutefois, si vous êtes prêt à assurer les fécondations à la main, vous pouvez vous contenter de seulement un plant mâle pour des centaines de plants femelles.

Pistacia vera

Pistachier | Anacardinacées | zones 9-11 | 9 m × 9 m

☼ | ○ - ◑

Les pistachiers sont des fruitiers à coque tout à fait recommandés pour les climats arides. Ces arbres tolérants à la sécheresse demandent des sols très drainants mais profitent d'un apport régulier d'eau. Les plants sont uniquement mâles ou femelles, ce qui vous imposera d'en planter au moins un de chaque pour obtenir une production. Avec leurs feuilles composées vernissées et leurs fruits rouge doré vif, ils sauront attirer l'attention dans n'importe quel paysage. Leurs amandes sont délicieuses et contribuent à diminuer les risques de maladies cardiaques. Toutefois, sachez que cet arbre est apparenté au sumac vénéneux avec lequel il a en commun les mêmes substances irritantes. Les coques non salées peuvent être utilisées comme paillage de longue durée, mais attention, elles sont toxiques pour les chiens.

LÉGENDE

Besoins lumineux :
☼ plein soleil
☼ mi-ombre
☀ ombre

Besoins en eau :
💧 réduits
💧 moyens
💧 élevés

Salix purpurea

Osier pourpre | Salicacées | zones 5-10 | 5 m × 5 m

☼ | 💧-💧

Tout au long de l'histoire, les saules (ou osiers) ont été intensément utilisés dans les paysages tempérés du monde entier. Ils se bouturent en général aisément et peuvent aider à stabiliser des talus. Ils supportent aussi facilement le recépage. Plusieurs variétés d'osier pourpre fournissent les meilleurs matériaux du domaine pour la vannerie. De plus, la jolie couleur de leur écorce en fait des arbres de choix pour les paysages hivernaux. Si vous avez l'intention de recourir au bouturage pour compléter votre paysage en permaculture, une décoction de rameaux de saules peut faire office d'hormone de bouturage naturelle pour stimuler l'émission de racines.

Tamarindus indica

Tamarinier | Fabacées | zone 10 | 12 m × 18 m

☼ | 💧-💧

Originaire d'Afrique tropicale, cet arbre produit des fruits en forme de gousses qui sont devenues un ingrédient culinaire de base dans de nombreux endroits du monde. La pulpe qu'elles renferment possède aussi des vertus médicinales et peut être conservée et utilisée de diverses manières : sous forme de poudre, de pâte, de sirop ou de concentré. Cet arbre robuste à feuillage persistant fixe en outre l'azote, améliorant les sols, et ses fleurs en font une bonne espèce nectarifère. Il peut être recépé pour fournir du bois de feu et du charbon de bois, ainsi que pour réaliser des meubles et des manches d'outils, entre autres choses.

Ziziphus jujuba

Jujubier, datte de Chine | Rhamnacées | zones 6-9 | 5-9 m × 4-9 m

☼ | 💧-💧

Si vous bénéficiez d'une chaleur suffisante, ce peut être un excellent choix pour un paysage vivrier. Originaires de l'Inde et des régions arides de la Chine, les jujubiers sont tolérants à la sécheresse. Leurs petits fruits, les jujubes, peuvent être consommés frais ou séchés. Frais, ils ont la saveur et la consistance des pommes séchées. En fait, étant donné que les pommiers sont l'un des arbres fruitiers les plus sensibles aux maladies et les plus exigeants en entretien, les jujubiers peuvent faire figure de bonnes alternatives. Dans la médecine chinoise traditionnelle, le jujube est utilisé pour tonifier le foie.

ARBUSTES ET VIVACES LIGNEUSES

Aronia melanocarpa

Aronia noir | Rosacées | zones 3-9 | 1-2 m × 1,50-3 m

L'aronia est l'une de nos plantes ornementales favorites pour les paysages vivriers. Elle possède une capacité d'adaptation remarquable, tolérant à la fois les inondations saisonnières et les périodes de sécheresse. Elle peut ainsi représenter un bon choix dans les jardins de pluie. Elle offre aussi une belle floraison blanche au printemps, suivie par des baies violacées appréciées des oiseaux et une coloration cramoisie spectaculaire à l'automne. Ces baies sont savoureuses (à pleine maturité) et riches en antioxydants.

Cajanus cajan

Pois d'Angole | Fabacées | zones 9-13 | 1-3 m × 1,50-2,50 m

Aussi connue sous le nom de pois cajan ou pois-Congo, cette vivace éphémère est une excellente solution pour la majorité des sites où l'on a besoin simultanément de produire de la nourriture et d'enrichir les sols. Elle est tolérante à la sécheresse et facile à cultiver. Sa capacité à fixer l'azote la rend utile dans la constitution des sols. Sa végétation dense lui permet d'étouffer les herbes concurrentes. En outre, elle produit des haricots riches en protéines qui servent d'aliment de base dans de nombreuses parties des Antilles et de l'Afrique. On peut exploiter sa brève durée de vie pour enrichir le sol et éliminer les adventices, le temps que les productions d'arbres plus durables prennent le relais. Enfin, elle n'est pas épineuse.

Capparis spinosa

Câprier commun | Capparacées | zones 8-10 | 30-90 cm × 30-90 cm

Le câprier est un joli petit arbuste aux feuilles charnues, qui produit de belles fleurs roses ou blanches, aux longues étamines. Les câpres proposées dans le commerce en saumure ou au vinaigre sont les boutons de ces fleurs. Le tout est de savoir si vous aurez la volonté de cueillir ces boutons une fois que vous aurez admiré (et senti) les fleurs épanouies. Ces dernières sont suivies de fruits appelés câprons, qui peuvent également être préparés en saumure ou confits au vinaigre. Cette plante est une dure à cuire et aime la chaleur. Sur le plan médicinal, écorce, feuilles, racines et pousses sont employées pour traiter toute une variété d'affections, dont les rhumatismes.

LÉGENDE

Besoins lumineux :
- ☼ plein soleil
- ◐ mi-ombre
- ● ombre

Besoins en eau :
- ○ réduits
- ◒ moyens
- ● élevés

Caragana arborescens

Caraganier de Sibérie | Fabacées | zones 2-8 | 2-6 m × 1-4 m

☼ | ○-◒

Cet arbuste fixateur d'azote se trouve sous diverses tailles. Son écorce est ponctuée d'attrayantes lenticelles et il produit de petites fleurs jaunes de pois. Il est très résistant, supportant à la fois la sécheresse et les froids extrêmes. Les petites gousses produites au cours de l'été libèrent des graines comestibles mais qui font également un excellent ingrédient à incorporer à la ration alimentaire des animaux d'élevage, en particulier de la volaille. Mais même si vous ne possédez pas d'élevage, la faune sauvage s'en régalera autant. Celui que l'on appelle également le pois de Sibérie peut aussi intégrer avec bonheur un brise-vent grâce à sa robustesse.

Carissa macrocarpa

Prunier du Natal | Apocynacées | zones 9-11 | 2-3 m × 3-4 m

☼-● | ○-◒

Cet arbuste au feuillage persistant et vernissé constitue un très bon brise-vue ou brise-vent, que ce soit en situation ensoleillée ou ombragée. Sa végétation coriace, dense et épineuse, fait qu'il se prête aux barrières pour animaux d'élevage ou défensives. Il est aussi résistant aux embruns. Ses fleurs blanches et cireuses dégagent un parfum envoûtant, qui s'intensifie pendant la nuit. Elles sont suivies de fruits roses comestibles. Toutes les parties de la plante exsudent un latex cireux moyennement toxique (probablement assez pour repousser les herbivores), mais son fruit semble dépourvu de cette toxicité.

Cnidoscolus aconitifolius

Chaya | Euphorbiacées | zones 8-11 | 2-6 m × 2-4 m

☼ | ○-◒

Cet arbuste est originaire du Mexique, où l'on peut souvent le voir à l'état sauvage. Dans les régions les plus froides, il peut être cultivé comme une vivace qui repart du pied chaque année. Bien qu'il puisse atteindre une taille respectable, il peut être facilement maintenu dans des proportions plus réduites. Ce qui est souhaitable étant donné que ses feuilles nourrissantes en font un légume vivace, que l'on souhaitera arriver à cueillir. Ce feuillage est néanmoins toxique cru, mais la cuisson permet de profiter de sa richesse en protéines, en fer et en vitamines A et C. Comme de nombreux autres membres de la famille des Euphorbiacées, la chaya exsude un latex blanc qui peut être irritant pour la peau. Néanmoins, la qualité de ses parties comestibles alliée à sa rusticité en fait un bon choix pour un paysage vivrier.

Elaeagnus multiflora

Goumi du Japon | Élæagnacées | zones 5-8 | 1,80-2,50 m × 1,80-2,50 m

Le Goumi du Japon, dont le nom trahit clairement l'origine fait parfois l'objet de cueillettes à l'état sauvage. La plante elle-même possède une belle teinte bronze métallique. Ses fleurs crème, elles aussi comme poudrées de bronze, apparaissent au printemps et sont suivies au début de l'été par des baies rouges mouchetées. Ces baies mucilagineuses de bonne saveur contiennent des taux élevés de lycopène, un acide aminé essentiel qui contribue à la bonne santé oculaire. Le goumi du Japon possède aussi la capacité de fixer l'azote et peut participer ainsi à la bonne santé de votre sol, dans vos forêts vivrières et vos vergers.

Eugenia stipitata

Araçá (en portugais) | Myrtacées | zones 10 et plus chaudes | 2-3 m × 2-3 m

Ce bel arbuste peut fleurir et fructifier tout au long de l'année s'il dispose de beaucoup d'eau et d'un sol fertile. Ses fleurs sont parfumées et attrayantes. Elles sont suivies de gros fruits jaune-orange très juteux, pouvant dépasser le demi-kilogramme. Ils sont acides mais constituent une excellente base pour les boissons, les sorbets et les gelées. Il peut se cultiver à l'ombre ou à mi-ombre et se prêtera donc très bien à un projet agroforestier où vous superposerez les couches de végétaux.

Genista pilosa 'Procumbens'

Genêt poilu | Fabacées | zones 9-11 | 5 cm × 90 cm

Un beau couvre-sol qui réussit le mieux en plein soleil. Cette espèce fixatrice d'azote possède un feuillage qui forme un tapis dense couvrant les espaces nus, empêchant l'érosion et ombrageant le sol. Ses minuscules fleurs de pois jaunes composent au printemps un spectacle délicat.

LÉGENDE

Besoins lumineux :
☼ plein soleil
☼ mi-ombre
☀ ombre

Besoins en eau :
◌ réduits
◒ moyens
● élevés

Opuntia ficus-indica

Figuier de Barbarie | Cactacées | zones 9-11 | 5 m × 5 m

☼ | ◌-◒

Par ses nombreuses fonctions, le figuier de Barbarie est une véritable vedette en permaculture. Ses raquettes, sous le nom de *nopalitos*, sont consommées comme légumes. Elles possèdent une texture mucilagineuse et, cuites, ont un goût qui rappelle les haricots verts. Les variétés sans épines facilitent beaucoup leur préparation. La remarquable qualité de son fruit le destine tant à la consommation en frais, qu'à entrer dans la composition de gelées ou de liqueurs. En outre, la plante est résistante à la sécheresse, possède des propriétés médicinales et peut servir de brise-vent ou de haie vive pour confiner les animaux. Cela dit, certains animaux, comme le bétail, raffolent littéralement des raquettes. Pour toutes ces utilisations, les variétés sans épines sont préférables, mais vous pouvez aussi brûler les épines sur les variétés classiques pour éviter que les animaux ne se blessent.

Ribes rubrum

Groseillier à grappes | Grossulacées | zones 3-9 | 1,5-2 m × 1-1,5 m

☼-☼ | ◒

Les groseilliers sont de belles plantes, en particulier lorsque leurs grappes de fleurs pendent de leurs branches et qu'ils se chargent de baies délicieuses. Ils sont à tout le moins relativement tolérants aux situations ombragées, une qualité inhabituelle pour une plante à fruits. Toutefois, sachez que leur situation préférée demeure le plein soleil. On trouve à la fois des variétés à fruits rouges et à fruits blancs ; d'après notre expérience, les rouges attirent beaucoup plus les oiseaux que les blancs, qui passent souvent inaperçus. Ce qui peut vous permettre de manger plus de fruits sans engager des mesures extrêmes pour protéger votre récolte.

Sauropus androgynus

« Katuk » | Euphorbiacées | zone 10 et plus chaudes | 1-3 m × 1,5 m

☼-☀ | ◒-●

C'est un excellent légume vivace pour les régions tropicales. Ses feuilles ont une douce saveur de noisette qui les rend parfaites pour les salades. Les extrémités des jeunes pousses peuvent également être récoltées et consommées comme des asperges. Il pousse bien à l'ombre comme au soleil. Il peut être mené en haie et rabattu au niveau du sol une fois par an pour lui conserver un port compact. Il produit de jolis fruits blancs et goûteux surmontés d'une pointe de rose, qui mettent d'accord tout le monde, à table comme dans le jardin d'ornement.

VIVACES HERBACÉES

Achillea millefolium

Achillée millefeuille | Astéracées | zones 3-9 | 60-90 cm × indét.

☼ | ◯-●

De nombreux jardiniers connaissent bien l'achillée millefeuille mais sans pour autant savoir que c'est une superstar du jardin. On sait surtout qu'elle possède une belle floraison et qu'elle constitue un couvre-sol résistant à la sécheresse. Mais cela ne s'arrête pas là. Elle représente un excellent refuge pour les insectes auxiliaires et c'est une plante accumulatrice du phosphore, de la potasse et du cuivre. Parmi tous ses usages médicinaux, on l'emploie souvent pour le traitement des blessures et ses propriétés hémostatiques.

Alternanthera sissoo

« Épinard brésilien » | Amaranthacées | zones 9-11 | 30 cm × indét.

Ce légume-feuilles vivace est un autre couvre-sol excellent pour les jardins tropicaux qui multiplient les couches végétales. On peut ainsi envisager sa plantation sous des arbres qui projettent une ombre légère. Ses feuilles sont relativement coriaces si bien qu'elles sont meilleures cuites. Sa végétation dense forme un tapis qui étouffe les adventices là où il est planté.

Apios americana

Glycine tubéreuse | Fabacées | zones 3-10 | 1,20-2,50 m × indét.

À ne pas confondre avec l'arachide, celle que l'on nomme aussi le « haricot-pomme de terre » est un membre intéressant et inhabituel de la famille des Légumineuses. C'est une plante grimpante qui fixe l'azote et produit des tubercules comestibles dont on dit qu'ils rappellent la saveur de la patate douce. Des travaux ayant été entrepris par l'université de la Louisiane pour développer des cultivars aux tubercules plus nombreux et plus gros, nous vous conseillons de choisir, si vous les trouvez, ces variétés sélectionnées. Ses fleurs de pois, en forme de cloches roses ou blanches, sont produites en grappes.

LÉGENDE

Besoins lumineux :
☼ plein soleil
☼ mi-ombre
☼ ombre

Besoins en eau :
◊ réduits
◊ moyens
◊ élevés

Arachis glabrata

« Cacahouète vivace » | Fabacées | zones 9-11 | 7-12 cm × indét.

☼-☼ | ◊-◊

Cette espèce qui fixe l'azote est un couvre-sol tout indiqué pour les climats tropicaux. Ses larges feuilles et ses minuscules fleurs de pois jaunes sont très appréciées. En fait, elle peut même très bien servir de pelouse tropicale, une pelouse qui à la différence des graminées ne demandera pas de fertilisation pour avoir une belle apparence et qui sera tout aussi « piétinable ».

Chrysopogon zizanioides

Vétiver | Poacées | zones 9-11 | 1-1,20 m × 1-1,20 m

☼-☼ | ◊-◊

Le vétiver est une superstar pour protéger les sols de l'érosion. Souvent planté en bandes sur les bordures des pentes soumises au ravinement, il y joue le rôle de tamis, ralentissant les écoulements d'eau de surface et retenant les particules de terre en suspension charriées par l'eau. Il possède aussi un immense réseau racinaire qui peut s'enfoncer jusqu'à 2,50 m de profondeur, fixant ainsi le sol sur les flancs de colline. Jeune, il constitue un excellent fourrage pour le bétail et on extrait de ses racines une huile essentielle, que l'on retrouve dans 90 % des parfums occidentaux. On teste aussi actuellement son action répulsive sur les termites.

Crocus sativus

Safran | Iridacées | zones 5-8 | 15 cm × 15 cm

☼-☼ | ◊

Tout le monde a déjà entendu parler du safran, l'une des épices les plus prisées au monde. Celui-ci est tiré des stigmates des fleurs de ce crocus à floraison automnale. Ces stigmates rouge vif une fois séchés, on obtient cette épice au parfum puissant, au pouvoir colorant tout aussi fort. Les fleurs elles-mêmes ont une belle couleur lavande, qui mérite une place de choix dans le paysage même si vous ne comptez rien en faire de plus. De plus, leur époque de floraison en fait une source de nectar tardive bien venue, qui permet aux abeilles et autres insectes pollinisateurs de préparer au mieux l'hiver. Le safran est depuis longtemps utilisé aussi pour ses vertus médicinales et des recherches sont actuellement en cours sur ses possibles propriétés anticancéreuses.

Curcuma longa

Curcuma | Zingibéracées | zones 7-11 | 90 cm × 90 cm

☼ - ☼ | 💧

Le curcuma trouve tout à fait sa place dans la strate de sous-bois de vos plantations pérennes. Il pousse et fleurit chaque année avant d'entrer en dormance jusqu'à l'année suivante. C'est à ce moment-là que vous pouvez déterrer quelques-uns de ses rhizomes. Nombre d'entre nous connaissons surtout le curcuma sous la forme de la substance jaune qui entre dans les plats au curry indiens, mais il a aussi des propriétés médicinales. Dans l'ayurveda, la forme de médecine traditionnelle issue de l'Inde, il a été utilisé pour soigner un peu tout, des maux d'estomacs aux blessures. On lui prête des propriétés antimicrobiennes et anti-inflammatoires. Enfin, c'est aussi une excellente plante tinctoriale.

Eryngium foetidum

Coriandre chinoise | Apiacées | zones 10-11 | 20 cm × 20 cm

☼ | 💧 - 💧

Cette bisannuelle peut parfaitement être cultivée en dehors des tropiques comme une annuelle tant que les étés sont assez chauds. Aux endroits arides et inhospitaliers comme les plages, elle parvient à pousser vigoureusement et à couvrir le sol, se ressemant chaque année. Son parfum est très proche de celui de la coriandre classique et elle est utilisée de diverses manières dans la médecine traditionnelle. À l'instar d'autres membres de la famille des Apiacées, c'est une bonne plante nectarifère, qui attire les insectes auxiliaires.

Ferula asafoetida

Asa fétide | Apiacées | zones 8-11 | 1,80 m × 1,80 m

☼ | 💧 - 💧

Si vous aimez la cuisine indienne, vous connaissez probablement l'asa fœtida, cette épice piquante que l'on ajoute à ce plat de lentilles appelé dhal, pour l'enrichir et le rendre savoureux. Cette poudre jaune est en fait une résine séchée et pulvérisée tirée des racines de la plante. Elle est aussi utilisée médicalement pour, entre autres, faciliter la digestion et prévenir les flatulences. La plante mérite sa place car elle est résistante et spectaculaire. Elle produit de grandes frondes plumeuses et des hampes florales qui ne sont pas sans faire penser à un aneth géant. Ses étonnantes fleurs fournissent une excellente source de nectar pour les insectes auxiliaires, de sorte que posséder l'asa fétide dans son paysage peut aider à réduire la pression des ravageurs.

LÉGENDE

Besoins lumineux :
☼ plein soleil
☼ mi-ombre
☼ ombre

Besoins en eau :
◊ réduits
◊ moyens
◊ élevés

Hemerocallis spp.

Hémérocalle | Xanthorrhoéacées | zones 4-9 | 30 cm-1,80 m × 60 cm-1,50 m

☼ - ☼ | ◊ - ◊

Les hémérocalles sont à la fois belles et fonctionnelles dans le paysage. Elles se déclinent sous différentes formes et couleurs, en plus d'être un légume vivace. C'est ainsi que même si elle possède de nombreuses parties comestibles, elle attire surtout l'attention pour ses fleurs. De la même manière que les fleurs de courgettes, ses fleurs peuvent être cueillies et frites (à cuisiner sur le mode de la tenpura, ces beignets japonais très légers). Croqués crus, avant leur ouverture, les boutons floraux ont un goût qui allie des saveurs d'oignon et de pois. Il arrive parfois que des personnes aient des réticences à les consommer de cette manière, allez-y donc progressivement. La végétation très dense des hémérocalles peut en faire aussi des alliés dans le contrôle des mauvaises herbes.

Musa spp.

Bananier | Musacées | zones variées | taille variable

☼ - ☼ | ◊ - ◊

Le bananier est une plante alimentaire incroyablement productive pour les zones tropicales et subtropicales. Nous connaissons surtout les bananes de type Cavendish des supermarchés, mais il existe littéralement des centaines de types différents dans le monde. Ils varient en saveur, en taille, en couleur, en résistance au vent, etc. À l'état naturel, les bananiers forment des touffes. Chaque tige va produire un régime de bananes, suite à quoi elle peut être coupée et servir de paillage au pied de la touffe (ou des arbres voisins), tandis que les nouvelles tiges prennent le relais. Les variétés tolérantes au vent peuvent être employées pour abriter de jeunes arbres sur des sites venteux jusqu'à ce qu'ils soient complètement établis.

Myrrhis odorata

Cerfeuil anisé | Apiacées | zones 3-7 | 90 cm ×90 cm

☼ - ☼ | ◊

Le cerfeuil anisé est une charmante herbe aromatique de jardin, qui comme son nom l'indique possède le parfum et la saveur de l'anis. Avec son feuillage en dentelle et ses belles fleurs blanches, c'est une excellente plante d'ornement, qui de plus attire à elle des insectes auxiliaires. Les fleurs sont suivies de gousses de graines qui encore immatures sont la friandise du jardinier. Une fois qu'il est bien établi, son feuillage abondant peut être utilisé comme paillage ou peut être composté. Pour éviter qu'il ne se répande trop, il est conseillé de le rabattre avant que les graines ne soient mûres.

Petasites japonicus

Pétasite du Japon | Astéracées | zones 5-9 | 60 cm-1,80 m × indét.

La pétasite du Japon est intéressante dans un paysage car c'est un légume vivace qui aime les situations humides et ombragées. Fleurs et tiges sont cuisinées et utilisées comme légumes et condiments dans son pays d'origine. Ses gigantesques feuilles rondes en font un élément incroyablement spectaculaire. Avant de la planter, méfiez-vous de son caractère relativement envahissant et prévoyez la manière de la confiner.

Smallanthus sonchifolius

Poire de terre | Astéracées | zones 8-10 | 90 cm-1,80 m ×60-90 cm

La poire de terre est une plante à tubercules originaire des Andes et apparentée au tournesol. Le plus judicieux est de la planter à un endroit où l'on pourra creuser régulièrement pour récolter ces tubercules qui sont à peu près de la taille des patates douces. Si la plante reçoit assez de chaleur durant sa végétation, ils seront sucrés et croquants. Le mieux est de les consommer tels quels, même si l'on peut en tirer aussi du sucre ou un sirop. Leurs sucres se présentent sous la forme d'inuline, très intéressante pour les diabétiques et les organismes utiles de votre système digestif, et qui favorise l'absorption du calcium. Lorsque vous les mangez, songez donc que vous nourrissez en même temps les petites bêtes qui vous gardent en bonne santé.

Symphytum × uplandicum

Grande consoude | Boraginacées | zones 3-9 | 30 cm-1,20 m ×90 cm

La consoude est une très bonne plante pour la permaculture. Elle produit une biomasse abondante qui peut être utilisée en paillages ou compostée. C'est aussi un accumulateur dynamique de potasse, de phosphore, de calcium, de cuivre, de fer et de magnésium. Les abeilles raffolent autant que nous de ses jolies fleurs. La densité de sa végétation lui permet de lutter contre les adventices. Le cultivar 'Bocking 14' est un hybride stérile intéressant car il ne se ressèmera pas spontanément.

LÉGENDE

Besoins lumineux :
☼ plein soleil
☼ mi-ombre
☀ ombre

Besoins en eau :
💧 réduits
💧 moyens
💧 élevés

Viola spp.

Violettes | Violacées | zones 3-6 | 10-30 cm × indét.

☼ - ☀ | 💧

Les violettes sont communes dans les jardins ombragés un peu partout sous les latitudes tempérées, mais peu de gens savent que leurs fleurs sont comestibles. Certaines espèces ont même une saveur particulièrement plaisante. En plus de leur valeur culinaire et ornementale, certaines ont aussi des propriétés médicinales et entrent dans les traitements anti-inflammatoires et des migraines. Les violettes sont des accumulateurs dynamiques de phosphore et servent de couvre-sol dans les parties plus à l'ombre du jardin.

COUVRE-SOL

Basella alba

Épinard de Malabar | Basellacées | zones 10-11 | 6-20 m × indét..

☼ - ☼ | 💧 - 💧

Bien qu'il soit vivace dans les régions chaudes subtropicales, l'épinard de Malabar peut être cultivé comme une annuelle durant la saison chaude sous des climats beaucoup plus frais. Cette liane tentaculaire peut couvrir le sol ou grimper, habillant les façades des bâtiments et les murs de soutènement. Les feuilles sont comestibles et nourrissantes, avec une teneur relativement élevée en vitamines, minéraux, fibres et protéines. Ses tiges roses et son feuillage vert en font un élément remarquable, productif et d'entretien réduit dans le paysage.

Crassocephalum crepidioides

Ébolo | Astéracées | zones 9-11 | 30-60 cm × indét.

☼ - ☼ | 💧 - 💧

L'ébolo est un couvre-sol très esthétique pour le jardin tropical. La face supérieure de ses feuilles est verte tandis que leur revers arbore un joli pourpre. Elles peuvent être consommées fraîches en salade ou cuites. Il se propage par ses rhizomes et, s'il est protégé des ardeurs du soleil tropical au cours de son établissement, il peut couvrir une zone donnée avec une certaine rapidité.

Ipomoea batatas

Patate douce | Convolvulacées | zones 9-11 | 3-6 m × indét..

☼-◐ | ◐-●

La patate douce peut être cultivée aussi bien comme une grimpante qu'une couvre-sol pour ses délicieux tubercules. Dans le cadre d'une forêt vivrière, elle peut couvrir le sol incroyablement vite. Chaque fois qu'un nœud entre en contact avec le sol, il peut émettre des tubercules. Lorsque vous la cultivez pour ces derniers, il peut être utile d'enrouler les tiges à la main et de les empêcher de sortir des limites que vous aurez déterminées. Cela fera que les tubercules seront plus concentrés dans l'espace. Les jeunes feuilles et tiges sont aussi comestibles, goûteuses et riches en fer. Il est courant de voir les patates douces vendues en Amérique du Nord sous le nom incorrect d'ignames.

Vaccinium vitis-idaea

Airelle rouge | Éricacées | zones 2-6 | 15-30 cm × 60 cm

☼ | ◐

L'airelle rouge est originaire d'Europe du Nord et d'Asie. On la voit souvent couvrir les sols acides en situation dégagée. C'est une très belle plante avec ses feuilles vertes vernissées et ses baies rouge vif. Le fruit a une saveur qui rappelle la cranberry et sa douceur s'accentue après l'exposition au froid. Les feuilles servent de colorant. Les baies sont également une source alimentaire appréciée de la faune sauvage.

STRUCTURES INVISIBLES

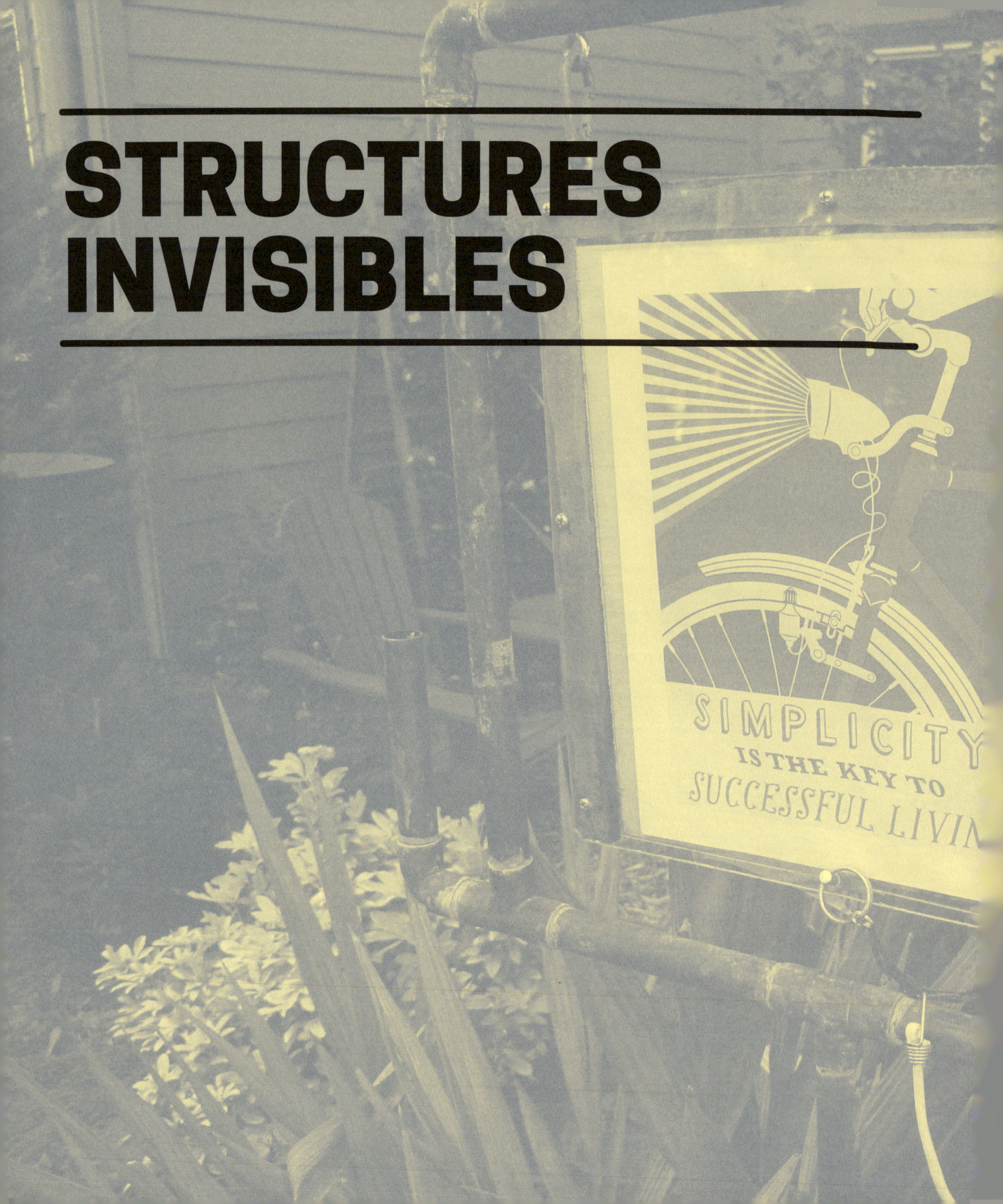

Un concept réussi ne se limite pas aux éléments que vous pouvez voir dans le paysage. Pensez à tous ceux que vous avez pris en compte au cours de la phase de conception et qui pourtant n'apparaissent pas sur le plan directeur. Les contraintes juridiques, les processus de maintenance et de prise de décision, les systèmes sociaux et la gestion financière, toutes ces choses en font partie et sont tout aussi intimement liées à la réussite d'un projet. Ces aspects représentent ce que nous appelons les structures invisibles. Dans ce chapitre, nous les explorerons en les classant en trois catégories : l'économie, les liens sociaux et communautaires, et l'accès foncier.

ÉCONOMIE ET FINANCEMENT DE LA PERMACULTURE

La notion bouddhiste de *conduite juste* est un bon point de départ pour réfléchir aux aspects économiques sous l'angle de la permaculture. Une conduite juste signifie que l'on gagne sa vie sans rien faire qui puisse nuire à la Terre ou à autrui. Nous avons en effet tous le droit de bien vivre nos actes de chaque jour, sans porter la culpabilité d'actes contraires à l'éthique que nous serions forcés d'accomplir pour simplement joindre les deux bouts. C'est pourquoi nous devons systématiquement réfléchir à la manière dont nos projets peuvent offrir cette possibilité.

Économies parallèles

Nous sommes tous soumis à un système économique global qui ne nous récompense pas nécessairement lorsque nous prenons des décisions qui évitent de nuire à autrui ou à la planète. C'est pour cela que nous devons toujours penser en termes d'économie parallèle ou à créer des systèmes qui satisfont nos besoins dès à présent et continueront à le faire dans un avenir meilleur. Cela signifie que les systèmes que nous créons doivent à la fois nous aider à nous orienter vers des objectifs de vie juste et nous permettre de subvenir à nos besoins du moment. Si nous passons à côté de l'un de ces deux aspects d'une économie parallèle, notre système a tous risques d'échouer.

Par exemple, si une entreprise accorde des salaires élevés à tous ses employés, il y a fort à craindre qu'elle ne reste pas très longtemps solvable. Une gestion plus raisonnable consisterait à créer un système incitatif de rémunération qui récompense par un salaire plus important les employés qui travaillent le plus dur, avec à terme la possibilité de devenir actionnaire de l'entreprise. C'est ainsi que fonctionnent de nombreuses coopératives ouvrières. De cette manière,

Des messages rappelant les bases d'une vie qui ne pèse pas sur la planète sont affichés dans le Columbia Ecovillage de Portland, dans l'Oregon.

une entreprise peut éviter la faillite tout en restant en conformité avec ses valeurs. De même, si une exploitation commerciale opte pour une biodiversité maximale dans les plantations, un des risques est d'avoir une production trop dispersée, difficile à entretenir et récolter, et présentant des volumes limités, qui entraine un coût de travail prohibitif. Peut-être que dans ces cas-là, partir sur des associations d'espèces plus simples en agroforesterie, en les organisant en blocs d'accès facile, serait une solution qui permettrait à la fois d'augmenter la diversité et de maintenir un système économiquement viable.

Tous les concepts de permaculture ne sont pas forcément axés sur la production de revenu. Après tout, les nombreuses personnes qui se lancent dans leur jardin ne sont pas forcément prêtes à transformer leur pelouse en ferme polyvalente. Toutefois, même si nos systèmes ne visent pas à générer un revenu, ils peuvent certainement (et devraient) permettre à leurs propriétaires de réduire leurs dépenses. Plus nous produisons par nous-mêmes, moins nous avons à dépenser d'argent. En retour, moins nous avons besoin d'argent et moins nous avons besoin de travailler pour quelqu'un d'autre et plus nous disposons de temps pour poursuivre nos propres activités. Cela signifie que nous sommes plus autonomes, car moins dépendants des entreprises éloignées.

Capital et triple bilan

À l'image d'un sol que nous participons à constituer, un projet peut être conçu de manière à produire un revenu plus important au fur et à mesure que le système arrive à maturité. N'oubliez pas que lancer de nouveaux projets demande du capital. On peut très bien lancer un projet privé de débouchés économiques, mais si vous ne concevez pas un système qui puisse produire un revenu minimal, vous risquez d'avoir du mal à financer l'installation d'éléments plus coûteux sans soutien extérieur.

En outre, toute entreprise issue d'un projet de permaculture devrait être évaluée sur son « triple bilan », à savoir, non seulement sur ses profits (l'entreprise rapporte de l'argent et demeure solvable) mais aussi sur son rapport à l'environnement (à travers ses activités, l'entreprise aide réellement à régénérer la planète au lieu de la dégrader) et sur son impact social (les personnes travaillant pour l'entreprise, directement ou indirectement, y trouvent leur compte). Remarquez comme ce triple bilan coïncide avec l'éthique de la permaculture. Cela signifie aussi que nos entreprises ne peuvent pas externaliser les coûts des dégradations environnementales et sociales.

Entreprise familiale et produits à valeur ajoutée

Pour de nombreux projets de permaculture à l'échelle domestique, une entreprise familiale est le moyen le plus approprié de développer des opportunités économiques. Lors de la phase de conception, notre objectif devrait donc être en partie d'ouvrir ces possibilités de monter toutes sortes d'entreprises de ce genre. De cette manière, les usagers de ce système disposeront de nombreuses options s'ils souhaitent développer un certain revenu sur leur propriété.

Les produits à valeur ajoutée sont des produits qui ont subi une transformation pour augmenter leur valeur. Cela peut revenir à vendre des confitures et des gelées plutôt que des fruits frais. Si l'on prend l'exemple de la Bella Farm dans le Vermont, celle-ci produit un pesto sensationnel qu'elle fait à partir de basilic, d'ail et d'autres herbes

aromatiques et qu'elle vend sur les marchés locaux. La vente des ingrédients séparés au prix de gros amènerait un bénéfice bien plus faible que celui généré par la vente de pesto, même si vous prenez en compte le temps supplémentaire nécessaire. C'est ainsi qu'à petite échelle, les produits à valeur ajoutée aident les cultivateurs à faire plus de bénéfices à partir des produits ou des matériaux qu'ils font pousser. En contrôlant les moyens de production ainsi que la transformation et la vente, on se passe de tout intermédiaire qui détourne à son profit une partie des bénéfices. Cela permet aussi de garder sous contrôle une plus grande partie de la chaine de valeur et ainsi de s'assurer que chacune de ses étapes reflète votre éthique et respecte l'approche du triple bilan.

Mais les produits alimentaires ne sont pas les seuls à permettre cela : d'autres matériaux peuvent être produits en possédant aussi une valeur ajoutée. Par exemple, vous pouvez cultiver des plantes dont vous tirerez vos propres fibres et des pièces d'artisanat destinées à la fois à l'usage domestique et à la vente.

Sur le jardin de toit du restaurant français La Bastille basé à Seattle, on fait pousser une bonne partie de ce qui sera servi plus bas. C'est non seulement très rentable mais cela permet aussi à ce restaurant de se singulariser.

PLANTES POUR FIBRES ET OBJETS ARTISANAUX

Agave sisalana
Sisal
Zones 9-11
Excellent pour les fibres textiles et les cordages

Apocynum cannabinum
Apocyne chanvrin
Zones 4-9
Plante excellente pour les cordages

Bambusa textilis
Zones 9-11
Employé pour la vannerie et le tissage

***Calamus* spp.**
Rotin
Zones 11 et plus chaudes
Employé pour le mobilier, la vannerie et l'artisanat

Cavanillesia platanifolia
Cuipo
Zones 11 et plus chaudes
Un géant des forêts de pluie, à l'écorce fibreuse

Cordyline australis
Cordyline
Zones 9-11
Ses feuilles fournissent des fibres pour l'habillement, les cordages et la vannerie, en plus de ses pousses et de la moelle comestibles de ses racines

Cyperus papyrus
Papyrus
Zones 9-11
Utilisé pour le papier, les cordages et autres utilisations de fibres
Assure aussi une excellente filtration de l'eau

Musa basjoo
Bananier du Japon
Zones 8-11
Fournit des fibres pour le tissage et la pâte à papier ; ses feuilles emballent les tamales

Pandanus tectorius
Zone 13
La fibre végétale des Polynésiens
Sert aux tapis, chapeaux, cloisons de séparation, etc.

Phormium tenax
Lin de Nouvelle-Zélande
Zones 9-11
La fibre végétale des Maoris
Se prête aux cordages, au tissage, à la vannerie et à la pâte à papier

***Salix* spp.**
Saule, osier
Zones variables
Matériau sensationnel et très renouvelable (par recépage) pour la vannerie

Thuja plicata
Cèdre de l'Ouest
Zones 6-8
Écorce utilisée par les populations locales du Nord-Ouest du Pacifique pour les constructions, la vannerie et l'habillement

Trichostigma octandrum
Zones 10-12
Excellente liane pour la vannerie, aux feuilles comestibles une fois cuites

***Yucca* spp.**
Yucca
Zones variables
Les fibres de ses feuilles se prêtent bien à la confection de ficelle, de paniers et de tapis

Monnaies alternatives

Une monnaie alternative ou monnaie locale désigne généralement tout système d'échange qui n'a pas recours à une monnaie émise par un gouvernement ou qui se développe en dehors du système bancaire. Sous sa forme la plus basique, cela peut être le troc : échanger des pommes contre du lait, des paniers faits-maison contre des plants de pépinière, des massages contre de la garde d'enfant, etc.

Dans certains endroits, on a mis en place de réels systèmes d'échange locaux (SEL), qui fonctionnent à la fois de manière directe et par Internet, et basés sur une unité d'échange. Cette monnaie n'a de valeur que sur le plan local. C'est une stratégie qui en conservant la valeur au sein de la communauté permet de dynamiser l'économie locale. (Voir pour des exemples réussis : BerkShares, Fourth Corner Exchange, et Ithaca Hours.)

Les placements éthiques

Une fois que vous êtes parvenu à vous constituer un certain capital, par un biais ou un autre, vous pouvez parfaitement conserver la philosophie de la permaculture pour vous interroger sur la manière de placer cet argent en vue de projets ultérieurs dans le respect de son éthique.

Les banques coopératives existent en Europe depuis la seconde moitié du XIXe siècle. Elles offrent une alternative aux services bancaires conventionnels (tenues de compte, épargne et crédit) au sein d'un organisme contrôlé par ses propres membres. En effet, parce que les banques coopératives sont des organismes à but non lucratif contrôlés par un conseil d'administration élu par ses membres, elles doivent rendre des comptes à ces mêmes membres. Ces organismes tendent à avoir un meilleur bilan que les grosses banques lorsqu'il s'agit de faire passer les personnes avant le profit puisque leur travail dépend justement du bon équilibre entre les deux. Aux États-Unis, une banque a même été montée en se basant sur les valeurs de la permaculture : la Permaculture Credit Union de Santa Fe (New Mexico). La condition d'affiliation est d'avoir réalisé un projet en permaculture ou d'être au moins en accord avec son éthique. On peut alors y bénéficier de taux d'intérêt plus bas sur des crédits destinés à financer des biens inscrits dans le développement soutenable comme des voitures électriques, des bicyclettes, des systèmes de chauffage à l'énergie solaire ou de récupération des eaux pluviales.

Les cercles de crédit sont des groupes de personnes qui se prêtent des biens sous la forme du *peer-to-peer*, de l'échange standard. Ce concept s'observe fréquemment dans les communautés d'immigrants où les familles ou groupes culturels mettent des fonds en commun destinés à aider l'installation des nouveaux arrivants. Une fois que l'argent prêté a été remboursé, il peut être prêté à quelqu'un d'autre, et le dernier bénéficiaire peut se joindre à la communauté qui contribue à cette réserve d'argent. Mais ce concept n'est en rien limité aux communautés d'expatriés. Tout groupe possédant de l'argent à investir au profit de sa communauté peut participer à des projets qui reflètent ses valeurs.

Une bonne gestion financière en guise de stratégie de prévoyance

Le fait de gérer sagement vos finances a autant à voir avec la notion de résilience qu'avec l'investissement éthique. Tous les concepts de résilience qui s'appliquent à nos projets en permaculture s'appliquent aussi à notre manière de gérer notre argent. Par exemple :

- La diversité des investissements participe à la stabilité financière, de la même manière que la biodiversité garantit la stabilité dynamique des écosystèmes.
- Les plans d'urgence applicables sur le terrain peuvent inclure des stratégies spécifiques pour faire face à des ouragans, des incendies et des inondations, mais il est également important d'avoir des stratégies en place en cas de catastrophe financière (comme une perte de travail, des dépenses de santé très importantes ou une instabilité économique). Ce qui peut induire d'avoir des plans B pour la génération à venir, de minimiser les dépenses en espèces ou de monter un fond d'assurance au sein de la communauté pour aider des personnes en difficulté.
- De même que les pommes de terre ou les courges d'hiver peuvent être stockées pour fournir de la nourriture pendant la mauvaise saison, on peut mettre de l'argent de côté pour les mauvais jours. Dans ce cas-là, encore une fois, la diversité est bien venue, de manière à avoir ces économies sous diverses formes (telles qu'espèces, métaux précieux ou autres biens de valeur).

L'illusion de l'autosuffisance

Certaines personnes se fixent l'objectif de devenir auto-suffisantes, en imaginant pouvoir satisfaire elles-mêmes tous leurs besoins. C'est un objectif louable, mais absolument pas réaliste. Historiquement, très peu de personnes y sont réellement parvenues, que ce soit au niveau individuel ou même de leur foyer. Le commerce et l'échange entre individus et cellules familiales ont toujours eu lieu. C'est ce qui a conditionné la formation de villages et de commerce il y a des centaines d'années. Compter sur les autres et travailler ensemble est inhérent à l'aventure humaine. C'est pour cela que travailler à l'autosuffisance à l'échelle de la communauté a beaucoup plus de sens, et est plus susceptible d'aboutir, que d'essayer de tout faire tout seul.

UNE PERMACULTURE SOCIALE

Comme un de nos amis nous a dit une fois : « Nous savons comment pomper de l'eau, faire pousser de la nourriture et construire des bâtiments non toxiques. Il y a des centaines de livres qui traitent de ces sujets. Ce que nous avons vraiment besoin d'apprendre, c'est comment réussir à vivre ensemble. » Il y a beaucoup de vrai dans cette réflexion. La permaculture s'applique aux systèmes sociaux sous de nombreux aspects.

La vie en communauté

Nous sommes chacun membre de diverses communautés à la fois, qu'elles prennent la forme de familles, de foyers, de quartiers, de villes, de groupes d'employés ou de groupes culturels. Dans tous ces groupes prévalent des normes de comportements et d'interactions. Qu'il s'agisse de groupes existants ou de nouveaux groupes qui pourraient se former dans le cadre de votre projet, il est important de consacrer un moment à réfléchir aux composantes culturelles qui constituent l'assise d'un groupe qui fonctionne bien.

La gouvernance est un aspect important dans nombre de ces groupes. Qui est en charge de quoi ? De quels pouvoirs et responsabilités sont investies ces personnes ?

Parfois, la meilleure manière de s'organiser en groupe est d'utiliser de grands panneaux et d'y coller des papiers. C'est ainsi que chaque année Dave et les Bullock planifient leur stage de conception en permaculture de trois semaines.

Quelle marge de manœuvre possèdent-elles pour influer sur la vie du groupe avant d'avoir à rendre des comptes ? Ce genre de questions est important, en particulier pour les groupes nouvellement formés. Le risque de dysfonctionnements sociaux est élevé si les groupes n'ont pas clairement défini au préalable leurs attentes et leurs responsabilités.

L'un des systèmes de gouvernance qui mérite l'attention de ceux qui forment de nouveaux groupes (tels que des associations de propriétaires, des groupes de gestion des terres ou des écovillages) est la sociocratie, un mode de gouvernance dynamique. Bien qu'elle paraisse assez hiérarchisée, la sociocratie permet en réalité aux personnes de la base de faire remonter leur ressenti et de l'information jusqu'aux niveaux supérieurs.

L'action peut être initiée de n'importe quel point de la structure organisationnelle. C'est quelque chose qui fait souvent défaut dans les hiérarchies traditionnelles et autocratiques, comme celles que l'on peut trouver dans une société. Dans une sociocratie, la position dominante prévaut, mais sans le contrôle autocratique. Les groupes y sont organisés en cercles à chaque niveau de la structure. Chaque cercle désigne un individu pour le représenter auprès du cercle supérieur. Et l'inverse est également de rigueur, avec un représentant qui peut aller dans les cercles inférieurs. Ainsi, chaque cercle est connecté à celui qui le précède et celui qui le suit, et le pouvoir est réparti et non concentré. Au sommet se trouve un comité d'administration choisi par l'ensemble des membres.

En plus de la gouvernance, la prise de décision est un point critique à préciser clairement dès le départ. Le point clé à garder en mémoire est que chaque structure de prise de décision est liée à un moment et à un lieu spécifiques. Utiliser la meilleure technique adaptée à une situation peut éviter beaucoup de frustration et de temps perdu pour toutes les personnes concernées.

Nous connaissons tous la prise de décision individuelle, où quelqu'un de plus élevé dans la hiérarchie décide de quelque chose et où tous les autres suivent. La chaîne de commandement militaire en est un exemple. Bien qu'il semble incompatible avec la philosophie de la permaculture, ce mode de fonctionnement est celui qui convient le mieux aux situations d'urgence, telles que les incendies, les catastrophes et les urgences médicales car il permet que les décisions soient transformées le plus vite possible en actions.

Pour une prise de décision en groupe, la majorité d'entre nous est habituée au vote. Le principe de la majorité (ou d'une autre proportion) est une manière raisonnable et efficace de prendre des décisions sur des points non sujets à controverses (par exemple, lorsqu'il s'agit de choisir le film à projeter lors d'une manifestation). Une prise de décision basée sur le consensus impliquera pour sa part que chacun dans le groupe arrive à un point d'accord où il ne s'opposera pas à une décision. Cela peut prendre du temps et être difficile (ou impossible) à obtenir, mais dans certains cas cela s'impose comme la méthode la plus adaptée.

La sociocratie quant à elle a recours à la prise de décision par consentement, ce qui est un peu différent. Dans ce cas-là, les décisions sont tributaires d'un délai ou d'une période d'essai et d'une méthode d'évaluation de leur bien-fondé. Le groupe réexaminera donc ces décisions plus tard pour juger de leur bon fonctionnement. Cela signifie que le fait de prendre une décision initiale ne s'arrêtera pas là. Ainsi moins de discussions sont nécessaires et l'attitude générale qui prévaut est « Attendons de voir si ça marche ».

Planification de villages

La planification en permaculture ne se limite pas aux maisons familiales ou aux champs et aux fermes. Nous pouvons aussi en utiliser les outils pour faire des plans à l'échelle d'un village. Les mêmes principes sont valables. La seule partie qui devient alors un peu plus complexe concerne les systèmes sociaux. Voici quelques conseils pour ces situations de planification pour une communauté entière.

Quand nous travaillons à la conception de projets à l'échelle d'un quartier et d'un village, nous tombons généralement tous d'accord sur quelques objectifs indissociables. Avant tout, nous désirons des communautés prospères, dynamiques et protégées. La plupart d'entre nous souhaite vivre dans le genre de lieu où chacun connaît ses voisins et où les enfants peuvent courir dehors sans crainte pour leur sécurité. Et se rassembler parfois pour des moments de partage au sein de la communauté. Toutefois, si notre but est réellement la soutenabilité, nous souhaitons aussi concevoir des lieux où les gens ne viennent pas seulement pour se rencontrer mais aussi pour travailler, lancer des projets et se connecter.

Nous devons créer les situations où les bénéfices d'une interaction entre voisins surpassent les bénéfices de s'en tenir à l'écart (même pour ce voisin que nous n'apprécions pas beaucoup). En stimulant la coopération et la collaboration, nous pouvons en

PLANIFICATION DE VILLAGE

Le permaculteur Andrew Millison a fait d'une partie de son jardin côté rue, à Corvallis, dans l'Oregon, un espace communautaire fait de blocs de ciment de récupération et autres éléments urbains. Il en résulte un lieu chaleureux où échanger entre voisins et des perchoirs très ludiques pour son fils.

même temps créer des communautés plus fortes, plus conviviales et plus résilientes. Par exemple, si tout le voisinage soigne collectivement des cultures de base comme le maïs, les courges et les pommes de terre et que chacun reçoit en retour une partie de la récolte en fonction des heures qu'il y aura passé, la coopération bénéficie à tout le monde.

Un autre objectif primordial doit être de pouvoir intégrer les systèmes individuels de chacun. Ce qui implique de porter une attention particulière à l'échelle d'intégration et aux avantages qui peuvent en être tirés. Imaginons que chaque habitant d'un quartier de banlieue décide de consacrer la moitié de son terrain à une production intensive de légumes. La surface cumulée serait suffisante pour un fermier urbain, qui serait lui-même membre de la communauté, pour faire pousser toute la nourriture nécessaire aux différents foyers et pour dégager des excédents qu'il pourrait vendre à l'extérieur.

Nous pouvons aussi choisir d'aborder les systèmes sous l'angle de l'offre et de la demande. Si dans votre village, toutes les maisons possèdent des toilettes sèches et qu'une personne en récolte le produit pour le composter de manière appropriée, cela pourrait donner une grande quantité de matière organique de haute qualité pour les plantations ornementales et agroforestières, et permettre à une ou plusieurs personnes d'avoir un moyen de subsistance juste. Quels autres déchets dans votre quartier pourraient être regroupés et valorisés tant que les proportions demeurent raisonnables ?

Une planification à l'échelle d'un quartier ou d'un village peut également permettre aux habitants de partager les coûts de choses onéreuses dont tout le monde n'a pas besoin. Par exemple, des groupes de quatre maisons pourraient se partager une machine à laver et un sèche-linge. La plupart des personnes ne font pas du linge quotidiennement. Chaque foyer utiliserait les machines un jour déterminé de la semaine. Les réparations éventuelles seraient soit assurées par un des habitants de ces maisons, soit financées par un fonds commun d'entretien. D'une manière ou d'une autre, à l'échelle du quartier, cela ferait que l'on aurait besoin de moins de machines en tout. Nous pouvons appliquer ce mode de pensée à toutes sortes de choses, comme les tondeuses et même les installations de production d'énergie renouvelable. Les résidents d'un petit écovillage dans l'Iowa disposent chacun d'un accès au réseau d'énergie renouvelable du lieu (éolien et solaire). Si à la fin d'un mois, il a fallu tirer de l'électricité du réseau conventionnel, celui qui a consommé le plus d'électricité doit régler l'intégralité de la facture du quartier. Une façon particulièrement persuasive d'inciter à un usage économe de l'électricité...

Bien que la planification de n'importe quel village dépende des personnes et du lieu concerné, un petit nombre de généralités demeure important à prendre en compte. La grande question est : comment concevoir l'environnement physique pour préparer le terrain d'une communauté prospère ?

On peut commencer par étudier la topographie. Imaginons un groupe de maisons encerclant une colline. Personne ne voit personne, et loin des yeux équivaut bien souvent à loin des pensées. Maintenant imaginons des maisons placées autour d'une vallée. Vous auriez ainsi la possibilité de voir vos voisins de l'autre côté de la vallée. Il se pourrait même que vous les entendiez à certains moments. C'est quelque chose qui installerait la base pour une interaction bien plus dynamique que dans le premier scénario.

Aussi, pensez à intégrer à votre liste d'éléments une forme ou une autre d'infrastructure permettant les échanges communautaires. Centres, cuisines, pavillons et

parcs communautaires, tout cela s'y prête. En fait, lorsque vous en êtes à planifier votre stratégie de mise en œuvre, le mieux est de construire ce genre d'infrastructure avant même les maisons individuelles. De cette manière, les futurs résidents développeront déjà l'habitude de l'utiliser et de s'y rassembler. Certaines personnes au tempérament pionnier pourraient même aller jusqu'à choisir d'habiter dans ces structures communautaires tout le temps de la construction de leurs maisons individuelles. Prévoyez donc de placer ce type d'infrastructure sur l'un des plus beaux points du site (en termes de point de vue, d'accès à l'eau, etc.) de manière à ce que tout le monde puisse bénéficier du meilleur du site. C'est une approche bien plus égalitaire que de laisser la personne la plus fortunée s'accaparer la plus belle vue.

Un autre aspect du projet qui peut être propice au développement d'une communauté (ou l'empêcher) est la question des accès. Réfléchissez bien à la manière de les agencer. La sociabilité ne s'épanouissant généralement pas à l'intérieur d'un véhicule: créez pour une communauté qui se déplacera à pied. Village Homes à Davis, en Californie, est un excellent exemple où toutes les rues accessibles aux voitures passent derrière les maisons, le long de leurs petits jardins clôturés, et se finissent en cul-de-sac. Tandis que les jardins ouverts de devant font face à des chemins piétonniers qui relient chaque partie du village.

Ce garage à vélo du Columbia Ecovillage de Portland, dans l'Oregon, représente une excellente solution pour les personnes aux logements de petite taille. De plus, il suffit qu'on facilite l'usage du vélo pour en généraliser naturellement la pratique.

Ne doutez jamais qu'un petit groupe de citoyens engagés et imaginatifs puisse changer le monde. Car il en a toujours été ainsi.

—MARGARET MEAD

Concevoir des groupes d'habitations peut aussi créer le sentiment communautaire dans un quartier. Dans cet état d'esprit, les logements sont regroupés sous forme de petits ensembles au lieu d'être répartis uniformément dans l'espace. Cela donne de petits groupes de voisins, aux terrains limités. L'espace qui reste entre ces ensembles peut alors être utilisé au bénéfice de la communauté, pour devenir soit un parc, un vignoble, un verger ou un jardin communs. Cela permet aussi à chaque logement de jouir à la fois des avantages d'une vie sociale et d'une certaine vie privée, un équilibre important pour la majorité des gens. Grâce à un système d'accès bien conçu, les résidents de chaque ensemble pourront se rejoindre autour d'un élément d'infrastructure communautaire et auront ainsi l'occasion de se rencontrer régulièrement. Demandez-vous ce que vous pouvez faire pour stimuler et éliminer tout obstacle à cette manifestation de la sociabilité.

Bâtir la communauté

Réfléchir à la manière d'organiser des systèmes sociaux au sein de votre projet est une chose, mais la permaculture incite aussi à bâtir la communauté au-delà des limites de ce même projet. Pourquoi est-ce important ? Tout d'abord, souvenez-vous qu'avoir une communauté dynamique et prospère est un des meilleurs moyens de construire la résilience. Vous pourrez solliciter son aide en cas de problème. Par ailleurs, connaître les personnes qui composent votre communauté en entretenant de bonnes relations avec elles est l'un des meilleurs moyens de prévenir la criminalité et de vivre une vie plus gratifiante.

À Portland, en Oregon, le City Repair Project invite les habitants d'un quartier à se réunir pour faire la fête et peindre un carrefour.

Bref, comment la permaculture peut-elle avoir un impact sur votre quartier, votre village, votre ville ou votre biorégion ? Le Mouvement de la transition (Transition movement) est un bon exemple. Ce mouvement qui s'est diffusé dans le monde entier incite les gens à interagir au sein de leurs communautés locales d'une manière différente. En substance, il se donne pour objectif d'aider les communautés locales à faire face au double problème du pic pétrolier et du changement climatique. L'idée principale est que l'on ne peut pas s'attaquer à l'un sans s'attaquer à l'autre, et l'objectif est de mettre en place un monde résilient, pratiquant la frugalité énergétique. Le Mouvement de la transition propose aux communautés un ensemble d'étapes qu'elles peuvent suivre pour en entraîner d'autres avec elles et affronter collectivement ces problèmes, tout en renforçant leur capacité d'adaptation.

Un autre exemple de projet qui a beaucoup fait pour dynamiser les communautés locales est le City Repair Project de Portland, dans l'Oregon. Il cherche à reconquérir les espaces communs susceptibles de devenir des carrefours dans les interactions que tisse une communauté. L'idée est que dans de nombreuses cités modernes, les places publiques et les lieux de rassemblement sont trop rares. Si ces lieux de l'interaction n'existent pas, les gens ne peuvent se connecter et un véritable sens de la communauté se développer. L'une des actions emblématiques du City Repair est l'*Intersection Repair*, au cours de laquelle les habitants d'un quartier organisent une fête et peignent un carrefour, ce qui non seulement dynamise la communauté mais aussi ralentit la circulation automobile. Ces actions sont reconnues par la municipalité et cela a inspiré depuis d'autres villes d'Amérique du Nord.

Le City Repair a aussi engendré la manifestation de la *Village Building Convergence*, qui se réunit une fois par an. Des gens de partout viennent alors à Portland pendant plusieurs jours pour apprendre et s'amuser. Chaque jour, le public peut participer à toute une série de projets communautaires éducatifs, qui vont du façonnage de bancs en torchis à la plantation de jardins vivriers ou au travail sur des sites d'Intersection Repair. Des conférences et des événements sont organisés au cours des après-midi. Comme ils disent : « c'est un peu comme une conférence, un peu comme un festival, et un peu comme une journée d'amélioration des quartiers », et le public en redemande.

Considérations juridiques

Les permaculteurs doivent connaître les problèmes juridiques potentiels auxquels ils peuvent être confrontés lorsqu'ils mettent en œuvre leur projet. Il est important d'accorder une attention particulière au zonage, aux différents permis et à la législation relative à l'utilisation des sols en vigueur dans votre région. Soyez conscients que ces règlements ont souvent été créés sur la base d'un ensemble d'objectifs différents des vôtres et en réaction à un précédent qui entrait en violation d'une certaine éthique.

D'une manière générale, les lois et les règlements empêchent les personnes les moins scrupuleuses d'accomplir certains méfaits mais tendent à empêcher aussi les gens de faire des choses au-dessus de la moyenne. Par exemple, les toilettes sèches, les maisons en paille et les systèmes de gestion des eaux ménagères ne sont pas autorisés partout, malgré les nombreux précédents qui démontrent la réussite de ces systèmes lorsqu'ils sont mis en œuvre correctement. Il vous faut donc décider de la manière dont vous allez interagir avec ces contraintes juridiques sur la base du cas par cas. Vous pouvez les ignorer en cherchant à passer à travers les gouttes, les respecter scrupuleusement en dénaturant ainsi votre projet, ou travailler à changer ces lois qui font obstacle aux meilleures pratiques.

LA PLANIFICATION DES RISQUES

L'expérience montre que la plupart d'entre nous devra malheureusement faire face à une catastrophe naturelle à un moment ou l'autre de sa vie. La permaculture nous offre une façon intelligente d'envisager et de planifier les risques.

On ne contrôle pas une catastrophe naturelle. En vous appuyant sur un bon concept, vous pouvez cependant minimiser cette perte de contrôle et éviter ou atténuer nombre d'entre elles. C'est un des points où il est absolument essentiel de se référer à notre principe de résilience qui consiste à doubler et redoubler les solutions de secours, en échafaudant toutes sortes de scénarios, bâtis sur le « Que se passe-t-il si… ? ».

En vous organisant pour ne pas seulement survivre mais pour continuer à prospérer dans l'adversité, vous en retirerez plusieurs bénéfices. Tout d'abord, en vous assurant que vous et votre famille serez en sûreté, vous n'accaparerez pas une aide d'urgence excessive, qui pourra être employée en faveur d'autres personnes, moins chanceuses. Deuxièmement, en vous mettant vous-même à l'abri des conséquences de ces situations, vous vous mettrez aussi en capacité de pouvoir aider alors d'autres personnes. Ce qui est en lien direct avec notre mandat éthique qui consiste à prendre soin des gens. Plus généralement, vous devriez toujours être du côté de ceux qui apportent de l'aide plutôt que de ceux qui en ont besoin.

Il vous faut étudier en détail les risques auxquels vous êtes personnellement le plus exposé. Dans votre analyse et évaluation de site, vous devriez avoir identifié ces situations-là.

Tremblements de terre

Si vous vous trouvez dans une zone à risques sismiques, toutes les structures doivent être bâties pour résister à des contraintes extrêmes. Généralement, cela implique qu'elles soit flexibles ou très solides avec d'excellentes fondations. Vous pourriez aussi étudier l'option de bâtiments bas aux formes plus tolérantes aux secousses (comme les courbes et les dômes). Dans ce genre de situations, il est particulièrement important d'éviter d'installer un bassin sur une forte pente car les secousses sismiques peuvent engendrer des vagues qui provoque des débordements ou endommagent le barrage.

Glissements de terrain

Dans certains endroits, des glissements de terrain peuvent survenir pour diverses raisons. Dans ces cas-là, il est essentiel de s'assurer que les pentes abruptes demeurent végétalisées (ou puissent être rapidement revégétalisées). On évitera aussi de placer sa maison ou une autre infrastructure essentielle au pied d'une pente déboisée pour ne pas se retrouver enseveli si le terrain venait à bouger. Si les pentes ne peuvent pas être stabilisées en raison de leur géologie, il serait préférable de trouver un autre emplacement.

Inondations et tsunamis

De nombreuses personnes dans le monde vivent en zones inondables. En général, si votre terrain est plat et environné de hautes collines, vous vous trouvez probablement dans une vallée inondable. Même si l'on n'y a pas enregistré d'inondation dans son histoire récente, vous devriez prendre des dispositions dans cette hypothèse ainsi que dans celle d'un tsunami, selon l'endroit. Parmi les stratégies éprouvées, on compte les constructions de maisons sur pilotis ou sur flotteurs fermement attachés à un pylône lui-même ancré solidement dans le sol. Si un cours d'eau proche semble susceptible de déborder régulièrement, vous pouvez contribuer à empêcher l'érosion en végétalisant les berges. Bien entendu, dans l'absolu, la meilleure stratégie serait d'exclure toute construction d'habitations dans les plaines inondables et d'utiliser à la place ces zones extrêmement fertiles pour les cultures, qui pourraient même tirer bénéfice d'une inondation ponctuelle.

STOCKAGE

Sans sombrer dans la paranoïa, il est bon de stocker quelques objets de première nécessité en cas d'urgence : aliments non périssables, réserves d'eau, papier toilette, piles, etc. Cela implique de créer des systèmes alimentaires qui produisent des excédents stockables (par exemple, des pommes de garde, des céréales, des légumes secs) et que nous ayons inclus dans nos structures des lieux comme des caves à légumes et des garde-manger. Choisissez des aliments qui se gardent bien et que vous utiliserez régulièrement quoi qu'il arrive, de manière à faire tourner le stock. Dans l'idéal, vous devriez disposer à n'importe quel moment de quoi faire face pendant trois jours.

Cette cave en sous-sol constitue un excellent endroit pour stocker des denrées non périssables en grandes quantités, que ce soit pour la vie de tous les jours ou pour les situations d'urgence.

Cette barrière anti-bruit faite en balles de paille au Solar Living Institute de Hopland, en Californie, est placée sur des gabions (cages remplies de pierres). En cas d'inondation, l'eau peut passer sous le mur sans détruire sa structure en paille.

Blizzards et autres tempêtes de neiges

Si vous craignez que des tempêtes de neige coupent temporairement la route et vous empêchent de vous approvisionner, vous devrez doter vos bâtiments de solutions de chauffage de secours. Il est aussi important dans ce cas de disposer de grands volumes de stockage pour les produits de première nécessité.

Tornades

Dans les régions soumises aux tornades, construisez des bâtiments avec des sous-sols ou des caves qui permettent d'y attendre qu'elles soient passées. Évitez de construire au sommet de collines, plus exposé qu'à mi-pente ou en fond de vallée.

Incendies

Dans les zones à risques d'incendie, étudiez en détail vos secteurs. D'où le feu est-il susceptible de venir ? Défrichez des zones coupe-feu, planter des végétaux résistants (tels que cactées, sédums, de nombreuses euphorbes), ou intercaler des bassins entre vous et le secteur à risque. Utilisez des matériaux de construction moins sensibles au feu que le bois, comme la pierre ou le torchis. En outre, planifiez avec soin votre approvisionnement en eau afin de vous assurer de disposer de plusieurs solutions de secours utilisables pour lutter contre un incendie. Notez qu'une canalisation en PVC enterrée à peu de profondeur est susceptible de fondre lors d'un incendie, n'en faites donc pas un élément de votre stratégie anti-feu. Pensez réellement en détail à tout ce qui pourrait arriver si les flammes passaient à un endroit donné.

Éruptions volcaniques

Les hommes vivent depuis longtemps dans des régions volcaniques. Quelle que soit la manière dont vous vous y serez préparé, la possibilité d'une éruption existe, de sorte que l'une des stratégies consiste à se limiter à des constructions peu coûteuses et temporaires. S'il fallait les remplacer, au moins vous n'auriez pas trop investi. Vous pouvez également choisir de placer les éléments essentiels sur des collines et construire des murets en pierre du côté le plus haut de la propriété. Dans tous les cas, lorsque la lave arrive, il est sans doute préférable de s'absenter quelques jours...

Autres types de catastrophes

Parmi les autres catastrophes les plus courantes on trouve la perte du revenu sur lequel on comptait pour rembourser le prêt ou développer le site. Si vous suivez le principe de rendement, vous vous assurerez de toujours diversifier vos productions. En général, produire davantage dans votre système de permaculture signifie aussi que vous n'aurez pas besoin de dépenser plus d'argent ailleurs. Comme le disait Benjamin Franklin : « Un sou économisé est un sou gagné ». Une bonne planification financière et les économies faites en perspective des mauvais jours sont des points essentiels qui vous permettront de faire de votre rêve de permaculture une réalité.

Il n'est jamais trop tôt pour se libérer de ses dettes. Au vu de l'instabilité évidente de notre système économique global, en faire une priorité renforcera votre résilience. Si vous êtes endetté (ou sur le point de l'être), commencez par trouver un moyen, limité dans le temps et réalisable, de rembourser.

Les troubles civils et les guerres ne sont pas des choses particulièrement réjouissantes à envisager, mais elles n'en demeurent pas moins possibles. Et cette probabilité augmente là où les troubles socioéconomiques deviennent extrêmes. Les meilleures manières de faire face passent par des stratégies globales qui peuvent devenir des parties essentielles de votre plan destiné à affronter toutes les autres catastrophes naturelles dont nous avons parlé.

Les clés de la résilience

Dans n'importe quelle catastrophe, pouvoir compter sur une communauté forte qui s'unit pour porter secours à l'un des siens est une clé de la résilience. Cela implique au grand minimum de connaître vos voisins et de les rencontrer régulièrement. Une planification des risques à l'échelle de la communauté est encore meilleure. Participez donc activement à la vie de votre communauté. Les personnes qui sont autour de vous pourraient bien être celles auxquelles vous pourrez vous fier le jour où vous serez dans le pétrin.

Une autre manière de faire preuve de prévoyance est d'investir dans vos propres compétences de manière à assurer des fonctions essentielles en cas d'urgence. Que vous suiviez un stage avancé de secourisme, que vous appreniez à faire marcher une radio amateur ou que vous arriviez à comprendre comment faire du feu en frottant deux morceaux de bois, vous ferez de vous un membre plus précieux pour votre communauté, à la fois en cas d'urgence et dans la vie de tous les jours.

L'ACCÈS À LA TERRE

Pour de nombreux aspirants concepteurs en permaculture, l'accès à la terre est un obstacle de taille. Au moins aux États-Unis, nous avons une classe moyenne réduite. Cela signifie que de nombreuses personnes n'ont pas les moyens d'acheter un terrain pour monter leur projet de permaculture. Heureusement, nous disposons dans notre boîte à outils de permaculteurs de quelques moyens créatifs pour y parvenir malgré tout.

Les fiducies foncières

La fiducie foncière (*land trust*) est une notion qui existe depuis un certain temps dans les droits états-unien et canadien (entre autres) et qui n'en est qu'à ses débuts en France. Elle renvoie à une situation où une personne ou une entité possède une terre pour le compte de quelqu'un d'autre. Une entente de conservation a plus particulièrement pour but de préserver certaines fonctions sur un terrain, comme des habitats pour la faune sauvage ou l'agriculture. Dans ces cas-là, certains droits peuvent être dissociés de la propriété foncière, comme dans le cas d'une organisation de protection de la nature qui acquiert les droits de développer un terrain sans acquérir le terrain lui-même. Les fiducies foncières communautaires sont créées généralement dans le but précis d'offrir des logements abordables ou des espaces pour des jardins communautaires. Intégrer ce genre d'organisation peut être une manière d'accéder à la terre.

La location

Louer à un propriétaire est autre manière d'accéder à la terre. Et à l'inverse, lorsque vous êtes propriétaire, mettre en location des terres peut être une bonne façon d'obtenir de l'aide dans votre projet tout en aidant quelqu'un. Par exemple, disons que nous plantons sur notre propriété, en zone 4, quelques noyers espacés de 12 m (la distance qui correspond à des arbres à maturité). Au lieu de simplement se contenter de contrôler la pousse des adventices sur cet espace, nous pourrions choisir de louer ce dernier à un maraîcher ou un producteur de petits fruits, de même sensibilité que nous, pour les 7-10 années à venir (jusqu'à ce que les noyers commencent à produire). Ainsi, le locataire bénéficiera de l'utilisation de ces terres sans avoir besoin de les acheter et le bailleur bénéficiera d'un certain revenu et d'une participation à la gestion de sa propriété. Si le locataire est bien choisi, vous pourrez en plus bénéficier d'une amélioration du sol et des infrastructures existantes.

(à gauche) Connaître les espèces comestibles locales est une compétence précieuse et un excellent point de départ pour en apprendre davantage sur la nature. Sam Bullock, l'un des pionniers de la permaculture, n'a jamais cessé d'apprendre tout au long de sa vie, explorant tout, des systèmes énergétiques alternatifs aux modes de vie communautaires, en passant par l'identification des champignons.

(à droite) Ce tableau d'affichage communautaire dans le quartier de Sellwood, à Portland, dans l'Oregon, permet aux habitants d'échanger les informations.

Autres moyens d'accéder à la terre

Hormis ces manières assez officielles d'accéder à la terre, vous pouvez aussi simplement demander à un voisin. Placer une annonce à la coopérative, en parler à une réunion locale ou simplement faire passer le mot peut souvent vous amener des offres de jardin sur le terrain de quelqu'un. Dans ces situations, il est important de rassurer la personne qui vous permet d'utiliser son terrain sur l'usage que vous en ferez. Et il est certain que partager ses cueillettes de fraises, ça aide toujours !

La guérilla jardinière est une autre approche que vous pourriez choisir. Il s'agit d'implanter des cultures vivrières sur une terre non utilisée, sans en demander l'autorisation. Dans certains cas, vos interventions seront appréciées, dans d'autres non... Si vous avez une âme de guérillero, nous vous conseillons de cultiver le détachement, autrement cela sera un crève-cœur si vous passez récolter vos potirons et que vous découvrez que tout a été arraché par l'équipe de jardiniers ou passé au désherbant !

Le premier jardin communautaire de Seattle, le Picardo P-Patch, a accompli un travail remarquable en offrant de l'espace aux citadins qui avaient besoin de terres pour des cultures vivrières.

POINTS DE DÉPART DANS LES STRUCTURES INVISIBLES

	Le plus facile	Plus complexe	Le plus impliqué
Ressources financières, capital et investissement	Adhérer à une banque coopérative	Former un cercle de prêt entre amis	Investir dans les projets de permaculture d'autres personnes
	Commencer à économiser	Monter un plan d'activités	Disposer de sa propre chaîne d'approvisionnement (intégration verticale)
	Solder ses dettes	Vendre des produits	
	Troquer entre amis et voisins	Vendre des produits à valeur ajoutée	
	Diversifier ses placements	Utiliser des monnaies alternatives	Lancer une monnaie alternative dans sa région
Sphère sociale, communauté	Évaluer le gisement de compétences de son quartier	Participer à l'organisation du quartier	Initier un organisme de quartier
	Participer à l'antenne locale du mouvement de Transition	Participer à des animations de quartier	Lancer une antenne locale du mouvement de Transition
	Partager une petite infrastructure communautaire (telle que des boxes gratuits, des bancs)	Partager une infrastructure communautaire de taille moyenne (telle que système de prêt d'outils, de machines à laver)	Partager une infrastructure communautaire à grande échelle (telle qu'une éolienne, un système de lagunage pour les eaux usées domestiques)
	Adapter son projet pour respecter la législation	Repousser les limites juridiques	Travailler à changer la législation
	Se préparer pour une situation d'urgence de trois jours	Se préparer pour une situation d'urgence de sept jours	Se préparer pour une situation d'urgence de trente jours
			Monter un écovillage ou en intégrer un
Accès à la terre	Louer une parcelle de jardin communautaire	Louer un terrain	Se joindre à une fiducie foncière

LE MOT DE LA FIN

Les gens témoignent souvent qu'après avoir appris les principes de la permaculture et les avoir mis en pratique, ils se sentent plus en forme et plus heureux, car ils ont désormais une perspective holistique. Ils se sentent également plus connectés avec leur environnement et les personnes qui les entourent, et éprouvent de la fierté et de l'enthousiasme à occuper leur temps de cette nouvelle manière. Rappelez-vous de ce que nous avons vu au sujet de l'éthique de la transition : tout le monde peut débuter en permaculture en commençant par des gestes simples.

Ce serait merveilleux si personne n'attendait un seul instant pour commencer à rendre le monde meilleur.

—ANNE FRANK

Quel sera donc votre chemin personnel après ce livre ? Vous avez désormais compris l'essentiel du processus de conception en permaculture et vous disposez des bases dans les techniques qui permettent de se rapprocher d'un mode de vie soutenable, mais il reste tant de choses à apprendre. Pour aller plus loin, nous vous recommandons de concentrer votre énergie sur deux points:

- Premièrement, continuez à chercher et à expérimenter les aspects du livre qui vous ont le plus intéressé. Si c'est l'agroforesterie, ou la gestion de l'eau, ou le terrassement, approfondissez le sujet.
- Deuxièmement, investissez aussi une partie de votre énergie dans les sujets qui vous intimident et semblent dépasser vos compétences. Vous n'avez pas à devenir un expert en ces matières, mais en élevant votre niveau de compréhension, vous deviendrez plus complet, avec une solide base de connaissances générales. C'est ce qui fait un bon permaculteur. Améliorer à la fois sa compréhension d'ensemble et se spécialiser dans un domaine de prédilection sont les clés du succès.

Maintenant que vous avez lu ce livre et que votre vision des choses a pu évoluer, nous vous conseillons aussi de méditer sur les questions suivantes :

- À quoi ressemble votre vision du paradis ?
- Vous sentez-vous bien, à la fois dans votre corps et votre esprit ?
- Comment occupez-vous votre temps ?
- Travaillez-vous plus que vous ne voudriez et sentez-vous des pressions financières ?

La permaculture vous invite à imaginer une vie où l'on est heureux et en bonne santé, tout en satisfaisant l'ensemble de ses besoins. Avec ce livre, vous êtes sur le chemin de cette vie. Et nous espérons vous y retrouver.

Le jardin de cette ferme en permaculture prouve que les espaces fonctionnels peuvent aussi être beaux.

Zones de rusticité

TEMPÉRATURES ANNUELLES MINIMALES MOYENNES

Zone	Température (°C)
1	Moins de - 46
2	- 46 à - 40
3	- 40 à - 34
4	- 34 à - 29
5	- 29 à - 23
6	- 23 à - 18
7	- 18 à - 12
8	- 12 à - 7
9	- 7 à - 1
10	- 1 à 4
11	4 à 10
12	10 à 16
13	16 à 21

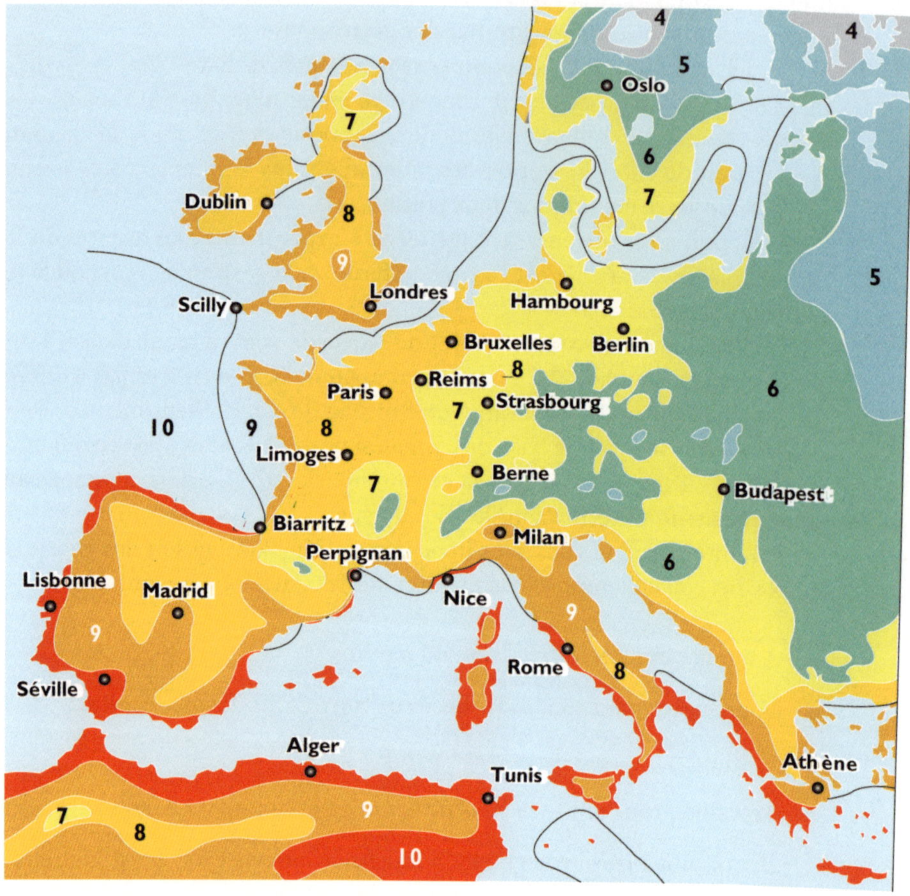

Les légumes verts cultivés dans ce pot sont aussi beaux que fonctionnels.

Index

Q

R

S

T

U

V

W

Y

Z

Liens utiles en langue française

PORTAILS DE PERMACULTURE

- Portail de ressources documentaires : http://ressources-permaculture.fr
- Le portail **Suisse romand** de la permaculture : http://permaculture.ch/
- Portail de la permaculture : http://permaculture.fr/ par l'association française Brin de paille
- Espace **québécois** de partage et de diffusion d'information : http://permaculturequebec.net/

COMMUNIQUER ENTRE PERMACULTEURS

- La plus grande communauté de permaculteurs-internautes se trouve sur facebook...
- Le forum francophone de permaculture : http://forum.permaculture.fr mis à disposition par l'équipe WEB de l'association Brin de Paille
- Le forum des permaculteurs suisse romands : www.permaculture.ch/forum/
- Les nouvelles des permaculteurs : http://planet.permaculture.fr/
- Les calendriers de la permaculture : http://cibul.net/permaculture (événements, formations, rencontres...)
- Liste d'informations du RÉSEAU DE PERMACULTURE de l'association BRIN DE PAILLE : https://groups.google.com/forum/#!forum/reseau-permaculture-bdp
- Le réseau des permaculteurs francophones : www.permaculteurs.com

FRANCE

- Annuaire des acteurs de la permaculture : http://fr.ekopedia.org/Permaculture:les_acteurs
- Annuaire des correspondants locaux de l'association Brin de paille : http://asso.permaculture.fr/association/les-referents-locaux
- Carte participative des lieux en permaculture : http://goo.gl/maps/oFI5
- Université Populaire de Permaculture : www.permaculturefrance.org
- École de permaculture du Bec Hellouin : www.fermedubec.com/ecocentre
- association BRIN DE PAILLE, Permaculture et permaculteur(trice)s : http://asso.permaculture.fr
- association L'ESCAMPE, association de promotion et de pratique de la permaculture : www.escampe.fr
- Permaculture-ra, collectif permaculture Rhône-Alpes Isère : http://permaculture-ra.over-blog.com - http://fr.wiserearth.org/group/permaculturera
- Réseau de permaculture Sud Med : https://groups.google.com/forum/#!forum/reseau-de-permaculture-sud-med
- Réseau de permaculture Provence : https://sites.google.com/site/permacultureprovence
- Réseau de permaculture Alsace : http://permaculture67.wordpress.com - https://groups.google.com/forum/#!forum/reseau-permaculture-bdp-region-alsace
- Réseau de permaculture catalan : www.permaculture.cat
- association Imagine un Colibri : http://aupetitcolibri.free.fr
- La Pépinière Informelle : http://la-pepiniere-informelle.sitego.fr
- La Ferme du Bec Hellouin : www.fermedubec.com

DIVERS

http://ecocentre.org
www.lejardinvivant.fr
www.permaculteurs.com
http://aupetitcolibri.free.fr
www.passerelleco.info
www.foretscomestibles.com
http://outils-reseaux.org
http://jardincomestible.fr
http://jardinonssolvivant.fr
https://prise2terre.wordpress.com
https://monjardinpolitique.wordpress.com
http://permaculture-sans-frontieres.org

SUISSE

- Annuaire des acteurs de la permaculture : http://sharewiki.org/en/Permaculture:_les_acteurs/Suisse
- REPESURO : Le REseau de PErmaculture de SUisse Romande : http://sharewiki.org/en/REPESURO
- association Valaisienne de permaculture : http://blog-valais.permaculture.ch
- Réseau de Permaculture genévois - courriel : permaculture. geneve @ gmail. com
- association de permaculture de Fribourg : www.permaculture-fribourg.ch
- association Le Chêne (Vaud) : www.ecoclash.tk
- association Éveil Vert (Jura) : www.eveil-vert.ch

CANADA

- Réseau de ressources et solutions : http://permaculturequebec.net
- Montréal Permaculture Guide : http://montrealpermaculture.wordpress.com
- groupe de discussion Permaculture Québec - https://groups.google.com/forum/#!forum/permaculture-quebec
- Page Facebook de Permaculture québecoise. Site fermé, mais il reste une page avec des liens : http://permaculture.quebec

BELGIQUE

- Liste de sites belges sur le chemin de la permaculture : http://amisdelaterre.be/spip.php?rubrique178

Crédits des photos et dessins

Toutes les photos et dessins sont de **Jessi Bloom,** sauf:

- **Ravenel Bisbee,** pages 90, 112 (g)
- **Dave Boehnlein,** pages 4-5, 17, 21, 27 (g), 32, 39, 43, 74 (g), 94, 109, 136, 140, 142 (g), 147, 150, 157 (hd), 160, 166 (b), 175 (g et d), 179 (d), 181, 185, 193 (hg et bd), 198, 200, 211, 217 (hd), 231 (d), 238, 239 (g), 241 (g), 293
- **William Brown,** pages 144, 213 (bg)
- **Doug Bullock,** page 161
- **Scott Godfredson** (Exos Design), pages 73, 164, 217 (hg), 261, 305
- **Paul Kearsley,** pages 19, 33, 35, 39 (b), 41, 46, 49, 52, 53, 54, 55, 56, 60, 61, 62, 66, 73 (b), 76, 78, 82, 85, 86, 101, 106, 110, 117, 125, 126, 127, 134, 150, 151, 153, 158, 164, 167, 168, 169, 170, 178, 186, 190, 196, 201, 204, 208, 217, 230, 232, 233, 235, 247, 256, 258, 264, 299
- **Jason Knight** (Alderleaf Wilderness College), page 268
- **Mark Lakeman** (Communitecture), page 98
- **Brendon McKeon** (Costa Rica Center for Natural Living), page 154
- **Andrew Millison,** pages 88, 148, 163 (g), 299
- **Kyle Thomas Ryan,** page 207
- **Chris Shanks** (Project Bona Fide), pages 213 (bd), 214 (b)
- **Carmin Thomas,** page 138

Remerciements

Nous exprimons notre profonde reconnaissance à ceux qui sont à la fois nos mentors, amis et héros, aux incommensurables connaissances. Merci d'avoir été les espèces pionnières dans ce mouvement où votre travail acharné, votre dévouement et votre générosité ont participé à aplanir le chemin sur lequel nous marchons aujourd'hui. Nous parlons ici de la famille Bullock, Toby Hemenway, Dave Jacke, Penny Livingston, Marisha Auerbach, Andrew Millison, Jude Hobbs, Brad Lancaster, Tom Ward, Allan Savory, Buckminster Fuller, Mark Lakeman, Will Allen, Joel Salatin et Vandana Shiva.

Merci aussi à nos amis et relecteurs : Terry Phelan, Robin Haglund, John Valenzuela, Simon Walter-Hansen, Zsofia Pastor, Tad Hussey, Lacia Lynn-Bailey, Matt Curtis et James Most. Avec un remerciement spécial à Michael Street — merci beaucoup de nous avoir approvisionnés en bonne musique, en caféine, en calories, en visions positives et en éclats de rire durant la dernière ligne droite de ce projet. Et nous remercions aussi particulièrement les personnes qui nous ont généreusement donnés de leur temps et ouvert leurs jardins, pour y trouver de nouvelles connaissances et pour y prendre des photographies à partager avec vous lecteurs.

Jessi remercie ses garçons, Noah et Micah Kenney, pour leur patience pendant que Maman était en mission pour aider à soigner la planète ; et elle remercie tous ceux qui l'ont aidé à cela. Merci tout particulièrement à Susan McKinley, Michael Stark, Zac Kopra, Fernando Lopez et Tenney Kerr pour leur soutien permanent.

Dave remercie ses supporters Yuko Miki, Michael Becker, Michael Judd, Scott Godfredson, Bruce Hostetter et Christopher Shanks.

Paul remercie ses amis et supporters Seth June, Arunas Oslapas, Melissa Oscarson, Dawn et Nicole Kimberling, et l'équipe Kearsley : Patti, Doug, Kelly, Dan, Laura, Monica et Justin.

Merci à Lorraine Anderson et Juree Sondker, et à l'équipe de Timber Press qui nous ont soutenus. Enfin, merci aux plantes et aux animaux qui nous ont nourris tout au long de cette entreprise, et à nos compagnons à poils qui nous ont divertis : Spanky le chiot génial et Rocky le chat extraordinaire.